Selvarajan Yesudian

STEH AUF UND SEI FREI

STEH AUF UND SEI FREI

Gedanken und Gespräche über YOGA

von

Selvarajan Yesudian

Mit 118 Zeichnungen des Verfassers

DREI EICHEN VERLAG

Aus dem Englischen übertragen von
Elisabeth D. Yesudian und Margit Seufert

ISBN 3-7699-0485-0
Verlagsnummer 485

3. Auflage, 10.–12. Tausend, 1995

Umschlagbild: Selvarajan Yesudian
Satz: Fotosatz-Service Weihrauch, Würzburg
Druck und Bindung: Ebner Ulm

Selvarajan Yesudian

Ich lege diese frisch gepflückten Blumen

zu Füßen meines Meisters, Swami Vivekananda

INHALTSVERZEICHNIS

VERSCHIEDENE ASPEKTE DES YOGA

YOGA UND RELIGION

INTERESSANTE EPISODEN

INDIEN

INDISCHE FABELN UND LEGENDEN

Überschreiten wir alle rassistischen Grenzen! Überschreiten wir alle nationalen und religiösen Grenzen! Überschreiten wir alle Grenzen von Zeit und Raum! Halten wir inne, und lassen wir die unversiegbare Quelle der WAHRHEIT in unserem Herzen das Ziel unserer Pilgerfahrt sein. Laßt uns die großen Weltlehrer verehren. Sitzen wir zu ihren Füßen und empfangen wir ihren Segen durch ihre wunderschönen Worte und Belehrungen in den Veden, den Upanishaden, der Bhagavatam und der Bhagavad Gita der Hindus; in den Dhammapada-Schriften der Buddhisten; im Alten Testament der Juden; im Neuen Testament der Christen; im Koran der Mohammedaner und in den heiligen Büchern der Jains und Sikhs. Baden wir im Fluß der Wahrheit, wo immer er fließen mag. Entfernen wir die sektiererische Hülle von den Religionen und kleiden wir uns mit dem Gewand der WAHRHEIT, weiß wie das Sonnenlicht. Seien wir bewußt, daß wir alle zur großen Menschenfamilie gehören, möge auch unsere Hautfarbe verschieden sein, unsere Sprache unterschiedlich; mögen unsere Sitten und Bräuche voneinander abweichen. Laßt uns – alle vereint – die Sprache des Herzens sprechen, die Sprache der LIEBE und der WAHRHEIT.

S.Y.

VORWORT

Jeder, der heute lebt, ist ein bewußter oder unbewußter Zeuge einer höchst interessanten Zeiterscheinung: dem Erwachen der Menschheit auf einer höheren Bewußtseinsstufe. Völker und Nationen, die bislang in Dunkelheit und Unwissenheit lebten, entwickeln ein wachsendes Selbstbewußtsein. – Dieses weltweite Bewußtwerden ist ein gesundes Zeichen, doch es fordert seinen Zoll in Form von menschlichem Leid. Das Leid, die Spaltung, die Zwietracht, die zahlreichen Konflikte überall auf der Erde sind jedoch – von einem höheren Standpunkt aus betrachtet – berechtigt, denn sie dienen einer Entwicklung, die letztlich zur Einheit führt. Einheit ist das Ziel, Einheit ist die Triebkraft, die allen irdischen Geschehnissen zugrunde liegt. Dieser Gedanke mag uns seltsam anmuten – doch jeder Entwicklungsprozess braucht seine Zeit. Die Sehnsucht nach Freiheit und Unabhängigkeit ist jedoch weltweit zu spüren; wie ein Buschfeuer breitet sie sich aus, das nichts und niemand zu löschen vermag.
Um die Zeichen unserer Zeit und die Herausforderungen, die das Leben auf unseren Pfad stellt zu verstehen, benötigen wir Menschenkenntnis; denn alles, was sich im Leben ereignet, ist zuallererst ein inneres Geschehen, das wir, auf das äußere Leben projizierend, »Lebensumstände«, »Lebensbedingungen« nennen. – Der bildhafte Glaube an eine höhere Macht, die irgendwo hoch über den Wolken thront und das Leben der Menschen lenkt, weicht immer mehr einer abstrakteren und überzeugenderen Glaubensform: dem Glauben des Menschen an sich selbst. Der Mensch wird sich allmählich bewußt, daß er kein getrenntes Wesen ist, geboren, um mühsam auf dem steinigen Pfad des Lebens voranzuschreiten, sondern daß er als GEISTIGES WESEN dem umfassenden, unteilbaren Ganzen, dem ABSOLUTEN angehört, von dem er ein – wenn auch winzig kleiner – Teil

ist. Als materielles Wesen gehört er dem Mikrokosmos, als Geist hingegen dem Makrokosmos an.
FREIHEIT ist das Kennwort der heutigen Zeit. Gleich den neugeborenen Schildkröten, die sich so rasch als möglich zum Wasser hin bewegen, um im Element, das ihre Freiheit bedeutet, überleben zu können, so durchläuft der Mensch einen Entwicklungsprozeß, dessen Endergebnis die Freiheit ist. – Wachstum ist ein anderes Wort für Entwicklung, Entfaltung, Evolution. Das beweist, daß der Mensch nicht nur die vergängliche, sterbliche materielle Hülle ist, sondern grenzenloser, immerwährender Geist, der nie geboren war und deshalb auch nie sterben kann. Evolution bedeutet das Emporsteigen des menschlichen Bewußtseins von der konkreten, materiellen Ebene zur abstrakten, gedanklichen und das Eintauchen des Gedanklichen ins ABSOLUTE, ALLESUMFASSENDE.
Ein wichtiges, immer wiederkehrendes Thema dieses Buches ist SELBSTERKENNTNIS, eine unerläßliche Voraussetzung, um zuallererst uns selbst, unser Leben zu verstehen, bevor wir danach trachten, unsere Mitmenschen und die Geschehnisse auf der ganzen Erde zu verstehen. – Nur wer den Teil versteht, versteht das Ganze. Darum bilden Themen über praktische Psychologie, praktische Philosophie und praktische Religion – die in unserer Yoga-Sommerschule in der Schweiz jedes Jahr ausführlich besprochen werden – den Hauptteil dieses Buches.
Es sind Kapitel aus meinem eigenen Leben, hauptsächlich im Zusammenhang mit den Fragen und Problemen der Mitglieder unserer Yogaschulen, welche auf ihrer Suche nach der Wahrheit mit ihren Fragen und Problemen an Frau Haich und mich gelangen. Dieses Buch ist eine Rückschau auf 48 Jahre, die vergangen sind, seit Frau Haich und ich unsere Yoga-Tätigkeit in Budapest aufnahmen. Es sind lebendige Erinnerungen an Gespräche mit Menschen aus aller Welt, Menschen mit dem brennenden Wunsch, die

Wahrheit zu hören, die Wahrheit zu sehen und schließlich die Wahrheit zu SEIN – so, wie es in der Sprache der Bibel heißt: »Die Wahrheit befreit dich.«
Wie es keine Trennungslinie gibt zwischen Körper, Gedanken, Seele und Geist, so betrachtet man in Indien die drei Begriffe »Psychologie«, »Philosophie« und »Religion« nicht getrennt, sondern als eine Einheit. Der Name dieser ganzheitlichen Betrachtungsweise ist YOGA. – Yoga ist eine Wissenschaft, ein Wissen verbunden mit Weisheit, das allein durch die eigene Erfahrung bewiesen werden kann.
Yoga bedeutet Einheit mit dem göttlichen Selbst. Yoga bedeutet, unserer innewohnenden Divinität bewußt zu werden. Es zerstört den theologischen Irrtum und Aberglauben, daß der Mensch in Sünde geboren sei. Yoga verkündet kühn: Die einzige Sünde ist das, was uns körperlich, seelisch, moralisch oder geistig schwächt; dies gilt es zu vermeiden, aus unserem Leben auszurotten.
AN SCHWÄCHE DENKEN BEDEUTET SCHWÄCHE HERVORRUFEN. – Der Gedanke, daß der Mensch – eine Schöpfung Gottes – von Geburt aus sündig sei, erscheint mir nicht nur erniedrigend, sondern eine wahre Gotteslästerung. – Yoga hilft uns, den Schleier der Unwissenheit zu entfernen, der unseren Blick trübt und uns daran hindert, unser göttliches SELBST zu schauen. Yoga befreit uns auch von den Fesseln, mit denen wir geboren sind: »Haß, falsche Scham, Abstammung, Kaste, Stolz auf gute Umgangsformen, Verschlossenheit, Angst, Kummer und Sorge.« (Sri Ramakrishna)
Yoga hilft uns, unsere geistige Erbschaft, unser eigentliches Geburtsrecht wahrzunehmen. Es öffnet uns die Augen, und wir sehen, daß wir nicht Körper sind, die äußere Hülle, sondern innewohnender Geist. Wir lernen zu unterscheiden zwischen dem Körper und seinen Eigenschaften, die uns dienen, und dem alles belebenden Geist, der wir in Wirklichkeit sind. Yoga bedeutet eine unmittelbare Wahrnehmung, eine

Innenschau, durch welche wir die grenzenlose, unvergängliche, unsterbliche, ewig freie Natur unseres Geistes erfahren. Jeder Mensch strebt – bewußt oder unbewußt – nach einem Zustand der Freiheit und Vollkommenheit, und Yoga führt uns unfehlbar zu diesem Ziel. DAS LEBEN IST EIN PROZESS DES ERWACHENS, DES BEWUSSTWERDENS, DASS WIR ALS GEISTIGE WESEN FREI UND VOLLKOMMEN SIND. – Wenn im Christentum die ursprüngliche Sündhaftigkeit des Menschen gepredigt wird, so verkündet Yoga die ursprüngliche GÖTTLICHKEIT des Menschen. Könnten wir je das Gegenteil beweisen? DAS LEBEN BEDEUTET VOLLKOMMENHEIT, DIE SICH AUF JEDER STUFE DER ENTWICKLUNG OFFENBART.

Die ewig gültige Botschaft des Yoga ist diese: STEH AUF! ERWACHE! UND HALTE NICHT AN, BIS DU DAS ZIEL ERREICHT HAST! Sie wurde vor mehr als 5000 Jahren auf dem heiligen Boden Indiens verkündet, und heute widerhallt sie durch die Worte des geistigen Giganten, Swami Vivekananda: »STEH AUF! ERWACHE! WAS MACHST DU? WENN DER KÖRPER VERGEHT, SOLL ER IN ARBEIT VERGEHEN. DIE GÖTTLICHKEIT IN DIR UND IN ANDEREN ZU ERWECKEN, IST DAS ZIEL.«

Dieses Buch möchte unsere wichtigste Aufgabe im Leben in Erinnerung rufen: zielbewußt unsere göttliche Natur zu verwirklichen und – als stilles Beispiel – unsere Mitmenschen anzuspornen, dasselbe zu tun. – »LASSET EUER LICHT SO STRAHLEN VOR MENSCHEN, DASS SIE SEHEN EURE GUTEN WERKE ...«, sagte Jesus. – Erfüllen wir den wahren Sinn, die wahre Bestimmung unseres Daseins!

Da dieses bescheidene Werk uns sachte auffordert, diese Lebensaufgabe wahrzunehmen, trägt es den Titel »STEH AUF UND SEI FREI«.

Zürich, Dezember 1988 — Selvarajan Yesudian

S. Yesudian

STEH AUF UND SEI FREI

Obwohl inzwischen mehr als fünfzig Jahre vergangen sind, scheint es mir, als wäre es gestern gewesen. Als zehnjähriges Kind zog ich mich oft in den Schatten der Büsche am Rande unserer Schulanlage zurück, um dort – weit entfernt von Lärm und Betriebsamkeit – mit Elfen und Feen, Zwergen und Gnomen zu weilen. Ich lebte in einer reichen Phantasiewelt, in der ich meine Einsamkeit zu vergessen suchte. – Meine besondere Aufmerksamkeit galt den Raupen; hellgrün waren sie und bewegten sich so anmutig an den scharfkantigen Blättern entlang, bis sie sich schließlich an einer bestimmten Stelle niederließen und emsig zu fressen begannen. Während der darauffolgenden Tage verschlangen diese kleinen Lebewesen ihre Nahrung noch schneller und noch gieriger. Sie hörten erst zu fressen auf, als sie ganz dick waren. Dann begannen sie sich zu verpuppen. Die Puppen hingen an kleinen Zweigen im Schatten des Laubes. Ich war neugierig und wollte wissen, wohin die Raupen verschwunden waren. Jeden Tag ging ich hin, um zu beobachten und zu schauen, wann und wo sie wieder zum Vorschein kämen. – Und siehe da, eines Tages brach der obere Teil eines Kokons auf – aber keine grüne Raupe kroch heraus, sondern ein wunderschöner, bunter Schmetterling wurde sichtbar. Er breitete seine leise zitternden Flügel aus, blieb noch eine Weile in der Sonne sitzen; aber schon nach kurzer Zeit hob er sich in die Lüfte, um seine Freiheit zu genießen.

Meine Gedanken flogen mit der kleinen Kreatur, und ich stellte mir vor, daß auch ich eines Tages Flügel bekäme und mich in einen Engel Gottes verwandeln würde, vorausgesetzt, daß ich mich zu Hause und in der Schule gut benahm. – In späteren Jahren wurde mir bewußt, daß die Metamorphose, die sich vor meinen Augen abgespielt hatte, ein

Evolutionsprozeß war, den auch der Mensch – auf seine Art und Weise – durchlebt. Es gibt viele Beispiele in den heiligen Schriften, welche dies bestätigen. Die Schriften halten Erfahrungen von Menschen fest, und Erfahrung allein gibt der Wahrheit ihren Gehalt, ihre Gültigkeit ... Die verblüffenden Worte Jesu »Der Menschensohn muß Gottes Sohn werden«, die oft bequem übergangen werden, besagen – im Licht des Verstandes betrachtet – daß das Leben Wachstum, Ausdehnung, Entfaltung bedeutet, und daß es kulminiert in der Gottmensch-Stufe, dem höchsten Ziel menschlicher Entwicklung.

Ein kleiner Vogel lebt im Schutz seiner Eltern; er wird von ihnen umsorgt, gehegt und gepflegt. Eines Tages, wenn er genügend Kraft gesammelt hat – im richtigen Moment – breitet er seine Flügel aus, fliegt und genießt seine Freiheit. Das ist seine eigentliche Geburt, wenn er beginnt, allein und unabhängig sein Leben zu meistern. Genauso, mit unfehlbarer Sicherheit, kommt für jeden Menschen der Augenblick, wo er bereit ist hinauszuziehen in das Leben, wie ein Wanderer – nichts, was er sein eigen nennt, nur einen Stab in der Hand und ein kleines Bündel Hoffnungen auf dem Rücken. Jetzt ist er reif für die große Reise durch das Leben, denn er weiß, er allein und niemand anderes ist verantwortlich für sein Wohlergehen, sein Glück. Indem er alle Hilfe ablehnt, gewinnt er mehr und mehr Selbstvertrauen. Das erste Zeichen innerer Freiheit ist selbstständiges, unabhängiges Denken. – Zwei unsichtbare Weggefährten begleiten ihn jedoch immer wieder: Unzufriedenheit und Mutlosigkeit. Bald verfolgen sie ihn auf Schritt und Tritt. Von Verzweiflung getrieben, zieht er sich schließlich in die Einsamkeit des Herzens zurück und sucht dort die Lösung seiner Probleme.

Mit reinem Herzen und ruhigem Gemüt beginnt er die Sprache der Natur zu verstehen, sieht Analogien, wie den riesigen Baum, der einst als Möglichkeit in einem winzigen Samen schlummerte. Alles war von Anfang an in diesem Samen enthalten; Zeit und Raum schufen die Voraussetzungen, damit er in Erscheinung treten konnte. – Welche Möglichkeiten schlummern wohl im menschlichen Embryo? Welches Rätsel birgt er in sich? Was ist dieses seltsame Geheimnis, das wir »Leben« nennen? Plötzlich wird es ihm klar, daß alles einen tiefen Sinn, eine tiefe Bedeutung hat. Vollkommene Wesen wie Buddha, Jesus, Ramakrishna, Vivekananda, Ramana Maharshi und andere bewiesen mit ihrem Leben, daß die menschliche Entwicklung letzten Endes unweigerlich zur Stufe des GOTT-MENSCHEN führt.

Die Entfaltung unseres Geistes bringt täglich Spannungen, innere Unruhe und Kämpfe mit sich. Doch sie sind es, die dem Leben seinen Sinn, seine Bedeutung, seinen Wert, sein Gewicht verleihen. Wie könnte sich das Leben offenbaren, wenn nicht durch die Wechselwirkung von Schöpfung, Erhaltung und Zerstörung?

Je bewußter wir werden, um so bereitwilliger beginnen wir das Leben zu akzeptieren, so, wie es ist. Wie wir nichts an unserer Vergangenheit ändern konnten, so haben wir auch für die Zukunft keine andere Wahl, als einfach anzunehmen, was auf uns zukommt – allerdings mit dem Unterschied, daß dies nunmehr ohne Angst und Sorge geschieht, ganz im Vertrauen auf die Allmacht des Geistes oder Gottes in uns. Es wird uns klar, daß nicht das zählt, was wir *nicht* tun sollen, um Leid und Unglück zu vermeiden, sondern daß es darauf ankommt, was wir *tun* sollen, um glücklich zu sein.

Die Grundbedingung für ein glückliches Leben ist Gesundheit. Ein Mensch mit schwacher Konstitution ist nicht in der Lage, den Geist in seiner Vollkommenheit zu beherbergen und zu offenbaren; so, wie eine schwache Glühbirne keinen Starkstrom erträgt. Entweder brennt sie durch oder sie verursacht einen Kurzschluß. – Einfache Atemübungen und Asanas führen dem Körper neue Energie zu, steigern die Widerstandskraft und bewirken ein allgemeines Wohlbefin-

den, Kraft und Gesundheit. Wenn wir bedenken, daß uns die Natur einen Körper zur Verfügung gestellt hat, der vom ersten bis zum letzten Atemzug unablässig für uns arbeitet, dann sollten wir ihn als unser kostbarstes Kleinod betrachten, ihn schätzen und für ihn Sorge tragen.
Zweitens müssen wir innerlich ausgeglichen sein und die Fähigkeit besitzen, unter allen Umständen Ruhe und Gleichmut zu bewahren. Wie schnell kann uns doch das Verhalten unserer Mitmenschen aus dem Gleichgewicht bringen! Eine nervöse Umgebung, eine scharfe Bemerkung, Kritik hinter unserem Rücken, ein düsteres Gesicht und hundert andere Kleinigkeiten genügen, um uns in eine negative Stimmung zu versetzen. Wenn Jesus sagt: »Dem, der dich auf die Wange schlägt, halte auch die andere hin.« (Lukas 6/29), so ist damit gemeint: »Zeige dein anderes, dein inneres, dein wahres Gesicht«. – Gerade die zahlreichen kleineren und größeren Herausforderungen des Lebens, die wir im Verlauf der Zeit annehmen lernen, ermöglichen es uns, stark und unverletzbar zu werden. – Eine Einstellung von »Auge um Auge, Zahn um Zahn« mag uns einen Moment der Genugtuung verschaffen; zeigen wir hingegen Verständnis und Nachsicht für menschliche Schwächen, so trägt diese Haltung zu einem dauernden Glücksgefühl bei. »Eine ›Auge um Auge‹-Einstellung bewirkt nur, daß am Ende die ganze Menschheit erblindet«, sagte Mahatma Gandhi.
Es gibt einen Gedanken im Neuen Testament, der mir als Kind zuerst rätselhaft erschien: »Sei mild wie eine Taube und schlau wie eine Schlange.« Doch später war mir der Gedanke nicht mehr fremd, hatte ich doch in Indien in den Reisfeldern und im Dschungel so viele Schlangen, besonders Kobras, gesehen und beobachtet. Da ich keine Furcht vor ihnen verspürte, reagierten auch die Schlangen nicht mit Angst. Sie kamen jeweils ganz nahe an meine Füße heran, hoben ihren Kopf, gaben mir einen langen, prüfenden Blick und krochen dann mit einer bewundernswerten Eleganz wieder

weg. Wie die Schlangen scharfkantige Granitsteine vermieden, um sich nicht zu verletzen! Auch um dornige Büsche machten sie einen Bogen. So geschickt waren sie, daß ich verstand, warum Jesus sie als schlau bezeichnete. Hinter den Worten Jesu »Sei mild wie eine Taube und schlau wie eine Schlange« steckt eine wichtige psychologische Wahrheit. Wenn wir seinen Ratschlag befolgen, vermeiden wir unnötige Reibungen. Die Kunst, in Frieden und Harmonie mit unseren Mitmenschen zu leben, ist einer der Geheimschlüssel zum Erfolg. Die Fähigkeit, sich allen Lebensumständen anzupassen, bedeutet ein großes Stück Freiheit. Diese Art Freiheit ist ein anderer Ausdruck für Glück. Warum sollte ich etwas erwarten von meinen Mitmenschen? Wenn ich nichts erwarte, werde ich auch nicht enttäuscht. Verständnis für alle menschlichen Schwächen bringt uns einander näher. Aus dem Verständnis wird Liebe geboren, und so erfüllen wir den Auftrag des Meisters: »Liebe deinen Nächsten wie dich selbst.«

Die dritte Voraussetzung für wahres dauerndes Glück ist die Einsicht, daß wir allein verantwortlich sind für unser Leben und niemand anderes. Ich bin die Ursache meiner Krankheit; ich bin die Ursache meiner Gesundheit. Ich bin die Ursache meiner Gebundenheit; ich bin die Ursache meiner Freiheit. Ich bin die Ursache meines Unglücks; ich bin die Ursache meines Glückes. – Sobald ein Jungvogel sein Nest verläßt, ist er für sich selbst verantwortlich. So müssen auch wir uns eines Tages bewußt werden, daß wir allein die Verantwortung tragen für unser Leben. Mit jedem Gedanken setzen wir Kräfte in Bewegung. Jedes Wort, das wir aussprechen und alle unsere Handlungen und Taten setzen Kräfte in Bewegung. Jede Handlung verursacht eine Reaktion, eine Wirkung, die wir K a r m a oder Schicksal nennen. Die Kräfte, die wir in der Vergangenheit in Bewegung gesetzt haben – sei es vor einer Stunde gewesen, vor einem Monat, seit wir auf dieser Welt erschienen sind oder in früheren Leben –, wirken ständig auf uns ein, entweder positiv oder negativ, als gutes oder als schweres Schicksal. Jeden Augenblick unseres Lebens erfahren wir die Wirkung unserer vergangenen Handlungen und Taten. Und weil ich mein Schicksal, mein Karma ständig erlebe, kann ich sagen: ICH BIN MEIN EIGENES SCHICKSAL. – Wir müssen lernen, den Tatsachen ins Auge zu schauen und nicht vor ihnen zu fliehen. Niemand kann mein Schicksal verursachen, niemand kann mein Schicksal ändern. Ich allein bin verantwortlich für meine Vergangenheit; ich allein bin verantwortlich für meine Gegenwart; ich allein bin verantwortlich für meine Zukunft. Was ich in der Vergangenheit getan habe, kann ich nicht ändern. Ich kann der Wirkung meiner Handlungen und Taten – in Form meines Schicksals – nicht entrinnen. Aber was ich tun kann, ist, daß ich meinem Karma, meinem Schicksal gleichmütig und gelassen entgegentrete. Mit anderen Worten, ich kann ihm so begegnen, daß ich mich weder mit den guten noch mit den schmerzlichen Erfahrungen identifiziere. Wenn wir gelernt haben, uns nicht beeinflussen zu lassen vom sogenannten Schlechten, so müssen wir lernen, uns auch nicht beeinflussen zu lassen vom sogenannten Guten. Diese furchtlose Einstellung dem Leben gegenüber bedeutet Freiheit. Sie hilft mir, mich nicht gebunden zu fühlen durch meine Handlungen und Taten, sondern frei und unbeschwert zu leben und zu arbeiten. Das Karma oder Schicksal hat keine Macht über denjenigen, der ungebunden und unbeeinflußbar ist, denn er ist im wahrsten Sinne des Wortes FREI. – Arbeiten aus reiner Liebe zur Arbeit, ohne uns um die Früchte unserer Arbeit, ohne uns um die Zukunft zu kümmern, ist das Geheimnis. – LEBE SO IN ZEIT UND RAUM, ALS OB ES KEINE ZEIT UND KEINEN RAUM GÄBE. Wer diese innere Freiheit besitzt, lebt glücklich.

Die vierte Voraussetzung für Zufriedenheit und Glück ist ein moralisch reines Leben. Der große deutsche Philosoph Kant sagte so schön: »Ich beuge mich vor zwei Dingen im Leben:

vor dem sternenhellen Himmelsgewölbe über mir, und vor dem Moralgesetz, das der Mensch in sich trägt.« Diese Aussage richtig zu verstehen ist von großer Bedeutung, denn von unserer ethischen Einstellung und Verhaltensweise hängt es ab, ob sich unser Leben glücklich gestaltet oder nicht. »Moral« ist ein sehr weiter Begriff, doch wollen wir uns hier auf die Haltung eines geistigen Menschen beschränken, dessen sittliche Gesinnung und Lebensweise ihn mit einer fast greifbaren Reinheit umgibt. Weil er sich nicht von seinen Instinkten beherrschen läßt, sammeln sich in ihm enorme Kräfte, die ihm helfen, den menschlichen Bereich zu überschreiten und ihn in die Dimension des Göttlichen führen. – In diesem Zusammenhang möchte ich Sie alle bitten, das Buch »Sexuelle Kraft und Yoga« von Elisabeth Haich zu studieren. Es ist das einzige Werk, das ich kenne, welches diese Kraft eingehend erklärt und darüber hinaus den Weg zeigt, wie die sexuelle Kraft umgewandelt werden kann in höhere, geistige Energien. Kennt man das Geheimnis dieser Energiequelle nicht, so glaubt man immer, sie erschöpfe sich in der Erfüllung und Befriedigung sexueller Wünsche und Begierden. Das ist ein großer Irrtum. Nur in der Tierwelt beschränkt sich die Daseinsfreude auf die Sinne; die menschliche Natur hingegen drängt es, neue Bewußtseinsräume zu erschließen und dem Leben schöpferischen Ausdruck zu verleihen.

Es ist äußerst respektlos und menschenunwürdig, die Frau als bloßes Sexualobjekt zu betrachten, denn das bedeutet eine Entweihung ihrer Mutterschaft, dem wertvollsten, das sie besitzt. Mutterschaft bedeutet Tugendhaftigkeit und Reinheit; es ist das Licht, das sie erstrahlen läßt in dieser Welt und der jenseitigen.

Eine hohe Kultur entsteht dort, wo die Frau geachtet und geehrt wird, wo sie innerhalb der Gesellschaft die ihr gebührende Stellung einnimmt. Emanzipation bedeutet niemals sexuelle Freiheit, sexuelle Ungebundenheit. Wann immer der Mensch seinen Trieben freien Lauf läßt, gewinnt seine rohe, atavistische Natur die Oberhand. Das Ergebnis kann nur endloses Leid sein. – Können Sie sich Ihre Stadt vorstellen, wenn von einem Augenblick auf den andern der Polizeischutz aufgehoben würde? In Minutenschnelle herrschten Chaos und Anarchie. Aus der Unterwelt würden zahllose Kriminelle auftauchen – niemand wüßte, woher sie gekommen waren – und ihr Unwesen treiben. – Bei der sogenannten sexuellen Freiheit verhält es sich ähnlich. Alles Edle, alles, was wir immer hoch in Ehren gehalten haben, wird achtlos mit Füßen getreten. Wenn Mann und Frau ihre Selbstachtung und Würde wegwerfen, wer sollte sie noch respektieren? Wenn das Gefühl für Sittlichkeit und ein reines Leben verlorengegangen ist, was bleibt, das erstrebenswert wäre?

Ein erfülltes, glückliches Leben hängt nicht von der Intensität einer körperlichen Beziehung ab. Wie könnte dauerndes Glück aus dem flüchtigen, vergänglichen Genuß des Augenblicks entspringen?

In einer guten Ehe kommen vier verschiedene Aspekte der Beziehung zum Ausdruck. Die erste Beziehung gleicht derjenigen, die zwischen Mutter und Sohn besteht. Die zweite ist eine Begegnung zweier guter Freunde. Die dritte trägt Züge einer Vater-Tochter-Beziehung, und die vierte ist die Vereinigung von Mann und Frau.

Wenn ein junger Mann sein Elternhaus verläßt, um sein eigenes Leben zu beginnen, dann sucht er eine Frau mit den wunderbaren Eigenschaften, die er in seiner Mutter verkörpert sah – Zärtlichkeit, Liebe, Verständnis, Güte und Wahrhaftigkeit. Es liegt in der Natur des Mannes, daß er sich jemanden wünscht, der sich um ihn kümmert, ihm hilft und ihn verwöhnt. Und im Wesen der Frau liegt es wiederum, den Mann, den sie liebt, zärtlich zu umsorgen, ihm ihre ganze Aufmerksamkeit zu schenken. Die mütterliche Veranlagung der Frau gelangt bei diesem Aspekt der Partnerschaft zum

Ausdruck. – Schon von klein auf ist das Lieblingsspielzeug vieler Mädchen ihre Puppe, die sie an- und ausziehen, baden, füttern und schlafenlegen – eine unbewußte Vorbereitung auf die spätere Aufgabe, Mutter zu sein für ihre eigenen Kinder, aber auch Mutter zu sein für den ersten Sohn – den Ehemann. Diese Auffassung fand ich bestätigt, als ich hier in der Schweiz einen jungen Mann seine Frau mit »Mami« anreden hörte. Manchmal auch umgekehrt, die Frau redete ihren Mann mit »Papi« an. Ich weiß nicht, ob dies auch in anderen Ländern üblich ist. – Die Frau verbirgt hinter dem Schleier ihrer natürlichen Bescheidenheit alle Wesenszüge einer Mutter, Freundin, Tochter und Geliebten. Nur andeutungsweise strahlt der Reichtum ihres Wesens aus ihren Augen, nur ein Bruchteil ihrer verborgenen Schönheit wird sichtbar; und das ist es, was den Mann fasziniert. Wenn er dieser Frau begegnet, stellt er sie auf den Altar seines Herzens und betet in ihr die unantastbare Reinheit einer Mutter an, die gütige, alles verstehende, alles verzeihende Mutter.

Die zweite Ebene, auf der Mann und Frau sich treffen, ist die zweier guter Freunde, zweier gleichberechtigter Partner. Auf dieser Ebene werden bei einem Gedankenaustausch verschiedene Ansichten aufgeworfen, unterschiedliche Standpunkte vertreten. Selbstverständlich kommt es hierbei zu Meinungsverschiedenheiten, Auseinandersetzungen und kleinen Spannungen, die zur Symphonie des Lebens gehören und dazu beitragen, daß die Gemeinsamkeit nicht eintönig wird, daß bei beiden Partnern ganz unterschiedliche Klangsaiten zum Schwingen gebracht werden. Die Ehe ist gewissermaßen eine Herausforderung zur gegenseitigen Entwicklung.

Die dritte Beziehung in einer Ehe gleicht derjenigen eines Vaters zu seiner Tochter. Ihrem inneren Wesen nach sucht die Frau Schutz und Geborgenheit im Mann. Und der Mann ist bereit, alle seine Körperkraft, seine Stärke und seinen Mut einzusetzen, um Frau und Kinder vor jeder Gefahr zu schützen und zu verteidigen. Der Mann ist die starke, führende Hand, die den Weg weist, und die Frau ist das zarte Wesen, das ihm folgt.

Die vierte und letzte Beziehung ist diejenige zwischen Mann und Frau, eine heilige Verbindung. Wenn in einer solchen Ehe Kinder geboren werden, so setzen die Eltern mit ihrem Charakter den Heranwachsenden ein lebendiges Beispiel. Und dieses Beispiel, dieses Vorbild ist das wertvollste Erbe, das Vater und Mutter ihren Kindern schon zu Lebzeiten übergeben sollten.

Wenn die natürliche Reihenfolge dieser vier Beziehungsaspekte fehlt, wenn die vierte Beziehung an erster Stelle steht und die Partnerschaft ausschließlich auf äußerer Anziehung basiert – Liebe auf den ersten Blick, wie man landläufig sagt –, dann ist sie zum Scheitern verurteilt. Bei einer vorwiegend körperlichen Beziehung endet auch die Anziehung mit dem Körper. Alles, was der Körper zu bieten hat, ist begrenzte, flüchtige, vergängliche Freude, nichts mehr. Eine Ehe solcher Art muß früher oder später scheitern, weil das Fundament der LIEBE fehlt. Äußerliche Anziehung kann niemals eine Basis sein für dauerndes Glück.

Die Frau ist die Urquelle des Lebens, jenes Tor, das uns Einlaß gewährt in diese Welt. Verdient sie deshalb nicht alle unsere Ehrfurcht, Bewunderung und Hochachtung? Vor mehr als fünftausend Jahren erließ Manu, der große Gesetzgeber der Hindus, Richtlinien hinsichtlich der Stellung der Frau zum Wohl der Gesellschaft. Sie haben auch heute ihre Gültigkeit. Hören wir einige Beispiele:

»Der Hauptlehrer ist zehnmal verehrungswürdiger als der gewöhnliche Lehrer; der Vater ist hundertmal verehrungswürdiger als der Hauptlehrer; doch die Mutter ist tausendmal verehrungswürdiger als der Vater.«

»Der Mund einer Mutter ist ewig rein.« »Wenn den Frauen Ehre erwiesen wird, haben die Götter Gefallen daran. Wenn die Frauen nicht geehrt werden, wird kein Gebet erhört.«

»Wo die Frauen in Kummer leben, verdirbt die Familie bald. Wo die Frauen in Glück leben, gedeiht die Familie immer.«
»Der Mann ist Kraft, die Frau ist Schönheit; er ist regierender Verstand, und sie ist mildernde Weisheit.«
»Eine Frau verachten heißt die eigene Mutter verachten.«
»Die Tränen einer Frau beschwören den Zorn des Himmels auf ihren Urheber herab.«
»Der Segen einer Mutter ist des Himmels Segen selbst.«
Als Swami Vivekananda in Amerika Vorträge hielt, bat man ihn, über die Rolle der Frau in Indien zu sprechen. Ich möchte einige Auszüge davon wiedergeben, um darzulegen, welcher Platz der Frau zukommt innerhalb der Familie, der Gesellschaft und der Nation. Eigentlich sind es nicht getrennte Bereiche, sie gehen ineinander über und sind untrennbar miteinander verbunden.
»Nun, ich möchte Sie zum Vergleichen anregen; ich lege Ihnen ein paar Tatsachen vor, damit wir die zwei verschiedenen Mentalitäten gegeneinander abwägen können. Wenn Ihre Frage lautet: »Welche Rolle kommt der Inderin als Frau zu?«, so fragt der Inder: »Wo steht die amerikanische Frau als Mutter? Was ist aus ihr geworden, jenem wunderbaren Wesen, das mir diesen Körper schenkte? Was ist aus ihr geworden, die mich neun Monate unter ihrem Herzen trug? Wo ist sie geblieben, die bereit wäre, mir auch zwanzigmal ihr Leben zu schenken? Wo ist sie, deren Liebe nie erlischt, egal, wie boshaft und gemein ich mich verhalte? Wo ist sie, im Gegensatz zu ihr, die zum Scheidungsanwalt eilt, sobald ich sie etwas schlecht behandle? Oh, ihr Frauen Amerikas, wo ist sie?« In diesem Land werde ich ihr nicht begegnen, so wie ich auch dem Sohn nicht begegnet bin, für den die Mutter an erster Stelle steht. – Auch wenn wir sterben, können unsere Frauen und Kinder ihren Platz nicht einnehmen. Mit unserem Kopf in ihrem Schoß möchten wir diese Erde verlassen, wenn wir vor ihr weggehen müssen. Soll das Wort »Frau« nur mit dem Körper in Verbindung gebracht werden? Oh!

Dem Hindu widerstrebt eine Idealvorstellung, die meint, der Mensch soll sich an Sinneslust festklammern. Nein, das Wort »Frau« darf nicht mit Körperlichem, Fleischlichem in Beziehung gebracht werden. Dieses eine Wort, »Mutter«, ist ein heiliges Wort und wird es immer bleiben; unberührt und unbefleckt von allem Triebhaften, weit entfernt von Lüsternheit und Begierde. So sieht das Ideal in Indien aus ... Das Ideal der Weiblichkeit ist immer die großartige Gestalt der Mutter; die selbstlose, alles Leid auf sich nehmende, die stets verzeihende Mutter. Jede Frau sollte es sich zur Aufgabe machen, diesem Ideal nachzuleben. Die Mutter ist Symbol der Liebe. Nie wird eine Mutter ihr Kind verfluchen. Wir sagen in Indien nicht »Unser Vater im Himmel«, sondern wir sprechen stets von unserer göttlichen »Mutter«. Dieser Begriff, dieses Wort ist bei den Hindus seit eh und je gleichbedeutend mit unendlicher Liebe, denn die Mutterliebe hier auf Erden kommt der göttlichen Liebe am nächsten. »Mutter, oh Mutter, ich war böse, bitte verzeihe mir! Viele Kinder verhalten sich boshaft, aber eine boshafte Mutter gibt es nicht«, sagte der große Heilige Ramprasad ...
Nach hinduistischer Auffassung besteht die wichtigste Aufgabe der Frau darin, Mutter zu werden ... Aber oh, wie anders, wie anders! Mein Vater und meine Mutter fasteten und beteten während vieler Jahre, damit ich geboren werden konnte. Ein Kind wird mit Gebet und Andacht empfangen. Unser großer Gesetzgeber, Manu, definierte den Begriff »Arier« so: »Derjenige ist ein Arier, der durch Gebet geboren wurde.« Jedes Kind, auf dem nicht der Segen des Gebetes ruht, ist nach Manu illegal geboren. Ein Kind muß mit Andacht empfangen werden. Die unerwünschten Kinder, die von Flüchen begleitet zur Welt kommen – gezeugt in einem Moment der Unachtsamkeit, weil man es nicht zu verhüten wußte – was kann man von einer solchen Nachkommenschaft erwarten? – Mütter Amerikas, ruft Euch das immer in Erinnerung, und stellt im innersten Eures Herzens

die Frage: »Bin ich reif, die Aufgabe einer Frau zu erfüllen?« Es ist keine Rede von Rassen- oder Landeszugehörigkeit; lassen wir den falschen Nationalstolz beiseite. Wer wagt es, stolz zu sein in diesem vergänglichen Leben in einer Welt voller Elend und Leid! Wer sind wir vor der Allmacht Gottes? Doch heute abend richte ich die offene Frage an Sie: »Beten Sie alle um Ihre zukünftigen Kinder? Sind Sie dankbar, Mutter zu sein?« Gehen Sie in sich mit dieser Frage. Wenn Sie nicht mit »ja« antworten können, dann ist Ihre Ehe eine Täuschung, Ihre Weiblichkeit unecht, Ihre Erziehung Aberglaube. Und Ihre Kinder? Wenn sie nicht mit Andacht empfangen werden, wie könnten sie zum Segen für die Menschheit werden? ... Sehen Sie den Unterschied zwischen den beiden verschiedenen Mentalitäten? ... Die Mutterschaft bringt die größte Verantwortung mit sich. Das ist die Grundlage, der Ausgangspunkt. – Nun, warum steht der Mutter so viel Verehrung zu? Wie wir aus unseren alten Schriften wissen, erhält das Kind den Impuls zu guter oder schlechter Veranlagung über die Einwirkungen im vorgeburtlichen Stadium seiner Entwicklung ... Wir kommen mit einem gewaltigen Impuls zur Welt, Gutes oder Böses zu verwirklichen; als göttliche Wesen oder als Dämonen. Im Vergleich dazu sind Erziehung und andere Faktoren eine Bagatelle ... Wenn sich ein Mann und eine Frau in Liebe vereinigen, ist sie es, die mit ihrer Hingabe, mit ihrer Andacht, mit ihrem Gebet die entsprechende Möglichkeit schafft. Das, woraus das Kind hervorgeht, ist das HEILIGSTE SYMBOL GOTTES. Es ist das innigste Gebet zwischen Mann und Frau, das Gebet, das eine weitere Seele auf diese Welt ruft, eine Seele mit einer ungeheuren Macht zum Guten oder zum Bösen. Ist das eine Kleinigkeit? Sollte es sich hier nur um eine Befriedigung der Triebe, um einen bloßen sexuellen Genuß handeln? Nein, sagt der Hindu, tausendmal nein! ... Wir sind vom Ideal der Mutterverehrung, der Mutterliebe ausgegangen, für sie, die bereit ist, alles Leid auf sich zu nehmen, alles Leid zu tragen.

Hierin hat die Liebe und die Hochschätzung der Mutter ihren Ursprung. Jahrelang hat sie Körper und Seele rein gehalten; ihre Nahrung war rein, ihre Kleider waren rein, ihre Gedanken waren rein – alles im Hinblick auf meine Geburt. Deshalb verehre ich sie wie eine Heilige …«

Welches stolze Erbe können wir unseren Kindern, der künftigen Generation, hinterlassen? So, wie eine gute Städteplanung sowohl auf die Gegenwart wie auch auf die Zukunft ausgerichtet ist, so sollte sich unsere Hinterlassenschaft nicht nur auf die Errungenschaften einer mächtigen Zivilisation und Technologie – von sauberen Städten bis zu einem stark ausgebauten militärischen Verteidigungssystem – beschränken, sondern sie müßte vor allem auch kultureller Natur sein. Jeder einzelne von uns sollte danach streben, das Gute, das Edle, das er in sich trägt, lebendig zu erhalten, Charakterstärke zu offenbaren. Sagte doch Swami Vivekananda so treffend: »Erziehung bedeutet nicht, wieviel Information wir in unserem Kopf gespeichert haben, die dort nur Unruhe schafft und ein Leben lang unverdaut liegt. Was wir aufnehmen müssen, sind konstruktive, menschen- und charakterformende Gedanken. Wenn es uns gelingt, fünf Grundideen aufzugreifen und diese zu assimilieren, bis sie uns in Fleisch und Blut übergegangen sind, dann besitzen wir mehr Bildung als ein Gelehrter, der eine ganze Bibliothek auswendig gelernt hat.«

Jener Vater und jene Mutter sind ein Segen für das Kind, welche LIEBE, VERSTÄNDNIS, STÄRKE UND LAUTERKEIT verkörpern. Ihre bloße Gegenwart genügt, um im Kinde ähnliche Eigenschaften zu erwecken, die sie selbst besitzen.

Jener Lehrer ist ein Segen für das Kind, der als Vorbild, aufgrund seiner eigenen Charakterstärke, die schlummernden Anlagen von Mut, Furchtlosigkeit, Kraft, Aufrichtigkeit und Selbstvertrauen im Kinde weckt. Unsere Kinder benötigen dringender denn je zuvor eine menschenformende, charakterstärkende Erziehung, eine Erziehung, die sie für das Leben wappnet. Die bloße Erscheinung eines solchen Lehrers vermag im Kinde den schlafenden Löwen zu wecken. – Die Stärke einer Nation liegt nicht in ihrer Armee, sondern in der ethischen und moralischen Einstellung jedes einzelnen. Einige wenige genügen, welche allein durch ihr Beispiel ihre Mitmenschen dazu anspornen, ähnliche Charaktereigenschaften zu offenbaren. – Ein Volk droht auszusterben, wenn es nicht in der Lage ist, den richtigen Menschentyp zur Erfüllung seiner Aufgaben hervorzubringen. Wir brauchen Männer und Frauen, die körperlich und seelisch stark sind, aufrichtig bis ins Knochenmark. Wir brauchen mutige, tapfere, furchtlose Menschen, Menschen mit unerschütterlichem Selbstvertrauen; denn sie sind das Salz der Nation; sie sind das Fundament, auf dem das Staatsgefüge ruht, welches künftige Generationen noch für lange Zeit beherbergen, beschützen und inspirieren wird.

Jener Priester ist ein Segen für das Kind, den Erwachsenen, die Gesellschaft, die Nation, dessen Wesen im Menschen die Erinnerung wachruft, daß das Leben Wert, Sinn und Bedeutung hat, einen Zweck und ein glorreiches Ziel verfolgt. Mit seinem leuchtenden Beispiel sollte er seine Gemeinde herausführen »von der Unwirklichkeit zur Wirklichkeit, von der Dunkelheit ins Licht, vom Tod ins Leben«. Ein Gramm gelebter Geistigkeit, die von der Wahrheit getragen wird, spricht für sich selbst und wiegt schwerer als Tonnen von Theorien, denn diese sind nichts als leere Worte. WORTE VERMÖGEN NIEMANDEN ZU ÜBERZEUGEN; SCHWEIGENDES BEISPIEL ALLEIN WIRKT GLAUBWÜRDIG. Der Priester ist Symbol Gottes. Priester – im wahrsten Sinne des Wortes – ist, wer Gott gesehen, Gott erlebt hat; eins ist mit Gott und dadurch zu Seinem Stellvertreter wurde. Ein Dutzend solcher geistiger Giganten könnten eine Nation von Grund auf verändern und die Menschen zu jenem wahren Glück führen, das nicht in den Sinnen zu finden ist, nicht in Name, Rang und Reichtum, sondern nur in der Entfaltung unseres göttlichen Geistes, unserem SELBST.

DIE ERZIEHUNG EINER NATION WIRD GEMEINSAM GETRAGEN VON DEN ELTERN ZU HAUSE, DEM LEHRER IN DER SCHULE UND DEM PRIESTER.

Unsere heutige Welt benötigt dringender denn je zuvor starke, ehrliche, aufrichtige Menschen, welche für das Wohl der Allgemeinheit arbeiten. Wir brauchen Männer und Frauen, die ihre Zeit und Energie zuerst dazu aufwenden, an sich selbst zu arbeiten, sich durch und durch zu läutern, stark, selbstbewußt und unabhängig zu werden. Erst wenn sie ihre eigenen Schwierigkeiten und Probleme gelöst haben, werden sie bereit sein für die große Aufgabe, ihre Erfahrung und ihr Wissen weiterzugeben; zuerst ihrer unmittelbaren Umgebung, und allmählich wird sich ihr Wirkungskreis vergrößern und die Massen erreichen. So werden sie zum Segen für einen jeden, der mit ihnen in Berührung kommt.

Die fünfte und wichtigste Voraussetzung für ein glückliches Leben ist zu wissen, wer wir in Wirklichkeit sind. Wir müssen die Wahrheit, die absolute Wahrheit kennen. Wenn Gott das ganze Universum geschaffen hat und Er die Vollkommenheit selbst ist, dann ist auch Seine Schöpfung göttlich und vollkommen. »Gott schuf den Menschen nach Seinem Ebenbild«, heißt es im Alten Testament.

Als man die Autorität Jesu in Frage stellte, lautete seine Antwort: »Steht nicht in eurem Gesetz geschrieben: ›Ich habe gesagt: IHR SEID GÖTTER‹?« (Joh. 10, 34).

Im Matthäus Evangelium lesen wir folgende Worte Jesu zur Verherrlichung des Menschen: »Ihr seid das Salz der Erde … Ihr seid das Licht der Welt … Lasset euer Licht so strahlen vor den Menschen, daß sie eure guten Werke sehen und euren Vater preisen, der im Himmel ist.« (Matth. 5, 13–16).

Paulus schrieb in seinem ersten Brief an die Korinther (6, 19):

»Oder wisset ihr nicht, daß euer Leib ein TEMPEL DES HEILIGEN GEISTES in euch ist, den ihr von Gott erhalten habt? ... So verherrlicht nun Gott mit eurem Leibe.«

Als sich Davids langer Weg der Suche nach Gott von der Welt seiner Vorstellung löste und ihn hineinführte in die Tiefe seines Herzens, begegnete er dort dem lebendigen Gott. Und er sprach die ergreifenden Worte: »SEI STILL UND WISSE, DASS ICH GOTT BIN.« (Psalm 46, 10).

Ich könnte in diesem Zusammenhang noch viele andere Bibelstellen zitieren, mit denen wir uns als Christen vertraut machen sollten. Sie sind eine Hilfe, um uns von der Hypnose der irrigen theologischen Auffassung, wir seien in Sünde geboren, zu lösen. – Hätte man uns doch von unserer frühesten Kindheit an die WAHRHEIT gelehrt, nämlich, daß wir Geschöpfe Gottes und daher EINS MIT IHM sind. Hätte man uns doch bewußt gemacht, daß Gott das ganze Universum nach Seinem Ebenbild schuf. Hätten wir doch gelernt, den lebendigen Gott in allem zu sehen was eine Form hat, sei es eine Ameise, ein Schmetterling, eine Biene, eine Blume, eine Frucht, ein Tier oder ein Mensch. Hätte man uns doch gesagt, daß Gott uns anschaut durch jedes Auge, das seinen Blick auf uns richtet; daß Gott zu uns spricht durch jeden Mund, der zu uns redet. Hätten wir doch gelernt, mit Gott und in Gott zu leben – wäre unser Leben nicht eine Oase des Friedens, ein Paradies auf Erden?

Als Fünfzehnjähriger hatte ich die Gewohnheit, positive, kraftvolle Gedanken zu sammeln und in ein kleines Heft zu schreiben. Um fünf Uhr morgens wanderte ich jeweils dem Meerufer von Madras entlang – langsam, tief und bewußt atmend – und las diese Gedanken der Kraft laut vor mich hin. Mehrere Jahre hielt ich an dieser Gewohnheit fest, und ich ahnte nicht, wieviel Kraft und wieviel Energie sich in meinem Unterbewußtsein aufspeicherte. Die Gedanken haben nicht nur Wurzel gefaßt, sie sind heute ein fester Bestandteil meines Lebens geworden, und keine Macht der Welt kann

diese Kraft zerstören. Ich hatte damals einen Energiestrom in Bewegung gesetzt, der mein Lebensrad mit einer solchen Geschwindigkeit dreht, daß jeglicher Schatten von Zweifel, Verzweiflung oder Finsternis zurückgeschlagen wird; so wie ein helles, blendendes Licht keine Finsternis duldet.
Möchten Sie sich diese Gewohnheit nicht auch aneignen? – Gehen Sie hinaus in die freie Natur, in den Wald oder in einen Park, möglichst allein, und lesen Sie – entweder leise oder laut – die folgenden Sätze, die so hilfreich für mich waren. Identifizieren Sie sich mit dem jeweiligen Gedanken! Eine tägliche Wiederholung über längere Zeit vermag eine grundlegende Änderung Ihrer Lebenseinstellung hervorzurufen; und nach einiger Zeit werden Sie feststellen, daß Sie wirklich innerlich gefestigt sind und eine eiserne Willenskraft besitzen.

»Laß positive, kraftvolle, aufbauende Gedanken dein Wesen durchdringen. Halte dich offen für diese, aber niemals für negative, schwächende und lähmende Gedanken.«

»Kümmere dich nicht um Fehlschläge; sie sind natürlich, sie gehören zur Fülle und Schönheit des Lebens. Was wäre das Leben ohne sie? Ohne Kampf wäre es nicht lebenswert. Wo bliebe die Poesie des Lebens? Mache dir nichts aus den Fehlern, den Kämpfen!
Eine Kuh habe ich nie lügen gehört, aber sie ist und bleibt auch eine Kuh. So lasse dich von deinen Mißerfolgen, von kleinen Rückschritten nicht entmutigen. Gib das Ideal niemals auf; tausendmal fallen, heißt tausendmal wieder aufstehen.«

»Niemand kann sich von Schwäche befreien, indem er über Schwäche nachgrübelt, sondern nur, indem er sich seine Kraft in Erinnerung ruft. Macht die Menschen bewußt von ihrer inneren Kraft.«

»Der Starke weiß, was Kraft bedeutet. Der Elefant versteht den Löwen, nicht die Maus.«

»Trage keine Schwäche in dir, nicht einmal angesichts des Todes. Bereue nichts! Schaue nicht zurück auf deine vergangenen Handlungen und Taten, weder auf die schlechten noch auf die guten. Sei frei! Der Schwache, der Ängstliche, der Unwissende wird das SELBST nie erreichen.«

»Der Mensch besitzt nur deshalb einen Körper, um SELBST-Erkenntnis zu erlangen. Wenn du immer den Neigungen der Massen folgst und dich vom allgemeinen Strom mittreiben läßt, wo bleibt da deine Charakterstärke? Das ganze Geheimnis des Lebens ist Furchtlosigkeit. Habe nie Angst davor, was aus dir wird. Sei von nichts und niemandem abhängig. Erst wenn du alle Hilfe ablehnst, bist du frei.«

»NIEMALS MUSSTE DIE WAHRHEIT IM DIENST DER GESELLSCHAFT STEHEN, WEDER FRÜHER NOCH HEUTE. DIE GESELLSCHAFT SOLL IM DIENST DER WAHRHEIT STEHEN; TUT SIE ES NICHT, DROHT IHR DER UNTERGANG.« Die WAHRHEIT hat sich nicht den Menschen anzupassen, sondern es ist Aufgabe des Menschen, sich auf die Stufe der Wahrheit zu heben. Jene Gesellschaft steht am höchsten, die es versteht, die höchste Wahrheit unverfälscht in die Praxis umzusetzen. Und sollte die Gesellschaft für die absolute Wahrheit noch nicht aufnahmefähig sein, so setzt alles daran, daß sie es wird – je früher, um so besser. Erhebt euch in diesem Geist, ihr Männer und Frauen; wagt es, an die Wahrheit zu glauben, wagt, die Wahrheit im Alltag zu leben. Die Welt braucht ein paar hundert kühne, unerschrockene Männer und Frauen, entschlossen, der Wahrheit ins Auge zu sehen; entschlossen, die Wahrheit zu vertreten, sogar angesichts des Todes. Heißt ihn sogar willkommen, den Tod – wissend, daß euer wahres Wesen Geist ist, und daß im ganzen Universum nichts existiert, was diesen Geist töten könnte. Dann werdet ihr frei sein. Dann werdet ihr um die wahre Natur eures Geistes wissen.«

»Wie hätte alles Wissen dieser Welt erlangt werden können, wenn nicht durch Konzentration der Gedankenkraft? Die Welt ist bereit, ihre Geheimnisse preiszugeben; es liegt nur an uns, richtig, und mit der erforderlichen Entschlossenheit vorzugehen. Die Kraft und die Vehemenz, mit der wir uns Zugang verschaffen, wird durch unser Konzentrationsvermögen bestimmt. UNSERE GEDANKENKRAFT KENNT KEINE GRENZEN. Je konzentrierter sie ist, desto größer ist die Kraft, die auf einen einzigen Punkt gerichtet werden kann; das ist das Geheimnis.«

»Wenn im Verlauf der Geschichte im Leben großer Männer und Frauen eine Antriebskraft im Vordergrund stand, so war es der Glaube an sich selbst. Im Bewußtsein geboren, für eine große Aufgabe bestimmt zu sein, wurden sie groß.«

»Ist ein Mensch so tief gesunken, daß er nicht mehr weiter sinken kann, kommt unfehlbar der Moment, wo er, von Verzweiflung getrieben, die aufwärts führende Richtung einschlagen muß und lernt, an sich selbst zu glauben.«

»Fürchte dich vor nichts, und du wirst Erstaunliches vollbringen. Sobald du dich fürchtest, wird dir nichts gelingen. Furcht ist verantwortlich für all das Elend auf Erden. Furcht ist der größte Aberglaube. Furcht ist die Ursache unseres Leidens; und es ist FURCHTLOSIGKEIT, die uns in einem Augenblick den Himmel öffnet.«

»Den Glauben an sich selbst zu verlieren heißt, den Glauben an Gott zu verlieren. Glaubst du an die unendliche, gütige Vorsehung, die in dir und durch dich wirkt? Wenn du davon überzeugt bist, daß die Allgegenwart Gottes jedes Atom bewegt, innewohnend ist in allem, was lebt, deinen Körper und deine Seele durchdringt – wie kannst du noch verzagen?«

»Diejenigen, die immer andere beschuldigen – und leider wächst ihre Zahl jeden Tag –, sind meistens unselbständige, unzufriedene, unglückliche Menschen. Sie haben sich selbst, durch ihr eigenes Fehlverhalten, in diesen Zustand gebracht, wälzen aber ihre Schuld auf andere ab, was nichts an ihrer Situation ändert, ihnen in keiner Weise hilft. Im Gegenteil, der Versuch, die Schuld auf andere abzuschieben, schwächt sie noch mehr. – Suche daher bei niemandem die Schuld für deine eigenen Schwächen; sei selbständig und trage die Verantwortung allein. Sage dir: ›Ich selbst habe dieses Leid verursacht, und diese Tatsache beweist, daß es einzig und allein in meiner Macht liegt, die Ursache meines Leidens zu vernichten.‹ Was ich selbst verursacht habe, kann ich auch selbst ändern; was von andern Menschen stammt, kann ich weder ändern noch zunichte machen. – Schaue deshalb deinem Schicksal mutig ins Auge; sei tapfer, sei stark!«

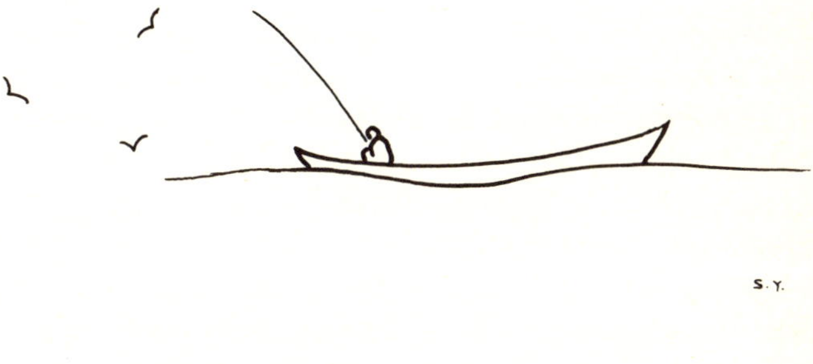

»Ihr Gottheiten auf Erden! Sünder? Es ist eine Sünde, einen Menschen so zu nennen; es ist eine ständige Beleidigung der menschlichen Natur. Erhebt euch, ihr Löwen, und schüttelt die Täuschung ab, ihr wäret Schafe. Unsterbliche Seelen seid ihr, freie Geister, gesegnet und ewig. Ihr seid nicht Materie, nicht Körper; die Materie ist euer Diener, nicht ihr seid die Diener der Materie.«

»Die unendliche Zukunft liegt vor dir. Du mußt dich immer daran erinnern, daß sich jedes Wort, jeder Gedanke und jede Handlung in dir aufspeichert; und daß einerseits die bösen Gedanken und die schlechten Taten bereit sind, dich wie Tiger anzufallen, andererseits aber auch die anfeuernde Hoffnung besteht, daß die guten Gedanken, die guten Handlungen bereit sind, dich mit der Macht von hunderttausend Engeln zu verteidigen, immer und ewig.«

(Vivekananda)

Wiederholen wir diese Gedanken täglich, am besten laut, morgens beim Erwachen und vor dem Einschlafen, ohne einen einzigen Tag auszulassen. Je mehr wir diese Gedanken wiederholen, desto stärker werden wir einen Strom von Kraft spüren, der unserem SELBST entspringt – eine unwiderstehliche Kraft, die explosionsartig unseren Aberglauben, unsere Furcht und unsere Schwäche vernichtet. Das wird der Wendepunkt unseres Lebens sein. Dann werden wir KRAFT im wahrsten Sinne des Wortes erleben, körperlich, seelisch, moralisch und geistig. Darum – STEH AUF UND SEI FREI!

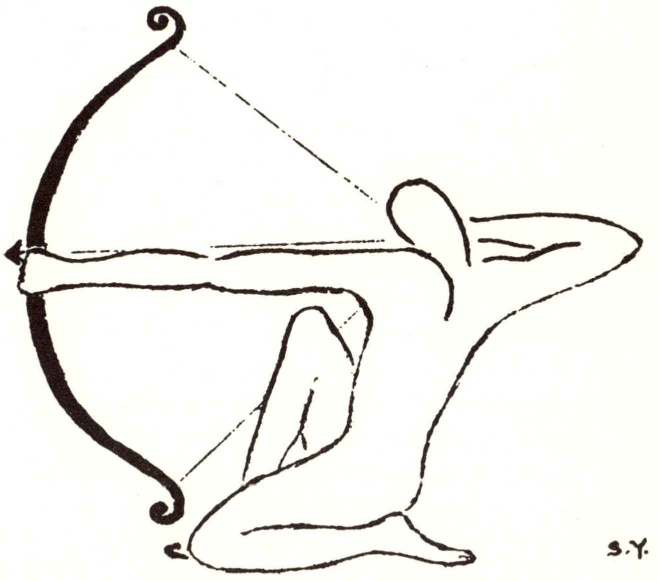

FÜR EIN BESSERES SCHICKSAL

Taten tragen Früchte, ob wir bewußt oder unbewußt handeln. – Gedanken sind Taten, Gefühle sind Taten, Worte sind Taten, Handlungen sind Taten. Gewaltige Kräfte werden dabei in Bewegung gesetzt. Dies alles geschieht in uns, auch die entsprechenden Reaktionen, und niemals außerhalb unseres Wesens. Die Wirkung unserer Taten wird Karma genannt, das Schicksal, das wir jeden Augenblick erleben und aufs neue verursachen. Unsere früheren Taten sind verantwortlich für das Schicksal, dem wir täglich begegnen, und unsere gegenwärtigen Taten formen unsere Zukunft. Die Ernte unserer guten oder schlechten Taten nennen wir Glück oder Leid. Das Gesetz von Ursache und Wirkung bleibt immer dasselbe, wir können ihm nicht ausweichen.

Betrachten wir alle unsere negativen Neigungen und destruktiven Kräfte als Rohmaterial, das uns zur Verfügung steht. Wandeln wir dieses Rohmaterial um in etwas Positives, Aufbauendes, in etwas Bleibendes und Befreiendes. Jeder Mensch trägt die Kräfte und Fähigkeiten sich zu vervollkommnen in sich. Der Kern des Guten ist auch im sogenannten »bösen« Menschen potentiell da. Verurteilen wir deshalb niemanden; versuchen wir eher, den schlafenden Riesen in uns zu erwecken. Wenn wir uns aus Unwissenheit angewöhnt haben negativ zu denken, zu fühlen und zu handeln, sollten wir unsere Gewohnheiten ändern und umwandeln in positives Denken und positives Handeln.

DIE WELT KÖNNEN WIR NICHT ÄNDERN. ABER DADURCH, DASS WIR UNS SELBST ÄNDERN, ÄNDERT SICH DIE WELT FÜR UNS. WER SICH AUF DIESE WEISE UMWANDELT, LEBT NICHT MEHR IN FALSCHEN VORSTELLUNGEN; ER SIEHT DIE DINGE, WIE SIE IN

WIRKLICHKEIT SIND, UND ER WIRD DADURCH UNBEEINFLUSSBAR UND FREI.

Die rohen Kräfte in uns zu bändigen fällt uns nicht schwer, wenn wir unseren Gedanken eine positive Richtung geben. – Machen wir eine tägliche, bewußte Gewohnheit daraus, die folgenden Gedanken regelmäßig beim Erwachen und vor dem Einschlafen entweder in einer monotonen Stimme oder nur in Gedanken zu wiederholen:

1. IN JEDER HINSICHT FÜHLE ICH MICH BESSER UND BESSER, VON MOMENT ZU MOMENT.
2. ICH OFFENBARE KRAFT IM KÖRPER UND IN DER SEELE.
3. ICH OFFENBARE DAS HÖCHSTE, MIT WENIGER KANN ICH NICHT ZUFRIEDEN SEIN.
4. ICH BIN DIE STRAHLENDE SONNE MEINES LEBENS.
5. ICH BIN, DER ICH BIN.
6. ICH BIN GEIST, DER GRENZENLOSE, DER STARKE, DER ALLES BELEBENDE, DER EWIG FREIE.
7. ICH OFFENBARE MEINEN ABSOLUT VOLLKOMMENEN GEIST, IM KÖRPER ALS STRAHLENDE GESUNDHEIT, SCHÖNE FORM, VERJÜNGTHEIT; IN DER SEELE ALS HARMONIE. ICH OFFENBARE MEINEN ABSOLUT VOLLKOMMENEN GEIST ALS MEIN EWIGES SEIN.
8. ICH STRAHLE REINHEIT AUS.
9. ICH STRAHLE FRIEDEN AUS, WO IMMER ICH BIN.
10. ICH STRAHLE LIEBE AUS MEINEN MITMENSCHEN GEGENÜBER.
11. ICH ARBEITE MIT DER MACHT UND ALLMACHT MEINES GEISTES.
12. MEINE ANWESENHEIT IM KÖRPER BEDEUTET FORM UND SCHÖNHEIT, KRAFT UND GESUNDHEIT.

13. ICH BIN DIE URSACHE. ICH BIN DIE WIRKUNG.
14. ICH BIN GEIST. MEIN KÖRPER IST GEIST. ICH VERGEISTIGE MEINEN KÖRPER; ICH VERGEISTIGE MEIN LEBEN.
15. ICH BIN DAS NIE GEBORENE, DAS NIE STERBENDE, DAS EWIGE, DAS UNSTERBLICHE.
16. ICH BIN ES ... ICH BIN ES ... ICH BIN ES
17. RUHE UND FRIEDEN ... RUHE UND FRIEDEN ... RUHE UND FRIEDEN
18. OM ... OM ... OM

Durch die Wiederholung dieser Befehle entwickeln wir unsere Innenschau, und ein Zustand der Meditation wird von selbst eintreten. Lassen wir uns nicht entmutigen, wenn wir keine sofortige Wirkung spüren. Ausdauerndes Üben führt zum sicheren Erfolg. Geduld ist jene Tugend, die wir unbedingt besitzen müssen.

Auch wenn die ganze Welt gegen dich ist – aber du bist stark –, dann wirst du überleben. Gegen die starke Wand deiner Kraft wird alles, was dich angreift, in Brüche gehen und vernichtet werden. Solange du stark bist, so lange brauchst du nichts zu fürchten.

Alles was dich schwächt, vermeide im Leben. Schwäche tötet. Schwäche ist selbstzerstörend, so, wie Rost das Eisen frißt. Schwäche öffnet die Tür zur Zerstörung. DAS TOR DES LEBENS ÖFFNET SICH VOR DEM STARKEN.

Säe Gedanken der Kraft, wo immer du gehst, und um dich wird eine unsichtbare Festung wachsen, dich zu schützen vor allen Gefahren und allem Bösen. KRAFT IST DER SCHILD DER WAHRHAFTIGEN. KRAFT IST DIE SENGENDE SONNE, DIE DEN FEIND BLENDET. ALLEIN DER STARKE IST UNBESIEGBAR.

Zwei Dinge sollen wir im Leben immer vor Augen halten: WER WIR SIND UND WAS UNSERE AUFGABE HIER AUF ERDEN IST. Das Bewußtmachen der folgenden Wahrheit wird uns einweihen in das Wissen um unser göttliches Erbe und um unsere irdische Aufgabe: ICH BIN GEIST, DER GRENZENLOSE, DER STARKE, DER ALLES BELEBENDE, DER EWIG FREIE. ICH OFFENBARE MEINEN ABSOLUT VOLLKOMMENEN GEIST, IM KÖRPER ALS STRAHLENDE GESUNDHEIT, SCHÖNE FORM, VERJÜNGTHEIT; IN DER SEELE ALS HARMONIE; UND IM GEIST ALS MEIN EWIGES SEIN.

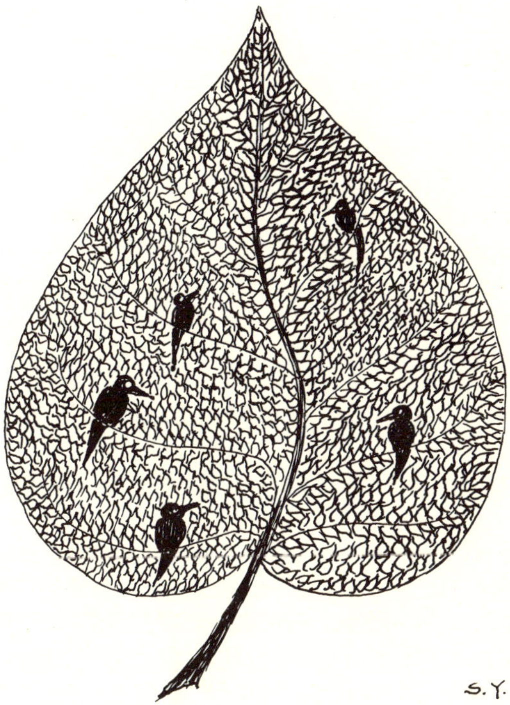

GEDANKEN ÜBER DAS SCHICKSAL

Frage: Würden Sie bitte heute über das Schicksal sprechen?

Antwort: Der Begriff »Schicksal« wird bei den meisten Menschen von Kindheit an mit einer lähmenden Angst vor einer unsichtbaren Macht, die unser Leben bestimmt, assoziiert. Wir denken sofort an unsere Vergangenheit zurück, die so oft mit Kampf, Mühsal und manchen menschlichen Tragödien überhäuft, und hier und da von ein paar Funken Freude aufgehellt war. Wir denken an unsere gegenwärtige Lage und – mit einer gewissen Ängstlichkeit und Beklemmung – an die Zukunft, was sie uns und unseren Angehörigen wohl bringen werde. Wir resignieren und sind bereit, anzunehmen, was das Schicksal für uns bereit hält. Das Schicksal stellen wir uns als intelligente Kraft vor, die sozusagen hinter den Kulissen arbeitet. – Diese Reaktion ist menschlich, persönlich und subjektiv.

Was aber ist die objektive Wahrheit? Was ist das Schicksal wirklich?
Das Schicksal ist der Zustand, in dem wir uns ständig befinden, und jeder Zustand ist wiederum eine Reaktion – das Ergebnis von etwas, das wir in der Vergangenheit verursacht haben. Was immer wir tun, sei es in Gedanken, in unseren Gefühlen, mit Worten oder Handlungen, setzt gigantische Kräfte in Bewegung. Und da wir jeden Augenblick unseres Lebens auf irgendeine Art und Weise tätig sind, ist es uns nicht möglich, die Kräfte, die wir größtenteils unbewußt in Bewegung gesetzt haben, zu erkennen – geschweige denn, sie zu lenken.

Was geschehen ist, ist geschehen. Wir können unsere vergangenen Handlungen und Taten nicht ändern. Jeden Augenblick erfahren wir die Folge irgendwelcher früherer Tat, so unbedeutend sie auch gewesen sein mag; jeden Augenblick erleben wir unser Schicksal. Es bleibt uns nichts anderes übrig, als unsere Verantwortung wahrzunehmen und mutig zu sagen: »ICH BIN MEIN EIGENES SCHICKSAL.« – Jedes Antlitz, auf das wir schauen, widerspiegelt das Schicksal jenes Menschen. Wir können das Schicksal anderer nicht ändern und sollten es auch nicht versuchen. Das Geschick unserer Nation zu beeinflussen liegt ebenfalls nicht in unserer Macht. Wenn aber ein paar Männer und Frauen alles unternehmen, damit sich ihr eigenes Schicksal zum Besseren wendet, inspirieren sie vielleicht ihre Mitmenschen dazu, dasselbe zu tun und tragen in dieser Weise zur Veränderung und Verbesserung des Geschicks ihrer Nation bei.
Wir haben ein Wort in Indien für Schicksal, wir nennen es Karma. Karma bedeutet gleichzeitig auch Charakter – ein anderer Ausdruck für ein Bündel Gewohnheiten. Wenn wir manche Gewohnheiten ändern, verändert sich unser Charakter und somit unser Karma, unser Schicksal. – Betrachten wir unseren Körper mit Stolz, denn wir waren es, die wir ihn von Kindheit an aufgebaut haben. Ebenso sollten wir uns bewußt sein, daß wir, so, wie wir jetzt sind, das Ergebnis darstellen von allem, was wir in der Vergangenheit gedacht, gefühlt und getan haben. Sagen wir uns selbst: Ich allein habe mich in diesen Zustand gebracht; ich allein werde mich erheben, auf die Höhe, die ich bestimme. Karma oder Schicksal beweist unsere ureigene Freiheit, es ist die ewige Bestätigung unserer wahren Natur – Freiheit. Momentan schlummert unser inneres Wesen vielleicht noch; aber je bewußter wir werden, um so mehr offenbaren wir unser SELBST. – Erst dann wird Verantwortungsgefühl in uns lebendig.
Nur der bewußte Mensch weiß, was Verantwortung bedeutet. Solange wir unbewußt und unwissend sind, ist unser Le-

ben vorbestimmt – das heißt, unser allwissendes höheres SELBST, von dem wir noch nicht bewußt sind, bestimmt unsere Handlungen und Taten. Wir haben keinen freien Willen, selbständig zu entscheiden und zu handeln. Unser Leben ist geführt, jeder Schritt gelenkt von unserem eigenen höheren Selbst.

Mit der Entfaltung seines Bewußtseins nimmt der Mensch wahr, daß er immer selbständiger wird, seinen eigenen Willen offenbart. Er ist vorsichtig, denn er weiß, daß seine Taten Früchte tragen – gute oder schlechte. Er weiß, wie er das Schwert des Unterscheidungsvermögens gebrauchen muß, um stark und unbesiegbar durch das Leben zu gehen.

Karma oder Schicksal – die Folge unserer unzähligen Handlungen und Taten – kann mit den sich überschlagenden Wellen eines stürmischen Meeres verglichen werden. Der bewußte Mensch ist einer, der ein stark gebautes Schiff durch diese hohen Wellen lenkt, über welches er – trotz aller Stürme – stets die Herrschaft behält.

DAS UNAUSWEICHLICHE GESETZ DES KARMA

Wenn man von einem Land wie Indien kommt, wo das Gesetz des Karma, das Drama des Schicksals, sich so unverhüllt vor unseren Augen abspielt in all seiner Nacktheit, dann kann man nicht anders, als offen und ehrlich Vergleiche ziehen. – Der Mensch im Westen ist im allgemeinen zu sehr mit äußeren Dingen beschäftigt, als daß er über die Folgen seiner Handlungen und Taten nachdenken würde. Oft ist es ihm gar nicht bewußt, daß er selbst sein Schicksal bestimmt, denn er kennt das Gesetz des Karma nicht. Er weiß nicht, daß es keinen Zufall gibt, sondern daß er alles, was in seinem Leben geschieht, selbst verursacht. Das Feuer der Tätigkeit rinnt durch seine Adern, und sein Herz pulsiert mit Begeisterung und Enthusiasmus, wann immer er ein Ziel, das er sich selbst gesteckt hat, erreichen will. Erst später kommt er zur Besinnung, dann aber hilft kein Bedauern, keine Reue, kein Versuch, das Vergangene wiedergutzumachen. Wir neigen dazu, gewisse Dinge im Leben leichtfertig zu übersehen, und mit der Zeit nehmen wir aus lauter Gleichgültigkeit unsere Verantwortung uns selbst und anderen gegenüber nicht mehr wahr.

In Indien haben viele von uns die eine oder ander Lektion gelernt, die uns das Leben erteilt hat; es liegt in unserem Blut, unseren Blick nach innen zu richten, um über unsere Handlungen nachzudenken, einen Entscheid nochmals zu erwägen, bevor wir ihn ausführen. Wir können es uns nicht leisten, unbekümmert und leichtfertig zu handeln, denn das Schicksal hat uns des öfteren erbarmungslos mit der Peitsche zur Vernunft gebracht. Der traurige Ausdruck ist nur an der Oberfläche; aber tief in unserem Herzen verbirgt sich Freude. – Wir haben Zeit im Orient, von der Höhe des Her-

zens auf das Leben zurückzublicken; von der Tiefe unseres Wesens schauen wir zu, wie schnell das Leben an uns vorüberzieht. Und wenn Probleme auftauchen, sagen wir uns mit einem Lächeln: »Es lohnt sich nicht!«
Die Endsumme unserer vergangenen Taten holt uns früher oder später ein. Sollten wir uns deshalb nicht ernsthaft bemühen, über unsere Handlungen und deren unausweichliche Folgen nachzudenken? Wenn auch unsere Augen auf die äußere Welt eingestellt sind, unser Gehirn wach und unsere Hände bereit sind, uns voll für eine Sache einzusetzen, so laßt uns doch wenigstens in Augenblicken der Stille auf die Stimme aus unserem Inneren horchen und uns offen halten für die Weisheit des Herzens.
Eines Tages werden wir mit Überzeugung sagen können: Ich bin das Schicksal, das ich verursacht habe; denn ich bin sowohl die Ursache als auch die Wirkung. KARMA IST DIE EWIGE BESTÄTIGUNG MEINER FREIHEIT.

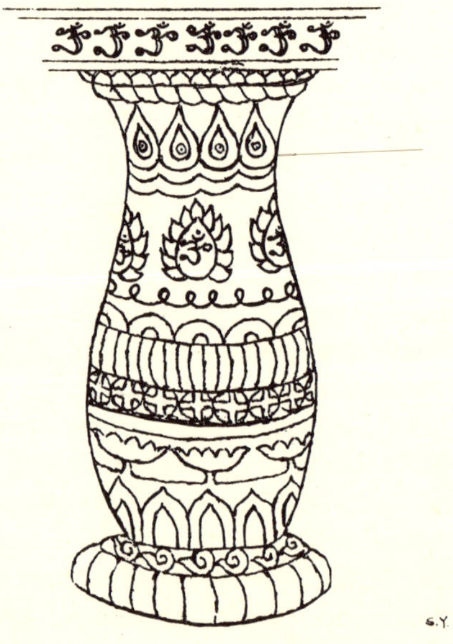

SELBSTERKENNTNIS

Frage: Wie erlange ich Selbsterkenntnis?
Antwort: Selbsterkenntnis bedeutet, mich selbst im Spiegel des Herzens zu betrachten; zu erfahren, wer ICH in Wirklichkeit bin. Es ist nicht so schwierig, wie es scheinen mag, denn wir handeln immer von innen heraus, unter dem Impuls unseres SELBSTES. Wir sollten lernen, Betrachter zu sein, Zuschauer von allem, was in uns vorgeht.

Frage: Wie kann ich mich von den Geschehnissen trennen und ein Beobachter, ein Zeuge sein?
Antwort: WENN DU WISSEN WILLST, WO DU IM LEBEN STEHST, BEOBACHTE DEINE GEDANKEN. Wir werden eine interessante Entdeckung machen: Unsere Gedanken steigen und fallen wie ein Barometer. So, wie wir uns auf drei Ebenen offenbaren – der körperlichen, der mental-emotionellen und der geistigen, so weilen unsere Gedanken abwechslungsweise auf der Sinnesebene, auf der Verstandes- und Gefühlsebene oder auf der geistigen Ebene. Gedanken lassen sich erziehen. Wir sollten uns wiederholt bemühen, unsere Gedanken auf eine höhere Ebene emporsteigen zu lassen, bis sie im SELBST verankert sind. Wenn es uns gelingt, auf dieser höchsten Ebene zu weilen, dann existieren keine Gedanken mehr; wir befinden uns in einem SEIN-Zustand. – Wenn sich unsere Gedanken auf der untersten Ebene befinden, dominieren unsere sexuellen Wünsche. Es ist die sexuelle Kraft, die für die Zeugung eines Kindes verantwortlich ist; die Natur lockt die zwei Geschlechter mit einer un-

widerstehlichen Anziehung, wie zwei Magnete. Sie erweckt in ihnen das höchste Gefühl der Liebe, zwingt sie, einander ihre besten körperlichen Kräfte – die sexuelle Energie – zu schenken; und siehe, eigentlich wurde der ganze Liebesakt für ein drittes Wesen, ein Kind gespielt. – Ein kurzes Glücksgefühl ist alles, was uns die Sexualität anbieten kann. Wenn wir uns darüber klar sind, werden wir nicht länger Sklaven unserer sexuellen Wünsche sein.

Die nächste Ebene, auf der sich unsere Gedanken bewegen, ist die Mental- und Gefühlsebene, wo Wünsche und Sehnsüchte – zahlreicher als die Sterne am Himmelsgewölbe – geboren werden. Sie alle streben nach Erfüllung, sei es durch Gedanken, Worte, Gefühle, Handlungen oder Taten, bis allmählich unsere Vorstellungen und Wunschträume Form annehmen, bis alle unsere Wünsche erfüllt sind. – Das Geheimnis, das reiche Panorama des Lebens zu genießen, besteht darin, sich nicht darin zu verstrikken. Auch wenn wir noch so viele Wünsche haben, sollten wir ihretwegen unsere Freiheit nicht aufgeben. LASSE NIE DIE DINGE, DIE DU BESITZEST, VON DIR BESITZ ERGREIFEN. Sei frei. Bewege dich frei – gleichgültig, ob du etwas dein eigen nennst auf dieser Welt oder nicht.

Ein Geschäftsmann sagte mir einmal ganz verzweifelt: »Herr Yesudian, die Fabrik, die mein Vater vor dem Krieg aufgebaut und erfolgreich geführt hatte, war nach einer Bombardierung völlig zerstört. Ich baute sie dann mit großem Enthusiasmus wieder auf und machte sie zu einem blühenden Betrieb mit 2000 Angestellten. Jetzt habe ich durch eine Kette unglücklicher Umstände alles verloren. Ich bin völlig ruiniert. Was soll ich tun?« Ich ergriff seine Hand, schaute ihm in die Augen und fragte nur: »Haben Sie

wirklich *alles* verloren?« Er verstand meine Frage sofort und meinte flüsternd: »Ja, Sie haben recht. Ich habe MICH SELBST nicht verloren.«
Sollte uns je ein Unglück heimsuchen, so fragen wir uns: »Was habe ich mitgebracht, als ich zur Welt kam? – Nicht einmal eine Windel. Was nehme ich mit, wenn ich eines Tages dieses irdische Kleid able-ge? – NICHTS.« – Leben wir so frei wie wir waren, als wir auf dieser Erde erschienen; und seien wir ebenso frei, wenn wir einst die irdischen Gefilde verlassen. Das ist wahre Freiheit.
Erst, wenn wir unsere Aufmerksamkeit nach innen richten, können wir die Dinge vom richtigen Standpunkt aus betrachten; dann allein wird Unterscheidungsvermögen geboren. Niemand kann uns besser zu wissen geben was wir aus einer Situation lernen müssen, als unser eigenes allwissendes SELBST, das wir als unsere innere Stimme wahrnehmen. Wenn wir danach handeln, so handeln wir aus Überzeugung, aus ureigener Erfahrung. – »Wer Ohren hat, soll hören!« Hören, nach innen horchen und nach der Stimme unseres SELBSTES handeln, das ist die wahre Bedeutung von UNTERSCHEIDUNGSVERMÖGEN.
Gewöhnen wir uns daran, unsere Aufmerksamkeit immer wieder nach innen zu lenken, in unserem SELBST zu verweilen. Dann »bauen wir unser Haus auf Felsen und nicht auf sinkendem Sand.« Von der Höhe unseres Herzens werden wir unsere eigene Entfaltung, unser inneres Wachsen und die Ausdehnung unseres Bewußtseins betrachten, ohne unter deren Einfluß zu gelangen, ohne unsere innere Ruhe zu verlieren. Wir werden jeden Zustand, in dem wir uns befinden und jede Entwicklungsstufe, durch die wir gehen, verstehen und annehmen.

Frage: Gibt es einen Zusammenhang zwischen den drei GUNAS, die in der Yoga-Philosophie beschrieben sind, und den Entwicklungsstufen, die Sie soeben erwähnten?

Antwort: Ja, richtig. – Wir erleben immer wieder einen Zustand der Stagnation, der Lustlosigkeit, der Trägheit, den wir TAMAS nennen. Darauf folgt eine Periode der Spannung, Unruhe und Rastlosigkeit, RAJAS genannt, die uns weckt und aktiviert, diese Stagnation zu vernichten. Rajas, die intensive Tätigkeit, führt uns schließlich zu SATTVA, einem Zustand innerer Ruhe, Ausgeglichenheit und Harmonie.

Wir können die drei Gunas mit einem Vulkan vergleichen, wobei wir uns Tamas als den schlafenden, inaktiven Vulkan vorstellen; Rajas als aktiven, feuerspeienden Vulkan; und Sattva könnte mit dem ruhenden Zustand des Vulkans nach dem Ausbruch und dem Hinausschleudern feuriger Lava verglichen werden. Dieser Ruhe werden aber später wieder Eruptionen folgen, und der ganze Ablauf wird sich von neuem abspielen.

Wir sollten jederzeit in der Lage sein, nach innen zu schauen und zu erkennen, in welchem der drei Zustände wir uns befinden. Nur wenn wir uns von den drei Gunas – Tamas, Rajas und Sattva – nicht beherrschen lassen, können wir uns frei entfalten.

Dazu erzähle ich ihnen eine Geschichte. – Ein reicher Mann durchquerte auf seinem Heimweg einen dichten Wald. Plötzlich wurde er von drei Räubern überfallen und ausgeplündert. »Töten wir ihn!« sagte der erste Räuber. »Warum sollten wir ihn töten?« meinte der zweite, »binden wir ihn an einen Baum; die wilden Tiere werden ihn auffressen.« Gesagt, getan. Darauf packten die Räuber ihre Beute zusammen und zogen weiter. Der dritte Räuber aber, der

ein gutes Herz hatte, kehrte nach einer Weile zurück, befreite den reichen Mann von seinen Fesseln und sagte: »Herr, es wird bald dunkel. Gehen Sie in diese Richtung, der Weg wird Sie aus dem Wald heraus führen; aber beeilen Sie sich, damit die wilden Tiere Sie nicht angreifen.« – »Freund, du hast mich befreit und mir mein Leben gerettet«, sagte der reiche Mann voller Dankbarkeit, »wenn du je in unsere Stadt kommst, wo mich jeder kennt, besuche mich und sei mein Gast.« – »Herr, das kann ich nicht«, entgegnete der Räuber, »sobald ich meinen Fuß in die Stadt setze, wird mich die Polizei verhaften, denn schließlich bin ich ein Räuber!«
Die drei Gunas – Trägheit, Aktivität und Ausgeglichenheit – können mit den drei Räubern verglichen werden. Bemühen wir uns, nicht unter ihre Herrschaft zu gelangen, damit sie uns niemals unserer Freiheit berauben können.

DIE FUNKTION DES VERSTANDES

Frage: Welche Funktion erfüllt der Verstand?

Antwort: Der Verstand an sich ist ein Spiegel. Seine Funktion besteht darin, daß er uns Eindrücke vermittelt, welche die fünf Sinnesorgane von der relativen Ebene, von der Welt der Erscheinung empfangen. Mit Hilfe des Verstandes sind wir fähig zu denken, zu erkennen, zu unterscheiden und schließlich zu beurteilen. – Wenn ein Problem auftaucht, ist die erste Funktion des Verstandes, das Problem wahrzunehmen. Die zweite Funktion besteht darin, daß uns der Verstand unweigerlich nach innen schauen läßt, um die Lösung des Problems zu finden; er macht uns introvertiert. Mit dem Verstand stellen wir uns Fragen wie »Was soll ich tun?« oder »Wie könnte ich dieses Problem lösen?« – Je mehr wir unsere Aufmerksamkeit nach innen lenken, desto schneller verlieren wir Unsicherheit und Angst; so, wie ein Seiltänzer, der innerlich gesammelt und konzentriert sein muß und der es sich nicht leisten kann, während einer Vorführung auf schwindelnder Höhe an sein Abendessen zu denken. – Wenn der Verstand nach innen gekehrt ist, wird Urteilskraft und Unterscheidungsvermögen geboren. Dann sind wir fähig zu unterscheiden zwischen falsch und richtig, wesentlich und unwesentlich. Wer Unterscheidungsvermögen besitzt, ist unverletzbar.

EINE STUFE HÖHER ALS GEDANKEN

Frage: Wenn ich zuviel nachdenke, ins Grübeln gerate, scheinen die Probleme immer größer und gewichtiger zu werden …

Antwort: Gedanken sind Schöpfung. Sie rufen Wünsche, Sehnsüchte, Ambitionen wach, die uns natürlich unruhig und gespannt werden lassen. Als Folge davon verlieren wir unser inneres Gleichgewicht. Wir sollten unsere Gedanken wiederholt daran gewöhnen, zu unterscheiden zwischen Wesentlichem und Unwesentlichem; Wissen und Scheinwissen; Wahrheit und Täuschung. Durch Unterscheidungsvermögen wird Wissen und Wahrheit in uns lebendig. Lenken wir unsere Gedanken, unsere Aufmerksamkeit nach innen, wo Ruhe und Friede herrschen.

Handlungen, die aus diesem Frieden heraus ausgeführt werden, bewirken keine Bindung. Und wo keine Abhängigkeit ist, herrscht wahre Freiheit.
Im SEIN-Zustand befindet sich der Mensch jenseits der Gedankenwelt. Er sieht und erkennt die Dinge wie sie in Wirklichkeit sind. Intellekt steht höher als Instinkt. Intuition steht höher als Intellekt. Am allerhöchsten aber steht Inspiration. Im SELBST zu sein, bedeutet, im Geist (im »Spirit«) zu sein. Im »Spirit« zu sein, bedeutet, inspiriert zu sein.

KONZENTRATION

Die Lehre eines indischen Weisen in bezug auf Gedankenbeherrschung sagt:
»Nehmen wir an, die durchschnittliche Zahl der Gedanken, die während einer gegebenen Zeit durch das Gehirn eines Menschen fließen, sei hundert; angenommen, es gelingt ihm, durch wiederholtes Üben, diese auf achtzig zu reduzieren, so kann man sagen, daß er sein Konzentrationsvermögen um zwanzig Prozent erhöht hat. – Deshalb ist der direkte Weg, Konzentrationskraft zu erlangen, das Üben im Reduzieren seiner Zahl von Gedanken.«

SEI STILL UNS WISSE, DASS ICH GOTT BIN

SEI STILL UND WISSE, DASS ICH BIN

SEI STILL UND WISSE

SEI STILL

SEI!

WAS BEDEUTET »GEWISSEN«?

Frage: Was bedeutet »Gewissen«?

Antwort: Es ist die Stimme unseres SELBSTES, die uns führt, lehrt, unsere Schritte lenkt. Auf diese innere Stimme hören und vertrauen wir; auf ihr bauen wir das Leben auf, bis wir das Ziel des absoluten Wissens – das Bewußtsein, daß wir Geist sind und nicht Materie – erreicht haben. Solange wir uns auf dem Weg zu dieser höheren Entwicklungsstufe befinden, werden alle unsere Handlungen und Taten von unserem innewohnenden SELBST bestimmt, dessen ausführendes Organ wir »Gewissen« nennen. – Die Welt können wir irreführen; es mag sein, daß wir uns selbst manches vortäuschen – doch der Stimme unseres Gewissens können wir niemals entgehen, gleichgültig, wo wir uns befinden, ob wir ein tugendhaftes Leben führen oder nicht. Auf dem Weg zu einem höheren Bewußtseinsgrad ist das Gewissen die einzige Kontrolle, die uns zu wissen gibt, ob wir falsch oder richtig handeln. Bis wir den SEIN-Zustand erreicht haben – wo wir nicht länger überlegen und analysieren müssen, weil wir all das, was wahr und richtig ist sozusagen verkörpern –, bis dahin ist es die Stimme unseres Gewissens, die uns zu unterscheiden hilft, die uns die möglichen Folgen einer Tat abwägen läßt, bevor wir handeln. Es ist unser Gewissen, dem wir am »Tag des jüngsten Gerichtes« gegenüberstehen, wenn die Stunde unseres Abschieds gekommen ist. Vor dem Gewissen werden wir abrechnen müssen über alle unsere Taten, die wir im Laufe des Lebens vollbracht haben. Und es ist wiederum unser Gewissen, das uns nicht weitergehen läßt, bevor wir dem Schicksal alles zurückzahlen, was wir ihm schulden, wenn wir einst die Ernte unserer Handlungen in Empfang nehmen dürfen. Es läßt uns keine Ruhe, bis wir uns aus eigenem Willen, entschlossen und zielbewußt entscheiden, unser Karma abzubezahlen, zum eigenen Wohl und zum Wohl unserer Mitmenschen. Das Leben bietet uns allen Gelegenheit, karmische Schulden zu begleichen, Vergangenes in Ordnung zu bringen, damit wir in Frieden und Harmonie mit uns und der Welt leben können. Das ist das unausweichliche Gesetz des Lebens; es bedeutet Gerechtigkeit, so, wie wir sie sehen und verstehen sollten. Erst wenn wir herauswachsen aus unserer physischen Begrenztheit und WISSEN, DASS WIR GEIST SIND, werden wir es nicht länger notwendig finden, auf unser Gewissen zu horchen. Wenn der Mensch allbewußt geworden ist, braucht er keine

Kontrolle mehr für seine Handlungen und Taten; die innere Stimme, die ihm geholfen hat, bewußt und allbewußt zu werden, wird überflüssig – er ist identisch mit seinem Gewissen. Dann sind wir am Ende unseres Pfades angelangt und eingetreten in jenes erhabene Bewußtsein, wo wir sagen können: ICH HABE KEIN GEWISSEN, WEIL ICH ES BIN.

EINWEIHUNG, EIN PROZESS DES BEWUSSTWERDENS

Kurz nach dem Fall von Budapest im Jahre 1945, durchsuchten die Russen jedes Haus der Stadt nach Widerstandsnestern und nahmen alle Männer, die sie in den Häusern finden konnten, gefangen. Die Gruppe, der ich zugeteilt wurde, bestand aus etwa fünfhundert Gefangenen, lauter Zivilisten. Meine dunkle Hautfarbe unterschied mich zwar deutlich von meinen ungarischen Gefährten, doch das hatte die russischen Soldaten nicht daran gehindert, auch mich gefangenzunehmen. Manche Geschehnisse jener Zeit sind im Buch »Selbsterziehung durch Yoga« erwähnt. Mehr davon zu erzählen – über die führende Hand der göttlichen Vorsehung, im Guten wie im sogenannten Schlechten, ob wir dessen bewußt sind oder nicht – würde ein ganzes Buch füllen.

Während ich mit meinen Mitgefangenen in der bitteren Februarkälte durch den Schnee watete – nur ein Pullover und

ein dünner Regenmantel schützten mich vor der Witterung – tauchte in mir der Gedanke auf, daß ich zeit meines Lebens mein Geschick bedingungslos in Gottes Hand gelegt hatte. Als Kind kannte ich Armut und Hungersnot, aber auch bessere Tage im damals legendären »Eversleigh Boys Club« in Madras, wo ich zuerst als Wölfling und später als Pfadfinder und Führer von 35 kleinen Wölflingen glückliche Zeiten verbrachte. Jene göttliche Führung erlebte ich auch während meiner Studienzeit an der Hochschule für Körpererziehung und an der medizinischen Fakultät der Universität in Budapest. Dies alles war eine Vorbereitung für meine Berufung, auf dem Gebiet des Yoga meinen Mitmenschen behilflich zu sein. Die Aufeinanderfolge aller bisherigen Erfahrungen geschah offensichtlich nach einem bestimmten höheren Plan; aber nach wie vor war das innere Selbst mein einziger Lehrer, und ich war bereit, alles über das Leben zu lernen, was ich zu lernen hatte.
Es war schon der fünfte Tag unserer Gefangenschaft, und noch immer marschierten wir durch den Schnee, der uns bis zu den Knien reichte, ohne Nahrung, ohne Rast. Das grimmige Antlitz des Todes verfolgte uns auf Schritt und Tritt und forderte seine Opfer unter den Schwachen und den Betagten. Ihre letzte Ruhestätte war das offene Feld, und der Schnee, der unaufhörlich fiel, bedeckte bald ihre vom Leid gezeichneten Gesichter; Mutter Erde erhielt ihre Söhne zurück.
In meinem Inneren hörte ich eine Stimme: »Während deiner letzten Yogastunde hast du über Freiheit gesprochen; du sagtest, wir seien immer frei, in glücklichen und in leidvollen Zeiten, im Leben und im Tod. Bist du jetzt ein Gefangener der Russen oder bist du frei?« Lange sann ich darüber nach, bevor ich antwortete. Ich wußte, daß das, was ich damals an unserer Yogaschule in Budapest unterrichtete, die Wahrheit war. Ich wußte aber auch, daß die Wahrheit drei Stufen hat: man hört die Wahrheit, man sieht sie mit seinen inneren Au-

gen und am Ende i s t man die Wahrheit. Ich hatte die Wahrheit gehört, ich hatte sie auch gesehen, so, wie man einen weit entfernten Berggipfel sieht. Und jetzt erlebte ich die Wahrheit. Mein Meister in Indien hatte mich gelehrt: Je mehr die Umstände gegen dich sind, desto entschlossener stelle dich ihnen entgegen. Je mehr du kämpfst, um so stärker offenbart sich deine innere KRAFT. Das Leben bot mir mancherlei Gelegenheit durch Leid zu lernen, und ich wußte, daß es mich niemals vernichten konnte. Im Gegenteil, es forderte mich heraus; es zwang mich, noch tiefer in mich zu gehen, um jene Energiequelle zu entdecken, aus der ich die Kraft schöpfen konnte, die ich gesucht hatte, die mich zum Gladiatoren machte in der Arena des Lebens. Ich wußte, daß mein Lebenspfad mit scharfkantigen Steinen des Leides übersät war. – Aus der Tiefe meines Wesens heraus kam die Antwort: »Als freier, unsterblicher Geist existierte ich vor meiner Geburt. Ich bin frei; frei in diesem Augenblick und frei werde ich ewig sein.« Nach jenen bedeutungsschweren Worten wurde mir klar, daß es die Richtigkeit dieser Aussage zu beweisen galt, und ich wußte, daß mir noch viel Leid bevorstand, das mich einweihen sollte in die wahre Freiheit. Um diese ganz besondere Erfahrung zu machen, mußte ich vom fernen Indien nach Ungarn kommen. Ich erinnerte mich an die Worte des Hirten David: »Und ob ich schon wanderte im finstern Tal, ich fürchte kein Unglück, denn DU bist bei mir …«
Tagelang stapfte ich mühsam durch den tiefen Schnee, müde und hungrig, der bitteren Winterkälte ausgesetzt. Ich mußte wahrlich durch eine höllische Prüfung gehen. Doch ich hatte die Feuerprobe bestanden und kam heraus als bewußter Zeuge, daß einzig und allein mein Körper litt, nicht aber mein Geist. Ich wußte, daß dies ein Prozeß der Einweihung, der Bewußtwerdung war. Wie viele Schleier der Unwissenheit wurden schon in der Vergangenheit zerrissen und wie viele werden es in Zukunft sein? Die allerletzte Ein-

weihung, der niemand entgehen wird, ist der Übergang vom Tod ins Leben. Machten es nicht jene Weisen aus uralten Zeiten fast zum Gebot, daß jung und alt auf dem Boden Aryavarthas (Indiens) in ihrem geistigen Streben die anspornenden Worte wiederholen sollten: »FÜHRE MICH VON DER UNWIRKLICHKEIT IN DIE WIRKLICHKEIT, VON DER FINSTERNIS INS LICHT, VOM TOD INS LEBEN.« (Siehe »Selbsterziehung durch Yoga«, 2. Kapitel: »Woran wir glauben, wird Wirklichkeit«).

Der Krieg war beinahe zu Ende, als ich – wie durch ein Wunder – statt in Sibirien zu landen, nach Budapest zurückkehrte. Armut war das allgemeine Los, und jedermann war in erster Linie um Nahrung besorgt. Die meisten Häuser waren bombardiert worden und die Wohnverhältnisse entsprechend dürftig. Die Stadt gähnte wie ein offenes Grab. Seuchengefahr drohte, denn die Ratten trieben selbst am Tage überall ihr Unwesen, lagen doch unzählige Leichen unter den Trümmern der eingestürzten Häuser begraben. Die Bürger wurden aufgefordert, in jedem Haus Rattengift zu streuen – mit dem Erfolg, daß innerhalb einer Woche Millionen von Ratten ausgerottet wurden. Geld war zu jener Zeit wertlos, Nahrung und Wasser gab es nur spärlich. Die Bauern brachten Grundnahrungsmittel wie Eier, Butter, Käse, Kartoffeln und Mehl in die Stadt, um sie gegen Kleider, Geschirr und allerlei Hausrat einzutauschen. Selbst Menschen, die bessere Tage gekannt hatten, machten sich nichts daraus, mit kleinen Bündeln von Kleidern und anderen brauchbaren Gegenständen auf den Marktplätzen zu erscheinen, um sie gegen ein paar Eßwaren einzutauschen.

Ich lebte zu jener Zeit bei Frau Haich und ihrer Familie. Auch ich sammelte was ich konnte an Schuhen, Kleidern, Anzügen und Wäsche, machte mich in meinen zerrissenen Kleidern zu Fuß auf den Weg, in der Hoffnung, daß das Glück mir an jenem Tag wohlgesinnt sei. Es war schon beinahe ein gewohnter Anblick, Leuten zu begegnen, welche zwei linke Schuhe trugen, zwei rechte oder einen braunen und einen schwarzen Schuh. Wer konnte sich damals schon normal anziehen! Großgewachsene Männer trugen kurze, enge Wintermäntel, die eher Zwangsjacken glichen; andere wiederum hatten viel zu große, weite Kleider an, was ihnen das Aussehen eines Clowns gab. Ein solcher Anblick lockte auf manchen Gesichtern ein Lächeln hervor und ließ einen für einen Augenblick die Not und den Ernst der Lage vergessen. Aber wer kümmerte sich schon darum, wie man aussah, bei dieser unfreiwilligen Maskerade auf den Straßen und Plätzen der Stadt. Jeder war nur darauf erpicht, sich Nahrung zu verschaffen, denn wir waren alle ausgehungert.

Zögernd fragte ich auf ungarisch, ob ich zeigen dürfe, was ich gebracht hätte und begann mein Bündel aufzuschnüren. Doch die grobe Antwort war: »Mach daß du fortkommst, du schmutziger Zigeuner, sonst rufe ich die Polizei! Woher hast du diese guten Kleider gestohlen, hm?« Vielleicht hatten mein schäbiges Äußeres und meine dunkle Hautfarbe der Bäuerin den Eindruck gegeben, ich sei ein Zigeuner – schließlich stammen die Zigeuner aus Indien! In meinem körperlich geschwächten Zustand – ich war nur noch Haut und Knochen, ohne jegliche Widerstandskraft – konnte ich diese harten Worte kaum ertragen. Die Vorwürfe, die ich nicht verdient hatte, schnürten mir die Kehle zu; Tränen rollten über meine eingefallenen Wangen, und alles, was ich im Flüsterton herausbrachte, war: »Ich bin kein Zigeuner, und diese Kleider habe ich nicht gestohlen.« – »Was bist du denn – ein Neger vielleicht?« fragte sie schroff. »Nein, ich bin ein Inder«, antwortete ich leise, während ich meine Habseligkeiten wieder zusammenpackte, um möglichst schnell von diesem Ort wegzukommen.

»Was, ein Inder?« fragte ein junger Mann aus einem kleinen Laden ganz in der Nähe. »Ja«, sagte ich. – »Aber Sie sind nicht zufällig Herr Yesudian?« fragte er ganz aufgeregt. »Doch, ich

bin es«, erwiderte ich mit leiser Stimme. Aus Angst vor einer weiteren Demütigung wollte ich eben meine Sachen nehmen und wegspringen, als der junge Mann plötzlich vor mir stand. In seinen Augen schwammen Tränen, als er mich grüßte. Er nahm meine Hand und führte mich in seinen Laden. »Diese Begegnung ist kein Zufall«, sagte er. »Ich wäre Ihnen unendlich dankbar, wenn Sie etwas Zeit für mich erübrigen könnten. Sie können sich kaum vorstellen, was es mir bedeutet, Sie persönlich kennenzulernen. Darf ich Ihnen erzählen, wie Sie mein Leben retteten?«
Bald hatte sich eine Menge Leute, die alles mitangesehen hatten, um uns versammelt. Sie alle wollten teilhaben an seiner Geschichte. »Ich bin jüdischer Abstammung«, erzählte er, »und wurde von der Gestapo verhaftet. Man brachte mich in ein Arbeitslager nach Rumänien. Es war ein harter Winter. Wir waren alle unterernährt. Eines Tages brach mein Körper unter der schweren Arbeit zusammen. Ich erkrankte an Typhus und wurde kurzerhand aus dem Lager hinausgeworfen, damit ich draußen sterben würde. Bewußtlos lag ich im Freien, gänzlich unbedeckt, mit hohem Fieber. Die stark erhöhte Körpertemperatur rettete mich wohl vor dem Erfrierungstod. Unter mir begann der Schnee zu schmelzen. Der frischgefallene Schnee, der mich wie mit einem weichen weißen Mantel bedeckte, schützte mich vorerst vor der Kälte. Als sich das Fieber langsam senkte, gelang es mir, auf allen vieren in ein nahegelegenes Dorf zu kriechen, wo ich mich bei einem Bauern im Heustock verkroch. Erst nach vielen Stunden kehrte ich zu vollem Bewußtsein zurück, und ich erinnerte mich, wenn auch zuerst nur vage, was alles geschehen war. – Dann tauchten Worte aus Ihrem Buch ›Sport und Yoga‹ in mir auf ... daß Atem Leben bedeute, und daß nur derjenige das Leben beherrsche – körperlich, seelisch, moralisch und geistig –, der bewußt atme ... In den alten Schriften stehe geschrieben: ... ›Der Blinde wird sehen, der Stumme sprechen, und der Lahme wird auf Berge klettern.‹ Ich be-

gann langsam und tief zu atmen, mehr konnte ich damals nicht tun. Doch schon bald wurde mir bewußt, wie sich Prana, Lebenskraft, in mir aufspeicherte. Ich fühlte, daß nicht nur das Nervensystem, sondern jeder kleinste Teil meines Körpers aufgeladen wurde mit dieser lebensspendenden Energie. Mit wachsender Widerstandskraft konnte der Körper allmählich die Krankheitssymptome bekämpfen. Ich brauchte jedoch einige Monate, um zu Fuß nach Budapest zurückzukehren. Daß ich heute am Leben bin, das verdanke ich Ihnen und Ihrem von mir hochgeschätzten Buch. Glauben Sie mir, alles, was ich Ihnen erzählt habe, entspricht der reinen Wahrheit. Mein sehnlichster Wunsch war, Ihnen eines Tages zu begegnen, Ihre Hand in der meinen zu halten und nur ›danke‹ zu sagen. Und heute wurde mein Herzenswunsch erfüllt.«

Die vielen Zuhörer blieben wie angewurzelt stehen, als sie diese unglaubliche Geschichte vernahmen. – »Als kleinen Ausdruck meiner Dankbarkeit möchte ich Ihnen einige Eßwaren überreichen«, sagte er und füllte einen Korb mit Eiern, Butter, Käse – sogar Milch, von der man damals kaum zu träumen wagte, war dabei. Auch die Bäuerin, die vorher so schroff und unfreundlich war, hatte die rührende Erzählung mitverfolgt. Sie entschuldigte sich für ihr grobes Benehmen und versuchte es wettzumachen, indem sie in meinen ohnehin schon fast überquellenden Korb voller Lebensmittel noch Kartoffeln und Zucker legte. Ein anderer Ladenbesitzer wollte mir unbedingt ein Glas Honig schenken. Tief gerührt von einem solchen Ausdruck der Liebe, öffnete ich mein Bündel und forderte sie alle auf, zu wählen was ihnen zusagte. Doch sie weigerten sich, auch nur eine Haarnadel herauszunehmen. Jemand aus der Zuschauermenge meinte traurig: »Es ist mir unerklärlich, weshalb auch du, unser Bruder aus dem Orient, das gleiche Leid erfahren mußt wie wir Ungarn!«

Welch ein Segen für jung und alt, als ich unerwartet die vie-

len Lebensmittel nach Hause brachte! Sie halfen uns fürs erste über die harten Wintertage hinweg.
Das imposante dreistöckige Haus der Familie Haich, das wie eine Festung am Abhang eines Hügels thronte, war das Angriffsziel zahlreicher Minen und Bomben. Was von dem Gebäude übrig blieb nach der achtwöchigen Belagerung der Stadt, war einzig das Erdgeschoß; alles andere war dem Erdboden gleichgemacht. Im Frühjahr 1946 organisierte Frau Haich die Beseitigung von Schutt und Geröll des bombardierten Hauses. Einige Arbeiter, zusammen mit Mitgliedern unserer Yogaschule, führten die Arbeit aus. Wir wollten die Schule so schnell wie möglich wieder aufbauen und den Unterricht fortsetzen. Als zerbrochene Backsteine und Zementbrocken tonnenweise wegtransportiert wurden, hielten wir plötzlich mit der Arbeit inne – waren wir da auf eine Holzschicht gestoßen? Frau Haich kam zur Stelle und bat uns, sehr vorsichtig weiterzugraben, da sich etwas Wertvolles unter den Trümmern befinden könnte. Behutsam setzten wir unsere Arbeit fort, entfernten das Geröll zentimeterweise. – Und bald sahen wir, daß der schwarze Deckel eines Konzertflügels das mysteriöse Hindernis gewesen war. Da stand der Flügel, frei, auf einem drei Meter hohen Schutthaufen, über und über mit Staub bedeckt, aber ohne einen einzigen Kratzer. Wie durch ein Wunder hatte das Instrument die Bombenangriffe überstanden und blieb unversehrt, während alle anderen Möbelstücke zertrümmert wurden. Fünfzehn große aufgerollte Teppiche, die unter dem Flügel gelegen hatten, waren anscheinend samt dem Instrument allmählich vom dritten zum ersten Stockwerk hinuntergeglitten. – Frau Haich kletterte hinauf auf den Geröllhaufen. Vorsichtig öffnete sie den Deckel und begann Schuberts »Moments musicaux« zu spielen. Wie eine himmlische Botschaft erklang die Musik. Alle Herzen öffneten sich diesem Zeichen der Hoffnung, und wir fühlten ein gutes Omen in dem bedeutungsvollen Augenblick. Gefühle überwältigten

uns. Jeder Klang erweckte unseren Mut, erfüllte uns mit Kraft und Entschlossenheit, nicht aufzugeben, sondern furchtlos weiterzugehen. Trotz der äußeren Armut, die unser aller Schicksal war, fühlten wir uns innerlich bereichert, wie wir es kaum zuvor erlebt hatten. Die Musik schenkte uns neue Zuversicht, sie sprach von der Geburt einer besseren Welt. Wir spürten deutlich, daß uns der Krieg letztlich nichts weggenommen, sondern – auf seine Weise – vieles gegeben hatte. Die göttliche Musik half uns, für einen Augenblick aus der Zeit heraus in die Ewigkeit zu treten.

Elisabeth G. war ein junges, begeistertes Mitglied unserer Schule in Budapest, von sanfter Wesensart und bescheidenem Benehmen. Sie hatte uneingeschränktes Vertrauen in Yoga, denn dank intensivem Üben war sie von einer vernichtenden Krankheit, die ihre Bauchspeicheldrüse angegriffen hatte, genesen.
Eines Tages mußte Elisabeth das grausame Schicksal Tausender anderer Juden teilen; sie wurde nach Deutschland deportiert. Ihre Tage waren gezählt, und sie war bereit, wegzugehen von dieser Erde. Der Tod schien ihr die einzig mög-

liche Erlösung zu sein von den Demütigungen und Leiden der Gefangenschaft. Ihre Familie, ihre Freunde waren bereits tot; was hatte sie zu verlieren? – »Wenn der Tod auch mein unvermeidliches Schicksal ist, so will ich zumindest vorbereitet sterben«, dachte sie. »Die Lehre des Yoga sagt, daß Gottesverwirklichung das höchste Ziel im Leben sei. Gäbe es eine bessere Art, diese Welt zu verlassen, als eins zu werden mit dem SELBST oder Gott, innewohnend in meinem Herzen? Bald werde ich in die Todeskammer geführt; wer weiß, ob dies in einer Woche, morgen oder gar in der nächsten Stunde geschieht. Ich werde keine Zeit verlieren; meine letzten Stunden will ich in Meditation verbringen.« Obwohl der Raum überfüllt war mit Menschen jeden Alters, setzte sich Elisabeth in eine Ecke, verweilte dort mit geschlossenen Augen – und schon nach kurzer Zeit nahm sie ihre Umgebung nicht mehr wahr. In unseren Yogastunden hatte sie gehört, daß beides, Tiefschlaf und Tod, Heimkehr bedeuten, eine Rückkehr zum eigenen Selbst, ein – wenn auch unbewußtes – Eintreten durch das Tor des LEBENS, wo Friede und absolute Freiheit herrschen. Meditation ist dieselbe Erfahrung, jedoch im wachen, bewußten Zustand. Elisabeth hatte die dem Körper zugehörige Grenze von Zeit und Raum überschritten. Sie war auf eine höhere Dimension, jenseits dieser materiellen Ebene, eingeschaltet, wo es kein Körperbewußtsein gab. GEIST war sie, der ewig reine, der alles belebende, der lebenspendende, der unsterbliche. Sie befand sich im Licht, war vorgestoßen zu jenem Frieden, der alle Vorstellungen übertrifft.
Die Grenzen dieser relativen Welt waren überschritten. Sie hatte sich mit ihrem Bewußtsein über Liebe und Haß; Tugend und Sünde; ja, selbst über Leben und Tod erhoben. Nur ein unendliches Mitleid empfand sie gegenüber ihren Peinigern, die aus Unwissenheit handelten. Auch jene entsetzliche Todesangst war von ihr gewichen, denn sie hatte die Welt der Sinne, wo die zwei starken Triebe – Selbsterhal-

tungstrieb und Arterhaltungstrieb – den Menschen unter ihrer Herrschaft halten, hinter sich gelassen. Die Gesetze der Materie, die den Menschen zu seinem Körper, zu seinem Ego fesseln, hatten ihre Macht über sie verloren. Sie hatte keine Wünsche mehr, die sie zum materiellen Teil ihres Wesens hätten binden können. Und da sie die grenzenlose, unsterbliche Natur des Geistes erfahren hatte, konnte auch sie mit Überzeugung sagen: »O Tod, wo ist dein Stachel? O Grab, wo ist dein Sieg?«

Am darauffolgenden Morgen wurde sie zur Gaskammer geführt. Elisabeth war erleuchtet. Die göttliche Ekstase der vergangenen Nacht hatte unauslöschliche Spuren auf ihrem Gesicht hinterlassen. Der Aufseher der Gruppe war wie gebannt, angesichts ihrer Ehrfurcht gebietenden Erscheinung. Ihre überirdische Ausstrahlung von innerer Ruhe, Frieden und Reinheit, ohne jegliche Todesangst, überwältigte ihn, lähmte ihn. Und – wie durch ein Wunder – gelang es ihm, das Mädchen aus dieser Hölle zu retten.

Nach Kriegsende kehrte Elisabeth nach Budapest zurück und nahm 1946 wieder an den Yogakursen teil. Anläßlich eines Besuches schilderte sie uns ihre erschütternden Erlebnisse in allen Einzelheiten. Frau Haich und ich waren im Innersten berührt von der Beschreibung ihres Leidensweges, den sie zu durchschreiten hatte, um auf eine höhere Bewußtseinsstufe zu gelangen und zu erfahren, daß es keinen Tod gibt, daß dieses irdische Leben eine Vorbereitung ist für ein Leben jenseits dieser materiellen Welt. Wir wußten, daß sie durch den Prozeß einer EINWEIHUNG gegangen war – obgleich die Glückseligkeit, die sie auf der Ebene des Absoluten erfahren hatte – so eindrücklich das Erlebnis gewesen sein mag – doch nur ein Funke des Ewigen war. Es braucht viele Jahre harter Schulung, eine vollkommene Beherrschung der Sinne, der Gedanken und Gefühle, bis der Mensch absolut wach und bewußt wird, eins mit seinem innewohnenden SELBST. Die unvergleichliche Freiheit, die

Elisabeth erlebt hatte, wird ihr unauslöschlich in Erinnerung bleiben und wird die Sehnsucht in ihr wachrufen, jenes höchste, uneingeschränkte Glücksgefühl wieder und wieder zu erleben, bis die Einheit mit ihrem SELBST oder Gott zu einem ununterbrochenen, immerwährenden Zustand wird.

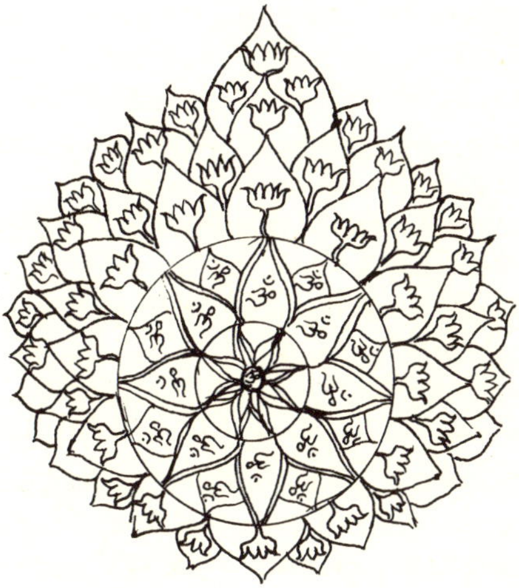

S. Y.

BEOBACHTEN WIR UNSERE GEDANKEN

Haben Sie je versucht, den Verlauf Ihrer Gedanken zu verfolgen? Setzen wir uns doch einmal hin und beobachten wir unsere Gedanken, so, als ob wir ein Bild betrachten würden. Sobald wir das tun, geschieht etwas Merkwürdiges: sie verschwinden! Wissen Sie weshalb? – Weil, wenn wir unsere Gedanken beobachten, wir unwillkürlich aufhören zu denken. Zuerst erscheinen uns, dem Beobachter, die projizierten Gedankenbilder auf dem Bildschirm des Verstandes, um am Ende wieder zu entschwinden. Wir müssen zugeben, daß es nicht immer angenehme, aufbauende Gedanken sind, denen wir begegnen. Rastlos wandern sie umher, auf der Suche nach einem sicheren Hafen – aber sie finden keine Ruhe. Statt dessen sehen wir, wie ein Gedanke den anderen gebärt, endlos werden sie weiter und weiter fabriziert, einer ist verworrener als der andere.

Wenn ich es mir jedoch zur Gewohnheit mache, meine Gedanken immer wieder bewußt zu beobachten, dann bleibe ich Betrachter; und mit der Zeit werden weniger und weniger Gedanken geboren, bis sie schließlich verstummen. Als Beobachter wird mir allmählich bewußt, daß meine wahre Existenz Geist ist – grenzenlos, stark, unbeeinflußbar, furchtlos, frei. Ich bin das immerwährende, das ewige Sein. – Der Bildschirm des Verstandes wird leer, weil die Gedankentätigkeit eingestellt ist. Nur wenn wir uns auf die Ebene des Denkens und Fühlens einschalten, sind wir rastlos, unruhig, nervös und aufgeregt. Sobald ich aber mit meinem Bewußtsein heraustrete aus der Verstandesebene und ein wachsamer Zeuge bin, in dem Moment weicht alle Unruhe, alle Spannung, und ich BIN der Friede, den ich vormals durch meine Gedanken zu erreichen suchte.

MAUNA, ODER DIE MACHT DES SCHWEIGENS

Frage: Weshalb legt Yoga einen solch großen Wert auf *mauna* (Schweigen)?

Antwort: mauna bedeutet in erster Linie: unsere Gedanken zum Schweigen bringen. Das Zurückhalten, das Beherrschen der Kräfte, die wir üblicherweise in Gedankentätigkeit ausgeben, bringt zwangsläufig verbales Schweigen mit sich. Dadurch wird wiederum unsere ganze Betriebsamkeit eingedämmt. Wir haben es uns angewöhnt, pausenlos tätig zu sein, sei es in unserem Denken, Fühlen, Reden oder Handeln. Deshalb mutet es uns merkwürdig an, alle diese Aktivitäten auszuschalten. – Wenn der Verstand in seinen eigenen Ursprung, das SELBST eintaucht, kommt alles Tun von allein zur Ruhe. Das ist Meditation. Wir werden feststellen, daß *mauna*, Schweigen, höher steht als äußere Tätigkeit. *mauna* bedeutet keineswegs Trägheit. Beim aktiven Tun geben wir Kraft aus, in *mauna* hingegen sammeln wir Kräfte. In diesem Sinn ist *mauna* die größtmögliche Aktivität. Es ist leicht, die Zügel loszulassen. Die davonjagenden Pferde im Zaum zu halten, erfordert jedoch eine weit größere Tatkraft, als man gemeinhin annimmt.

Wie oft empfinden wir Worte als armselig in ihrer Ausdruckskraft! *mauna* ist eine gewaltige und wirksame Sprache. Ein Prediger mag mit großer Eloquenz stundenlang reden, und trotzdem gelingt es ihm nicht immer, seine Zuhörer zu beeindrucken, während ein anderer durch die Macht seines Schweigens Massen bewegt. Schweigen ist eine bedeutsamere und eloquentere Sprache als das gesprochene Wort. Die Natur spricht durch ihr Schweigen, und der Dichter lauscht. Ihre fast greifbare Stille inspiriert den Musiker zum Komponieren, den Sänger zum Singen, macht die Seele des Malers empfänglich, aus ihrer Fülle zu schöpfen. – Und sie alle geben ihre Werke weiter, so, wie auch die Natur stets die Gebende, die Schenkende ist.

»Aus dem Schweigen stammt der Gedanke, aus dem Gedanken das Ego, aus dem Ego das Wort. Wenn Worte etwas bewirken können, wie viel wirkungsvoller muß deren ursprüngliche Quelle (das Selbst) sein?« (Sri Ramana Maharshi)

DER SINN DES LEBENS

Frage: Was ist der Sinn des Lebens?

Antwort: Zu wissen, zu erfahren und zu verwirklichen, daß wir nicht nur körperliche Wesen sind. Wenn wir uns bislang so sehr um die materielle Seite des Lebens bemüht hatten, so sollten wir nun daran arbeiten, unser Leben zu vergeistigen. Wenn wir mit unserem Blick nur das äußere Leben wahrnahmen und erfahren mußten, wie flüchtig und vergänglich diese Welt ist, so sollten wir lernen, nach innen zu schauen, um etwas vom unveränderlichen, immerwährenden ewigen Leben zu erfahren.

Frage: Ist es nicht Aufgabe der Kirche, dem Menschen dabei behilflich zu sein?

Antwort: In einem gewissen Maße ja. Der Priester kann jedoch nur den Weg zeigen, den man einschlagen soll. Er kann bezeugen, daß es möglich ist, dieses Ziel zu erreichen, aber hinbringen kann er uns nicht. Sein Leben sollte ein klarer Beweis dafür sein, daß das Ziel erreichbar ist.

Frage: Ist die Kirche fähig, diese Mission zu erfüllen?

Antwort: Der heutige denkende Mensch verlangt nach einem praktischen Glauben. Wenn die Kirche bislang die Erzählungen aus der Bibel als irdische Geschehnisse – exoterisch – interpretiert und gelehrt hatte, so sollte sie die heutigen Bedürfnisse wahrnehmen und – besonders die Botschaft des großen Meisters Jesus – in einer annehmbaren Form darlegen, als inneres Geschehen, als esoterische Lehre. Der Priester wiederum müßte jene Tugenden verkörpern, die er in den Menschen zu wecken bemüht ist. Er müßte aus eigener, mühsam erworbener Erfahrung wissen worüber er spricht und nicht auf Grund von Büchern. Als wegweisende Tafel zu höheren Gefilden, sollte er – gleich dem barmherzigen Samariter – gewillt sein, kein Opfer zu scheuen, um eine sinkende Seele zu retten, die den Problemen und der Hoffnungslosigkeit unserer Zeit nicht gewachsen ist.

Es ist schön zu wissen, daß es solche Priester auch heute gibt. Ich bin großartigen Geistlichen begegnet in der katholischen wie in der protestantischen Kirche. Ich kenne aber auch dogmatische, Scheuklappen tragende Theologen, welche sich »am Buchstaben, der tötet »festklammern. Es gibt jedoch Anzeichen dafür, daß die Kirche heute in einer Erneuerungsphase steckt. Das zeigt sich unter anderem in den ökumenischen Bestrebungen. Diese Emanzipationsbewegung wird eines Tages all die kleinlichen Differenzen und Zwistigkeiten abbauen und stattdessen einen gemeinsamen Boden schaffen, um in Eintracht und Harmonie zusammenzuarbeiten. Die Kirche wird sich allmählich den Forderungen der heutigen Zeit anpassen müssen und sich nicht scheuen dürfen offen zu sein für die Fragen wissenschaftlich geschulter, scharf denkender Menschen. Dieser Erneuerungsprozeß der Kirche muß von innen heraus wachsen, er kann nicht von außen forciert werden. – Und der Geistliche sollte durch eigene Erfahrung beweisen, daß man nicht nur über Gott hören sondern Seine Allgegenwart erfahren, mit Ihm eins werden kann.

Frage: Somit gibt es keinen persönlichen Gott?

Antwort: Wenn Sie die Bibel sorgfältig durchblättern, so werden Sie von Anfang bis Ende keine einzige Stelle finden, die beschreiben würde, daß einer der Propheten Gott als Person gesehen hätte. Moses schaute Gott in einem brennenden Busch – mit anderen Worten: er hatte das göttliche Feuer des Geistes erfahren, das Feuer, das durch seine Person brannte, durch seine zündenden Worte und durch all seine Taten. Jesus sagte: »Niemand hat den Vater gesehen, aber wer den Sohn gesehen hat, der hat den Vater gesehen.« Das heißt: Niemand hat den Ur-Geist, die Ursache der Schöpfung gesehen; nur die Einheit mit unserem eigenen Selbst, unserer eigenen Ursache können wir erfahren. »Wer den Sohn gesehen hat, der hat den Vater gesehen«, bedeutet, daß wir durch die Schöpfung und in der Schöpfung Gott in Seiner mannigfaltigen Offenbarung erleben. »Ich und mein Vater sind eins.« Diese bedeutungsschweren Worte Jesu bestätigen, daß sein Selbst und das

Selbst oder die Ursache alles Geschaffenen, identisch sind. – Und auch wir werden eines Tages die wunderbare Erfahrung machen, daß unser eigenes innewohnendes Selbst und das Selbst oder die Ursache der ganzen Schöpfung, die wir Vater oder Gott nennen, identisch sind.

»LEBE IN DIESER WELT, ABER GEHÖRE NICHT DAZU«

Frage: Wie soll ich in dieser Welt leben?

Antwort: Halte dich mit einer Hand an Gott fest und erfülle mit der anderen die Aufgaben und Pflichten, die dir auferlegt wurden.

Frage: Und welche Aufgabe steht an erster Stelle?

Antwort: Die wichtigste Aufgabe besteht darin, daß wir stets im Einklang mit unserer innersten Überzeugung handeln, und daß wir auch die kleinsten Pflichten des täglichen Lebens so vollkommen als möglich ausführen. Dann werden wir auch größere, verantwortungsvollere Aufgaben mühelos bewältigen können. In Wirklichkeit gibt es keinen Unterschied zwischen größeren und kleineren Aufgaben. – In einem Konflikt zwischen Kopf und Herz, folgen wir ohne zu zögern der Stimme des Herzens. Der Verstand ist die Welt, das Herz das Himmelreich. Der Verstand ist der Mensch, das Herz ist Gott.

DIE BEDEUTUNG DES LEIDENS

Frage: Warum müssen wir so viel Leid erfahren im Leben?
Antwort: Weil Leid uns weckt und uns die Ursache des Leidens bewußt macht.

Frage: Gibt es keinen anderen Weg als zu leiden, um die Ursache des Leidens zu erkennen und zu vernichten? Sind wir wirklich geboren, um zu leiden?
Antwort: Leid ist ein anderes Wort für Befreiung. Das Leben bedeutet Wachstum, Ausdehnung, Entfaltung. Diesen Entwicklungsprozeß empfinden wir manchmal als äußerst schmerzhaft – doch nur im Körper, nur in unserer Gefühlswelt, in unserer Seele. Je mehr wir uns entwickeln, um so größer wird die Lebensspannung in uns. Wenn die Nerven diese hohe

Spannung nicht ertragen können; wenn der Körper wenig Widerstandskraft besitzt, so bezeichnen wir diese »Wachstumsschmerzen« als Leid. Die Tatsache daß wir Zeuge dieses Leides sind, beweist, daß nicht »wir« leiden, sondern unser Körper.
Eine junge Frau erzählte mir, wie sehr sie als kleines Kind unter den häufigen und heftigen Streitereien in ihrem Elternhaus gelitten hatte. Unbewußt suchte die verwundete Seele Schutz, indem sich das Mädchen in die Tiefe seines Wesens, in sein Selbst zurückzog, wo es Ruhe und Frieden erlebte. Von seinem Inneren beobachtete und betrachtete es den eigenen Körper, wie er sich vor Seelenqual verkrampfte, wie er bitterlich weinte und schluchzte. Das Kind war jeweils so losgelöst vom materiellen Teil seines Wesens, daß es nicht wußte, was nun Wirklichkeit war – die Ruhe, der Friede, den es in seinem Selbst erlebte oder die seelischen und körperlichen Qualen die es durchzustehen hatte. Als Folge dieser Spannung entwickelte das Mädchen hohes Fieber, das manchmal ein paar Stunden, oft aber etliche Tage dauerte. Ein außerordentlich tiefer Schlaf, von dem man es manchmal einen ganzen Tag nicht aufwecken konnte, begleitete das Fieber; er bedeutete gleichzeitig Linderung und Erholung für Körper und Seele.

GEBURT UND TOD

Frage: Als Sie uns einen Film von Ägypten vorführten, erzählten Sie von Ihren Erlebnissen in der Totenstadt, im Tal der Könige. Stellen die alten hieroglyphischen Schriftzeichen in den Königsgräbern – Abbildungen von allerlei Tieren, Vögeln und Reptilien, aber auch von menschlichen Gestalten und Göttern – verschiedene Bewußtseinsstufen dar, durch welche der Mensch nach seinem Körpertod gehen muß?

Antwort: Bestimmt. Die indische Psychologie, deren Wissen auf den Erfahrungen und Erkenntnissen erleuchteter Weisen aus fernen Zeiten basiert, erklärt, daß Tiefschlaf und Tod in vieler Hinsicht ähnliche Zustände seien. In beiden Fällen verläßt das menschliche Bewußtsein die körperliche, mentale und seelische Ebene und zieht sich in seinen Ursprung, auf die Ursachenebene des Selbstes zurück. Während sich das Bewußtsein zurückzieht – im Schlaf wie nach dem Körpertod – tauchen die mannigfaltigen Eindrücke aus der Vergangenheit in Traumbildern auf, angenehme und unangenehme. In dieser Zeitspanne werden manche Eindrücke verdaut und assimiliert.

Das Tibetanische Totenbuch und ähnliche Schriften bei den alten Ägyptern und bei den Hindus beschreiben, wie die Hohepriester in ihren zeremoniellen Gesängen die Verdienste eines Verstorbenen priesen und ihn ermutigten, nicht zurückzuschauen, sich nicht an Vergangenes zu klammern, sondern vorwärts zu gehen und zuversichtlich seiner Wiedergeburt in einem anderen, besser ausgerüsteten Körper entgegenzusehen. Auch solle er sich nicht fürchten vor dem Fegefeuer, einem Prozeß der Läuterung, den er zu überstehen habe. Sie sprachen ihm Mut zu, dem unentrinnbaren Gesetz des Karma furchtlos und entschlossen zu begegnen und erinnerten ihn daran, daß sein Sinn nur nach dem Allerhöchsten trachten solle. Die Hieroglyphen in den Pharaonengräbern stellen diesen Umwandlungsprozeß, diese Metamorphose, in Bildern von Vögeln, verschiedenen Tieren, Menschen und Göttern dar. Die Weisen aus uralter Zeit waren schon vertraut mit den drei Stufen menschlicher Entwicklung: Evolution auf der Körperebene, auf der Ebene des Verstandes und auf der geistigen Ebene – während unzähliger Lebenszyklen.

Frage: Gibt es authentische Beweise dafür, daß wir schon einmal gelebt haben?

Antwort: Wie können Sie beweisen, daß Sie einst ein Kind waren?

Frage: Anderen kann ich es nicht beweisen. Ich selbst erinnere mich jedoch an viele Eindrücke und Begebenheiten aus meiner Kindheit.

Antwort: Kraft Ihres Erinnerungsvermögens könnten Sie sich auch heute Geschehnisse aus der Vergangenheit in allen Einzelheiten zurückrufen. In ähnlicher Weise wäre es durchaus möglich, auch Eindrücke aus dem vergangenen Leben zurückzuholen, falls Sie in der Tiefe ihrer Rückerinnerung nach ihnen graben würden.

Frage: Wie kann ich das erreichen?

Antwort: Weshalb möchten Sie auf die Kindergartenstufe vergangener Leben zurückblicken, wenn Sie in der

Gegenwart, im Hier und Jetzt Gelegenheit haben, geistig voranzukommen? So, wie es sich nicht lohnt, sämtliche Geschehnisse des gestrigen Tages im Gedächtnis zu behalten, so nutzlos ist es, sich seines vergangenen Lebens erinnern zu wollen.

Wenn wir uns mit dem Körper identifizieren, der dem Gesetz von Zeit und Raum unterworfen ist, so identifizieren wir uns auch mit dessen veränderlicher, vergänglicher Natur. Trachten wir danach, uns mit nichts zu identifizieren. Seien wir uns bewußt, daß wir in Wirklichkeit das EINE, IN-SICH-SELBST-EXISTIERENDE sind, ohne zweite Ursache. Jede Identifizierung ist letztlich eine Täuschung. Betrachten wir uns als Bewohner dieses Körpers, der uns zur Verfügung steht, den wir uns zunutze machen sollen. Unser innewohnendes SELBST ist der Ursprung, die primäre Ursache unseres Lebens; wir können sie auch Gott oder Geist nennen. Die Ursache ist das In-sich-selbst-Existierende – das nie Geborene, das nie Sterbende.

Frage: Aber der Tod ist doch eine Wirklichkeit, weil wir geboren sind!

Antwort: Was geboren ist – die leibliche Hülle – muß auch vergehen. Aber das, was im Augenblick der Zeugung in den Embryo eintritt, ist das in-sich-selbst-existierende Selbst. Wie kann das schon existierende Selbst geboren werden? Wir können nur durch die Geburt unseres Körpers eintreten in diese Welt, um sie nach einer begrenzten Spanne Zeit durch den K ö r p e r –Tod wieder zu verlassen. So, wie wir durch das Tor des Körpers eingetreten sind, so wird sich einst mit dem Verlassen des Körpers dieses Tor wieder schließen. In Wirklichkeit gibt es keinen Tod.

WEIL ICH SCHON VOR DER GEBURT EXISTIERT HABE, WAR ES MIR MÖGLICH, IN DEN EMBRYO IM GESEGNETEN KÖRPER MEINER MUTTER EINZUTRETEN. UND EINES TAGES, WENN ICH MEINEN KÖRPER WIE EIN GEBRAUCHTES KLEID ABSTREIFE, WERDE ICH WEITER EXISTIEREN WIE VOR MEINER GEBURT; DENN ICH BIN GEIST, DER NIE GEBORENE, DER NIE STERBENDE, DER IMMERWÄHRENDE, DER UNSTERBLICHE, DER EWIG FREIE.

ES GIBT KEINEN TOD

Frage: Sie sagen, daß unsere geistige Abwesenheit – das heißt, wenn wir nicht »im Körper drin« sind – Müdigkeit, Nervosität, ein Gefühl der Schwäche, geringe und größere Beschwerden und sogar schwere Erkrankungen verursache. Wie erklären Sie die Tatsache, daß Sie selbst mehrmals lebensgefährlich erkrankten? Sie sind doch ein Mensch, der bewußt lebt, der weiß, daß er Geist ist.

Antwort: Als ich zum erstenmal dem Tod begegnete, war ich noch ein Kind. Ich sah die schreckliche Seite des Lebens, die große Armut meines Volkes. Ich mußte zuschauen, wie Menschen während einer Hungersnot auf der Straße vor Schwäche umfielen und starben. Ich hatte zu essen, aber jene Ärmsten der Armen hungerten. Diese Grausamkeit und Ungerechtigkeit des Lebens konnte ich nicht ertragen. Indien litt unter dem Joch der Fremdherrschaft. Das ehemals reichste Land der Erde wurde zu einem der ärmsten. Meinen christlichen Glauben – so, wie er von den Missionaren verbreitet wurde – empfand ich als Hohn; denn er versprach uns »Milch und Honig« im Jenseits, schlug uns aber die Bitte nach einem Stück Brot ab. Er versprach uns einen goldenen Palast im Himmel, verweigerte uns aber das armseligste Obdach hier auf Erden. Nur die Christen galten als ehrbare Menschen, während die Hindus – die »Götzenanbeter«, die »Heiden« – in den Augen vieler Christen zu Recht den Zorn Gottes auf sich gezogen hatten, der sie nun mit Armut, Epidemien und Hungersnöten bestrafte.

Dieser Hölle wollte ich unbewußt entfliehen. Ich erkrankte an einer merkwürdigen, schweren Krankheit, die niemand genau diagnostizieren, geschweige denn heilen konnte. Als ich schon während vieler Stunden im Koma lag, jedoch das Schluchzen meines Vaters und das Weinen und Klagen meiner Mutter wahrnahm, die mich beide schon aufgegeben hatten, überkam mich ein ungeheuer starker Lebenswille, denn ich wollte diesen zwei liebevollen Menschen auf keinen Fall noch mehr Kummer und Schmerz verursachen. Langsam, langsam kehrte mein Bewußtsein wieder in den Körper zurück.

Die zweite Begegnung mit dem Tod war in Ungarn in russischer Gefangenschaft, als ich – zusammen mit Tausenden anderer Zivilisten – hinausmarschieren mußte aus Budapest. Es war im Februar 1945, die Temperatur fiel auf minus 28°C. Mein Körper, der die indische tropische Hitze gewohnt war, hatte alle seine Widerstandskraft verloren, nachdem wir Tag für Tag lange Stunden im Schnee, der uns bis zu den Knien reichte, stapfen mußten. Wir waren hungrig, erschöpft. Am Abend gruben wir Löcher in den Schnee, eben groß genug für zwei Männer, um darin Rücken an Rücken kauernd, die Nacht zu verbringen. Das einzige, was wir gegenseitig austauschen konnten, waren die Läuse, die wir mit unserem Blut ernährten. Aber diese Geschöpfe hielten uns wenigstens in Bewegung, denn wir mußten uns ständig kratzen. Unsere Bemühungen waren zwar umsonst; wir konnten uns ihrer nicht entledigen, sie schienen sich ständig, schon vom Tag ihrer Geburt an zu vermehren.

Eines Tages war mein Körper den extremen Anforderungen nicht mehr gewachsen. Während sich mein Geist von seiner irdischen Wohnung löste, empfand ich das größte Glücksgefühl, das ich je erlebt hatte – ein unbeschreibliches Gefühl der Freiheit. Ich wußte, daß ich nicht gestorben war und niemals sterben kann. Als unsterblicher, ewiger Geist existierte ich nun außerhalb meines Körpers.

Ich erblickte eine menschliche Gestalt, zusammengekauert unter einer Schicht von frischgefallenem Schnee, mit einem feinen, heiteren Lächeln auf den Lippen. Sie kam mir bekannt vor, ich wußte, daß ich etwas mit ihr zu tun hatte … In jenem befreiten Zustand war alles so still und friedlich und weit; kein Horizont engte meine Sicht ein. Ein zweiter Blick auf die leblose kauernde Gestalt ließ mich erkennen, daß ich ihr Bewohner gewesen war. »Aber – das ist doch m e i n Körper«, war das Gefühl, das mich durchzuckte. Im selben Augenblick hatte ich eine Verbindung geschaffen zu meinem leblosen Körper. »Wo ist meine Yoga-Familie? Wo ist Frau Haich und wo sind ihre lieben Angehörigen? Zwei weitere Glieder waren somit an jene goldene Kette der Liebe geschmiedet, die mich noch einmal an meinen Kör-

per fesselte, der jetzt wieder um Atem rang und leben wollte.
Ob sich dieses ganze Drama über Leben und Tod in wenigen Minuten oder während Stunden abspielte, weiß ich, ehrlich gesagt, nicht. Auf der Ebene des Geistes gibt es weder Zeit noch Raum. Am folgenden Tag war ich jedenfalls wieder auf dem endlos scheinenden Marsch mit dem Ziel Sibirien. Glücklicherweise mußte ich diesen Bestimmungsort nie erreichen, denn ich hatte die Lektion, die ich zu lernen hatte, gelernt: Nur was geboren ist, kann sterben. Was nicht geboren ist, ist das, was nie geboren sein kann: mein Geist, mein SELBST, mein ATMAN oder GOTT.
Als ich nach Budapest zurückkehrte, setzten wir unsere Tätigkeit auf dem Gebiet des Yoga für eine kurze Zeit fort. Aber schon bald wurden die Russen auf den weit verbreiteten Einfluß der Yogalehre aufmerksam. Yoga lehrt, daß wir Geist sind, nicht Materie, freie Wesen und keine Sklaven, denn wir sind von Natur aus frei und unsterblich. Die Russen fürchteten ein politisches Motiv hinter allem, was nicht »Made in Russia« war. Sie tolerierten unsere Arbeit nicht weiter; Frau Haich und ich mußten das Land verlassen, wenn wir nicht das Risiko einer Deportation auf uns nehmen wollten.
Die dritte Begegnung mit dem Tod war in Zürich, am 19. Januar 1979. Seit der Zeit meiner russischen Gefangenschaft hatte ich öfter an Herzbeschwerden gelitten, denen ich jedoch keine besondere Beachtung schenkte. – In der Schweiz fühlte ich mich wie ein »vom Arbeitsgeist Besessener«, doch meine Tätigkeit gab mir ungetrübte Freude. Frau Haich und ich hatten fünf Yogaschulen ins Leben gerufen: in Zürich, Bern, St. Gallen, Winterthur und im Jahre

1949 in Ponte Tresa, wo wir unsere Sommerschule eröffneten. Abgesehen von der regulären Unterrichtstätigkeit an all diesen Schulen, hielt ich auch öffentliche Vorträge in verschiedenen Städten Europas, war somit fast ständig unterwegs. Unsere Arbeit bestand darin, Menschen auf die geistige Erbschaft aufmerksam zu machen, die wir alle mitbringen. Yoga ist der Weg des Sich-selbst-Entdeckens, der uns zeigt, daß wir bestens versehen sind mit körperlichem und geistigem Rüstzeug für unseren Aufenthalt hier auf Erden und die Reise durch das Leben. Yoga macht uns bewußt, daß wir nicht körperliche Wesen sind, die geboren werden und sterben, sondern Geist, der nie geborene, der unvergängliche, der unsterbliche. Natürlich mußte ich selbst sozusagen aus der Zeit heraustreten, wenn ich in meinen Vorträgen über solche Themen sprach. Ich blieb meiner eigenen Lehre, »Lebe in Zeit und Raum, als ob es keine Zeit und keinen Raum gäbe«, treu. Während dreißig Jahren hatte ich praktisch immer um die fünfzehn Stunden täglich gearbeitet. – Die Persönlichkeit von Swami Vivekananda, seine Aussprüche und Belehrungen waren von klein auf in mir lebendig; und schon früh stellte ich mich selbst und mein ganzes Leben in seinen Dienst. Meine Grundhaltung, das Motto meines Lebens, hätte man mit zweien seiner bekanntesten Aufforderungen ausdrücken können: »STEH AUF! ERWACHE! UND HALTE NICHT AN, BIS DU DAS ZIEL ERREICHT HAST. – STEH AUF! ERWACHE! WAS MACHST DU? WENN DER KÖRPER VERGEHT, SOLL ER IN ARBEIT VERGEHEN! DIE GÖTTLICHKEIT IN DIR UND IN ANDEREN ZU ERWECKEN IST DAS ZIEL!«
Diese Worte wirkten wie Donnerschläge, die Tag

und Nacht in meiner Seele wiederhallten. Wozu bin ich auf dieser Erde? Bestimmt nicht, um zu essen, zu trinken, das Leben zu genießen. Werde ich jemals wieder in der glücklichen Lage sein, unter solch günstigen Voraussetzungen wie hier in der Schweiz zu arbeiten? Ich stürzte mich in die Arbeit und verbreitete das geistige Erbe Indiens, so getreu ich es tun konnte. Ich erinnere mich, wie Swami Vivekananda kurz vor seinem Abschied von dieser Erde sagte: »Ich mag es für notwendig halten, meinen Körper abzustreifen wie ein gebrauchtes Kleid; aber ich werde nicht aufhören zu arbeiten, bis ein jeder die Wahrheit erfahren hat.« – Ich hatte mein Leben in den Dienst meiner Mitmenschen gestellt. Wenn ich auch nicht im medizinischen Bereich tätig sein konnte, wie ich es ursprünglich geplant hatte, so wollte ich den Menschen auf dem seelisch-geistigen Weg behilflich sein.

Eines Tages, als ich mich eben bereit machte, nach St. Gallen zu reisen, um dort Yogastunden zu erteilen, brach mein Körper zusammen und ich wurde auf die Intensivstation des Universitätsspitals Zürich gebracht. Mein Ende war gekommen; mein Freund, der Tod, war zum dritten Mal da, mich abzuholen. Eine Gruppe weißgekleideter Engel bemühte sich um meinen Körper, während ich ihm bereits entronnen war. Ich sah ihn, wie er da lag, mit Injektionsnadeln in beiden Armen und Schläuchen in der Nase, daneben Sauerstoffflaschen und allerlei hochentwickelte medizinische Instrumente, die von einem aufgeregten Team von Männern und Frauen bedient wurden. Sie taten ihr Bestes, mich in den Körper zurückzuholen.

Ich schwebte durch einen langen dunklen Tunnel, weg vom Körper, der Unendlichkeit, der Ewigkeit entgegen. Doch eine unsichtbare Mauer stand mir im Weg, hinderte mich am Weitergehen. Jeder Versuch, diese Mauer zu durchbrechen, war umsonst. Ich hörte eine Stimme: »Mein Sohn, die Zeit deiner Befreiung ist noch nicht gekommen. Geh zurück und warte, bis du gerufen wirst.« Ich schenkte der Stimme kein Gehör und versuchte abermals durchzubrechen. Es gelang mir nicht. Die Stimme warnte mich und sagte: »Drehe dich um und folge der Gestalt auf der anderen Seite des Tunnels.« Es war Frau Haich, die sich langsam auf das entgegengesetzte Ende des Tunnels hin bewegte, von wo blendendes Licht hereinströmte. Eine Weile später versuchte ich zum dritten Mal, das Hindernis der unsichtbaren Mauer zu durchbrechen, aber ein noch stärkerer Widerstand stellte sich mir entgegen. Die Stimme ertönte wieder, noch eindringlicher, noch bestimmter; sie hieß mich umdrehen und der Gestalt am entgegengesetzten Ende des Tunnels folgen. Diese Gestalt – Frau Haich – ging auf eine große Menschenmenge zu. Sie alle waren in Licht gebadet und frohlockten über meine Rückkehr. Da wußte ich, daß meine Aufgabe, für die ich geboren, noch nicht beendet war. Ich schlug meine Augen auf. Da hörte ich einen Seufzer der Erleichterung: »Gott sei Dank, die Krise ist überstanden!« Es war die Stimme des Arztes Dr. Kopp.

Ich weiß, daß, wenn ich einst diesen Körper verlasse, es ein bewußtes Weggehen sein wird, ohne eine karmische Schuld zu hinterlassen und ohne weiteres Karma verursacht zu haben.

RAMAKRISHNA UND SEIN STERBENDER NEFFE

Von Ramakrishna, einem der größten Weisen Indiens, der vor 150 Jahren lebte, wird erzählt, wie er den Tod seines Neffen miterlebt hatte.
Die Familienangehörigen saßen traurig am Sterbebett des jungen Mannes. Plötzlich sprang Ramakrishna auf, lachte laut und begann aus der Tiefe seines Herzens zu singen und vor Freude zu tanzen, während sich das Drama von Leben und Tod vor seinen Augen abspielte. Und ebenso plötzlich herrschte wieder tiefes Schweigen, denn Ramakrishna war in einen Zustand tiefer Meditation und göttlicher Ekstase versunken, der einige Stunden dauerte. Die Familie schaute dem ganzen Geschehen und dem seltsamen Benehmen die-

ses Gottbesessenen zu. Als Ramakrishnas Bewußtsein wieder in den Körper zurückkehrte, sagte er: »Wißt ihr, was ich gesehen habe? Der unsterbliche Geist meines Neffen stieg empor, wie eine wunderschöne Lichtflamme, über welche der Tod keinerlei Macht hatte.« – Dann fiel Ramakrishnas Blick auf den leblosen Körper des jungen Mannes und er brach in Tränen aus. »O, mein Geliebter, so jung bist du gestorben! Zu wem soll ich nun über Gott sprechen? O, wie mein Herz blutet – als ob man es auswringen würde wie ein nasses Tuch. Wenn mein Schmerz so unerträglich ist, wie groß muß das Leid deiner Mutter sein, die dich zur Welt gebracht hat, wie schmerzhaft der Abschied für deine Nahestehenden?«

All unser Schmerz, all unser Leid, das uns auf dieser relativen Daseinsebene heimsucht, hilft uns, den Blick vom Boden zu heben, bis wir den sich zur Unendlichkeit weitenden Horizont der Gottheit, innewohnend in unserem Herzen, wahrnehmen. Dann wissen wir, daß allein die äußere Hülle, die dem Wechsel von Geburt und Tod angehört, vergänglich ist. Der Geist hingegen ist unvergänglich, unsterblich, ewig. So hätte wahrlich auch Ramakrishna in jenem höheren Bewußtseinszustand sagen können: »O TOD, WO IST DEIN STACHEL? O GRAB, WO IST DEIN SIEG?«

WORTE EINES STERBENDEN KINDES

Barbara besuchte die Yogastunden regelmäßig seit ihrem siebten Lebensjahr, zusammen mit ihren Eltern. Sie hörte immer aufmerksam zu, was am Anfang jeder Hatha-Yogastunde gesprochen wurde; und von ihren Augen und dem ruhigen, besonnenen Ausdruck ihres Gesichtes konnte ich sehen, daß das Kind reif genug war für die tiefgründigen Gespräche über Psychologie, Philosophie und Religion – den drei Teilaspekten ein und derselben WAHRHEIT. Öfters hatte ich über das Thema »Tod« gesprochen und ihn als vorübergehenden Zustand, dem Schlafe ähnlich, geschildert. Tod ist eine Art Tiefschlaf von kürzerer oder längerer Dauer, eine Zeit der Assimilation vieler Eindrücke des Lebens. Und Geburt bedeutet Erwachen, Neuanfang in einem anderen Körper. Ich sagte auch, daß es in Wirklichkeit keinen Tod gebe im grandiosen Plan der Schöpfung.

Ein Kind steht oft der WAHRHEIT näher als ein Erwachsener, denn es ist noch nicht voreingenommen von seinen Gedanken; es ist frei von ausgeklügelten Schlußfolgerungen und haarspalterischen Argumenten. Gelegentlich zeigte mir ein tiefes Leuchten in Barbaras Augen, daß sie die Fähigkeit besaß, die Schwelle des begrenzten Verstandes, ja sogar die Schwelle der Intuition zu überschreiten, um geradewegs in das Reich der Inspiration einzutreten. Während Erwachsene schwer ringen müssen, um sich vom Kerker ihres Verstandes und ihrer lebenslangen Denkgewohnheiten zu befreien, gelingt es Kindern wie Barbara, die WAHRHEIT unmittelbar zu erfahren.

Mit zwölf Jahren erkrankte Barbara an Leukämie, einer lebensbedrohenden Blutkrankheit, bei der weiße Blutkörperchen im Übermaß produziert werden, aufgrund einer bösartigen Erkrankung der blutbildenden Organe (Knochenmark, Milz, Lymphknoten). Barbaras Vater war ein angesehener Arzt, der alles versuchte, was in seiner Macht stand, um seine kleine Tochter zu retten. Aber keine der angewandten Heilmethoden brachte den ersehnten Erfolg. Als die Eltern sahen, daß sich der Zustand des Kindes zusehends verschlechterte, weinten sie bitterlich. Sie konnten den Gedanken, ihre geliebte Tochter zu verlieren, nicht ertragen. Als sich die Stunde des Abschieds näherte, flüsterte Barbara mit ihrer letzten Kraft: »Mama, Papa, ihr müßt wissen, daß nur mein Körper ums Überleben kämpft. Wo ich mich jetzt befinde, gibt es keinen Tod. ICH sterbe nicht, nur mein Körper, den ich nicht mehr gebrauchen kann, wird sterben. Herr Yesudian hatte recht, als er in der Yogastunde sagte, daß der Tod als solcher nicht existiere. Es gibt nur LEBEN, und ich bin dieses LEBEN, das ewige, das unvergängliche. Bitte seid nicht traurig. Wohin sollte ich gehen, wenn es in diesem Zustand kein »Hier« oder »Dort« gibt? Ich gehe weg von meinem Körper, aber ich werde immer bei euch sein.« Nach diesen tröstenden Worten schloß Barbara die Augen und kurz danach verließ sie ihre sterbliche Hülle.

EINE POSITIVE HALTUNG

Hinter jeder Wegbiegung überrascht uns das Leben mit neuen Herausforderungen, die es auf unseren Lebenspfad stellt. Es bleibt uns keine andere Wahl, als diesen Herausforderungen mutig entgegenzutreten. Indem wir ihnen die Stirn bieten, entdecken wir, daß unsere geheimen, verborgenen Kräfte aktiviert werden, um die wir in einsamen, sorgenschweren Stunden gerungen hatten.

Lebenslagen und Umstände sind Zustände, in denen wir uns befinden, die wir selbst verursacht haben. Sie fordern unsere Urteilskraft, unser Unterscheidungsvermögen heraus – Eigenschaften, die zu einem starken, freiheitsliebenden Menschen gehören. Nur der Held genießt das Leben, nicht der Sklave. Mit dem Schwert des Unterscheidungsvermögens vernichtet er das Unwirkliche und wählt das Wirkliche, das Wahre, das Wesentliche: er wählt die WAHRHEIT.

Mit dem blendenden Schild der Wahrheit in der Hand ist er unbesiegbar in den drei Welten.

GEDANKEN DER KRAFT UND EINE HANDVOLL GEDICHTE

Die Geborgenheit, nach der wir uns sehnen, werden wir nie in der äußeren Welt finden, sondern nur in uns. Laß die stürmische Welt der Sinne hinter dir, hebe dein Bewußtsein zum Mittelpunkt deines Wesens und erkenne, daß hier allein die Kraft, hier allein der Friede und hier allein die Geborgenheit herrschen, die du immer gesucht hast.

Verurteile die Welt nicht.
Vergöttliche die Welt durch deine Taten.
Läutere die Welt durch dein Gespräch.
Verherrliche die Welt durch deine Gegenwart.

Die Sinnlichkeit weilt weder im Körper noch in den Sinnesorganen, sondern einzig und allein in unseren Gedanken. Wenn wir gelernt haben unsere Gedanken zu beherrschen, wird uns der Körper gehorchen, in jeder Hinsicht.

Warum sollte mir irgend jemand behilflich sein auf dieser Welt? Das Um-Hilfe-Bitten an sich ist ein Zeichen der Hoffnungslosigkeit, der Schwäche. Alle Hilfe abzulehnen, ist der erste Schritt zur Selbstständigkeit. Dann allein wird Kraft in uns strömen, dann allein wird Mut durch unsere Adern fließen, dann allein wird Freiheit uns gehören und mit ihr das ersehnte Glück. Alle Kraft ist in dir, als dein eigenes Selbst. Darum – STEH AUF UND SEI FREI.

Komm heraus aus der Tretmühle der Begierden. Wachse über alles Menschliche hinaus und offenbare deine göttliche Natur.

Schwächt die Tat? Schüttle sie ab!
Stärkt die Tat? Ergreife sie!

Keinen Augenblick verliere!
Wache auf, du schlafende Seele!
Öffne weit die Tore:

Deine kämpfende Gottheit trete hervor
und im kühnen Schwung des Schwertes
erliege die Schwachheit!

Kraft! Du Odem Gottes und der Menschen!
Kraft! Du mächtige Waffe der Krieger!
Kraft! Einzige Forderung in meinem Leben!
Kraft! Wo du wächst, ist Zweifel nie Sieger!
Kraft im Körper! Kraft im Geist!
Kraft! – Dies ist das Wort, das befreit!

Steh auf und halte hoch das Banner!
Strauchle nicht, o Krieger!
Deine Taten beweisen deine Stärke;
denn in deinen edlen Adern
pulsiert das Blut des Lebens und der Kraft.
Die Götter treiben dich an!

Wirf ab die sterblichen Hüllen
von Schmerz und von Tod
und strebe nach deinem Ziel:
dem Himmel
auf Erden

Baue jene imposante Säule der Menschenwürde auf.

Für die WAHRHEIT gibt es keinen Kompromiß. Jeder Ersatz für die Wahrheit ist eine Ersatzwahrheit und deshalb keine Wahrheit.

Aus Reinheit und Schweigen entspringt Kraft und Stärke.

Erst wenn wir die Vergänglichkeit als Wesenszug dieser Welt erkennen, wenn wir zu sehen beginnen, daß im ewig Wechselnden nicht die Wirklichkeit sein kann, erst dann wird uns das Leben loslassen aus seiner Fessel von Lust und Schmerz, von Freude und Leid.

Wenn wir sehen und einsehen, daß das Leben ein endloser Traum ist, dann allein vermag uns sein Zauber nicht mehr zu fesseln, dann allein befreien wir uns vom Kerker der Umstände, den wir rings um uns aufgebaut haben. Die Schuppen fallen von unseren Augen und wir schauen die WAHRHEIT: Geist sind wir, der nie vergehende; Geist, der unsterbliche; Geist, der ewige, der immerwährende, der allmächtige.

Nein, ich denke nicht daran, mich zu bücken und die paar verstreuten Wünsche dieses irdischen Lebens zu sammeln – denn ich bin zu stolz, um der Stimme nachzugeben, die da sagt: »Iss, trink und genieße.«

Was meine Glückssterne betrifft, so befinden sie sich in meinem Firmament dort, wo ich sie hingestellt habe, damit sie den ewigen Pfad der Freiheit, der mein Weg ist, erleuchten sollen.

Schicksal? Was ich bestimmt habe, daß es geschehe, das ist mein Schicksal!

Ich halte mich im Leben an eine Wahrheit, an das, was ich BIN!

Es sind die Worte eines wahrhaften Menschen, eines Menschen ohne Falsch, die wie eine Bombe in der Gesellschaft zerplatzen, ihre Schwäche zertrümmern und ihre latenten Kräfte zu wecken vermögen.

Und endlich habe ich nichts mehr zu verlieren, sondern nur anzunehmen, was mir das Schicksal schuldet.

Ich werde den Rücken des Schicksals beugen, seinen Willen brechen und es zwingen, sich mir zu fügen.

Was kümmert es dich, was deine Vorfahren dachten oder wie andere Leute denken? Worauf es ankommt ist, was *du* denkst: unabhängige, furchtlose Gedanken, aus dem Reichtum deiner eigenen Erfahrung geboren.

Der allein kann anderen Führer sein, der sich selbst zu führen vermag.

Und Spannung – warum nicht? Es ist das schöpferische Feuer, das durch meine Adern rinnt.

Wie der Berge Gipfel hoch die Täler überragen,
wie die Sonne weder auf- noch niedergeht,
so laß mich stark und einsam stehen
über den tobenden, tosenden Wogen des Erdenlebens.

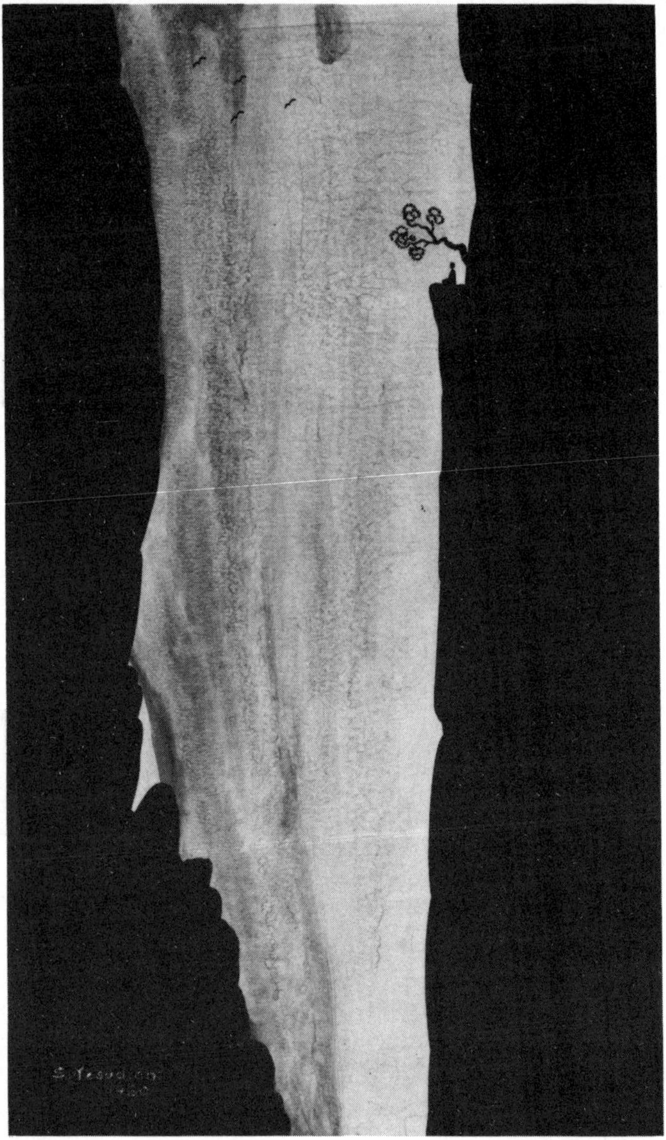

Und zu dieser hehren Stunde
bricht mein Tag nun endlich an,
zerstreut ist Furcht und Dunkel –
gesprengt der Geburten Kreis.

Kraft! Dein Weckruf
pulsiert in Taten fern aller Furcht.
Wie Blitzschlag trifft Dein Wort:
»Steh auf! Singe von Stärke!
Und in der Macht dieser Berührung
erwachen wieder
totgeglaubte Glieder
zu tapfrem Tun.

Wenn die WAHRHEIT auf meiner Seite steht, kenne ich keine Furcht. Ich werde freudig in die finsterste Hölle hinuntersteigen und sie in einen wahren Himmel verwandeln.

Geistigkeit ist die bewußte Offenbarung der innewohnenden Göttlichkeit.

Ihn, der aus der Macht der Güte handelt, ihn kann kein Schmerz berühren und nichts Böses vermag sich ihm zu nähern.

Trauen wir unseren Mitmenschen stets gute Absicht zu und reagieren wir nicht mit Angst. Wenn wir Feindseligkeit spüren, müssen wir nur etwas tiefer hineinblicken. Und wir werden sehen, daß der andere leidet und darum gereizt reagiert, weil er glaubt, sich verteidigen zu müssen. Die Menschen sind nicht schlecht – nur unglücklich.

Beschuldigen wir niemanden, und versuchen wir nicht, unsere Mitmenschen zu bekehren. Fangen wir damit eher bei uns selbst an. Wenn es anderen an Liebe und Verständnis mangelt, seien *wir* um so verständnisvoller. Wenn andere eine Maske tragen, seien *wir* um so mehr auf der Hut, unser wahres Gesicht zu zeigen. Wenn sich andere schwer tun mit Selbstbeherrschung, üben *wir* uns um so mehr in Selbstdisziplin.

Religion bedeutet nichts anderes, als in den Spiegel unseres Herzens zu blicken und darin Gott zu schauen.

Wenn ich Deinen Namen singe, o Herr,
verliert mein Herz seine Grenzen
und mein Boot schwimmt auf Wassern,
die keine Ufer kennen.

Nicht mehr bist du verankert in deinem früher so teuren Traum. Zu Ende geträumt ist er, dieser Erdentraum von Freude und Leid. So breite deine Flügel aus zum Höhenflug der EWIGKEIT – und wenn in dir der Wunsch erwacht nach einem neuen Traum, dann flieg hernieder
und träume wieder.

S. Yasudian

Allein-Sein war es,
das mich drängte
dieser Welt zu entfliehen.

Allein-Sein war es,
das mich drängte
Gemeinschaft zu suchen,

Gemeinschaft mit jemandem,
den ich lieben könnte –
und du, o EINSAMKEIT, bist das.

Ich öffnete meine Augen, um das Licht der Welt zu erblicken
– und was sahen sie? –
Du bist da, mein Herr, Du bist überall.

Wenn die Morgenröte der Erkenntnis am Horizont des Herzens heraufzieht, schwindet das Dunkel der Unwissenheit, so wie die Nacht dem Tag entflieht.

Meine Seele
werde ich umhüllen
mit dem Mantel
der Himmelseinsamkeit –

Mein Herz
werde ich umwinden
mit dem Kranz
von Frohbotschaft und Frühling.

Aus deiner Jahreszeit
o immerwährender Frühling
fließt Freude in Fülle.
Auch meiner übervollen Herzensschale
entströmt ein Lied
und füllt die Ewigkeit.

Und wenn die kalten Finger des Todes
mein gebrauchtes Körperkleid abstreifen –
und wenn die Brücke
meines Atems entzweibricht,
auch dann werde ich wissen
nicht aufhören zu wissen:
daß ich war –
daß ich bin
daß ich immer sein werde.

Die Lebenspforte –
sie öffnet und schließt sich
mit jedem irdischen Traum.
Doch wenn das Blendwerk
des Traumes verblaßt,
wenn die Zeit ihr Lösegeld fordert
für all das Geschaffene –
dann ist der Schlaf beendet,
dann sind wir erwacht.

Oh Zeit, du Tyrann!
Wie gut du sie kennst,
die Kunst von Geben und Nehmen!
Erbarmungslos und doch voller Erbarmen,
zerstörend und doch schöpferisch
ist deine Handlung Hilfe,
Herausforderung an die Menschen,
ihr Haupt zu erheben –
hinweg über die endliche Welt,
hineinzublicken ins Unendliche
– zum Unendlichen werdend –
unberührt von dir.

Welch seltsame Musik
schwingt in der schweigenden Seele!
Es sind die Klänge des Erhabenen,
gespielt von unsichtbaren Händen.
Diese kostbaren Augenblicke –
Einsamkeit ist ihr Preis!

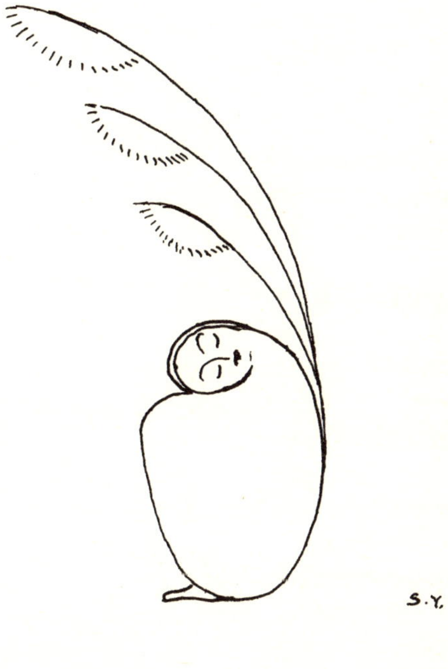

Oh, vertraute Hütte, mein Heim,
du schenktest mir das Licht des Lebens,
du nährtest meine Seele in Einsamkeit,
du wiegtest mein Kinderherz –
jede Nacht,
und mit der Freude einer Mutter
küßtest du meine Augen wach –
jeden Morgen!

Um wie vieles lieber
gäbe ich all mein irdisches Wirken dahin,
als Zuschauer zu sein vom armseligen Spiel der Kinder,
die da spielen das Spiel von Vergnügen und Leid!
Doch das Gelöbnis zu dienen,
bindet mich mit den Ketten der Liebe
und ich will mit Freuden die Last von tausend Leben
tragen,
wenn mein Dienst nur der rechte ist.

Was für ein bescheidener Ehrgeiz,
sich ein Podest zu errichten, zehn Spannen hoch,
und es mit Lorbeer bekränzen,
die über Nacht welken!

Um wie vieles besser doch, das Streben,
Himmel und Erde aufzugeben;
um wie vieles besser, zu wissen, daß diese
nur die Begrenzungen eines Tages sind.

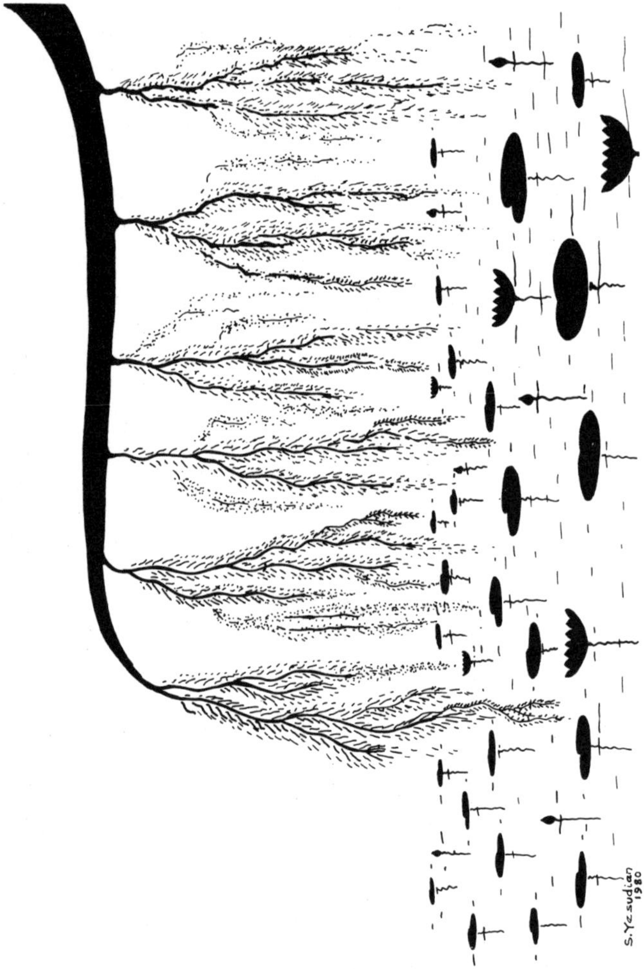
S. Yesudian
1980

DES DICHTERS NAME IST FREIHEIT

Glück ist selten das Los des Dichters.
Außenseiter ist er im Leben,
keine Bande können ihn binden.
Sein Name ist FREIHEIT.

Losgelöst von der Welt,
spricht er die Sprache des Schweigens,
die im Herzen reift.
Ewiger Zeuge von Gefühls-Gezeiten.
taucht er in tausend Höllen
und blickt in das Urgesicht
von Formen, Farben, Figuren.

Selten steigt ein Lächeln aus seiner Seele,
denn sein ist die Zusammenschau
von außen und innen,
denn sein ist das Trennen
von Widerspiegelung und Wirklichkeit.
Der Widerhall der Schöpfung
wirkt nicht auf ihn.

Dem Gebirgsbach gleich,
gewinnt er an Kraft,
stürzt er aus schwindelnder Höhe auf Felsengestein,
das vielgestaltig er unter seinen Fingern formt.
Wirbelnd auf allen Wassern,
mündet er ein in den Strom ohne Wiederkehr
und treibt in Richtung seines Ozean-Heimes.

Frieden war ihr nicht bestimmt,
dieser sturmerfüllten Seele,
die unermüdlich in die Ferne weist –
DES DICHTERS NAME IST FREIHEIT.

GESUNDHEITLICHE RATSCHLÄGE

AUFSPEICHERUNG VON SONNENENERGIE DURCH ATMUNG

Eines Tages, als ich von der Schule kam, – ich muß damals zwölf oder dreizehn Jahre alt gewesen sein – und meine Schultasche in eine Ecke warf, erlitt ich plötzlich einen Anfall von unerträglichem Schmerz in der Bauchgegend. Niemand war zu Hause. Der Schmerz war so betäubend, daß ich mich auf dem Boden wälzte und dachte, ich würde im nächsten Augenblick sterben. Es war mir, als ob meine Gedärme wie ein nasses Tuch ausgewrungen würden, so unerträglich war der krampfartige Schmerz. Alle meine Hilferufe waren umsonst; meine Stimme ging im Lärm und der Hektik des abendlichen Straßenverkehrs unter.
Glücklicherweise kehrte gerade in diesem Moment mein Vater, der Arzt war, zurück. Schnell kniete er sich neben mich, legte die Handfläche seiner rechten Hand auf meinen Bauch und sagte liebevoll: »Sei ruhig, mein Kind, sei ganz ruhig und atme langsam und tief.« Ich tat wie er mich geheißen hatte, und bald fühlte ich aus Vaters Hand einen Lebensstrom in mich hineinfließen – dieser Strom gab mir das Gefühl von geschmolzenem Gold – der meine ganze Bauchgegend und den Brustraum füllte. Innerhalb weniger Minuten fühlte ich mich viel besser und ich konnte wieder sitzen. Mit seiner liebevollen, gütigen Stimme fragte mich mein Vater: »Was macht dir Angst, mein Kind?« »Mathematik«, war meine Antwort. Eigentlich war es nicht die Mathematik an sich, die ich fürchtete, ich konnte die Aufgaben zu Hause ohne große Schwierigkeiten lösen; ich hatte Angst vor dem drohenden Rohrstock des Lehrers, der oft blitzschnell auf den Knöcheln untalentierter Mathematikanfänger, wie ich einer war, landete. Mein Vater organisierte Nachhilfestunden in

Mathematik, und mit steigendem Selbstvertrauen verlor ich auch meine Angst vor diesem Fach.

Vaters Verständnis, sein tiefes Wissen um die Ursache von Gesundheitsstörungen, erstaunten mich in späteren Jahren. Heute weiß ich, daß er vertraut war mit der ältesten medizinischen Wissenschaft, Ayurveda, der Quelle der modernen medizinischen Wissenschaft. Ayurveda hatte schon immer gelehrt, daß die Ursache jeder Krankheit seelisch bedingt sei. Und heute weiß ich auch, daß Vater meinen Solarplexus (Sonnengeflecht) mit seiner eigenen kraftvollen Lebensenergie aufgeladen hatte. Ärzte sind von Berufs wegen »Exorzisten von Krankheiten«; furchtlos greifen sie die Gesundheitsstörungen an, denn sie besitzen eine Vitalität und Ausstrahlung, die ihnen eine natürliche Immunität verleiht. Noch heute erinnere ich mich, wie mein Vater – allerdings nur sehr selten – seine rechte Hand auf die Stirn mancher Patienten legte, deren hartnäckiges Fieber sich dann innerhalb weniger Stunden senkte. Selbstverständlich verschrieb er seinen Patienten im allgemeinen Medikamente, wenn immer möglich auf pflanzlicher Basis.

Als Student in Budapest machte ich oft Nachtdienst auf der chirurgischen Bettenstation eines großen Krankenhauses. Ein Patient konnte nach seiner Operation nicht schlafen, obwohl er starke Beruhigungsmittel bekommen hatte. Während der ganzen Nacht stöhnte er vor Schmerz und hielt dadurch andere Patienten wach. Frühmorgens kam Dr. Paul Schimert, der Stationsarzt, herein und fragte mit seiner tiefen, vollen Stimme in der gewohnten freundlichen Art, wie es den Patienten ginge. Er hatte die Erscheinung und die Gangart eines Löwen – mit erhobenem Haupt, weit offenen Augen und einer wunderbaren Ausstrahlung von Kraft und Stärke, die das Krankenzimmer erfüllte, sobald er seinen Fuß hineinsetzte. Der Patient, der die ganze Nacht gestöhnt hatte vor Schmerz, war wie hypnotisiert von Pauls Erscheinung; langsam setzte er sich im Bett auf und sagte aufgeregt: »Es geht mir viel besser, Herr Doktor, wirklich viel besser, vielen Dank, vielen, vielen Dank!« Das Pflegepersonal, das Zeuge seines nächtlichen Klagens war, wußte nicht, ob er die Wahrheit sprach oder nicht. Seine Worte mußten der Tatsache entsprochen haben, sonst hätte er sich wohl nicht so geäußert. – Da dachte ich zurück an meinen lieben, gütigen Vater, dessen kraftvolle Ausstrahlung von Lebensenergie mein ganzes Wesen durchdrungen und mich innerhalb weniger Augenblicke von jenen äußerst schmerzhaften Darmkrämpfen befreit hatte, sonst wäre wohl eine Notoperation unumgänglich gewesen. Auch der Patient im Budapester Spital hatte die beruhigende, heilende Ausstrahlung des Arztes empfangen, und deshalb entsprachen seine Äußerungen der Wahrheit. Natürlich kamen die Schmerzen eine Stunde nach Dr. Schimerts Morgenvisite wieder zurück. Aber keiner der Anwesenden konnte die positive Wirkung des Arztes auf seine Patienten vergessen.

Ärzte sind sich im allgemeinen ihrer natürlichen Heilkraft nicht bewußt. Sie gehen in Krankenzimmer hinein, wo Patienten mit ansteckenden Infektionskrankheiten liegen und kommen unversehrt wieder heraus. Andere Menschen mögen dasselbe tun, aber werden infiziert. Sie besitzen nicht die Immunität, die dem Arzt gewöhnlich eigen ist.

Es gibt eine spezielle Yoga-Atemübung für die Entwicklung von Sonnenenergie im Solarplexus. Wenn man diese Übung regelmäßig einige Minuten täglich durchführt, baut man eine gewaltige Widerstandskraft auf, die es dem Körper ermöglicht, aus eigener Kraft gegen Krankheiten anzukämpfen.

Übung zur Aufladung des Sonnengeflechtes

Wir liegen flach auf dem Rücken und übergeben das gesamte Körpergewicht dem Boden. Beide Hände stellen wir entspannt auf die Mitte des Bauches, etwas höher als der Nabel, die Finger dürfen einander nicht berühren. Jetzt atmen wir langsam und tief ein und füllen unsere Lungen zu etwa drei Vierteln. Leichtigkeit, vollkommene Entspannung soll das begleitende Gefühl sein.

Beim Ausatmen lenken wir Lebenskraft von der Lunge durch die Arme und Finger in den Solarplexus. Bei dieser Übung sollten wir den Körper kaum wahrnehmen. Spüren wir, wie *prana* oder Lebenskraft durch die ganze Bauchgegend strömt – gleich den Strahlen der Sonne. Die Ausstrahlung von Lebensenergie durch die Fingerspitzen wird ein angenehmes Wärmegefühl hervorrufen. Vergessen wir nicht, daß wir bei dieser Übung ohne die geringste Spannung atmen. Bei jeder Einatmung sollen wir spüren, wie *prana* in der Lunge gesammelt wird, und wie die Sonnenkraft beim Ausatmen durch die Arme und Finger strömt. Diese Übung können wir fünf bis zehn Minuten durchführen – auch am Arbeitsplatz oder während wir im Zug oder im Bus sitzen. Sie bringt Müdigkeit in kürzester Zeit weg.

Prana kann auf dieselbe Art und Weise durch die Fingerspitzen in die Augen gelenkt werden, wenn diese vor Müdigkeit brennen: Wir schließen die Finger wie eine Knospe und stellen die Fingerspitzen behutsam auf beide Augenlider.

Sollte uns der Kopf schmerzen, legen wir unsere Handflächen auf beide Seiten des Kopfes, um durch bewußtes Lenken von *prana,* verbunden mit Yoga-Atmung, die zehn bis zwölf Milliarden Gehirnzellen in kurzer Zeit mit neuer Lebenskraft aufzuladen.

Zur besseren Konzentration sollten diese Übungen mit geschlossenen Augen für mindestens fünf Minuten durchgeführt werden.

Es gibt noch eine andere Übung, die uns hilft, die allgemeine Widerstandskraft zu steigern und gleichzeitig eine Aura von Licht, einen Energiekörper, auch PRANA-KÖRPER genannt, zu bauen:

Wir sitzen auf dem Boden mit gekreuzten Beinen oder auf

einem Stuhl. Die Hände ruhen an den Knien, den Rücken halten wir gerade, die Schultern entspannt. Wir üben mit geschlossenen Augen und mit dem Gefühl, als ob wir keinen Körper hätten. Langsam und entspannt atmen wir tief ein; dabei sammeln wir *prana* in der Mitte unseres Wesens, etwas rechts vom organischen Herz. Wir können uns unsere Mitte als weiße Lichtkugel vorstellen. Beim Ausatmen strahlen wir *prana* in alle Richtungen aus wie Sonnenstrahlen, in jeden kleinsten Teil des Körpers, bis sich ein Energiehof um uns herum gebildet hat. Wir stellen uns vor, die Ausdehnung dieser Energie-Ausstrahlung betrage zirka einen Meter. Vergessen wir nicht, daß wir mit jeder Einatmung *prana* oder Lebenskraft zuerst im Mittelpunkt unseres Wesens sammeln, um sie dann während des langsamen Ausatmens durch den ganzen Körper und über den Körper hinaus bewußt auszustrahlen. Wir können die Übung für fünf oder zehn Minuten durchführen, auch mehrmals am Tage. Nach einiger Zeit werden wir die Anwesenheit von *prana* in uns und als Energiefeld um uns herum deutlich fühlen. Ob er es weiß oder nicht – jeder Mensch besitzt diese Ausstrahlung; sie ist verantwortlich für seine natürliche Immunität gegen Krankheiten. Mit Hilfe dieser Übung erfahren wir bewußt, was wir mittels der Atemtätigkeit unbewußt vollbringen. Diese Ausstrahlung wird so stark werden, daß wir, wo immer wir uns befinden, unsere eigene Emanation fühlen – sei es in der Straßenbahn, im Zug, auf der Straße, am Arbeitsplatz oder zu Hause. Schon nach einiger Zeit werden wir die Wirkung dieser wunderbaren Übung erfahren können: Unser Gesichtsausdruck wird Frieden, Reinheit und Harmonie ausstrahlen. Da das gesamte Nervensystem mit *prana* aufgeladen ist, werden wir nicht mehr nervös und gespannt auf unsere Umgebung reagieren. Wo immer wir uns befinden, werden wir unsere eigene Atmosphäre von Reinheit, Harmonie und LICHT schaffen. Unsere Familie, unsere Mitmenschen werden die auffallende Wandlung in

uns wahrnehmen und – ohne daß wir ein Wort darüber verlieren müßten – werden sie unter den wohltuenden Einfluß unserer inneren Ausgeglichenheit gelangen.
Der Körper jedes Menschen, ob Kind oder Erwachsener, strahlt ein feines, phosphoreszierendes bläuliches Licht aus. Während des Krieges mußten wir acht lange Wochen im Schutzkeller der Villa Haich in nahezu totaler Dunkelheit verbringen. Frau Haich und ich verbrachten die meiste Zeit in Meditation. Unser Wahrnehmungsvermögen wurde immer sensitiver, denn jede Bombe, die irgendwo einschlug, zwang uns, um so mehr im Zustand der EWIGEN GEGENWART zu SEIN – der einzigen Wirklichkeit – und machte uns außerordentlich wach und bewußt. In diesem erhöhten Bewußtseinszustand konnte ich mit offenen Augen ein wunderschönes bläuliches Licht wahrnehmen, das vom Körper aller 26 anwesenden Männer, Frauen und Kinder ausstrahlte. Ich fragte Frau Haich, ob sie dieses Licht auch sehe, und sie bejahte meine Frage. Ich wollte von anderen Anwesenden wissen, ob auch sie eine Lichtausstrahlung wahrnehmen könnten. Manche sahen dieses Licht, andere nicht. Frau Haich erklärte das merkwürdige Phänomen folgendermaßen: Wenn das Bewußtsein durch außerordentliche Umstände stark erhöht ist, so wie es bei uns der Fall war, wenn es die gewohnten Funktionen des Denkens und Fühlens überschreitet, wenn es sich in einem Zustand höchster Wachsamkeit befindet, dann ist man fähig, die Ausstrahlung von Menschen, Pflanzen und Tieren in Farben wahrzunehmen. Diese Ausstrahlung ist der sogenannte Äther-Körper, auf dem der materielle Körper aufgebaut ist.
Das erinnert mich an eine ähnliche Erfahrung, die Swami Vivekananda machte. Sein Meister, Sri Ramakrishna, erläuterte die Grundidee des Monismus – das Erkennen der e i n e n Ursache von allem Geschaffenen. Diese Ursache ist der kollektive, der alles umfassende Geist, der das ganze Weltall durchdringt, innewohnend in allem was Form und Gestalt

angenommen hat. Ramakrishna erklärte, daß der Monismus – die Erkenntnis, daß das individuelle Selbst und das SELBST des ganzen Universums eins sind – das Ziel jeder Religion sei. Der Grundgedanke im Hinduismus sei die Vereinigung des individuellen Selbst, ATMAN genannt, mit dem Selbst des Universums: PARAMATMAN. Diese Erfahrung werde einem durch Meditation, die mit Geduld und Ausdauer ein Leben lang geübt werden müsse, zuteil.

Ramakrishnas junger Schüler, Narendra, der spätere Vivekananda, konnte diese Lehre nicht annehmen. Sie kam ihm wie eine Gotteslästerung vor. Ein beinahe hysterischer Lachkrampf überkam ihn, und er verließ den Raum. Draußen erzählte er seinen Freunden, was für absurde, lächerliche Dinge sein Meister gelehrt hätte, man soll Gott in allem und jedem sehen. »Stellt Euch vor, der alte Herr sagt, das Gott in allem innewohnend sei – dann ist Gott also auch in diesem Wasserkrug, in diesem Tisch«, und er wandte sich lachend zu einem seiner Studienfreunde, »sogar in deinem dummen Kopf!« Ramakrishna, der sich stets in einem ekstatischen Zustand der Gott-Verbundenheit befand, wußte, wie wenig es für seinen geistigen Sohn Vivekananda brauchte, um die letzte Wahrheit zu erfahren. Mit der Absicht, ihm in dieser Gotteserfahrung behilflich zu sein, berührte der Meister das Rückgrat seines großen Schülers und brachte Vivekanandas Bewußtsein von der menschlichen auf eine höhere, geistige Ebene. In diesem Augenblick konnte dieser mit offenen Augen die innere Ursache, die innere Struktur des Tonkruges, der vor ihm stand, wahrnehmen. Auch das Wasserglas, der Tisch, die Fliegen, die Freunde, die neben ihm standen – alles sah er als Licht, als Bewußtsein; in allem sah er Gott.

Fortan waren für ihn Ursache und Wirkung eins, Schöpfer und Schöpfung identisch. Der junge Vivekananda konnte diese Vision nicht ertragen. Er rannte hinaus auf die Straße und machte sich zu Fuß auf den Weg von Dakskineswar

nach dem mehr als zehn Kilometer entfernten Kalkutta. Und siehe, auch die mit Heu beladenen Ochsenkarren, denen er unterwegs begegnete, strahlten ein ungewöhnliches Licht aus; alles schien mit Bewußtsein zu vibrieren. Selbst vom eisernen Zaun, der die Statue der Königin Viktoria schützte, sah er Licht ausstrahlen. Er wollte prüfen, ob es sich bei diesem Zaun um Eisen oder um ätherisches Licht handelte, und er schlug mit dem Kopf gegen das Geländer.
Mit blutender Stirn und weitaufgerissenen Augen kam er schließlich zu Hause an. Seine besorgte Mutter pflegte die Wunden an seinem Kopf und sagte: »Oh, mein geliebter Sohn, was ist dir geschehen? Warum mußt du alles übertreiben, selbst dein Streben nach Gott?« – Dann bereitete sie ihm eine Mahlzeit zu. Als er den ersten Bissen zum Munde führen wollte, sah er, daß auch die Nahrung Bewußtsein ausstrahlte, und er konnte nichts berühren, denn in diesem Augenblick war auch die Nahrung Gott. Die göttliche Ekstase dauerte zehn Tage. Danach zweifelte er nie mehr daran, daß sich Gott in seiner ganzen Schöpfung und in jedem einzelnen Lebewesen offenbart.

RATSCHLÄGE FÜR HERZPATIENTEN

Frage: Gibt es bestimmte Yoga-Übungen, die den Gesundheitszustand meines Herzens verbessern könnten? Ich erlitt zwei Infarkte innerhalb eines Jahres.

Antwort: Ja, es gibt Übungen, die Ihnen helfen können, vorausgesetzt, daß sie täglich durchgeführt werden. Die Einfachheit der Übungen ist oft irreführend. Weil eine Atemübung oder ein Yoga-Asana leicht durchführbar ist, zweifeln viele Leute an der Wirkung oder am therapeutischen Wert der Übung.

Vor allem sollten Sie wissen, wie es dazu kommt, daß die Funktion des Herzens oder der Herzkranzgefäße gestört ist. Wenn man sich über die Ursache im klaren ist, so ist es leichter, die Behandlung der Störung oder Krankheit, die als Wirkung aufgetreten ist, anzugehen.

Wenn ein Gefährt überladen ist, so bricht das Zugtier zusammen. – Die ersten Symptome eines von zu viel Arbeit und Hektik überlasteten Herzens sind Erschöpfung, Unruhe, Nervosität. Wenn man solchen Symptomen keine Beachtung schenkt und das Herz weiterhin belastet, so wird dieser Überbeanspruchung durch ein wachsendes Druck- und Schmerzgefühl im Brustraum Einhalt geboten. Sollte einen auch diese Warnung der Natur nicht zur Vernunft bringen, wird die Herztätigkeit wegen mangelnder Durchblutung des Herzmuskels deutlich eingeschränkt. Angina pectoris, unregelmäßiger Puls, Kurzatmigkeit und extreme Erschöpfung nach jeder Anstrengung treten als Symptome auf. Wird auch diese äußerste Toleranzgrenze der Natur überschritten, dann kommt der Zusammenbruch durch einen Infarkt oder gar als tödliches Herzversagen.

Es gibt einige bekannte körperliche Risikofaktoren, die das Herz und die Herzkranzgefäße gefährden: STRESS, RAUCHEN, DIABETES, HOHER BLUTDRUCK, ÜBERGEWICHT und ein ÜBERMASS AN CHOLESTERIN IM BLUT. Das Herz und die Lunge, die dem Blut Sauerstoff zuführt, arbeiten zusammen. Sauerstoff ist verantwortlich für die Entfernung von Toxin im Körper, vorausgesetzt, daß man richtig atmet, d.h., wenn mindestens die Hälfte bis Dreiviertel der Lunge betätigt werden. Gleichzeitig dringt mit jedem Atemzug Sonnenenergie, in der Yogaphilosophie *prana*, Lebenskraft, genannt, durch die Nase ein und teilt sich in zwei Ströme, einen positiven und einen negativen. Darum haben wir zwei Nasenöffnungen. *Prana,* das durch das rechte Nasenloch eintritt, wird *ida nadi* oder der positive Strom, und *prana,* das durch das linke Nasenloch eintritt, wird *pingala nadi* oder der negative Strom. *Ida nadi* nennt man *surya,* Sonnenkraft, und *pingala nadi* ist *chandra,* Mondkraft. Die richtige Atmung bewirkt ein vollkommenes Gleichgewicht zwischen den positiven und den negativen Strömen im gesamten Nervensystem. Einen Zustand des Gleichgewichts nennen wir Gesundheit. Wenn das Gleichgewicht gestört ist durch ungenügende Atmung und negative Gemütszustände, reagiert der Körper mit Müdigkeit, Nervosität und Krankheit. Die Atmung könnte man mit dem Betätigen des Lichtschalters vergleichen. Schaltet man ein, fließt der Strom durch die Glühbirne. Wenn *prana,* das durch Atmung im Gehirn aufgespeichert wird, durch das Rückgrat und die gesamten Nervenbahnen fließt, wird der menschliche Organismus im wahrsten Sinne des Wortes »eingeschaltet«, seine Arbeit zu verrichten.

Übung: Wir sitzen auf dem Boden mit gekreuzten Beinen (Schneidersitz) oder im klassischen Lotossitz (Padmasana). Sollten diese Stellungen unbequem sein, setzen wir uns mit geradem Rückgrat auf einen Stuhl. Die linke Hand, Handfläche nach oben gerichtet, ruht im Schoß, unterhalb des Nabels. Ring-, Mittel- und Zeigefinger der rechten Hand sind nach unten gebeugt und berühren die Handinnenfläche, Daumen und kleiner Finger sind gestreckt. – Die rechte Nasenöffnung mit dem rechten Daumen schließen. Links langsam und tief einatmen während vier Sekunden. Den Atem vier Sekunden anhalten.

Mit dem kleinen Finger das linke Nasenloch schliessen und während vier Sekunden durch das rechte Nasenloch ausatmen. Durch die rechte Nasenöffnung während vier Sekunden einatmen, vier Sekunden den Atem anhalten, das rechte Nasenloch mit dem rechten Daumen schließen und während vier Sekunden durch das linke Nasenloch ausatmen. Diese Atemfolge wird als ein Zyklus bezeichnet. Führen Sie drei bis fünf Zyklen aus, vor dem Frühstück, Mittag- und Abendessen und vor dem Einschlafen. Regelmäßiges Üben ist wichtig. Halten sie sich immer den Zweck der Übung vor Augen, nämlich die positiven und negativen Ströme im gesamten Nervensystem ins Gleichgewicht zu bringen. Geduldiges Üben allein, bringt den gewünschten anhaltenden Erfolg. Wenn es viele Jahre dauerte, bis das Herz nach einer Kettenreaktion von Tausenden und abermals Tausenden kleineren und größeren Ursachen zusammenbrach, so braucht es auch Zeit und Geduld, um eine dauernde Heilung zu erreichen. Eilen Sie sich nicht. Sagen Sie sich: ICH HABE ZEIT. Da unsere Denkgewohnheiten die hauptsächlichen Übeltäter sind, sollten wir sie so wenig als möglich einschalten. Denken und nachgrübeln bewirkt Unruhe. Das Stillewerden der Gedanken bedeutet FRIEDEN. VERGANGENHEIT existiert nicht, ZUKUNFT existiert nicht, einzig und allein die GEGENWART zählt. Die GEGENWART ist immer »jetzt und hier«. In der Gegenwart zu leben, bedeutet herauszutreten aus dem Teufelskreis von Zeit und Raum. Machen Sie das Beste aus der Gegenwart. Nehmen Sie die Dinge leichter. Fangen Sie endlich an, Ihr eigenes Leben zu leben und seien Sie glücklich.

DIE PSYCHISCHE URSACHE VON KREBS

Frage: Was ist die seelische Ursache von Krebs? Kann die Ursache nicht auch körperlicher Natur sein?

Antwort: Zuerst müssen wir uns darüber klar sein was Krebs ist. – Vom Augenblick der Empfängnis an teilen und vermehren sich die Zellen des Embryos mit einer erstaunlichen Geschwindigkeit. Den Impuls dazu gibt der innewohnende Geist des noch ungeborenen Kindes. Dies ist die normale und natürliche Entfaltung des Lebens, die fortdauert bis zum Ende unseres körperlichen Daseins. Wenn sich nun aber der Geist vom Körper eines Menschen zurückzieht, eines Menschen, der den Wunsch hat, wegzugehen von dieser Erde, weil er seine Sorgen und Probleme nicht mehr zu tragen vermag und unbewußt den schnellsten Weg sucht, die Arena des Lebens zu verlassen, – dann fangen die Zellen ihr eigenes Leben an, unkontrolliert, wie eine Schafherde ohne Schäfer. In Abwesenheit des alles beherrschenden Geistes erkrankt der Körper, indem er beispielsweise die Symptome einer Krebskrankheit produziert.

Dazu einige Beispiele:
Eine Frau wurde von ihrem oft betrunkenen Ehemann wiederholt geschlagen. Sie war von einer ruhigen, liebenswürdigen Wesensart und duldete die Mißhandlungen in der Hoffnung, daß sich ihr Mann eines Tages ändern würde. Das geschah aber nicht. Die Gedanken der eher verschlossenen, introvertierten Frau kreisten immer wieder um den Tod als einzigen Ausweg aus ihrer Hoffnungslosigkeit. Nach einigen Jahren fiel sie wirklich einer unheilbaren Krebserkrankung zum Opfer und starb nach zehn leidvollen Ehejahren. – Wie Sie sehen, wollte die Frau unbedingt ihren Körper verlassen, der schließlich einem Zustand von Chaos und Verworrenheit – Krebs genannt – zum Opfer fiel.
Ein sechzigjähriger Mann litt an Darmkrebs. Selbst die Operationen, denen er sich unterziehen mußte, konnten die sich rasch ausbreitende Krankheit nicht aufhalten. Als er sich bewußt wurde, daß er sein nächstes Leben genau dort fortsetzen müßte, wo er sein jetziges beenden würde, – in einem schwachen, kränklichen, widerstandslosen Körper – da entschloß er sich plötzlich, alles was in seiner Macht stand zu tun, um noch in diesem Leben gesund zu werden. Er praktizierte Yogaübungen und *pranayamas,* wiederholte die suggestiven Befehle regelmäßig jeden Tag, für einige Jahre. Er änderte seine frühere Lebenseinstellung, die von törichter Resignation, innerem Sich-Zurückziehen von der Welt und Gedanken, die immer wieder um den Tod kreisten, geprägt

war. Er wurde gesund. Heute ist ihm seine Arbeit keine lästige Pflicht, sondern Freude, und er weiß um den Unterschied zwischen den vergänglichen Freuden und dem wahren Sinn und Zweck unserer Geburt auf dieser Erde.
Eine fünfundsechzigjährige Frau besaß alles, was ihr das Leben bieten konnte. Obwohl ich sie davor warnte, beschäftigte sie sich mit Heilen durch Magnetismus. Eines Tages erkrankte sie an einer rasch fortschreitenden Krebsart. Durch ihre Heilmethode hatte sie unbewußt mit der linken Hand die negative Ausstrahlung der vielen Kranken auf sich genommen, während sie mit der rechten Hand ihre eigene Lebenskraft auf die Patienten übertrug. Dadurch, daß sie Tag für Tag Lebensenergie ausgab, erschöpften sich ihre Kraftreserven. Sie verlor ihre natürliche Immunität, besaß keine Widerstandskraft mehr, mit der ihr Körper gegen die unbewußt aufgenommenen Krankheiten hätte ankämpfen sollen, und so wurde sie das Opfer ihrer tödlichen Krebserkrankung.

Frage: Weshalb erkrankten erleuchtete Weisen wie Ramakrishna und Ramana Maharshi an Krebs?

Antwort: Sri Ramakrishna und Sri Ramana Maharshi waren die gesundesten Menschen, die man sich vorstellen kann. – Wenn wir bereit sind, uns für unsere Nahestehenden, für unsere Liebsten aufzuopfern, um wie viel größer ist die Opferbereitschaft dieser Heiligen und Weisen, die ihr ganzes Leben und sich selbst restlos aufgeben, um ihren leidenden Mitmenschen behilflich zu sein! Wir gebrauchen den Ausdruck »unendliche Liebe«, ohne seine wahre Bedeutung auch nur zu erahnen. Unsere menschliche Liebe ist – verglichen mit der unendlichen, uneingeschränkten Liebe dieser Boten Gottes – wie ein Kieselstein neben den Himalayas. Jene geistigen Giganten sind wie riesige Ozeandampfer, welche Tausende von

einem Ufer zum anderen tragen. Sie geben und geben, und nicht einen Augenblick denken sie an sich selbst und an ihre Gesundheit. »Wenn ich einen Heiligen besuche, wird er mich gewiß von meinem Gebrechen heilen«, denkt der Kranke. Ein anderer sagt sich: »Der Weise wird die Mühsal, die auf mir lastet, von mir nehmen.« Es ist immer ein selbstsüchtiges Motiv mit dabei, wenn Heilige aufgesucht werden. Die Absicht etwas zu empfangen ist stärker, als der Wunsch zu geben. Die Menschen lassen bei ihren Besuchen ihre eigene Unvollkommenheit zurück und nehmen Kräfte und Energien mit, die sie läutern, ihr Bewußtsein heben, ihre Gebrechen lindern – Kräfte, welche diese Höheren Wesen ausstrahlen. So war es auch mit Sri Ramakrishna und Sri Ramana Maharshi. Sie gaben. Sie gaben alles, was sie geben konnten. Sie gaben sich selbst. – Doch ihr Körper litt, wurde von Krankheiten heimgesucht, welche die endlosen Besucherströme unbewußt und ungewollt verursacht hatten.
Eine Frau, die zwölf Jahre unter Blutfluß gelitten hatte, berührte den Saum vom Gewand Jesu und wurde auf der Stelle geheilt. Der Meister fühlte, daß eine Kraft von ihm ausgegangen war, und er blickte voller Erbarmen auf die Frau.
Wenn viele Menschen geheilt und andere von ihrer geistigen Blindheit befreit wurden, so geschah dies immer auf Kosten der Lebenskraft jener geistigen Giganten, die gekommen waren, um sich völlig und ohne Vorbehalt der Menschheit hinzugeben.

Frage: Kann Krebs geheilt werden durch Yoga?

Antwort: Nicht Yoga kann Krebs oder irgendeine Krankheit heilen, sondern der Drang und der Glaube eines Menschen wieder stark und gesund zu sein macht eine Heilung möglich. Das Yogaüben ist sicher eine große Hilfe, denn es fördert und unterstützt die Gesundheit optimal. Andererseits mag ein Mensch sämtliche Yogaübungen regelmäßig durchführen – wenn er jedoch nicht wirklich leben und gesund werden möchte, sind ihm auch die Übungen nicht von Nutzen. Ein anderer Mensch, der vielleicht viel gelitten und durch sein Leiden gelernt hat, möchte um jeden Preis gesund werden. Auch ohne Yoga zu üben, besteht die Hoffnung, daß er seine Gesundheit wiedererlangt. Es ist vor allem der Wille, der zählt. – Wer allerdings mit Leib und Seele Yoga übt, wird die mentale Ursache einer jeden Krankheit durch seine positive Denkart beseitigen und die Krankheit, die Wirkung, wird von selbst weichen, wenn die Ursache der Störung nicht mehr vorhanden ist.

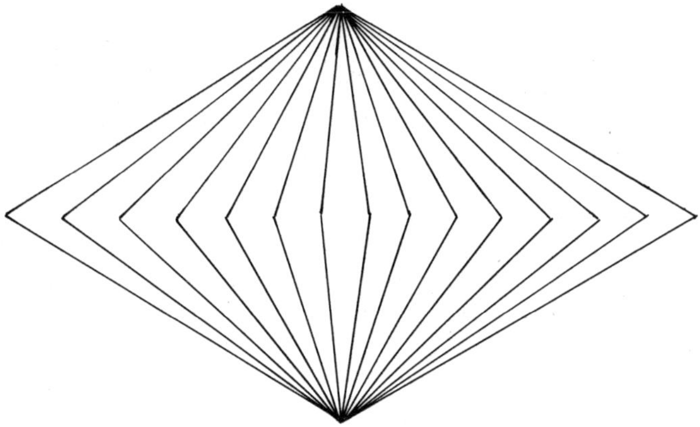

IST HEILUNG DURCH YOGA MÖGLICH?

Frage: Haben Sie mit Hilfe des Yoga Menschen von ihren Krankheiten geheilt?

Antwort: Ich habe in all den 48 Jahren keinen einzigen Menschen geheilt. Manche Leute erzählen mir, wie Yoga ihr Leben in körperlicher, seelischer und geistiger Hinsicht bereichert hat. Dies geschah stets durch ihre eigene Bemühung, ihre Ausdauer und ihren Glauben an sich selbst. Sobald man sich hinsetzt, um Yoga zu üben, sei es hier in der Schule oder zu Hause, werden Gedanken und Gefühle bewußt ausgeschaltet; die Umgebung existiert nicht.

Wenn Sie Yoga üben, kommen S i e an erster Stelle, nicht ich. Sie sollen mich völlig ausschliessen aus dem Kreis ihrer Gedanken. Ich beeinflusse niemanden; ich diktiere lediglich die Übungen. Betrachten Sie mich als wegweisende Tafel, die Sie auf die Richtung, die Sie einschlagen sollen, hinweist. Begleiten kann ich Sie auf ihrem inneren Weg nicht. SIE breiten ihre Flügel aus und SIE lernen fliegen. Es gibt für den Yoga-Praktizierenden nichts, was ihn mehr hindern würde geistig vorwärtszukommen, als wenn er sich an einen Lehrer klammert. Und ein Lehrer sollte seinerseits den Schüler niemals an sich binden, ihn nicht von seiner Person abhängig machen. Ein wahrer Lehrer akzeptiert den Schüler dort, wo er steht und gibt ihm einen kleinen Stoß vorwärts. DER SCHÜLER WIRD ALLMÄHLICH SEIN EIGENER LEHRER. Niemand kann uns lehren; wir sind immer unser eigener Lehrmeister.

Mein Meister hätte mich nie von meinem medizinisch als unheilbar geltenden Muskelschwund geheilt, obwohl es für ihn vielleicht ein leichtes gewesen wäre, meine Krankheit auf sich zu nehmen und seine eigene Lebenskraft in meinen kranken Körper strömen zu lassen. Er hätte mir niemals die Möglichkeit und die Verantwortung genommen an meinem eigenen Karma, meinem eigenen Schicksal zu arbeiten und meine Krankheit als Wirkung von etwas, was ich in der Vergangenheit verursacht hatte, zu erfahren. Ich mußte selbst darauf kommen, daß meine negative Haltung, meine Angst und Resignation, die Ursache meines erbärmlichen Zustandes war. Da mein Meister die Verkörperung von Gesundheit, Kraft und Schönheit war – das Fundament, auf dem das Gefüge eines glücklichen Lebens steht – war ich inspiriert, seinem leuchtenden Beispiel zu folgen. Ich brauchte viele Jahre harter Arbeit an mir selbst, um die mentale Ursache der Krankheit zu beseitigen, meinem Leben eine neue Richtung zu geben, den Kurs zu ändern – von Angst zu Furchtlosigkeit, von Schwäche zu Stärke, von Krankheit zu Gesundheit. Daß ich schließlich meine Gesundheit wiedererlangt habe schreibe ich der Tatsache zu, daß ich in jenen früheren Jahren selbständig gekämpft hatte. In dem Moment, als ich mit der höchsten Energie und mit der absoluten Vollkommenheit des Geistes – was Yoga lehrt – in Berührung kam, ergab sich alles übrige wie von selbst. Der Körper, die äußere Hülle meines unsterblichen Geistes, paßte sich an und fand zu seinem ursprünglichen Rhythmus, zur Gesundheit zurück. Das ist es, wonach wir beim Yogaüben streben. Als Geist bin ich Herr über meinen Körper. Der Körper, der über Legionen von Kräften verfügt, ist

mein Untertan; er muß mir gehorchen, er muß mir dienen. Darum lautet einer der Befehle, die wir uns während des Yogaübens geben: MEINE ANWESENHEIT IM KÖRPER BEDEUTET FORM UND SCHÖNHEIT, KRAFT UND GESUNDHEIT.
So, wie der Strom, der durch die Glühbirne fließt, eine Lichtausstrahlung bewirkt, die alle Dunkelheit vertreibt, so strahle ich Kraft und Leben aus, wenn ICH mich mit meinem Bewußtsein in den Körper einschalte, ihn in Besitz nehme – und Krankheit verschwindet.

Frage: Ich habe mehrmals von Fällen chronischer und unheilbarer Krankheiten gehört, die durch Yoga geheilt wurden.

Antwort: Nichts könnte mir eine größere Freude verursachen als zu sehen, wie jemand seine Gesundheit wiedererlangt und ihm somit nichts mehr im Wege steht zu einem glücklichen Leben. Manchmal erzählen mir Leute, was alles sie mit Hilfe von Yoga erreicht haben – wie sie beispielsweise eine zerstörerische Diabetes dadurch besiegten, daß sie zuerst das Problem der Angst anpackten und alles daran setzten, diese aus ihrem Leben zu entfernen; und wie die Krankheit, deren Ursache diese ständige Angst war, allmählich verschwand.
Eine Dame mittleren Alters kam eines Tages nach der Yogastunde in Bern zu mir und wollte sich verabschieden. »Ich habe ihre Yoga-Schule drei Jahre lang besucht und möchte mich herzlich bedanken, denn ich bin nun wieder gesund. Ich reise nach Sizilien, wo ich den Rest meines Lebens in einem milden Klima verbringen will«, sagte sie. Da ich im allgemeinen um die Krankheiten und Beschwerden der Menschen, die in die Schule kommen, weiß,

fragte ich sie, von welcher Krankheit sie genesen sei. Sie war etwas verlegen und gestand, daß sie an Krebs in fortgeschrittenem Stadium gelitten hätte. Aus Angst, man würde sie vielleicht nicht aufnehmen in der Schule, hatte sie ihre Krankheitsgeschichte verschwiegen. »Ich war so verzweifelt über meinen Gesundheitszustand«, erzählte sie. »Mein Arzt im Krankenhaus sagte mir, daß er nun nichts mehr für mich tun könne, er schlage mir vor, nach Hause zu gehen. Obwohl er es nicht aussprach, wußte ich, daß er damit sagen wollte, ich hätte nur noch kurze Zeit zu leben. Ich akzeptierte dieses Urteil als unabwendbar, packte meine wenigen Sachen ein und ging den langen, kalten Korridor entlang, ohne Hoffnung, ohne Lebensziel. Eine Krankenschwester, die mich einige Monate liebevoll gepflegt hatte, lief hinter mir her. Sie drückte mir ein Buch in die Hand und sagte: ›Wenn Ihnen etwas helfen kann, so ist es Yoga. Sie werden die Antwort in diesem Buch finden.‹ Ich dankte ihr dafür, daß sie mich trösten wollte und ging nach Hause. – ›Was habe ich erreicht im Leben? Nichts Erwähnenswertes. Ich bin 55 Jahre alt und werde diese Erde in kurzer Zeit verlassen. Hat das Leben überhaupt einen Sinn, eine Bedeutung, ein Ziel?‹ Mit solchen Gedanken ließ ich mich auf das Sofa fallen und brach in Tränen aus. Nach einer Weile öffnete ich die erste Seite Ihres Buches ›Sport und Yoga‹ und las das Anfangskapitel, in dem Sie Ihr eigenes Leben beschreiben, wie Sie als kranker kleiner Junge dank Yoga Ihre Gesundheit wiedererlangt hatten. Kapitel um Kapitel verschlang ich und erfuhr viel Neues über Yoga, das uralte System, das erleuchtete Weisen aus Indien für die Nachwelt hinterlassen hatten. Dann ging ich einkaufen. Auf der Straße begegnete ich einer alten Freundin. Liebevoll schaute sie mir in die Augen und sagte voller Mitgefühl: ›Klara, wenn dir etwas helfen kann, so ist es Yoga!‹ Das war mir ein Zeichen des Himmels, und ich brachte nur stammelnd heraus: ›Ich habe hier ein Buch über Yoga. Aber wo kann ich diese hilfreichen Übungen lernen?‹ Lächelnd sagte sie: ›Du stehst gerade vor einer Yoga-Schule. Hast du Zeit? Geh doch hinauf und nimm an der ersten Kursstunde teil. Sie beginnt um drei Uhr; ich werde eine spätere Stunde besuchen.‹ – Ich nahm all meinen Mut zusammen und ging hinein in den Saal. Diese Gelegenheit wollte ich auf keinen Fall verpassen. Obwohl Sie an jenem Montag zu vielen Kursteilnehmern sprachen, schien es mir, als ob Ihre Worte ausschließlich für mich bestimmt gewesen wären. ›Krankheit‹, sagten Sie ›ist in erster Linie ein innerer Zustand. Wenn wir unsere Denkgewohnheiten ändern und unsere Gedanken in neue, gesunde, positive und konstruktive Bahnen lenken, werden wir eine starke Widerstandskraft entwickeln, mit der der Körper Krankheiten und Gebrechen von sich aus bekämpfen wird.‹ Ihre Worte überzeugten mich. Ich erkannte, daß meine Einstellung dem Leben gegenüber oft negativ gewesen ist. Ich fühlte mich in meinen Hoffnungen betrogen. Der Mann, den ich liebte, hatte mich wegen einer anderen Frau verlassen. Ich wollte nicht mehr leben. Wie oft haben Sie in der Yogastunde gesagt: ›Geben wir nie unsere Freiheit auf wegen ein paar flüchtigen Momenten des Hochgefühls, die uns der Körper anbieten kann. Leid erwartet jeden, der sich von seinen Begierden blenden läßt. Wer seine Triebe beherrscht, lebt glücklich!‹ Heute bin ich nicht unglücklich darüber, daß ich allein lebe. Nie habe ich mich so frei gefühlt wie jetzt.«

Frage: Handeln Ärzte richtig, wenn sie einem Patienten die Wahrheit über eine unheilbare Krankheit aufdekken? Berauben Sie ihn damit nicht der allerletzten Hoffnung? Diese Offenheit könnte doch den leidenden Kranken in einen Abgrund der Verzweiflung stürzen, sogar seinen vorzeitigen Tod verursachen?

Antwort: Das hängt vom Gemütszustand des Patienten ab. Es liegt in der menschlichen Natur, den Tod zu fürchten. Krebs bedeutet für viele Menschen ein sicheres Todesurteil. Darum wollen sie oft vom Endergebnis der Diagnose nichts wissen. Manche resignieren und nehmen die Diagnose als schicksalhaft an. Andere wiederum sind bereit, gegen die Krankheit anzukämpfen und unterziehen sich jeder Behandlung, die man ihnen verschreibt. Es gibt auch Patienten, die ein unerschütterliches Vertrauen besitzen dem Arzt gegenüber und darum geheilt werden, weil der Arzt sie von der Wirksamkeit seiner Behandlung überzeugen konnte.

Ein Arzt, Mitglied unserer Schule in Zürich, erzählte mir einmal von einer interessanten Begebenheit, die ihm in seiner medizinischen Tätigkeit widerfahren war.

Er wurde einmal zu einer Bäuerin gerufen, die unter plötzlich aufgetretenen unerträglichen Leibschmerzen litt. Es war kurz nach Mitternacht. Die Frau mußte sofort in ein Krankenhaus in der Nähe von Zürich gebracht werden. Dort wurde sie am frühen Morgen operiert. Krebs in fortgeschrittenem Stadium hatte einen Teil der Leber zerstört und schon auf andere Organe übergegriffen. Die Chirurgen sahen, daß der Patientin nicht mehr geholfen werden konnte und nähten die Operationswunde wieder zu. Am Abend, nachdem die Frau aus der Narkose erwacht war, fragte sie den Arzt, der sie ins

Spital eingeliefert hatte, ob es sich bei ihr um etwas Bösartiges handle. Der Arzt wußte zwar, daß die Zeit für diese Frau abgelaufen war, verschwieg ihr aber die Wahrheit. Er beruhigte sie mit den Worten: »Alles ist in Ordnung. Bald werden Sie nach Hause gehen können.«
Ein Jahr später wartete der Arzt im Züricher Hauptbahnhof auf einen Zug, als ihn eine Frau mit frischem und gesundem Aussehen grüßte. »Herr Doktor, kennen Sie mich noch?« fragte sie. Er schaute sie prüfend an und sagte: »Es tut mir leid, ich glaube, wir kennen uns nicht.« »Aber, Herr Doktor, Sie brachten mich letztes Jahr wegen meiner schrecklichen Leibschmerzen ins Krankenhaus. Und nach einer Operation sagten Sie mir, daß nun alles wieder gut sei und ich bald nach Hause gehen dürfe. Ich möchte mich noch einmal herzlich dafür bedanken, daß Sie mich wieder auf die Füße gestellt haben. Wie Sie sehen, geht es mir so gut wie eh und je.«
Der Arzt traute seinen Augen nicht. Doch schon bald war ihm alles, was mit der Frau geschehen war, wieder gegenwärtig. Er war glücklich, daß er unbewußt jemandem, der von einer tödlichen Krankheit zum Sterben verurteilt war, Mut und Hoffnung geschenkt hatte.
Was dem Körper unmöglich ist, das ist dem Geist möglich.

S. Yesudian

WARNUNG DURCH TRÄUME

Frage: Kürzlich hatte ich einen bedeutsamen Traum, um dessen Deutung ich Sie bitten möchte. Sie haben uns zwar empfohlen, unsere Träume selbst zu analysieren. Da es mir jedoch nicht gelungen ist, in mein Unterbewußtsein einzudringen ohne den störenden Einfluß meiner Gedanken, bitte ich Sie, mir behilflich zu sein. – In meinem Traum lag ein junger Löwe friedlich neben mir. Aber wann immer ich aufstand, um etwas, das mir entgangen war, zu erledigen, brüllte der Löwe und drohte sogar, mich anzugreifen. Sobald ich zurückkehrte und des Löwen Kopf und Bauch kraulte, leckte er zutraulich meine Hand. Kaum war ich aber wieder im Begriff aufzustehen und wegzugehen, nagelte er mich fest mit seinem Gebrüll.

Antwort: Der Löwe ist ein Symbol Ihres Körpers, der überarbeitet, müde, sogar erschöpft war. Jetzt, da Sie sich ein bißchen mehr Ruhe gönnen, erholt sich der Körper langsam, aber noch immer nicht genügend. Indem er im Traum die Gestalt eines Löwen angenommen hat, will Ihnen der Körper zu wissen geben, daß Sie mehr Ruhe benötigen denn je zuvor. Das Löwengebrüll ist der Warnschrei der Natur, die Sie daran hindern will, Ihre Kräfte unnötig auszugeben.

Frage: Ja, das stimmt. Ich arbeitete und arbeitete den ganzen Tag, ohne mir eine Ruhepause zu gönnen. Glücklicherweise genieße ich momentan längere Ferien. Gibt es überhaupt einen speziellen Grund dafür, daß das symbolische Tier in meinem Traum ein Löwe war und nicht etwa ein Tiger?

Antwort: Was uns am allernächsten steht, ist unser Körper, der die ganze animalische Welt repräsentiert. Der König der Tierwelt ist der Löwe. In den mythologischen Schriften der verschiedenen Kulturen spielt er eine wichtige Rolle. Die alten Ägypter stellten die Sphinx – ein Symbol des vollkommenen Menschen – mit einem Löwenkörper, einem menschlichen Antlitz und den Augen eines allessehenden, all-wissenden Gottes dar. Das gleiche Symbol existiert auch in Indien, nur die Bezeichnung ist anders.

In der indischen und in der altägyptischen Astrologie ist der Löwe eines der Kardinal-Tierkreiszeichen. Indische Tempel, aus uralten Zeiten bis in die Gegenwart, sind mit unzähligen Löwengestalten geschmückt. Sie symbolisieren den menschlichen Körper, der gezähmt und unter Kontrolle gebracht werden muß, damit er uns bis ans Ende unseres Lebens dient. Die orthodoxe katholische wie auch die byzantinische Kirche verstand dieses Symbol und schmückte den Eingang ihrer Gotteshäuser mit Säulen, die auf Löwen ruhten.

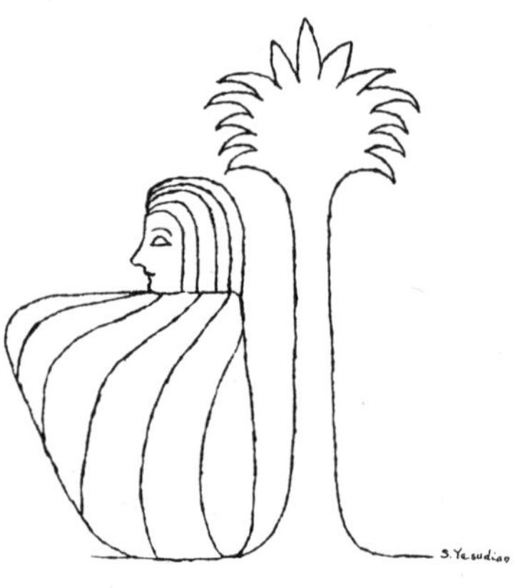

GEISTIGE HEILUNG

Frage: Ist geistige Heilung möglich?

Antwort: Im Jahre 1941 erzählte mir Frau Haich eine interessante Begebenheit. – In einem Krankenhaus in Budapest lag ein berühmter Anwalt im Sterben. Beide Nieren arbeiteten nicht mehr, und eine schwere Intoxikation hatte eingesetzt. Nierentransplantationen wurden damals noch nicht durchgeführt. Auch die heute verwendete Methode zur Blutreinigung, die sog. Dialyse, war nicht bekannt. – Der Anwalt hatte einen guten Freund, der in seiner Verzweiflung und Hilflosigkeit zum letzten Mittel Zuflucht suchte: zum Gebet. Er ging in eine katholische Kirche und bat zwei tief gläubige Nonnen Fürbitte einzulegen für seinen sterbenden Freund. Die Ordensschwestern waren gern dazu bereit. Sie beteten in regelmäßigen Zeitabständen für den Kranken.

Nach einigen Tagen bemerkte der Arzt, daß es dem Patienten aus unerklärlichen Gründen besser ging. Er konnte wieder Wasser lassen, und viele Giftstoffe wurden dank einer ungewöhnlich heftigen Perspiration durch die Poren des ganzen Körpers entfernt. Der Kranke erwachte aus dem Koma und flüsternd erzählte er seinem Freund von einem eigenartigen Traum, den er in der vergangenen Nacht erlebt hatte:

»Du weißt, daß mir Religion an sich nie viel bedeutete«, sagte er leise, »aber nach meinem Traum frage ich mich, ob wirklich alles nur sentimentale Weltflucht ist, oder ob die Religion doch gewisse Wahrheiten in sich trägt. Ich träume selten; gestern nacht sah ich jedoch im Traum die gütigen Gesichter zweier Nonnen. Sie nahmen beide Nieren aus meinem Körper heraus, reinigten sie mit einem weichen Tuch und stellten sie dann lächelnd wieder zurück. – Und merkwürdigerweise fühle ich mich nun viel besser. Mir ist, als ob der dunkle Schatten des Todes von mir gewichen sei ...« Das einzige, was sein Freund dazu sagen konnte, war: »Ich freue mich sehr, daß auch der Arzt meint, die Krise sei überstanden.«

Es versteht sich von selbst, daß der Anwalt, als er aus dem Krankenhaus entlassen wurde, die Wahrheit über die zwei Nonnen, die seiner in innigem Gebet gedacht hatten, erfuhr. Später suchte er sie auf und dankte ihnen für ihre Hilfe.

Der Atheist ist im Grunde seines Herzens eher bereit an eine höhere Macht oder Vorsehung zu glauben, als an die mit Aberglauben vermischten primitiveren Glaubensformen, denen er im allgemeinen begegnet.

VERSCHIEDENE ASPEKTE DES YOGA

DER VIERFACHE YOGA-WEG

Karma-, Bhakti-, Raja- und Jnana-Yoga sind vier nicht voneinander zu trennende Wege, die zur Wahrheit führen. Sie stellen die Grundlage dar zum Glücklichsein – durch Arbeit, Liebe, Selbstbeherrschung und Weisheit. Diese vier Yoga-Wege sind integrierender Bestandteil ein und derselben Wahrheit. In ihnen zeigt sich die vierfache Ausdrucksweise unseres Wesens, ungeachtet der Religionszugehörigkeit. Sie gewähren Einblick in die Universalität unserer Natur. Wir entwachsen Glaubensbegrenzungen, entfalten uns zum »Lebensbaum« und erlangen unser geistiges Erbe vom gemeinsamen göttlichen Ursprung. Die vier Yogas helfen uns, das Leben in all seiner Schönheit zu sehen und die unvergängliche Wirklichkeit hinter allem zu erkennen. – Genauso, wie ein Adler sich auf seinen ersten Flug vorbereitet, um mit ausgespannten Flügeln seine Freiheit zu genießen, so bereitet uns der vierfache Yoga-Weg vor zum Höhenflug himmlischen Glücks. Durch ihn sprengen wir die Fesseln der Unwissenheit und erwachen zu unserem wahren Wesen aus Wissen und Weisheit.

KARMA-YOGA. Die Yogawissenschaft basiert auf introspektiver Forschung. Immer ist der Mensch Ausgangspunkt, dessen Lebensoffenbarung von der Ursachen- bis zur Wirkungsebene in innerer Schau erfahren und erkannt wird. Demzufolge heißt es, daß ein Kind seine Entwicklung fortsetzt, wo sie vom vorangehenden Tod unterbrochen wurde. Im Tod trägt der Mensch die gesamte Vergangenheit in sich, er ist die Endsumme seiner Taten. Mit der Geburt erscheint er erneut auf der Lebensbühne, ausgestattet mit allen Erfahrungswerten der Vergangenheit. Unser ganzes Handeln ist vorgeprägt von Wünschen, die Erfüllung suchen. Daher wird der Mensch oft als »wunscherfüllender Baum« bezeichnet. Karma-Yoga lehrt, das Dasein zu bejahen, dabei aber innerlich losgelöst zu bleiben von Tätigkeit und Besitztum. Fehlt diese Freiheit, können wir uns am Leben nicht erfreuen. Es weist auf das einfache Gesetz hin, daß all unser Tun je nachdem süße oder saure Früchte – Freude oder Leid – zeitigt. Karma-Yoga lehrt den Menschen, seine Begabung und Genialität auf vollendete Weise zum Ausdruck zu bringen. Es ruft uns ins Bewußtsein, daß wir allein die volle Verantwortung für uns tragen, vom Moment an, in welchem wir den Körper gleichsam als Fahrzeug betreten. Es macht uns darauf aufmerksam, als Wagenlenker einen sicheren Stand einzunehmen, die Zügel fest in den Händen zu halten und die fünf Pferde auf gerader Lebensbahn zielwärts zu führen. Karma-Yoga lehrt, sich bei der Arbeit vorbehaltlos einzusetzen, ohne andere Beweggründe als reine Freude an der Tätigkeit.

Karma läßt sich in drei Teile gliedern: »sanchita karma«, das weite Feld angehäufter Taten aus der Vergangenheit, dessen Ernte noch aussteht; »agami karma«, das sich auf zukünftige Handlungen bezieht und »prarabdha karma«, das jene Aktivitäten umfaßt, deren Auswirkungen begonnen haben, uns gegenwärtig zu erreichen. Die Karma-Yoga-Lehre leitet uns an, im großen wie im kleinen verantwortungsbewußt zu handeln und die uns zur Verfügung stehenden gigantischen Kräfte zu gebrauchen, betont aber immer wieder: »Solange meine Freiheit einen anderen stört, so lange bin ich nicht frei.« Wenn wir in all unseren Tätigkeiten immer bewußt sind, so wie es im Karma-Yoga gelehrt wird, dann erfahren wir, daß Vollkommenheit unsere wahre Natur ist und kein Unterschied besteht zwischen den einfachen und großen Aufgaben im Leben. Wir empfinden unser Tun nicht mehr als Pflicht, sondern als Selbstverständlichkeit. Karma-Yoga verrät ein großes Geheimnis: Indem wir anderen dienen, dienen wir in Wirklichkeit Gott. Und wenn wir im Menschen Gott sehen und Ihm dienen, so führt uns dieser Dienst am Nächsten zur Gotteserkenntnis. Daher ist Karma-Yoga der Pfad, den der Gottsuchende beschreitet, um in selbstloser Arbeit zu Gott zu gelangen.

BHAKTI-YOGA lehrt Einheit, und es gibt keine größere Einheit als LIEBE. Liebe schließt nichts aus. Sie ist unteilbar und ganz. Liebe ist die Essenz unseres Wesens. LIEBE verbindet immer, trennt nie. LIEBE überschreitet alle Grenzen. Sie gleicht einem Fluß, der nie aufhört zu fließen. Bhakti-Yoga lehrt uns, das Leben mit dieser Liebe zu erfüllen: mit ständig wachsender, sich weitender, überströmender Liebe, die alles Menschlich-Persönliche überflutet. Bhakti-Yoga ist wahrlich ein Dammbruch, ein Durchbruch der Liebe. Wahre Liebe kennt weder Gut noch Böse, weder Sympathie noch Antipathie, weder Tugend noch Untugend, weder Heilige noch Sünder. Erst wenn das menschliche Herz auseinandergebrochen ist, strömt göttliche Liebe ein. Das ist der Augenblick, in dem sich die Geburt Gottes im Menschen vollzieht.

Bringen wir diese göttliche Liebe allen Lebewesen entgegen. In der Vielheit die Einheit zu sehen, ist Bhakti-Yoga. Wenn unsere Lippen schweigen und unser Herz spricht, so ist das Bhakti-Yoga. Unsere Beziehung zu den Mitmenschen soll jederzeit von Verständnis getragen sein. Sagen wir nie: »Das verstehe ich nicht!« Damit fangen wir an, andere aus Unsicherheit zu meiden; Absonderung aber ist der Keim des Hasses. Sagen wir eher: »Gott hat diese ganze Welt erschaffen, also ist sie vollkommen.« Versuchen wir in allem nur Vollkommenheit zu sehen. In dieser sichtbaren Welt gehören Gut und Böse zusammen. Liebe, von Natur aus frei von Furcht, akzeptiert beides. Wo Angst herrscht, kann keine Liebe bestehen. Wo Liebe herrscht, kann keine Angst bestehen. Wir alle tragen wahre LIEBE in uns, nur ist sie durch Egoismus verschleiert. Zerreißen wir den Schleier und die Liebe sprudelt hervor in ihrer ganzen Fülle. Wach und lebendig ist nur, wer die Sprache der Liebe kennt, alle anderen befinden sich mehr oder weniger im Schlafzustand. Sich von Angst zu befreien, heißt, sich von Haß zu befreien. Haben wir beides hinter uns gelassen, kehrt die Liebe ein. Liebe erhellt das Heim, Liebe erhellt das Herz. Wenden wir uns von der Liebe ab, schleichen sich Dunkelheit und Düsternis ein. Es ist LIEBE, die alles in der Welt zusammenhält. Es ist LIEBE, die uns zusammenhält. Liebe zu offenbaren in allen Dingen, ob groß oder klein, das ist der Sinn unseres Daseins. Liebe ist der Schlüssel, der die Herzenstüre öffnet. LIEBE IST DIE WAFFE, DIE UNS UNBESIEGBAR MACHT. Wo Liebe geboren wird, beginnt das Leben. WO LIEBE EINZIEHT, RÄUMT DER TOD DAS FELD. Liebe fordert nichts, erwartet keine Gegengabe. Liebe ist wunschlos glücklich. Nur der Liebende lebt.

RAJA-YOGA macht uns auf den größten Schatz aufmerksam, den wir mit zur Welt bringen, nämlich den menschlichen Körper. Er steht uns am nächsten, noch näher als unsere

Lieben. Unablässig arbeitet er für uns. Der Körper stellt die Gesamtsumme aller Kräfte dar, die uns während einer Lebensspanne zur Verfügung stehen. Er ist die Ausrüstung für unseren Erdenaufenthalt und die lange Reise durch das Leben. Es mangelt ihm an nichts. Innerhalb der Schöpfung ist er Teil der Ganzheit und diese hat Anteil an ihm. So liegen im Körper als Mikrokosmos die Geheimnisse des Makrokosmos verankert. Das gleiche Gesetz, das im ganzen Universum herrscht, herrscht auch im Menschen. Die selben Energien, die im Weltall wirken, wirken auch im Menschen. Raja-Yoga lehrt, wie wir die ungeheuren Kräfte, die in unserem Körper am Werk sind, unter Kontrolle bringen können. Wir lernen, richtig mit den Energien umzugehen und sie positiv einzusetzen. Wir begegnen folgender Wahrheit: »Der Körper ist mein Wagen, die fünf Sinne sind meine fünf starken Pferde, der Verstand bedeutet die Zügel; doch ICH BIN DER WAGENLENKER MEINES LEBENS!« Lassen wir die Zügel los, verlieren wir die Herrschaft über die Pferde und sie sprengen in verschiedenen Richtungen davon. Es ist keine Kunst, die Zügel fallen zu lassen. Stark hingegen ist, wer diese fest in seinen Händen hält und die Pferde sicher an das von ihm bestimmte Ziel leitet. Ist es uns einmal gelungen, die Körperkräfte zu zähmen, sie richtig einzuspannen, dann gehorchen sie uns und stehen ein Leben lang in unserem Dienst. Die Naturkräfte unter die volle Herrschaft des Menschen zu bringen, das ist das Ziel des Raja-Yoga. »Raja« bedeutet König und »Yoga« Einheit. König ist, wer souverän über dem Kräftespiel steht und es in selbstbeherrschter Weise steuert, im Einklang mit sich, im Einklang mit der Welt.

Raja-Yoga macht uns mit der Körper-, Mental-, Gefühls- und ethisch-moralischen Ebene unseres Wesens vertraut. Als letztes erfahren wir, daß wir GEIST sind, der Bewohner des Körpers. Es ist eine Schulung der Achtsamkeit, in der wir uns beobachten lernen. Die dabei gewonnene Selbstbeherrschung öffnet uns allmählich die Augen für die Notwendigkeit der Selbsterkenntnis. Erst im Besitz dieser, erschließt sich uns mehr und mehr, was wir in Wirklichkeit sind – glorreicher ATMAN oder SELBST, d.h. Geist oder Gott, das Nie-Geborene, das Nie-Sterbende. Das ist der Augenblick unserer wahren Geburt, wenn wir zum SELBST- oder Gottesbewußtsein gelangt sind. Dann verstehen wir das Leben als unaufhörliche Vorbereitung zu vollkommener Vergeistigung. Mit Hilfe der Raja-Yoga-Praxis gelingt es uns, die ausströmenden Energien einzudämmen, wodurch uns ein Reservoir unerschöpflicher Kraft zur Verfügung steht. Als Ergebnis wird unser Denken konzentriert, unser Fühlen intensiv, unser moralisches Rückgrat stark und jeder kleinste Teil unseres Körpers belebt. Der Mensch, nicht länger schlafwandelnder Träumer, wird durch und durch wach und BEWUSST. Vom hohen Stand, den er einnimmt, kann er verkünden: »STEH AUF! ERWACHE! UND HALTE NICHT AN, BIS DU DAS ZIEL ERREICHT HAST!«

JNANA-YOGA, der Weg der Weisheit, vermittelt uns Einsicht in die WIRKLICHKEIT. Wir erlangen sie durch Urteilskraft und Unterscheidungsvermögen. Mit menschlichen Augen betrachtet scheint uns die Welt endgültig und echt. In Wahrheit ist sie jedoch in ständigem Wechsel begriffen und Ereignis nach Ereignis entflieht, wie es im Traum geschieht. Alles ist vergänglich, nur der Mensch glaubt, die Erscheinungsformen seien von Dauer und klammert sich fest an sie. Sein Standpunkt ist subjektiv, seine Reaktion persönlich, seine Auffassung rein menschlich. Was ihn aus dem Traum rüttelt, ist Enttäuschung. Was ihn dazu zwingt, die Hände zu öffnen, um nicht länger an falscher Vorstellung festzuhalten, ist Leid. Wenn es ihm wie Schuppen von den Augen fällt, dann wurde diese Erkenntnis aus der Unbeständigkeit des Daseins gewonnen. Wenn ihn unerwartet unvermeidbare Geschehnisse treffen, die ihn bis auf die Grundfesten seines Seins erschüttern, dann hebt der Mensch den Blick vom Boden, richtet ihn gegen den Himmel und fragt: MEIN GOTT, WARUM?

Der Mensch kommt mit göttlichem Erbe zur Welt und ist sich dessen nicht bewußt. Gott ist seine Herkunft, Göttlichkeit sein Ursprung. Und doch weiß er es nicht. Mit dem Leben ringend, entreißt er dem großen Rätsel seines Wesens Geheimnis um Geheimnis. Nur wenn er seine Augen schließt und die Welt um ihn in Vergessenheit sinkt, erhält er Einblick in die WAHRHEIT. Nur mit nach innen gekehrten Sinnen, kann er Erkenntniskraft entwickeln. Er beginnt, die großen Fragen des Daseins zu stellen: Was ist Leben? Was ist der Tod? Wird der Mensch geboren, um zu sterben? Bedeutet der Tod das Erlöschen allen Lebens? Hat das Leben einen Sinn? Findet im Tod all unser Hoffen, Sehnen, Wünschen, Streben, Kämpfen ein jähes Ende? Gibt es eine größere Gewißheit als den Tod? Was liegt jenseits davon? Was ist Gott? Gibt es einen Gott? Wenn ja, warum zeigt er sich nicht? Wo ist Gott? Und die letzte Frage, die furchtlos über seine Lippen kommt, ist: WAS GEBOREN WURDE, DAS KANN STERBEN, WAS IST DAS, DAS NICHT GEBOREN WURDE UND NICHT STERBEN KANN? Mit Entschlossenheit wendet sich der Mensch nach innen und fängt zu unterscheiden an: Unwirklich – WIRKLICH, unwesentlich – WESENTLICH, unbeständig – BESTÄNDIG, veränderlich – UNVERÄNDERLICH, zeitlich – EWIG, unwahr – WAHR, sterblich – UNSTERBLICH. Aus seinem Erfahrungsreichtum weiß er, was dieser Welt angehört und somit vergeht. Indem er Vergänglichem entsagt, wählt er das UNVERGÄNGLICHE. Indem er Endlichem entsagt, wählt er das UNENDLICHE. Indem er Sterblichem entsagt, wählt er das UNSTERBLICHE. Indem er Unwahrem entsagt, wählt er die WAHRHEIT. Der Unwissenheit entledigt, erkennt er: DIE WAHRHEIT BEFREIT. Bewaffnet mit dem Schwert des Unterscheidungsvermögens, beseitigt er seine unsichtbaren Feinde: Gewaltsamkeit, Begierde, Lasterhaftigkeit, Habgier, Wut, Haß – bis sein Weg durchs Leben FREI ist. Sind alle Fesseln der Versklavung gesprengt, ist der Traumzauber des irdischen Lebens verblaßt, dann erwacht der Mensch zur Erkenntnis: alles zieht vorüber, alles vergeht, alles entschwindet, einzig und allein ICH BIN – wachsamer Betrachter, ständiger Beobachter, ewiger ZEUGE. Er breitet seine göttlichen Flügel aus und beginnt den Flug zur EWIGKEIT.

BHAKTI-YOGA

Frage: Was ist Bhakti?

Antwort: Es ist ein Hineintauchen in die Harmonie aller Dinge. Es ist ein Verschmelzen mit dem Göttlichen. Es ist die Fülle unserer Liebe, die das Herz überflutet. ES IST LIEBE, DIE SICH NICHT ZURÜCKHALTEN LÄSST. ES IST, WENN EIN MOMENT DER EWIGKEIT ZUR EWIGKEIT SELBST WIRD.

DIE WAHRHEIT ÜBER »DIE WAHRHEIT«

Aus den vier Elementen Erde, Wasser, Feuer, Luft entsteht in gegenseitiger Wechselwirkung die sichtbare Welt, von der dichtesten Materie bis zum Menschen. Ein Element für sich allein wäre unvorstellbar. – Auch in der Welt der Musik sind erdiges, wässriges, feuriges und luftiges Element vertreten – dem Anschein nach unterschiedliche Ausdrucksmittel, deren sich der Komponist bedient, um eine bestimmte Botschaft zu vermitteln. Doch das geschulte Ohr nimmt alle Klangschwingungen gleichermaßen wahr. Zusammen ergeben sie eine wunderbare Symphonie, die in der Seele des Menschen Widerhall findet.

Vulkanartig vehement, wie feurige Lavaglut, entsprüht es beispielsweise den Werken von Chopin und Liszt – Sehnsucht entfachend, Hoffnung entzündend. Beethoven stieg tief in die Hölle hinab, bekehrte die Dämonen der Leidenschaft, inspirierte sie zur Aufwärtsbewegung und ließ sie emporschwingen mit Engelsflügeln. Die Botschaft Bachs wiederum ist heiter-gelassen, wie kristallklares Wasser, das inmitten schneebedeckter Berggipfel entspringt und der Ebene zufließt. Besänftigend und beruhigend, zeigt sie dem Menschen die Reinheit seiner eigenen Quelle, immer bereit, ihn zu erfrischen, wenn er sich ihrer nur nähern wollte. Die Musik Mozarts entstammt himmlischen Sphären, sie erhebt sich über die Schranken der Verstandeswelt und kündet von Dimensionen, die diesseitiger Sinn nicht zu fassen vermag.

So bietet auch dem geistig Strebenden der vierfache Yoga-Weg durch Arbeit, Liebe, Selbstbeherrschung und Weisheit vier Ausdrucksmöglichkeiten, um ein und dasselbe Ziel zu

erreichen: Vollkommenheit und Freiheit. Die Weltlehrer sind wegweisende Tafeln, die alle vier Richtungen aufzeigen, wobei sie es dem einzelnen überlassen, sich je nach Veranlagung und innerem Antrieb frei zu entscheiden, unter Anleitung oder allein seinen Weg zu gehen. In schlichten Worten sprechen sie die WAHRHEIT. Doch man hat sich der Wahrheit bemächtigt, sie in Schatzkammern verschlossen und in Christentum, Judentum, Buddhismus usw. umbenannt. – Heute ist jedoch überall auf der Erde ein Bedürfnis nach Freiheit erwacht wie nie zuvor. Mit anderen Worten, der Mensch behauptet sich mehr und mehr und bekräftigt seine Natur als freier Geist. Dementsprechend bringt die Menschheit für die Aufgabe der Bewußtwerdung ihre eigenen großen Lehrer mit auf die Welt.
Es war in der Mitte des letzten Jahrhunderts, als ein Stern von ungewöhnlicher Größe und Strahlkraft den Himmel des Ostens erleuchtete, über einem von Armut erdrückten Landstrich in der Nähe Kalkuttas. Er senkte sein mildes, hoffnungsspendendes Licht in die Herzen der Armen, der Leidenden, der Verlorenen. Die Lehrer der Menschheit werden oft im Schoß der Armut geboren, und es sind die einfachen Leute – wie es die Hirten waren – die wachen und dem »Stern« folgen, hin zur »Krippe«, wo sich im Innersten die Geburt des CHRISTUS ereignet.
Ramakrishna kam als Antwort auf den Ruf nach Geistigkeit des Menschen unserer Zeit. Er sprach es als erster aus, unerschrocken, aus tiefer Überzeugung: Der Christ hat recht, der Mohammedaner hat recht, der Hindu hat recht; denn diese Glaubensformen, und viele mehr, hatte er durchlebt und dabei erfahren, daß sie alle zum gleichen Ziel, zur WAHRHEIT führen. Er pflegte zu sagen: »Versteckt euren Schmuck nicht, tragt ihn. Sagt nicht ›Ich bin Christ‹, ›Ich bin Hindu‹, sondern s e i d es. Und ihr werdet sehen, daß der Lebensstrom, ob ihr ihn Jordan oder Ganges nennt, auch in eurem Herzen fließt.«

Vivekananda überbrachte die Botschaft dieses Gottgesandten der ganzen Welt. Alles im Leben erfordert Zeit, und Zeit allein wird bestätigen, daß sich der Mensch vor seinem Nächsten nicht zu fürchten braucht, sondern ihn schätzen und lieben lernen kann als die höchste Gottesoffenbarung.

Kaum hatte Vivekananda zu Beginn dieses Jahrhunderts den Schauplatz der Weltreligionen verlassen, als ein weiterer Komet aufzog über Arunachala in Südindien. Seine Aufgabe war es, in einfacher, klarer Sprache zu verdeutlichen, daß der Mensch reif dafür sei, die Natur seines eigenen göttlichen Geistes zu erfassen. Er betonte, wenn der Mensch als Teil des Ganzen sich selber verstehen lernt, wird er alles verstehen, weil Teil und Ganzheit wesensgleich sind. Sein Name war Ramana Maharshi. Er lehrte nicht durch Worte, er lehrte im Schweigen. Und in der Ergriffenheit innerster Stille vollzog sich die Erkenntnis des LEBENDIGEN GOTTES. Solange man Gott nicht erlebt hat, wird man nie begreifen, was Gott ist. Der Mensch ist Geist und DIE GRENZENLOSIGKEIT DES GEISTES KANN SICH NUR AUS SICH SELBST HERAUS WAHRNEHMEN.

Den heutigen Menschen drängt es, über sich hinauszuwachsen. Die Anzeichen dafür sind klar ersichtlich. Die Grenzen zwischen Rassen, Nationen und Religionen beginnen allmählich zu verschwinden. Die Religion kann nicht länger Monopol bleiben. Den Menschen verlangt es nach WAHRHEIT, nicht nach Religion. Religion beschränkt sich auf eine bestimmte Glaubensgemeinschaft, während WAHRHEIT universell ist.

Die Universalität von Ramana Maharshis Lehren spricht für sich selbst. Er lehrte nicht im herkömmlichen Sinn, sondern führte den Wahrheitssucher zu sich selbst:

Frage: Die Yogis sind der Auffassung, man müsse dieser Welt entsagen und sich in Wälder oder Berghöhlen zurückziehen, um die WAHRHEIT zu finden. Das wäre im Westen kaum möglich, denn unser Lebensrhythmus ist ein völlig anderer. Teilen Sie die Ansicht der Yogis?

Maharshi: Das aktive Leben muß nicht aufgegeben werden. Wenn Sie sich jeden Tag Zeit nehmen, eine oder zwei Stunden zu meditieren, können Sie Ihren Pflichten weiterhin nachgehen. Und wenn Sie richtig meditieren, wird der geistige Strom, der in der Meditation ausgelöst wird, auch in Ihrer Arbeit weiterfließen; oder derselbe Gedanke anders ausgedrückt: Die Richtung, die Sie in der Meditation einschlagen, wird sich auch in Ihren Tätigkeiten offenbaren.

Frage: Wenn ein Mensch im Berufsleben eingespannt ist, wird er wenig Zeit finden zum Meditieren.

Maharshi: Nur der Novize plant eine feste Zeit ein für die Meditation. Ein Mensch, dem dieser Weg schon vertraut ist, wird je länger, je mehr von einem tiefen Glücksgefühl durchdrungen sein, ob er tätig ist oder nicht. Während seine Hände im Gewirr des Alltags beschäftigt sind, weilen seine Gedanken in der Einsamkeit des Herzens. Der Yogi versucht, seine Gedanken in die von ihm bestimmte Richtung zu zwingen, so wie der Bauer seinen Ochsen mit einem Stock vorantreibt. Auf diesem Weg lockt der Wahrheitssuchende den Ochsen mit einer Handvoll Gras zum gewünschten Ziel!

Frage: Wie erreicht er das?

Maharshi: Man muß in sich forschen: »Wer bin ICH?« Diese Frage wird uns am Ende zu etwas führen, das jenseits des Verstandes liegt. Beantworten Sie diese grundlegende Frage, und alle anderen Fragen und Probleme werden sich von selbst lösen. Vielleicht wird es klarer, wenn man es so ausdrückt: Jeder Mensch sehnt sich nach uneingeschränktem, von keinem Leid getrübten Glück, einem Glück, das nie vergeht. Sein Instinkt ist richtig.

Ist es andererseits nicht auch auffallend, daß jeder sich selbst am meisten liebt? Bringen Sie diese Tatsache in Zusammenhang mit der bereits erwähnten ewigen Sehnsucht des Menschen nach Glückseligkeit, die er durch die verschiedensten Mittel – berauschende Getränke, religiöse Praktiken etc. – zu erreichen versucht, und Sie haben den Schlüssel zur wahren Natur des Menschen: Glück, Glückseligkeit.

Glückseligkeit ist immer da in unserem wahren SELBST. Alles Suchen und Streben des Menschen nach Glück ist ein unbewußtes Suchen nach seinem eigenen SELBST. Das SELBST ist unvergänglich, unsterblich, und wer ES findet, findet demzufolge auch das uneingeschränkte, das immerwährende Glück.

Frage: Aber die Menschen sind so unglücklich auf dieser Welt.

Maharshi: Ja, doch unglücklich deshalb, weil sie sich ihres wahren Selbstes nicht bewußt sind. Alle Menschen, ohne Ausnahme, sehnen sich danach, bewußt oder unbewußt. Auch wenn sie vom Weg der Tugend abweichen und sündigen, so ist jede Sünde, jeder Irrtum, den sie begehen, ein unbewußter Versuch, die Glückseligkeit des SELBST zu finden. Dieses Streben ist dem Menschen angeboren. Nicht wissend, daß er sich in Wirklichkeit nach seinem »ICH«, nach seinem SELBST sehnt, probiert er zuerst diese Irrwege aus, um zur gewünschten Freiheit zu gelangen.

Frage: Es soll in Tibet Heilige geben, die in der Einsamkeit bleiben und dennoch der Welt wertvolle Hilfe leisten. Wie ist das möglich?

Maharshi: Die Verwirklichung des SELBSTES ist die größte Hilfe, die der Menschheit zuteil werden kann; daher heißt es, daß diese Heiligen Hilfe leisten, obgleich sie in den Wäldern bleiben. Man sollte aber nicht vergessen, daß es Einsamkeit nicht nur in den Wäldern gibt, man kann sie auch in Städten finden inmitten weltlicher Tätigkeit.

Frage: Was ist der Unterschied zwischen dem Verstand und dem SELBST?

Maharshi: Es gibt keinen Unterschied. Der Verstand nach innen gewandt, ist das Selbst; nach außen gekehrt, ist er das Ego; nach außen gewandt, wird das SELBST die ganze sichtbare Welt. – Baumwolle, die zu verschiedenen Kleidungsstücken verarbeitet wird, hat viele Namen. Aber alle diese Kleider sind in Ihrer Substanz Baumwolle, so, wie die verschiedenen Schmuckstücke in ihrer Substanz Gold sind. Das EINE ist wirklich, die Vielfalt ist nur Name und Form. Der Verstand existiert nicht außerhalb des Selbstes, er führt kein vom Selbst unabhängiges Dasein. Das Selbst existiert auch ohne den Verstand, aber niemals der Verstand ohne das Selbst.

Frage: Seit fast zwanzig Jahren übe ich mich in *sadhana* (geistige Praktiken), aber ich nehme keinen Fortschritt wahr. Was raten Sie mir?

Maharshi: Jedesmal, wenn Verstand und Gefühle nach außen drängen, sollten sie in ihren Ursprung zurückgeholt und im SELBST verankert werden. Das ist das einzige Mittel, das zum Erfolg führt. Um Meditation, Mantra (heilige Laute oder Silben), *japa* (Wiederholung von Gottes Namen), *dhyana* (Kontemplation) oder dergleichen brauchen Sie sich nicht zu kümmern, denn sie sind ohnehin Teil unseres Wesens. Nur die Gedanken an andere Dinge als das SELBST sollten aufgegeben werden. Meditation bedeutet nicht so sehr, sich auf das SELBST zu konzentrieren, als das Denken an das NICHT-SELBST aufzugeben. Wenn es Ihnen gelingt, Gedanken an Äußerlichkeiten zum Schweigen zu bringen und somit Ihren Verstand daran hindern, nach außen abzuschweifen; wenn Sie Ihre Aufmerksamkeit nach innen lenken und im SELBST befestigen, dann existiert nur noch das SELBST.

Frage: Was soll ich tun, um die Zugkraft meiner Gedanken und Wünsche zu überwinden? Wie soll ich mein Leben gestalten, damit ich die Gedanken unter meine Herrschaft bringe?

Maharshi: Je stärker Sie im SELBST verankert sind, desto mehr werden sich andere Gedanken von allein verflüchtigen. Der Verstand ist nichts anderes als ein Bündel Gedanken, deren aller Wurzel der ICH-Gedanke ist. Wenn Sie erfahren, was dieses »ICH« ist und woher es entspringt, tauchen alle Gedanken im SELBST unter.

Aus »DAY BY DAY WITH BHAGWAN« und »TALKS WITH SRI RAMANA MAHARSHI«, mit der freundlichen Genehmigung von Mr. V. Ganesan, Managing Editor, Sri Ramanasramam, Tiruvannamalai, India.

HATHA-YOGA – SEGEN UND GEFAHREN

Frage: Was ist der Unterschied zwischen Gymnastik und Hatha-Yoga?

Antwort: Während die westliche Gymnastik – von Natur aus dynamisch – in der Absicht praktiziert wird, dem Körper Fitness, Form und Schönheit zu verleihen, haben die Yogaübungen – von Natur aus passiv – die Vergeistigung des Körpers zum Ziel. Dadurch,

daß man sein Bewußtsein in den Körper hineinlenkt, erfordert das Yogaüben keine Kraftanstrengung. Bis ins kleinste wird alles aktiviert und belebt.
Wenn es einem Pianisten gelingt, sein Spiel mit Herz und Seele vorzutragen, dann nur deshalb, weil jeder beanspruchte Teil seines Körpers, von den Schultern, Armen, Handgelenken bis zu den Fingerspitzen bewußt, entspannt und beherrscht ist. Dies ermöglicht ihm, seinen begnadeten Zustand mit dem Publikum zu teilen und es zu erheben.
Ähnliches erfährt der Yogaübende, der mit dem Bewußtsein als absolut vollkommener Geist den ganzen Körper bis in den winzigsten Teil durchdringt, womit der gesamte Organismus unter Kontrolle gebracht wird. Es handelt sich um einen fast körperlosen Zustand. Der Yogi besitzt die vollendete Herrschaft über seine Körper- und Geistesfunktionen. Er ist nicht der Diener seiner Triebe, sondern umgekehrt, die Triebe dienen ihm. Sein erwachtes Bewußtsein leuchtet, und auf Körper-, Verstandes-, Gefühls-, ethisch-moralischer und Geistesebene strahlt er Gesundheit und Kraft, Harmonie und Schönheit aus.

Frage: Kann man sagen, daß die Hatha-Yoga-Praxis auch Karma-, Bhakti-, Raja- und Jnana-Yoga einschließt?

Antwort: Genau, es läßt sich keine Trennungslinie zwischen Körper, Verstand, Gefühl oder Geist ziehen. Die Einstellung im Yoga ist: ICH BIN GEIST. MEIN KÖRPER IST GEIST. ICH VERGEISTIGE MEINEN KÖRPER. ICH VERGEISTIGE MEIN LEBEN. Hatha-Yoga und Pranayama, wie wir es an unserer Schule lehren und in »SPORT UND YOGA« bzw. »HATHA-YOGA-Übungsbuch« beschrieben, ist ungefährlich und risikolos.

Frage: Wie wirken sich die Übungen aus, die in den altüberlieferten Texten des Hatha-Yoga-Pradipika beschrieben sind? Können diese unter Umständen die Gesundheit gefährden?

Antwort: Gerade, weil die Gefahren so gravierend sind, muß in Indien traditionsgemäß jeder, der als Hatha-Yoga-Schüler von einem Meister angenommen wird, ein Gelübde ablegen mit der Verpflichtung, die Geheimnisse dieser uralten Wissenschaft nicht preiszugeben. Der Anfänger unterzieht sich jahrelanger Vorbereitungen unter Anleitung eines Meisters und lernt dabei die Widerstandskraft seines Körpers so zu steigern, daß er die nach und nach befreiten Kräfte ertragen kann. Die strenge Schulung findet, fern jeglicher Zivilisation, in der Abgeschiedenheit des Waldes statt. Mein Meister, der Adept des Hatha-Yoga war, lebte im Dschungel, umgeben von wilden Tieren. Eines Tages führte er mich zur Einsiedelei eines Ashrams, um mir zu zeigen, wie Hatha-Yogis leben.

Da ich nicht als neugieriger Besucher gekommen war, wurde ich in ihre Mitte aufgenommen und durfte mich frei am Ort bewegen. Um die Lebenserwartung zu steigern, verharrten einige der Yogis mit angehaltenem Atem regungslos in tiefster Trance. Andere aktivierten durch Asanas, in kompliziert verschlungenen Stellungen, okkulte Fähigkeiten, wie Fern- und Hellsehen oder Materialisierung und Entmaterialisierung des grobstofflichen Körpers. Sie konnten eine absolute Immunität gegen Krankheiten entwickeln, ihr Leben auf mehrere hundert Jahre verlängern und besaßen eine wunderbare Herrschaft über die vier Elemente. Die Levitation, das Phänomen in der Luft zu schweben, war ihnen ebenso bekannt wie den tibetanischen Aske-

ten, Lungompas genannt, die im Zustand tiefster Trance durch die Lüfte reisen und von Gipfel zu Gipfel die Abgründe überqueren.
Die Ausübung geheimer Yogatechniken birgt allergrößte Gefahren in sich. Was geschieht, wenn man im Westen oder in Indien diese fortgeschrittenen Übungen praktiziert, ohne die geistige Führung eines in die Hatha-Yoga-Wissenschaft Eingeweihten? Möglicherweise stößt man auf den gewünschten Effekt. Doch die befreiten Kräfte lassen sich nicht beherrschen, lösen unheilbare Krankheiten und seelische Zerrüttung aus, die bis zum Wahnsinn führen können. Wenn das normale Bewußtsein eine gewaltsame Ausdehnung erfährt, ist das Nervensystem nicht in der Lage, die hohe Spannung zu ertragen. Die Folge davon ist ein »Kurzschluß«, d.h. die totale Ausschaltung verschiedener Körperfunktionen.

Frage: Beim Studium östlicher und westlicher Yogaliteratur stellte ich immer wieder fest, daß Asanas aus alten klassischen Werken übernommen wurden. Führen diese Übungen zum erwähnten Erfolg?

Antwort: Nein. Aus dem einfachen Grund, weil die notwendigen Jahre der Vorbereitung fehlen. Vor allem bedingt das Üben nach den alten wissenschaftlichen Methoden die Führung durch den Meister. Wie wollen Sie sich hier im Westen von ihren Tätigkeiten zurückziehen, dabei zehn, zwanzig oder dreißg Jahre lang im Schweigen verbringen und in totaler Enthaltsamkeit leben, um dieser Disziplin gerecht zu werden? Fast alle Asanas sind mit spezifischen Atemübungen verbunden und können nur von einem ans Ziel gelangten Meister, einem Hatha-Yogi, verantwortungsbewußt weitergegeben werden. Er kennt die Tragweite der Auswirkungen, er kennt die Reaktion des einzelnen.

Frage: Haben Sie bei Ihrer 48jährigen Hatha-Yoga-Unterrichtstätigkeit im Westen und den Yoga-Vortragsgesprächen in Ihrem Schülerkreis die Beobachtung irgendwelcher körperlich-seelischer Störungen gemacht?

Antwort: Nein, glücklicherweise nicht. Wir üben nur die einfachsten Asanas und Pranayamas, mit deren Hilfe wir Entspannung, Gesundheit, seelische Ausgeglichenheit und ständige Bewußtheit erleben.

Frage: Weichen Sie damit nicht von der ursprünglichen Praxis des Hatha-Yoga ab?

Antwort: Ja, in gewisser Hinsicht, doch bewußt.

Frage: Ist es für uns aus dem Westen möglich, in Indien Hatha-Yogis anzutreffen?

Antwort: Ich bezweifle es. Sie leben nie in überfüllten Städten und niemand kennt ihren Aufenthaltsort. Ich hatte das Glück, ihnen zu begegnen, da mein Meister einer der ihren war. Nur in sehr seltenen Fällen nehmen sie Schüler an. Der Betreffende muß bereit sein, dem weltlichen Leben zu entsagen und das Dasein eines Einsiedlers und Asketen zu führen.

Frage: Wie wurden Sie als Schüler angenommen und warum haben Sie sich später entschlossen, das Leben im Wald aufzugeben, um in den Westen zu gehen?

Antwort: Als Kind war ich schweigender Zeuge von der Tragik extremer Armut, von Hungersnot, Krankheit und Epidemien. Der Wunsch bemächtigte sich meiner, nicht zusätzlich zur bestehenden Not beizutragen und ein Leben voller Sorge und Leid dahinzuschleppen. Die unterschwellige Sehnsucht, diese Erde zu verlassen, wurde stärker und stärker. Als Folge davon, zog sich mein Bewußtsein immer mehr vom Körper zurück, was in einer Reihe von Krankheiten endete, die mein Leben auszulöschen drohten. Ohne es zu wollen, verursachte ich damit meinen geliebten Eltern viel Kummer und Sorge. Dessen wurde ich mir erst so richtig im Koma bewußt, in dem man viel hellhöriger ist als allgemein angenommen wird. In diesem Zustand faßte ich den Entschluß, alles zu tun, um zu überleben. Doch die Krankheiten hatten ihre Spuren hinterlassen, unter denen ich unsäglich litt. Es war zu jener Zeit, als ich das Glück hatte, meinem Meister zu begegnen. In mitfühlender Weise lehrte er mich die einfachen Yogaübungen, die keinerlei Gefahren beinhalten. Ich übte gemeinsam mit ein paar anderen, die ebenfalls seine Nähe suchten, am Rande des Waldes.

Yogis haben die Fähigkeit, in die Zukunft zu blicken. Mein Meister schulte mich, damit ich in späteren Jahren ein wenig von meiner eigenen Erfahrung weitergeben könne an jene, die ihrer bedurften. Verhüllt lag die Zukunft vor mir. Meine damalige Vorstellung von Freiheit war, Indien der Länge und Breite nach zu durchwandern – unter dem blauen Himmelszelt zu schlafen, das wenige zu essen, das man mir geben würde, ohne dabei jemandem zur Last zu fallen – und meine Tage in Meditation zu verbringen. Aber Gott in seiner unendlichen Güte hielt eine viel größere Freiheit für mich bereit, als ich mir je hätte erträumen können. Es war hier im Westen, wo ich wirklich geistige Freiheit erfuhr. Das Pendel meines Lebens bewegte sich von einem Extrem zum anderen. Nur der erdrückenden Macht der Umstände gelang es, mich zum Zurückschlagen herauszufordern. Dabei entdeckte ich ungeheure Kraft, die mich im wahrsten Sinne des Wortes furchtlos und frei machte.

Frage: Wußten Sie, daß Sie eines Tages im Westen Yoga lehren würden?

Antwort: Nein, das wußte ich nicht. Ich kam nach Europa, um in Budapest Körpererziehung zu studieren. Anschließend nahm ich das Studium an der Medizinischen Hochschule auf, wo ich auf Anraten meines Biologieprofessors Vorträge über Yoga als Methode zur Selbstheilung zu halten begann, Vorträge, die ich später in größerem Rahmen fortsetzte. Mit der Zeit erkannte ich immer deutlicher, daß die Wege des Schicksals oft entgegengesetzt zu menschlicher Entscheidung verlaufen; ich konnte nicht anders, als mich vor der Vorsehung zu verneigen und den Willen Gottes als unabänderlich anzunehmen. Es ist mir nicht gegeben, andere zu belehren, sondern ihnen zu dienen. In allen Gesprächen mache ich die Menschen nur aufmerksam auf das, wovon sie schon eine innere Kenntnis haben. Meine Worte bestätigen ihre eigene Erfahrung.

DIE SIEBEN WUNDER DES LEBENS

Frage: Letztes Jahr sprachen Sie über die sieben Wunder des Lebens. Würden Sie bitte auf das Thema noch einmal ausführlich eingehen, da ich nicht bei allen Vorträgen anwesend war?

Antwort: Wenn eine Uhr nicht mehr funktioniert, dann liegt der Grund meist in der Mechanik und der Uhrmacher kann Abhilfe schaffen, vielleicht schon durch etwas Ölen oder das Ersetzen eines rostigen Rädchens. Wie belanglos der Defekt auch sein mag, das ganze Uhrwerk hängt von dem einen winzigen Teil ab, der das Stehenbleiben verursachte. Auf ähnliche Weise ist der menschliche Organismus mit einem Räderwerk aus Milliarden von Bestandteilen vergleichbar, das mit erstaunlicher Präzision seine Aufgabe erfüllt. Verdient es unser Körper daher nicht, daß wir ein bißchen schonender und sorgsamer mit ihm umgehen? Ist er nicht unser wertvollster Besitz und von all dem, was uns umgibt, nicht das Nahestehendste? Die Bindung an unseren Mann, unsere Frau, unsere Kinder kann noch so stark sein, und selbst wenn sie uns ein Leben lang begleiten, bleibt es doch eine Verbindung von Mensch zu Mensch. Der Körper hingegen ist die Wohnung, in der wir leben. Er stellt eine einmalige und vollständige Ausrüstung dar für den Aufenthalt auf dieser Erde und unsere Reise durch die Zeit. Jeder kleinste Teil ist sinnvoll und hat seine besondere Funktion.

Yoga lenkt unsere Aufmerksamkeit auf den Körper und macht uns mit diesem kostbaren Gut vertraut. Genau wie elektrischer Strom eine Glühbirne zum Leuchten bringt, so bedeutet die Anwesenheit des Geistes im Körper die Ausstrahlung unseres Wesens. Mit dem ersten Atemzug kommt der Mensch auf die Welt und mit dem letzten geht er von ihr. Mit der Einatmung erscheint er, mit der Ausatmung zieht er sich zurück. Atem verbindet uns – GEIST mit dem Körper; das Aufhören des Atmens löst die Verbindung zu ihm.

S Yesudian
1980

Was ist Atem und was atmen wir eigentlich ein? Die Quelle allen Lebens auf unserem Planeten ist die Sonne. Wie eine Mutter ihre Kinder zur Welt bringt, so ist die Sonne die Mutter unseres Planeten. Die Sonne ist die große Lebensspenderin, die unaufhörlich sich selbst schenkt. Ihre Lebenskraft in alle Richtungen aussendend, belebt sie alles Geschaffene. – Gelegentlich finden Eruptionen auf der Sonnenoberfläche statt, die als Sonnenflecken oder Protuberanzen bekannt sind, wobei dann – explosionsartig, wie von tausend Atombomben – Flammengarben aus der Sonne geschleudert werden, deren Auswirkungen entfernteste Planeten erreichen. – Die Aufgabe, die unserer Sonne zukommt, ist großartig. Sie atmet ihre alles belebende Energie aus, um ihre Kinder zu gebären und zu ernähren. Dennoch übertreffen die Sterne, die wir am hohen Himmelsgewölbe sehen, die Sonne bei weitem an Größe. Sie sind ihrerseits Sonnen und es ist anzunehmen, daß ihr Planetensystem ebenso mit Leben pulsiert wie unsere Erde. Diese ausstrahlende Energie, die das All füllt und dem ganzen Universum oder Makrokosmos Leben verleiht, wird in der Yogaphilosophie als PRANA bezeichnet. Bis ins kleinste durchdringt es jede Erscheinungsform der Schöpfung.

Auch wir atmen dieses Prana ein. Es enthält einen relativ geringen, jedoch wichtigen Anteil an Sauerstoff, der die Eigenschaft besitzt, den Körper gründlich vom Knochenmark bis zur Haut durch frisches Blut zu reinigen. Hierbei hat das Geflecht der Blutgefäße die Aufgabe, das Körpersystem – vom Herzen bis zur Haut an der Oberfläche – über die Arterien mit sauerstoffangereichertem Blut zu versorgen, während über die Venen das kohlendioxydhaltige Blut dem Herz zugeführt wird. Dieses pumpt das verunreinigte Blut zur Befreiung von Toxinen in die Lunge und anschließend wieder zurück ins Körpersystem. – Die naturgemäße Entschlackung des Körpers erfolgt auf fünffache Weise: Durch normale Ausatmung, durch die Poren, durch Schweißabsonderung sowie Ausscheidung von Urin und Exkrementen.

Der größte Teil der eingeatmeten Luft besteht aus Prana oder Sonnenenergie, welche über die Nervendungen der Nasenflügel, den sog. Rezeptoren oder »bulbi«, in den Organismus gelangt. Dieser Apparat zur Aufnahme von Prana bzw. Lebenskraft findet sich ausschließlich in dem Geruchsorgan der Nase. Der Beweis hierfür liegt in der allgemein bekannten Tatsache, daß es bei Mundatmung nicht möglich ist, Geruch und »Geschmack« der Luft zu empfangen, und daß der wunderbare Duft von frischem Wasser in der Nähe von Seen, Flüssen oder am Meerufer, der Wohlgeruch von Blüten und Essenzen nur dank der spezifischen Funktion der Nasennervendungen wahrgenommen werden kann.

Das Gehirn ist eine »Aufladebatterie« von zehn bis zwölf Milliarden Nervenzellen zur Aufspeicherung von Sonnenenergie, die mit jedem Atemzug ins Nervensystem gelangt. Hierbei handelt es sich um das gleiche Prinzip wie es die moderne westliche Wissenschaft zur Solarenergiegewinnung anwendet: Sonnenenergie wird in speziellen Zellen oder Kollektoren am Hausdach gesammelt und ins Hausinnere geleitet zur Warmwasseraufbereitung sowie für elektrische Zwecke. Natürlich befinden wir uns mit der Solarenergienutzung noch im Versuchsstadium. Hingegen war vor mehr als 5000 Jahren der Yogawissenschaft die Aufspeicherung von Sonnenenergie im Gehirn mittels Atmung bereits bekannt. Hatha-Yoga lehrt, daß durch bewußtes Atmen Prana beherrscht und als physische, psychische und geistige Kraft genutzt werden kann. Hatha-Yoga ist die einzigartige Wissenschaft, welche die Technik der Prana-Beherrschung übermittelt – bekannt als *pranayama*, wobei *prana* Lebenskraft und *yama* Beherrschung bedeuten. Hierzu verhilft uns die Yogi-Vollatmung.

Prana ist die mächtigste Kraft im Universum. Es durchdringt unsere Erde, alle Planeten und Himmelskörper. Ebenso wie Prana belebt, kann es auch tödlich wirken. Der Körper ist nicht in der Lage, jeweils mehr als einen Atemzug Prana aufzunehmen. Die zehn bis zwölf Milliarden Gehirnzellen dienen als Prana-Akkumulatoren und die Ganglien an der Wirbelsäule als erste Transformatoren. Zweite Transformatoren für die Prana-Energie sind die Nervengeflechte, die sogenannten Plexi, wie z.B. »plexus solaris«, »plexus umbilicalis«, »plexus sacralis«, »plexus lumbo-sacralis« usw. Von hier aus strömt Prana in annehmbarer Form ins Nervensystem. Reines Prana, ohne vorherige Transformation durch Ganglien und Plexi, könnte von den Nerven nicht ertragen werden und würde den unmittelbaren Körpertod zur Folge haben. Diese Kraft ist mit mehr als zehntausendfacher Voltspannung vergleichbar.

Wenn Prana in den Körper gelangt, entfalten sich die sieben Wunder der Lebensoffenbarung. Es entstehen: KÖRPERKRAFT, NERVENKRAFT, SEXUELLE KRAFT, WILLENSKRAFT, GEFÜHLSKRAFT, MENTALKRAFT und GEISTIGE KRAFT. Unser ganzes Leben hängt von diesen sieben Energieformen ab. Mit anderen Worten: Das Leben bringt sich selbst durch Prana voll zum Ausdruck. Alle im Körper schlummernden Eigenschaften und Fähigkeiten werden geweckt und nehmen Gestalt an. Solange wir noch unbewußt sind, können wir uns schwerlich vorstellen, was diese Kräfte in Wirklichkeit sind und was sie vermögen. Erst wenn wir die Scheuklappen der Unwissenheit abgelegt haben und allmählich bewußt werden, können wir den wahren Wert der sieben uns zur Verfügung stehenden Kräfte ermessen. Bis dahin sind sie wie Diamanten, Smaragde, Rubine und andere Edelsteine in der Hand eines kleinen Kindes, das ihren wahren Wert nicht kennt. Wir bestaunen so manche Errungenschaft der Menschheit und zählen sie zu den sieben Weltwundern. Dabei leben wir in völliger Unkenntnis des größten aller Wunder, nämlich des Körpers, den sich der Mensch im Verlauf seiner Evolution während Jahrmillionen aufgebaut hat. Von einem Ein-Zell-Organismus hat er sich zum Menschen entwickelt. Noch ist unsere Entwicklung nicht abgeschlossen. Sinn menschlicher Geburt ist das Hineinwachsen ins Geistig-Göttliche: »DER MENSCHENSOHN MUSS GOTTESSOHN WERDEN« – es ist die Entfaltung unserer schlummernden Divinität. Bis heute ist es keinem Wissenschaftler gelungen, die verborgenen Schätze des menschlichen Körpers zutage zu fördern, welcher – so bestätigt die Yogaerfahrung – die Geheimnisse des ganzen Universums oder Makrokosmos in sich birgt. Die Yogis bewahren den Schlüssel zur Enträtselung des Mysteriums »Mensch« und wiederholen für uns die Botschaft: »KENNE DICH SELBST, DANN KENNST DU ALLES, DENN DAS SELBST IST ALLES!«

Der Urmensch besaß die Naturinstinkte des Tierreiches sowie einen latenten Verstand. Als Durchschnittsmensch sind wir im Verlauf vieler Inkarnationen diesem primitiven Stadium entwachsen und haben die Wahl, triebgebunden oder vernunftgemäß zu handeln. Die Entwicklungsstufen führen von Instinkt zu Intellekt, von Intellekt zu Intuition. Letztere zeigt sich immer dann, wenn Fragen, die wir uns selbst stellen, schlagartig Beantwortung finden. Intuition ist logischem Denken übergeordnet und beinhaltet dieses; nicht alogisch, sondern »all-logisch« könnte man sie bezeichnen. Normalerweise führen zehn bis zwanzig Gedanken zu einer vernünftigen Schlußfolgerung. Eingeschaltete Intuition beschleunigt den Denkvorgang und ist zeit- und energiesparend. Mentales Überlegen kann mit den langsamen Bewegungen einer Schildkröte verglichen werden, während intuitives Erfassen blitzschnell vor sich geht. Auf Intuition folgt Inspiration, ein Zustand unseres Geistes. In »Spirit«, d.h. auf Geistesebene zu weilen, bedeutet inspiriert zu sein.

Die Yogawissenschaft, die uns über Selbstbeherrschung den Weg zu Glück und Freiheit weist, drang tief in die Lebensgeheimnisse ein und erforschte Körper, Seele, Verstand und Geist. Es ist die älteste Wissenschaft der Welt, die lehrt, wie physische, psychische und geistige Energien des Menschen zu nutzen und in richtige Bahnen zu lenken sind. Dabei wird auf eine interessante Tatsache hingewiesen, die der medizinisch-wissenschaftlichen Forschung gänzlich unbekannt ist. Die im Gehirn befindliche Zirbeldrüse – zwischen den beiden Augen – entwickelt sich bis zum Pubertätsalter zu ihrer normalen Größe. Mit beginnender Geschlechtsreife und zunehmender Sexualität setzt eine Rückbildung ein, die nach und nach zum Funktionsstillstand dieses Organs führt – ein Rätsel für die Schulmedizin.

Die erleuchteten Seher und Yogis sagen, wenn die schöpferische Kraft nicht unnötig verausgabt und vergeudet wird, dann erfolgt ihre automatische Umwandlung in sehr hohe, feinstoffliche Energien, die im Gehirn aufgespeichert werden. Diese sublimierte sexuelle Energie wird in der Yogaphilosophie mit OJAS bezeichnet, wofür wir in anderen Sprachen kein äquivalentes Wort haben. Symbolisch spricht man auch von AMRITA, dem Nektar der Götter.

Die Geburt eines Kindes hängt von den besten physischen

Kräften ab, die sich Mann und Frau schenken können, nämlich der sexuellen Energie. Die Zeugung geschieht mittels feinster Blutbestandteile. So sind beispielsweise zur Bildung eines einzigen Tropfens Sperma achtzig Tropfen reinsten Blutes erforderlich. Wird die sexuelle Energie in schöpferische Kraft umgewandelt, hat der Mensch die Macht, im Leben das zu verwirklichen, was er wünscht und will. Diese Tatsache entgeht den meisten Menschen, weil sie ihre Lebenskraft zersplittern. Ojas wandelt den Menschen zu Gott hin, ruft ihm sein göttliches Erbe, seine Divinität ins Bewußtsein, mit der er zur Welt kam. Wenn Sexualität das größte Hochgefühl auf Körperebene vermittelt – beschränkt auf Sekunden, dann ist es genau dieselbe umgewandelte sexuelle Kraft oder Ojas, die das Tor des Himmels öffnet – zu ewig währendem Glück. Und göttliche Kinder werden geboren, genannt Talente.

Diese geistige Freiheit kommt in der Hindu-Mythologie durch Garuda zum Ausdruck. Es ist ein himmlischer Vogel im Flug, der eine riesige, gefährliche Schlange mit seinen Krallen in Schach hält, sie aber nicht tötet. Eine zweite Schlange umwindet den Hals des heroischen Fabelwesens. Unbesiegbar hat sich Garuda über die drei Welten erhoben. Herr über Körper-, Verstandes- und Geistesebene, symbolisiert er den Zustand jenseits von Hölle, Erde und Himmel. – Wer kennt nicht Träume, die uns mit der Geschwindigkeit eines Adlers hinauftragen zu unerhörten Höhen oder in tiefste Abgründe stürzen, während wir furchtlos sind und frei. Träume dieser Art erleben wir, wenn die kreative Kraft nicht in der Sexualität verbraucht wird. Sie sind die Vorboten höherer Bewußtseinszustände.

Yoga lehrt: Solange der Mensch die sexuelle Kraft nicht sublimiert und in Ojas umwandelt, kriecht er wie eine Schlange, erdgebunden. Beginnt man jedoch, diese schöpferische Kraft für Höheres einzusetzen, dann verleiht sie einem Flügel, dem unbesiegbaren Garuda gleich. – Ich bin mir im klaren, daß viele westliche Psychologen meine Ansicht hierüber nicht teilen. Bis sie nicht selbst vom göttlichen Nektar genippt haben, werden sie ihre Auffassung beibehalten, daß die Ursache vieler Geistesstörungen und Aberrationen in verdrängter Sexualität liegt. Dabei sehen einige in diesem Zeitalter der Emanzipation im Ausleben der Triebe die einzige Lösung. –

Durch das regelmäßige Üben umgekehrter Yogastellungen, wie Viparita Karani, Sarvangasana, Halasana und Sirshasana kann sexuelle Kraft auf einfache Weise in Ojas umgewandelt werden. Wenn junge Leute sich von ihren sexuellen Phantasien und Gewohnheiten nicht leicht befreien können, dann werden sie einen überaus großen Gewinn aus diesen umgekehrten Stellungen ziehen. Ihre Konzentrationsfähigkeit wird sich um ein Zehn-, ja Hundertfaches steigern; Entschluß- und Willenskraft sind die Folge. Mit anderen Worten, man erlangt Selbstvertrauen und wird SELBSTÄNDIG. Natürlich läßt sich das nicht von einem Tag auf den anderen erreichen. Es ist ein stufenweiser Wachstumsprozeß, der auf eine Bewußtseinsebene führt, die den meisten Menschen bisher noch unbekannt ist. Wenn sich die Geisteskraft der Intuition mit Hilfe von Ojas zu entfalten beginnt, dann erschließt sich uns eine neue Welt, neue Horizonte eröffnen sich und neue Möglichkeiten tauchen auf, um unseren Weg zu verkürzen, der das bleibende Glück zum Ziel hat.

Intuition ist die Brücke zu INSPIRATION. Inspiration ist das Losungswort des Erwachten. Die Ursachenebene zu bewohnen, bedeutet ewig inspiriert zu sein. Der Inspirierte besitzt Geistesgegenwart. Er ist vollkommen wach und bewußt. DIE REALITÄT ZU REAL-ISIEREN IST INSPIRATION. Der Inspirierte ist achtsam, er weiß, wann er seinen Geist durch die Triebe, den Verstand, die Gefühle oder die Intuition offenbart. Er hat absolute Herrschaft über alle seine Tätigkeiten, sei es in Gedanken, Worten oder Werken. Inspiration bedeutet in seinem Selbst zu Hause zu sein. Das Leben beginnt erst, wenn wir dieses Wachstumsstadium der Reife erreicht haben. Es ist ein Zustand, in dem der Mensch selbstsicher sagen kann: ICH WEISS, WAS ICH TUE; ICH TUE, WAS ICH WEISS. Inspiration bedeutet einzutreten in das Himmelreich, das in uns ist. Bis dahin war das Leben eine Vorbereitung, um in sich, jenseits dieser Welt, zu gelangen – jenseits fliehender Sinne, jenseits der widerspiegelnden Funktion des Verstandes, jenseits zerbrechlicher Gefühle, jenseits verblassender Emotionen. »Bereite dich vor, bereite dich vor, weil das Gottesreich sich nähert.« In voller Kenntnis seiner wahren Natur, wagt sich der Mensch an das Leben heran, ausgerüstet mit den Eigenschaften seines Geistes: KÖRPERKRAFT, NERVENKRAFT, SEXUELLE KRAFT, WILLENSKRAFT, MENTALKRAFT, GEFÜHLSKRAFT UND GEISTESKRAFT.

ATEMÜBUNGEN ALS HILFE FÜR DIE MEDITATION

Frage: Sind gewisse Atemübungen eine Hilfe für die Meditation?

Antwort: Ein Atemanhalten für die Dauer von sieben, max. dreißig Sekunden zwischen Ein- und Ausatmung, trägt dazu bei, daß sich der Verstand von der Gedankenaktivität zurückzieht. Wird dieses Atemanhalten fünf- bis siebenmal zu Beginn der Meditation wiederholt, hilft es, die Sinne nach innen zu kehren. Da sowohl der Atem- als auch der Gedankenablauf ein und denselben Ursprung haben, bringt Atemkontrolle Gedankenkontrolle mit sich und umgekehrt.

Frage: Können Atemübungen in irgendeiner Hinsicht gefährlich sein?

Antwort: Alles kann gefährlich sein, wenn es übertrieben wird. Pranayama bedeutet die Beherrschung von Prana oder Lebenskraft im Körper. Wird jedoch der Atem mittels Kumbhaka (Atemanhalten) länger als eine Minute zurückgehalten, dann kann sich diese forcierte Methode als sehr schädigend auswirken. Wenn der Atem zu Beginn der Meditation langsam, tief und regelmäßig erfolgt, so ist dieses Pranayama vollkommen gefahrenfrei.

Frage: Wie lange kann das verlangsamte gleichmäßige Atmen während der Meditation geübt werden?

Antwort: Jeden Tag sollte man ungefähr zwanzig bis dreißig Minuten der Meditation widmen, entweder beim Aufwachen oder vor dem Einschlafen. Später stellt sich das langsame, tiefe und regelmäßige Atmen ganz von selbst ein. Atemkontrolle ist nur ein Hilfsmittel. Sie darf nicht zum Endzweck werden.

Frage: Erleichtert mauna (Schweigezeiten) die Meditation?

Antwort: Auch wenn man sich tagelang des Sprechens enthält, kann durch gedankliche Tätigkeit sehr viel Energie verausgabt werden. Wirkliches mauna bedeutet das Zurücksinken von Denken, Fühlen, Wollen zu seinem Ursprung, dem SELBST. In die Quelle des SELBST versenkt, kann uns nichts mehr davon herausreißen. Folglich ist unser Sprechen beherrscht, unser Handeln korrekt.

Frage: Wie kann Meditation auch untertags zu einem natürlichen Zustand werden?

Antwort: Ziel der Meditation ist das Verebben von Gemütsbewegungen, das Verstummen der Gedanken. Zurückgekehrt zur Quelle, s i n d wir das SELBST und ruhen in uns. Unsere Tätigkeiten werden fortan nicht mehr rein verstandesmäßig über den Kopf ausgeführt, sondern entfalten sich bewußt und unmittelbar aus dem Herzen.

DER YOGI, DER DEN TOD BESIEGTE

Vor etwas mehr als fünfzig Jahren, als ich noch dic Schule in meiner Heimatstadt Madras besuchte, erregte dort ein Hatha-Yogi Aufsehen und versetzte die Welt der Wissenschaft in Staunen. Die Briten, die sich seit über zweihundert Jahren auf indischem Boden befanden und am Höhepunkt ihrer Macht angelangt waren, führten damals fast alle großen Krankenhäuser. Unter der Fremdherrschaft hatte die materialistische Weltanschauung eine rasche Ausbreitung erfahren. Die Religion der Hindus wurde als Heidentum, ihre Gottesverehrung als Götzendienst und ihr Glaube als Aberglaube gedeutet.

Der Yogi wollte diese Anschauung widerlegen und beweisen, daß der Körper nur die äußere Hülle des unsterblichen Geistes ist. Er war bereit, in Übereinkunft mit der »British Medical Association«, seine außerordentlichen Fähigkeiten zu demonstrieren. »Der Körper kann nicht ohne den Geist, aber der Geist kann ohne den Körper leben«, das waren die Worte des Yogi, der eine absolute Herrschaft über seine Körperfunktionen hatte. In Gegenwart angesehener britischer und indischer Wissenschaftler saß der Yogi in der üblichen Stellung mit gekreuzten Beinen. Er streckte seine Zunge heraus, rollte sie den Gaumen entlang extrem weit zurück und verschloß so die Luftröhre. Von diesem Augenblick an war die Atemfunktion eingestellt. Zu gegebener Zeit sollte der Körper von den getreuen Jüngern einbalsamiert werden, doch zuvor noch eine sorgfältige Untersuchung durch prominente Ärzte erfahren, wozu der Yogi sein Einverständnis gegeben hatte. – Die Augäpfel rollten nach oben, die schwarzen Pupillen verschwanden, das Weiß der Augen allein blieb sichtbar. Die Herztätigkeit kam zum Stillstand, kein Puls war fühlbar. Der Kreislauf hatte aufgehört. Der Körper erkaltete, die Haut wurde blaß und fahl. Nachdem die Ärztekommission den Körper einstimmig für tot erklärt hatte, applizierten die Jünger einen speziellen Balsam, der sowohl das Eindringen von Luft durch die Poren verhindern als auch Insekten und Würmer fernhalten sollte, um den Körper von Verwesung zu schützen. Sodann wurde dieser in eine sechs Fuß tiefe Grube gesenkt und mit Erde bedeckt. Der Yogi machte sich freiwillig vierzig Tage lang zum Gefangenen für die Welt der Wissenschaft. Tag und Nacht saß eine Handvoll treuer Jünger in tiefer Meditation um das Grab, die sterbliche Hülle ihres Meisters bewachend.

Nachdem vierzig Tage verstrichen waren, wurde in Gegenwart jener Ärzte und Wissenschaftler sowie Tausender von Zuschauern und Andächtigen das Grab vorsichtig geöffnet und der Körper des Meisters entnommen. Behutsam wurde er mit Wasser gesäubert und abgetrocknet. Daraufhin hauchten die Jünger dem Yogi den heiligsten Laut der Hindus – OM – in die Ohren. Die Zunge, die das Einströmen der Luft abgeblockt hatte, wurde vom Yogi willentlich gelöst und damit begann er wieder normal zu atmen. Beängstigend rollten seine Augen einige Male hin und her, bevor sie ihre ursprüngliche Lage zurückgewannen. Der Yogi nahm Kenntnis von seiner Umgebung. – Während die englischen Ärzte diese unerhörte Leistung als medizinisches Wunder oder geniales Zauberkunststück betrachteten, war ihren indischen Kollegen klar, was der Yogi, der den Tod herausforderte, bewiesen hatte: Nur der Körper unterliegt der Sterblichkeit, der GEIST jedoch ist unsterblich. Sie wußten um das Geheimnis: Ehe der Yogi den Zustand der Katalepsie herbeigeführt hatte, war es ihm möglich, Milliarden von Gehirnzellen mit Prana bzw. Lebenskraft aufzuspeichern und damit auch Ganglien, Plexi sowie das ganze Nervensystem.

YOGA UND BHOGA

Die fünfzig Jahre meines Lebens im Westen gaben mir die Möglichkeit des Vergleichens, und Erfahrung lehrte mich so manche Wahrheit. Ich habe »Gott« als grenzenlosen, unteilbaren, allbewußten Geist, der Raum und Materie durchdringt, sehen und verstehen gelernt. Gott mit Form ist alles Geschaffene und Gott ohne Form ist die unsichtbare Ursache, innewohnend in der Materie und sie umgebend – es ist der Ozean kosmischen Bewußtseins. Jeder Punkt in diesem Universum ist ein Mittelpunkt Gottes. Seine Gegenwart füllt den Weltenraum. Im allgemeinen sind wir, wenn wir das Wort »Gott« gebrauchen, auf unseren Verstand angewiesen, der ein paar elementare bildhafte Vorstellungen projiziert und damit das Grenzenlose begrenzt. Wenn wir aber wirklich eins sind mit der Ursache unseres Wesens, dann gibt uns das die unmittelbare Erfahrung, daß unser Selbst, unser »Ich« größer und weiter ist als der einschränkende Begriff »Gott«.
Kürzlich war ich für einen Monat in Indien. Auf seinem Boden dachte ich an das Leben im Westen und wie dort ein und derselbe Geist oder Gott auf so wunderbar andersgeartete Weise zum Ausdruck gelangt. Gleich einem Vulkan brodelt der Westen mit Leben, sprüht er voller Feuer, Temperament, Vitalität, Angriffslust und Tatendrang, ständig strebend, schaffend, schöpfend und immer bereit, sich selbst zu übertreffen. Alles ist Ausdruck, Ausdehnung, In-Erscheinung-Treten, Revelation, Rhythmus und ein ungeheures Vibrieren aufeinanderprallender Kräfte, die Harmonisierung und Ausgewogenheit suchen. Unternehmungsgeist und Gestaltungsdrang kennen keine Grenzen. Die weiten Räume des Unerforschten durchmessend, hat der westliche Mensch eine Galaxie von Ereignissen heraufbeschworen, welche die

Zahl der Sterne am Firmament zu übertreffen scheint. Das Leben im Okzident äußert sich als unablässige Aktivität. Es ist die phänomenale Welt, die Welt der Erscheinungen, die den Westen fasziniert. Als Widerspiegelung des Geistes besticht sie durch eine Fülle von Farben, Klängen, Formen und Proportionen. Schließlich nimmt das Geschaffene seinen eigenen Gestalter gefangen und gibt vor, ein vom Geist getrenntes Eigenleben zu besitzen. Die fünf Sinne, in den Bann der Oberflächeneffekte gezogen, halten die äußere, sichtbare Welt für die Wirklichkeit und alles andere für unwirklich. Doch, wenn immer der Mensch die Person in den Mittelpunkt rückt, wenn er nur das von ihm Hervorgebrachte als die einzig existente Realität anerkennt, wenn er nur seinen Errungenschaften und Erfolgen, nur seinem Besitztum Wirklichkeitswert beimißt, dann berühren ihn die unsichtbaren Hände des Leides. Sie helfen ihm, den Blick nach oben zu richten und jenseits seines begrenzten Blickfeldes die Weite des Horizontes zu schauen. Die Schleier der Illusion fallen, einer nach dem andern, und die Vergänglichkeit diesseitigen Glücks tritt hervor. Eine Reihe von überraschenden Geschehnissen führt zu plötzlicher Ent-Täuschung, und, wie von einem Erdbeben erschüttert, stürzt sein Glaube an die materielle Welt zusammen.
Der universelle Geist, der im Westen als grenzenlose Aktivität und Kreativität in Erscheinung tritt, vermittelt dem dort Lebenden das höchste Maß an Daseinsfreude oder »Bhoga«. Für den Abendländer ist das Leben ein wunscherfüllender Baum, und nicht ein Traum bleibt unverwirklicht. – Hingegen offenbart sich der gleiche Geist im Orient, insbesondere auf indischem Boden, in Form von Entsagung, die den Menschen über die Eitelkeit weltlichen Lebens hinausgelangen läßt. Der Inder kommt mit diesem Geist der Entsagung zur Welt. Seine Einstellung ist: »Lebe in dieser Welt, aber gehöre nicht dazu!« »Lasse dein Besitztum nicht von dir Besitz ergreifen!« Indien ist das Land, wo der Mensch das Karma

vieler seiner Leben zu Ende verarbeitet, um unter extremen Bedingungen und ohne zu klagen, so manche Schuld zurückzuzahlen. Hier findet er Gelegenheit, den Eigenschaften seines Geistes Raum zu geben: Weisheit, Liebe, Güte, Sanftmut, Bescheidenheit und Toleranz. Damit gewinnt das Leben an Bedeutung, denn es führt ihn allmählich zum Seinszustand des Yoga – zur Einheit mit seiner eigenen Ursache, Geist oder Gott.

Wenn ich im Westen bin, denke ich über das Leben in Indien nach und wie sich dort der Allgeist in einem völlig anderen, dem westlichen entgegengesetzten Rhythmus offenbart. Er zwingt Millionen des indischen Volkes, die lähmende Vorstellung aufzugeben, daß das äußere Leben die absolute Wirklichkeit darstelle und von Dauer sei. Für den Inder gehört das Spiel der Schöpfung einer weitentrückten Vergangenheit an, in der er die Süße und Bitternis irdischen Lebens ausgekostet hat. In Indien wird niemand von der Einsicht verschont, daß das Leben eine vergängliche, schnell verblassende Angelegenheit ist, kaum eine Spur hinterlassend. Der auffallend introvertierte Wesenszug steht jedem Inder ins Gesicht geschrieben. Sein Blick weilt mehr auf jenseitiger Wirklichkeitsebene. Mit verinnerlichtem, gesammeltem Gemüt wägt er ab zwischen Vergänglichem und Unvergänglichem, zwischen Endlichem und Unendlichem, Sterblichem und Unsterblichem. Seine Gesichtszüge sind von der Last des Leidens vormaliger Leben gezeichnet. Weit davon entfernt, ihn zu erdrücken, ließ sie in ihm die große Stärke der Toleranz heranreifen, lehrte sie ihn, das Leben als wunderbare Herausforderung zu betrachten und anzunehmen. Das ist der Grund, weshalb aus seinen Augen Schicksalsergebenheit spricht. Seit Tausenden von Jahren wird dem Inder von Geburt zu Geburt ein Gebet mit auf den Weg gegeben: »Führe mich von der Unwirklichkeit zur Wirklichkeit, von der Dunkelheit ins Licht, vom Tod ins Leben.« Überliefert durch die großen Seher von einst, den Urvätern des Landes, wird ihm sein geistiges Erbe bereits in die Wiege gelegt. Und, als ob er sie schon mit der Milch seiner Mutter aufgenommen hätte, quellen die ersten nach Gott verlangenden Worte aus ihm heraus: »Ich meditiere über die Herrlichkeit jenes Wesens, das dieses Universum erschaffen hat. Möge Es mich erleuchten!« Es ist auf indischem Boden, wo wahre Religion geboren wird, wo der Mensch von seinem irdischen Traum erwacht und Gott begegnet, wo er seine Flügel ausbreitet zum Flug in die Ewigkeit. »Nichts brachte ich, als ich zur Welt kam; nichts nehme ich mit, wenn ich von ihr gehe«, das ist seine Einstellung, seine Denkweise. Sein Leitmotiv ist Freiheit.

INDISCHE UND WESTLICHE PSYCHOLOGIE

Frage: Weshalb heben Sie die indische Psychologie im Vergleich zur westlichen besonders hervor, wenn Sie andererseits die westliche als sehr fortgeschritten anerkennen?

Antwort: Es tut mir leid, wenn ich den Eindruck erweckt habe, Indien in irgendeiner Weise bevorzugen zu wollen. Ich bin kein Chauvinist. Ich habe nur folgende Punkte erwähnt: Die indische Psychologie befaßt sich mit dem Menschen als Ganzheit, sie analysiert ihn von der inneren Ursache bis zur äußeren Wirkungsebene. Man ist mit dem gesamten Bewußtwerdungsprozeß menschlichen Lebens vertraut, vom embryonalen Stadium bis zur höchsten Entwicklungsstufe, wobei berücksichtigt wird, daß im Embryo das Potential für die ganze Evolution des Menschen veranlagt ist.

Es ist richtig, oft habe ich auf die zwingende Notwendigkeit hingewiesen, daß westliche Psychologen zuallererst sich selbst kennen müssen, bevor sie in ein fremdes Schicksal eingreifen. Erst wenn der Psychologe seine eigenen Probleme bereinigt hat, kann er die der Hilfesuchenden lösen, andernfalls wird er in Verlegenheit und Bedrängnis kommen und Konflikte von nicht überschaubarer Tragweite sind die Folge. Aufgeschlossen wie man im Westen ist, sollte man eine kleine, gutgemeinte Kritik nicht übelnehmen. Die westliche Psychologie ist sehr jung, existiert kaum ein Jahrhundert, hingegen gehört die Psychologie in Indien zum Geisteserbe des Landes. Den Studenten der Psychologie

möchte ich besonders das Studium des Buches »Raja-Yoga« von Swami Vivekananda nahelegen. Als Weiser kommentiert der Weltlehrer auf meisterhafte Art die Aphorismen des großen Denkers Yogi Patanjali. Ebenfalls empfehle ich das Studium des Buches »The crest of wisdom« von Shankaracharya. – Aufgabe der Psychologie ist es in erster Linie, sich selbst zu kennen. KENNE DICH SELBST, DANN KENNST DU ALLES, DENN DAS SELBST IST ALLES.
Psychologie als Geisteswissenschaft sollte sich, wie jede andere Wissenschaft, mit der introspektiven Erforschung des eigenen Selbst oder der Ursache befassen. Wie wollen westliche Psychologen das innere Wesen des Menschen ergründen, wenn sie sich nur auf äußere Beobachtung stützen? Die indische Psychologie kehrt den Vorgang um und sagt: Mit der Kenntnis des eigenen Selbst ist es einfach, das Selbst des anderen zu erkennen; denn die eigene Ursache und die des Mitmenschen ist wesensgleich. Solange westliche Psychologen nicht bereit sind, ihren Blick nach innen zu wenden, um die Ursache ihres eigenen Wesens – das Selbst – zu erfahren, kann sie keine noch so umfassende Forschung weiterbringen.
Einer der größten Weisen Indiens, Bhagwan Sri Ramana Maharshi, lehrt mit einfachen Worten:
»Zuerst erkenne die Wirklichkeit deines eigenen Wesens, dann wirst du die Wirklichkeit der Welt erkennen. Es ist eine seltsame Tatsache, daß die meisten Menschen sich nicht um ihre eigene Wirklichkeit kümmern, aber sehr darum bemüht sind, die Wirklichkeit der Welt zu ergründen. Realisiere zuerst wer du bist, dein eigenes Selbst, und finde dann heraus, ob die Welt unabhängig von dir existiert und kommen kann, um ihre Wirklichkeit oder Existenz vor dir zu behaupten.«
»Das Selbst zu erkennen erfordert kein Studium, keine Kenntnis der Heiligen Schriften … Alles Wissen dient nur dazu, um letztlich als Nicht (dem)-Selbst (zugehörig) aufge-

geben zu werden. Noch sind Hausarbeit oder die Erziehung der Kinder notwendigerweise ein Hindernis. Wenn du weiter nichts tun kannst, dann wiederhole wenigstens in Gedanken ›ICH, ICH, ICH‹, die ganze Zeit, im Sitzen, im Stehen, im Gehen, unabhängig von der Tätigkeit, die du gerade ausführst. ›ICH‹ ist der Name Gottes. Es ist das erste und größte aller Mantras. Sogar OM kommt nach ihm.«

»Entsagung und Selbst-Verwirklichung (zu realisieren, wer wir sind) sind identisch. Es sind verschiedene Aspekte des gleichen Zustandes. Das Nicht-Selbst aufgeben bedeutet Entsagung. Dem Selbst innewohnend ist *jnana* oder Selbst-Verwirklichung (das Ruhen im SELBST). Das eine ist der negative, das andere der positive Aspekt ein und derselben Wahrheit. Bhakti, Jnana, Yoga – sind verschiedene Bezeichnungen für Selbst-Verwirklichung oder *mukti* (geistige Freiheit), was unser wirkliches Wesen ist. Erstere erscheinen als Weg. Letztlich werden sie zum Ziel. So lange unsererseits eine bewußte Anstrengung erforderlich ist, um Bhakti, Yoga, Dhyana (Hingabe, Selbstbeherrschung, Meditation) usw. aufrechtzuerhalten, sind dieses Mittel zum Zweck. Wenn sie jedoch ohne Bemühung unsererseits fortdauern, so haben wir das Ziel erreicht. Es geht nicht darum, etwas zu verwirklichen. Das Wirkliche ist immer wie es ist. Bisher haben wir

S. Jesudian

das Unwirkliche ver-wirklicht, d.h. wir haben das Unwirkliche für das Wirkliche gehalten. Nur das muß aufgegeben werden. Außer diesem ist nichts nötig. Das SELBST allein existiert.«
»Unsere Pflicht ist ›ZU SEIN‹ und nicht dieses-zu-sein und jenes-zu-sein. ›ICH BIN, DER ICH BIN‹, umfaßt die ganze Wahrheit. Die Quintessenz der Methode lautet: ›SEI STILL‹. Und was heißt Stille? Es bedeutet ›Zerstöre dich selbst – denn jeder Name, jede Form ist die Ursache von Leid.‹ ›ICH, ICH‹ ist das SELBST, ›Ich bin dieses‹ ist das Ego.«
»Wenn das ›ICH‹ als ›ICH‹ aufrechterhalten bleibt, dann ist es das SELBST. Wenn es von diesem Ruhepunkt abweicht und sagt ›Ich bin dieser oder jener‹, dann ist es das Ego.«

(Auszug aus: »Day by Day with Bhagwan«. Aus den Tagebuchaufzeichnungen von Devaraja Mudaliar. Veröffentlicht durch: Sri Ramanasramam P.O., Tiruvannamalai – 606 603. Südindien. Indien. – Ein Buch, dessen Studium ich allen wärmstens empfehle.)

REINKARNATION

Frage: Wenn die Gegenwart das Ergebnis der Vergangenheit und die Zukunft die Fortsetzung der Gegenwart ist, wäre es für uns aus psychologischer Sicht interessant zu wissen, ob Ihre zwölfjährige reiche Erfahrung in Budapest mit einem früheren Leben als Ungar in Zusammenhang gebracht werden kann. Als Psychologiedozent werde ich immer wieder von meinen Studenten auf die Reinkarnationslehre angesprochen, die auch bei uns Akademikern hier im Westen mehr und mehr Eingang findet.

Antwort: Seltsamerweise wurde mir die gleiche Frage 1938 von zweien meiner Professoren an der Medizinischen Hochschule in Budapest gestellt. Ich kann das Thema nur von einer sehr persönlichen Warte aus beleuchten und möchte meine Zuhörer um Nachsicht bitten, wenn verstandes- und gefühlsmäßiges Erleben, das oft unvereinbar scheint, hier Hand in Hand gehen. Indem ich zwei Begebenheiten aus meinem Leben erzähle, kann ich für den Nichtbeteiligten keinen Beweis erbringen; kann ich lediglich bitten, die Grenzen spekulativen Denkens zu überschreiten und diese logische Schlußfolgerung zu ziehen: Nur bereits bestehende Geschehnisse, die in das gegenwärtige Leben hineinragen, konnten die Kette der Ereignisse so folgerichtig fortsetzen und drastische Reaktionen auslösen, wie das bei mir der Fall war.

Wenn ich einen Stein in den See werfe, dann hat dieser schon lange den Grund erreicht, ehe die Kreise, die er im Wasser zieht, ans Ufer gelangen. Die Gesamtsumme vergangener Leben ist die Gegenwart. Warum fühlte ich mich von Ungarn wie von einem Magnet angezogen, wenn ich die Möglichkeit hatte, das Medizinstudium in England aufzunehmen, dessen Sprache ich schon kannte? Warum hatte ich überhaupt keine Schwierigkeiten mit Ungarisch und konnte, ungefähr ein Jahr nach meiner Ankunft in der ungarischen Hauptstadt, schriftliche und mündliche Examina in dieser Sprache ablegen? Warum wurde ich von dem Land der Magyaren fast augenblicklich angenommen, obwohl die Mentalität der Ungarn sowie ihre Einstellung und Reaktion dem Leben gegenüber verschieden ist von der ihrer Balkanbrüder und ihrer Schwesternationen? Und wie konnte ich meinerseits innerhalb weniger Monate all das aufnehmen, was aufzunehmen war? Ich erinnere mich daran, was mir mein Meister sagte, kurz bevor ich die heiligen Stätten und Küsten meiner Heimat verließ: »Mein Sohn, wenn du im Westen bist, vergiß die Tatsache, daß du Inder bist und sei einer der ihren!« Meiner glücklichen Natur fiel es nicht schwer, sich der neuen Welt anzupassen. In meinen öffentlichen Vorträgen ertappte ich mich dabei, die Zuhörerschaft mit »Liebe Brüder und Schwestern von Ungarn!« anzusprechen. Die Herzenswärme, die mir überall entgegengebracht wurde, gab mir von Anfang an das Gefühl zu Hause zu sein. Wenn die Gegenwart als Fortsetzung der Vergangenheit verstanden wird, dann kann ich aus tiefer Erfahrung schöpfen, um zu belegen, daß Dinge nicht ohne Grund geschehen. In ungebrochener Folge bringt die Vergangenheit die Gegenwart, die Gegenwart die Zukunft hervor.

Eines Tages wurde ich von einem Freund namens Andras Meller in dessen Landhaus nach Visegrad, einige Meilen außerhalb von Budapest eingeladen. Am frühen Morgen, nach einem gemeinsamen Frühstück mit seinen Eltern, schlug Andras einen Spaziergang durch den nahe gelegenen Wald und weiter zu einer Burgruine auf dem Berg vor. Im dichten Baumbestand regte sich das Leben. Die Vögel, vom Zirpen zahlloser Grillen begleitet, erfreuten sich am Licht des neuen Tages. Der Kuckuck antwortete auf einen Ruf aus der Ferne. Aufgeschreckt sprang ein Reh über den Weg. Hungrig klopfte ein Specht die Baumrinde nach Käfern ab. Ein unberührter Wald erwachte. Meine empfindsame Seele war im Einklang mit dem summenden Leben. Still geworden, empfing ich aus der Fülle des Daseins. Andras schloß sich verständnisvoll meinem Schweigen an. Ganz offen für die wahrnehmbare Wirklichkeit, richtete sich gleichzeitig meine Aufmerksamkeit um so mehr nach innen. Ich war Zeuge zweier Welten – einer äußeren und einer inneren.

»Siehst du«, sagte er, »rechts, da fließt der ›Malom Patak‹ (Mühlbach)«, während ich der Melodie des rauschenden Wassers lauschte. »Was hast du gesagt – ›Malom Patak‹?«, fragte ich auf ungarisch zurück. »Ja, dort«, bemerkte er beiläufig. Ich war betroffen. Kannte ich doch den Bach nur zu gut, von seiner Quelle in den Bergen bis hinab in die Ebene, wo er in die blaue Donau einmündete. Ich beugte mich über sein Wasser und der Lauf eines Flusses erzählte vom Lauf eines Lebens, dessen Leid nur ich sehen und verstehen konnte. Der Vorhang, der die ferne Vergangenheit verhüllt hatte, war zurückgezogen und ließ mich zum Zuschauer eines Dramas werden, das sich in allen Einzelheiten vor mir abspielte. Blitzartig verschwand die gewohnte Umgebung. Stattdessen vor mir – auf dem Gipfel eines Berges, an einem zerfallenen Burgeingang, die aufrechte Gestalt eines ungarischen Edelmannes. Mit leerem Blick schaut er vor sich hin, sein Gesicht trägt die Spuren des Schmerzes, seine Züge sind von unermeßlicher Trauer gezeichnet. In Gedanken versunken, zieht Ereignis nach Ereignis in schneller Folge an seinen Augen vorüber. Ein sinnloser Krieg hatte seine Leibwache und die Soldaten hinweggerafft. Unter den Opfern waren seine Frau und die Kinder. Sie hatten sich aus Notwehr verteidigt und kamen dabei ums Leben; er selbst war dem Tod geweiht. Der Feind war abgezogen, die einst so stolze Burg lag in Trümmern. Im Burggarten, schwer verwundet zurückgeblieben, neigte er sich über den Brunnenrand, schaute in die Tiefe des Wassers und wünschte, auch er wäre tot.
Die nächste Szene war, als Andras versuchte, mich mit Gewalt wieder zur Alltagsrealität zurückzubringen. Erschrokken beugte er sich über meinen Körper, der unter der Bürde der überwältigenden Eindrücke zusammengekrümmt und stöhnend da lag. Er schüttelte und rüttelte mich, damit ich wieder zu Bewußtsein kommen sollte. Ganz besorgt fragte er immer wieder: »Was ist los mit dir?« Noch befand ich mich nicht auf physischer Ebene und konnte kein Wort heraus-

bringen. Auch wenn es mir möglich gewesen wäre, hätte ich das Durchlebte nicht preisgegeben, weil es persönlicher Natur und zu heilig war, um offen dargelegt zu werden. Andras hätte vielleicht nicht verstanden. Er dachte, ich sei das Opfer eines für mich ungewöhnlich schweren Frühstücks. Wir gingen weiter. Nach einer Viertelstunde wurde ich erneut in die Vergangenheit zurückversetzt. Für einen Moment vergaß ich die Gegenwart meines Begleiters und rannte in eine Richtung voraus, von der ich wußte, sie würde über einen Treppenaufgang zur Burg führen. »Komm, wir steigen über die Treppen hinauf!«, sagte ich aufgeregt. »Da sind nirgends Treppen, weit und breit, Ebby!«, rief Andras mit lauter Stimme. Ich vernahm gerade noch seine Worte, als ich schon auf ein Dornengestrüpp zueilte. Einem inneren Drang folgend, bahnte ich mir den Weg hindurch, trotz aller Hindernisse und ungeachtet der Tatsache, daß während des Aufstiegs meine Bekleidung zerriß. Vollkommen eingewachsen, von Dornen überwuchert, fand ich schließlich die jahrhundertealten Treppen. Ich stieg weiter den Berg hinan, bis ich oben ankam. – Da stand er, der alte Brunnen, den ich immer kannte! Verfallen wie er war, hätte er jeden Augenblick ganz einstürzen können, um mich mitsamt seinem morschen Gebälk in die Tiefe zu reißen. Ich beugte mich über den Brunnen und die gleichen Bilder, die am »Malom Patak« aufgetaucht waren, wurden auch hier wieder lebendig. Nur traten sie jetzt mit noch viel größerer Intensität in Erscheinung. Erschüttert und ergriffen bebte ich am ganzen Körper. Ich machte keinen Versuch, die Tränen zurückzuhalten. Nicht Selbstmitleid war es; nein, hier ließ ich eine Herzenslast – den Verlust meiner Lieben, den Verlust meiner Freunde.
Mittlerweile hatte mich Andras, der auf dem normalen Weg um die Burg herumgegangen war, eingeholt. Er bedauerte mich in diesem elenden Zustand und konnte sich mein Verhalten gar nicht erklären. Aufs äußerste erstaunt, fragte er: »Wie hast du nur ahnen können, daß hierher ein Treppenauf-

gang führt, wenn nicht einmal wir wissen, daß er existiert?« – Wie hätten arme Worte es sagen sollen, daß die vergangene Stunde nicht mit dämmerndem Delirium sondern mit erwachtem Schicksal randvoll angefüllt war? Ich versuchte, mich unter den gegebenen Umständen so normal wie möglich zu benehmen. Den ganzen Tag über dauerte die unmittelbare Nachwirkung dieses Erlebnisses an, doch weder Andras noch ich werden wohl jemals vergessen, was jener seltsame Sommermorgen des Jahres 1938 für uns bereit gehalten hatte.

Am 17. März 1984 luden wir siebzehn Freunde in unser Heim nach Zürich ein. Unter den Anwesenden war Herr Erwin Nagy, Architekt und Ingenieur, der bereits Mitglied unserer Yogaschule in Budapest war. Er erinnerte sich an mein früher einmal erwähntes Erlebnis auf Burg Visegrad und sagte im Verlauf des Gespräches: »Weißt du eigentlich, Ebby, daß vor nicht allzu langer Zeit das ungarische Amt für Denkmalpflege einen verfallenen Treppenaufgang ausfindig machte, der zur Burg Visegrad führt? Hast du diese Entdeckung nicht schon vor ihnen gemacht, um genau zu sein – vor 46 Jahren?«.

Frage: Erinnern Sie sich an andere Zwischenfälle in bezug auf frühere Leben?

Antwort: Ja. Nachdem aber die Vergangenheit tot und vorbei ist, messe ich diesen Geschehnissen keine Bedeutung bei.

Frage: Trotzdem wäre es für uns als Psychologen und Psychiater für unsere Forschungsarbeit von Interesse, möglichst umfassendes Beweismaterial aus verschiedenen Erfahrungsquellen zu erhalten. Um so mehr, als sich unseres Wissens besonders Raja-Yoga mit den drei Bewußtseinsstadien des Unter-, Tages- und Überbewußseins befaßt und es Zielsetzung des Yoga im allgemeinen ist, das Unbewußte ins Bewußtsein zu integrieren.

Antwort: Im Jahre 1938 wurde ich gebeten, in der Universitätsstadt Pécs Vorträge zu halten. Paul Schimert ein Freund, der ebenfalls an der Medizinischen Hochschule in Budapest studierte, führte mich durch die Stadt und lenkte unter anderem meine Aufmerksamkeit auf eine schöne, über einem Abhang errichtete Kirche. »Aber wo ist die a l t e Kirche?«, fragte ich verwundert. Er schaute mich verdutzt an und bekräftigte, diese sei die einzige Kirche, die er kenne und sie sei aus mehreren Gründen berühmt. Ein Passant, der unsere Unterhaltung mitanhörte, sagte: »Ja, der Herr aus Indien hat recht. Diese Kirche steht zwar seit ein paar hundert Jahren, wurde aber genau über den Ruinen einer alten Wallfahrtskirche erbaut, die ihrer Wunder wegen sehr bekannt war.« »Wie konntest du nur von einer Kirche wissen, die früher einmal auf diesem Boden stand, nachdem das heute dein erster Besuch in dieser Stadt ist?«, fragte Paul. Ich wollte vermeiden, daß man von der Sache Aufhebens mache, lächelte und schwieg.

Im Yogaunterricht sage ich hin und wieder, daß Reinkarnation der einzige Weg ist für unser inneres Wachstum und unsere Entfaltung von Leben zu Leben. Oft haben wir diese Erde besucht und oft noch werden wir zu ihr zurückkehren. Hier ist der Ort, wo all unsere Wünsche Erfüllung suchen. Solange auch nur ein einziger Wunsch in uns weiterlebt, werden wir wiedergeboren, um diesen zu erfüllen. DER LETZTE WUNSCH EINES STERBENDEN MENSCHEN ENTSCHEIDET ÜBER SEINE NÄCHSTE GEBURT.

Eines Tages, kurz vor dem Unterricht in St. Gallen, einer schönen kleinen Stadt in der Nordostschweiz, kam eine

Ärztin auf mich zu und fragte ganz außer Atem, ob sie mich kurz sprechen könne. »Bis jetzt, wann immer Sie es erwähnt haben, hat mich das Thema Reinkarnation nie interessiert. Aber gestern ist etwas passiert, das mich sehr beunruhigt hat und ich war nahe daran, mein seelisches Gleichgewicht zu verlieren.

Ich behandelte zu Hause seine Patienten, als ich im Nebenzimmer meinen jüngsten Sohn Hans, der dreijährig ist, zum Kindermädchen sagen hörte: ›Ich bin 360 Jahre alt.‹ ›Was redest du da? Du bist doch drei Jahre alt!‹, antwortete das Kindermädchen. ›Nein, ich bin 360 Jahre alt!‹, beharrte das Kind. ›Das stimmt doch gar nicht, du bist drei Jahre alt!‹, wiederholte Maria. Und so ging das eine Weile hin und her. Als der letzte Patient das Haus verlassen hatte, ging ich rasch in das Kinderzimmer, gab dem Mädchen frei und wandte mich dem Kleinen zu. Ich nahm ihn auf den Schoß, und meine Erregung verbergend, fragte ich ruhig: ›Hansli, Lieber, warum hast du der Maria gesagt, daß du 360 Jahre alt bist?‹ Mit unendlicher Liebe und mit Tränen in den Augen schaute mich das Kind an, streichelte mein Gesicht ganz zärtlich und sagte mit bebender Stimme: ›Weil ich 360 Jahr' auf dich hab' warten müssen, Mami.‹ Dann legte es seine kleinen zarten Händchen um meinenHals und küßte mich auf die Wangen, über die mir die Tränen herunterrollten. Nur mit größter Mühe konnte ich meiner Gefühle Herr werden. Während ich den Kleinen fest an mich drückte, dankte ich ihm in Gedanken für die Lehre, die er mir erteilt hatte, nämlich, daß es eine viel größere Wirklichkeit gibt als wir Erwachsene das mit unseren fünf Sinnen wahrnehmen können und daß unsere Welt der Gedanken nur eine Schwelle ist zu manch einer Wahrheit, die im Herzen verborgen liegt.«

Frage: Sie erwähnten einmal eine Bemerkung von Ramana Maharshi über einen Jungen, der, kaum neun Jahre alt, eine umfassende Kenntnis der Heiligen Schriften besaß. Würden Sie diese Begebenheit bitte noch einmal erzählen?

Antwort: Sri Ramana Maharshi war Indiens letzter großer Weiser. Er verließ diese Erde im Jahre 1950. Seine Art, die WAHRHEIT zu lehren, war das Schweigen. Er verkörperte das Wissen, er war die personifizierte Weisheit. Sie strahlte durch sein Wesen. Von den ärmsten Bauern bis zu Universitätsprofessoren, von einfachen Arbeitern bis zu Königen und Prinzen – sie alle, die da kamen, um ihn aufzusuchen, waren in Gegenwart der LEBENDIGEN WAHRHEIT. Sie teilten seine Stille. Ihre Seele »badete« gleichsam in seiner Reinheit, seinem Licht, seiner Liebe. Die Unrast eines forschenden, fragenden Verstandes löste sich auf in der heiteren Gelassenheit des Maharshi und dem fast greifbaren Frieden, der von ihm ausging. Unter den Menschen, die ihn aufsuchten, waren auch Pandits (brahmanische Gelehrte) und Studenten.

Als sich nun einmal der Weise, wie jeden Tag vor Sonnenaufgang, auf seinem Spaziergang um den heiligen Berg Arunachala befand, da nahmen die Schriftgelehrten und Schüler ihre gewohnte Haarspalterei auf und diskutierten über eine schwer zu deutende Stelle aus den Hinduschriften. Sie konnten sich nicht einigen. Jeder hielt seine Auffassung für »unumstritten« richtig. Die Gemüter erhitzten sich und jeder wollte recht behalten. Nachdem sich das Argumentieren schon eine Ewigkeit hinzuziehen schien und noch immer kein Ende nehmen wollte, da brachte ein kleiner, ungefähr neun Jahre alter Junge, der die Szene schweigend beobachtet hatte, mit sanfter Stimme seine Auslegung vor und fragte, ob dies vielleicht nicht die Antwort sein könnte. Ja,

das und keine war d i e Antwort. Verblüfft verstummte die Versammlung.
Gerade in diesem Augenblick kehrte der Maharshi von seinem langen Spaziergang zurück. Der Knabe stand auf und begrüßte den Weisen mit aneinandergelegten Handflächen. Der Weise beantwortete den Gruß durch ein Lächeln. Da stiegen aus unschuldiger Kinderseele Tränen auf, während sich schweigend vier Augen begegneten. Die Zeit war aufgehoben. – Nachdem sich der Junge vor dem Weisen flach auf den Boden geworfen hatte – die indische Sitte, einen Heiligen zu grüßen – verschwand er ebenso leise wie er gekommen war.
Die Pandits schilderten Sri Ramana Maharshi, was in seiner Abwesenheit vorgefallen war und fragten, wie es möglich sei, daß ein Knabe im Kindesalter sie über ein so kompliziertes Kapitel hatte aufklären können. Der Kommentar des Maharshi war: »Erfahrung aus früheren Leben.« Niemand wagte es, ein Wort hinzuzufügen. Die Antwort sagte, was es zu sagen gab.

Frage: Kann man sich an seine früheren Leben erinnern?
Antwort: Ja, wir alle können es.

Frage: Wie könnte ich mich an mein voriges Leben erinnern?
Antwort: Das ist unwichtig und nützt in keiner Weise. Es ist, wie wenn man rückwärts laufen wollte auf dem langen, mühsamen Lebenspfad, um die guten oder schlechten Wechselfälle des Schicksals bis ins kleinste Detail wieder zu be- und erleben. Was für einen Wert hat es, die Finger in die Asche der Vergangenheit zu stecken? Sie ziehen keinen Gewinn daraus, erneut durch die Erfahrung des Ver-

gangenen zu gehen. Es ist nicht ohne Grund, daß die Natur einen Schleier des Vergessens schon über die Vergangenheit des gegenwärtigen Lebens zieht, ganz zu schweigen von den vorhergehenden Leben. Wieviel Leid, Schmerz, Kummer und Elend hat jeder von uns durchgemacht und wie gut, daß wir uns nicht mehr an alles erinnern. Die Wunden sind verheilt, warum sollten wir uns die Qual auferlegen, sie wieder aufzureißen? Sich eine frühere Inkarnation ins Bewußtsein zu rufen, bedeutet doppeltes Durchleben und Durchleiden von so viel Seelennot. Mit dem Blick auf die Vergangenheit lassen sich die Probleme der Gegenwart nicht besser bewältigen.

Die Menschen möchten gerne in einer Welt leben, die nicht existiert. Sie kommen mit der Gegenwart nicht zurecht, weil sie nicht wissen, was sie bedeutet. Die Vergangenheit ist tot; die Zukunft unbekannt. Wenn wir Vergangenheit und Zukunft ausschalten können, dann wird die Gegenwart offenbar. Von Moment zu Moment der Gegenwart gewahr sein, heißt von Ewigkeit zu Ewigkeit leben, weil die Gegenwart das allein Existierende bedeutet. Gegenwart ist immer JETZT und HIER.

Frage: Entschuldigen Sie bitte, wenn ich noch einmal auf das Thema Reinkarnation zu sprechen komme. Durch die Yogalehre ist mir verständlich geworden, daß sich die Entwicklung des Menschen durch sein wiederholtes Erscheinen auf dieser Erde vollzieht. Meine Frage ist: Gibt es eine Möglichkeit, sich an vergangenes Leben zu erinnern, um mit Hilfe jener Erfahrungen positiv auf das gegenwärtige Leben einzuwirken?

Antwort: Yoga beschreibt eine Methode, um sich an die

Vergangenheit zu erinnern. Was ist Erinnerung? Es ist ein gedankliches Zurückgehen in die Vergangenheit, um Bildimpressionen abzulesen, die dem Unterbewußtsein genau eingeprägt sind. Das Gedächtnis kann so geschult werden, daß es einen Zugang zur Vergangenheit im weitesten Sinn erhält. Wenn man täglich regelmäßig ungefähr eine Stunde darauf verwendet, den Tagesablauf in umgekehrter Reihenfolge nachzuvollziehen (indem man sich fragt, was vor einer Stunde, vor zwei oder drei Stunden usw. geschah), dann wird mit der Zeit das Gedächtnis befähigt, den Brennpunkt des Erinnerungsvermögens auf die gesamte Vergangenheit zu verlagern. Wie magnetisch angezogen folgt hierbei die Gedankenkraft Bahnen, die in ein Umfeld führen, in dem alle Erlebnisse in Bildform gespeichert sind. Gelingt es, sich auf diese Weise in die Vergangenheit einzuschalten, dann bedeutet das keine Gedankenanstrengung mehr. Man befindet sich automatisch auf der Ebene, wo alle Eindrücke dieses Lebens und der vergangenen Leben ihre unauslöschlichen Spuren hinterlassen haben. Beim Wiedererleben dieser Geschehnisse gilt es, sich nicht neu damit zu identifizieren, sondern unbeteiligter, beobachtender Zeuge zu bleiben.

Unser Geist gelangt auf dreifache Weise zum Ausdruck: Auf Körperebene durch die Instinkte, auf menschlicher Ebene durch den Intellekt, auf Ursachenebene (Geistesebene höchsten Bewußtseins) durch Inspiration. Mit dem Verstand allein kann nichts vollumfassend erkannt werden. Er ist wie ein Spiegel, der Ausschnitte von der Wahrheit reflektiert. Das Lebenspanorama in seiner Ganzheit ist erst dann wahrnehmbar, wenn wir mit unserer begrenzten Sicht zurückweichen, bis der Horizont der Unendlichkeit vor uns liegt.

Steigen wir mit Geduld, Schritt für Schritt, die Himalaya-Höhe unseres Herzens hinan zum Gipfel von WAHRHEIT, WISSEN und WEISHEIT.

DIE BEDEUTUNG VON OM UND AMEN

»DIE SANSKRIT-SILBE OM UMFASST DAS GANZE UNIVERSUM. AUS DEN SCHWINGUNGEN DES KLANGES OM IST ALLES ENTSTANDEN, WAS IST.«

Die Materie hat ihre eigenen Gesetze, die wir unter dem Sammelbegriff »Physik« kennen. Ebenso hat die unsichtbare Ursache der Materie ihre Gesetze, wir nennen dieses Wissen Metaphysik.

Die Forschung in der westlichen Wissenschaft stößt immer mehr zu den Mysterien der Materie oder der vier Elemente – Feuer, Wasser, Luft und Erde – vor. Die gigantischen Kräfte der Natur werden eingespannt und dem Menschen nutzbar gemacht.

Die ersten Menschen, die den höchsten Berg der Welt, den Mount Everest, erklommen hatten, waren Sir Hilary aus Neuseeland und Tensing von Nepal. Mit welcher Ehrfurcht sagte Sir Hilary: »Ich habe den Mount Everest nicht bezwungen, ich habe ihn nur erklettert.« In ähnlicher demütiger Haltung sagt der Wissenschaftler: »Wir können die Natur nicht bezwingen, wir können bestenfalls – unter Berücksichtigung ihrer ureigenen Gesetze – mit ihr zusammenarbeiten und sie dem Menschen nutzbar machen.« Die Natur hat uns nur einen Bruchteil ihrer Geheimnisse preisgegeben. Was für eine Schatzkammer von Wissen wartet noch darauf, von unseren forschungsfreudigen Wissenschaftlern entdeckt zu werden!

Mit ebensolcher Hingabe waren jene erleuchteten Weisen in Indien vor undenklichen Zeiten in die Geheimnisse der Seele und des Geistes vorgedrungen und hatten dadurch auch Einblick erhalten in die innersten Zusammenhänge und Gesetze der Natur; ein Wissen, das wir heute »Metaphysik« nennen. Dieselben kühnen Fragen, die den Menschen von heute beschäftigen, stellten auch jene Weisen vor Tausenden von Jahren: »Erde, Mond und all die gigantischen Himmelskörper, die sich auf ihrer Umlaufbahn bewegen, sind der sichtbare Beweis ihrer Existenz. Wenn sie in dieser sichtbaren Form existieren – wie sind sie entstanden? Es ist nicht möglich, daß etwas aus dem Nichts entsteht. Was ist dieses Etwas, diese unsichtbare Ursache, aus der unsere sichtbare Welt und das ganze Universum Gestalt angenommen hat?«

Jene Weisen wandten ihren Blick ab von der äußeren Welt und richteten ihre Aufmerksamkeit nach innen, um die Ursache ihres eigenen Wesens zu finden. Ihr Suchen ging von der äußeren Wirkung zur inneren Ursache; von der sinnlich wahrnehmbaren Welt der Erscheinung zur nicht wahrnehmbaren Substanz aller Dinge; von der vergänglichen materiellen Welt zur unvergänglichen, immerwährenden geistigen Welt. Durch ihr nach innen gerichtetes Forschen machten sie eine erstaunliche Entdeckung: die Entfaltung des Geistes und seine Offenbarung, seine Materialisation in Form von allem Geschaffenen. In ihrer Innenschau erblickten sie die Ursache der ganzen Schöpfung. Sie sahen, daß der Geist die Möglichkeit seiner eigenen Erscheinung in sich trägt; das heißt, Materie und Energie existieren schon auf geistiger Ebene als Urmaterie und Urenergie. Die drei Faktoren, welche die Schöpfung ermöglichen, sind demzufolge Geist, Materie und Energie. Die Weisen gingen noch einen Schritt weiter und erkannten eine andere großartige Wahrheit: So wie das menschliche Herz pulsiert und den ganzen Körper mit seinen Milliarden von Bestandteilen belebt, so gibt es auch eine Art Lebenszentrum in der Schöpfung, und dieses »Herz« des Universums pocht in einem unaufhörlichen, ewigen Rhythmus. Der »Herzton« des Universums wird in Sanskrit ANAHATA SABDAM genannt. Von diesem lebenspendenden Mittelpunkt strahlt der alles belebende, allbewußte, allmächtige, allgegenwärtige Geist in alle Richtungen aus; zuerst als Schwingung, um sich dann in mannigfaltige Formen zu materialisieren. Die Entfaltung, die Offenbarung des Geistes nennen wir Schöpfung. Dieser Schöpfungsprozeß ist nicht meßbar mit unseren Zeitbegriffen. Bis Urmaterie sichtbare Materie wird, bis Urenergie sich als Energie offenbart, welche alles zusammenhält, braucht es vielleicht Millionen und abermals Millionen von Jahren.

Geist in seiner kinetischen, beweglichen Form bedeutet Schöpfung. OM ist die Summe aller Energie-Schwingungen, die der Geist im Schöpfungsakt in alle Richtungen ausstrahlt, vergleichbar mit den Strahlen der Sonne. Wir können diese Schwingungen weder sehen noch hören noch fühlen, denn unser Körper verfügt über kein Sensorium, mit dem wir diese höchste, lebenspendende Schwingung bewußt wahrnehmen könnten. Der menschliche Körper ist jedoch – wie alles Geschaffene – eine Materialisation dieses OM. Was immer das Auge sieht, was immer unsere Hände berühren, unsere Finger ertasten können, ist die verdichtete, materialisierte Schwingung von OM.

Die Yogis, die erleuchteten Weisen, die sich in ihrer Innenschau mit dem Ursprung, der Quelle ihres Wesens identifizierten, die wir ATMAN oder SELBST nennen, waren identisch mit der Ursache ihres eigenen Körpers und gleichzeitig mit der Ursache der ganzen Schöpfung. Ursache und Wirkung sind nicht getrennt, sie sind eins. Der Ursprung ist OM, in der Yoga-Philosophie auch BRAHMAN genannt, die absolute, allerhöchste Wirklichkeit. Für die Hindus ist die Silbe Om oder Aum Synonym für Gott, das erhabenste Wort ihrer Heiligen Schriften, den Veden.

Nach einer alten Überlieferung sollen vor mehreren tausend Jahren Drawidas, ein hochentwickeltes Volk, das einst – vor der Invasion der Arier – das ganze damalige Indien bevölkert hatte, in großer Zahl von Kerala, Südindien, ausgewandert sein. Sie ließen sich auf verschiedenen Erdteilen nieder, viele von ihnen an den Ufern des Nils. Dort setzten sie ihre hohe Kultur und Zivilisation fort. Das heilige Symbol Gottes, OM oder AUM, wurde der neuen Umgebung, dem neuen sprachlichen und kulturellen Umkreis angepaßt, und so wandelte es sich im Laufe der Zeit zu AMEN. AMEN war der Name Gottes, und ein erleuchteter Pharao wurde mit dem Titel »Amen« geehrt, den man seinem eigenen Namen voranstellte. Moses, der seine Einweihung in Ägypten empfangen hatte, gab sein umfassendes Wissen seinem Volk, den Israeliten, weiter. Aus dem Alten Testament der Juden ging das Neue Testament der Christen hervor, und diese bewahrten AMEN – den Namen Gottes – bis zum heutigen Tag. Im Johannes-Evangelium, 1. Kapitel, lesen wir: »Am

Anfang war das WORT, und das WORT war bei Gott, UND DAS WORT WAR GOTT.« Es ist leider eine mangelhafte Übersetzung aus dem Originaltext; der Übersetzer konnte den Begriff »Amen«, das schöpferische Urprinzip – im Griechischen LOGOS –, nicht besser ausdrücken, als mit »Wort«. Und »Anfang« wiederum hat nichts mit Zeit zu tun, es bedeutet etwas, das nur in der Gegenwart, im Hier und Jetzt, beginnen kann. Die Schöpfung kennt keinen Anfang und kein Ende. Schöpfung ist eine Projektion Gottes, eine Widerspiegelung des allmächtigen, allgegenwärtigen Geistes. Schöpfung bedeutet immer Evolution. Und Vernichtung, Zerfall ist die Auflösung des Geschaffenen, wenn die Schöpfung in ihren ursprünglichen Zustand zurückkehrt. Diese Rückkehr wird Involution genannt.

Wenn die Schöpfung keinen Anfang und kein Ende kennt, so bedeutet der biblische Ausdruck »Anfang« ewige Gegenwart. Gegenwart hat nichts mit Zeit und Raum zu tun, denn sie ist immer h i e r und j e t z t. Nur für das, was geschaffen wurde, gelten die Gesetze von Zeit und Raum. Geist oder Gott kann Form und Gestalt annehmen, in einer bestimmten Dimension und für eine gewisse Spanne Zeit leben. Schöpfung ist nur auf der relativen Ebene von Raum und Zeit möglich; ihre Gesetze haben jedoch keine Gültigkeit für den alles durchdringenden Geist. »Am Anfang war das Wort« bedeutet, daß der unmanifestierte, in-sich-ruhende Geist, der »in Gott war und der Gott selbst war«, die latente Möglichkeit in sich trägt, in mannigfaltiger Form zu erscheinen.

In der Yoga-Wissenschaft gibt es eine Richtung, die man »Mantra Yoga« nennt. Durch die Wiederholung von erhabenen Sanskrit-Texten, von mystischen Silben, von heiligen Wortlauten, werden bestimmte Klangschwingungen erzeugt, welche im Übenden verschiedene wünschenswerte Wirkungen hervorrufen. Gewaltige Kräfte können durch diese Schwingungen freigelegt und aktiviert werden, allein durch die Wiederholung gewisser Laute, welche eine lindernde, beruhigende, stimulierende, regenerierende, heilende oder sogar bewußtseinserweckende Wirkung erzeugen. Wenn man solche Silben und Laute jedoch wahllos wiederholt, wenn sie unbedacht aus Büchern übernommen werden, die heilende oder gar geistige Kräfte erweckende Eigenschaften versprechen, kann die Wirkung auch gegenteilig sein – negative, schädliche Schwingungen können Unwohlsein und sogar chronische Krankheiten verursachen. Krankheit an sich ist, wie wir wissen, ein Kurzschluß der Lebensströme, verursacht durch eine negative Denkweise. Und eine positive, richtige Haltung dem Leben gegenüber, widerspiegelt sich als körperliches und seelisches Wohlbefinden.

So, wie die Zahl Eins alle Zahlen in sich trägt, so sind in der Silbe »OM« alle anderen existierenden Laute enthalten. Die Wiederholung gewisser Laute bewirkt eine Reaktion im gesamten Organismus:

Wenn wir den Laut »I« (alles durchdringende Marskraft) wiederholen, ohne den Ton zu unterbrechen – I I I I I I I I I I I – so lädt die erzeugte Schwingung die Milliarden von Gehirnzellen, bis zu den Nervenendungen im ganzen Körper, auf.

Die Wiederholung des Lautes »A« (Jupiterkraft) – A A A A A A A A A A A – ebenfalls gedehnt gesprochen, erzeugt eine Schwingung, die bis ins Knochenmark und in die Leber strömt und somit auf das Blut wirkt.

Wenn wir den Laut »O« (Sonnenkraft) wiederholen – O O O O O O O O O O O O O – so lädt diese Schwingung das Sonnengeflecht und das Herzorgan mit neuer Lebenskraft auf. Schon nach kurzer Zeit wird man die entspannende, beruhigende und heilende Wirkung auf das Herzorgan spüren können. Es muß allerdings immer wieder daran erinnert werden, daß wir mit der Wiederholung dieser Laute in erster Linie den gesamten Organismus mit neuer Lebenskraft aufladen, damit sich der Körper aus eigener Kraft erholen, stärken und heilen kann.

Die Wiederholung von »OM« (universale Kraft, die alle

Schwingungen in sich enthält) – O O O O O O O O O O O O M M M M M M M M M M M M – erzeugt und aktiviert alle Kräfte, auf denen der Körper aufgebaut ist. Diese Schwingung durchdringt selbst den kleinsten Teil des menschlichen Organismus, erhöht unsere Widerstandskraft und gibt uns eine natürliche Immunität gegen Krankheiten.

Wenn wir diese vier Laute wiederholen, setzen wir uns entweder mit gekreuzten Beinen, im Schneidersitz, auf den Boden oder üben auf einem Stuhl sitzend, aufrecht, mit gerade gehaltenem Rückgrat. Mit geschlossenen Augen – um Ablenkungen zu vermeiden – atmen wir langsam und tief ein. Während des Ausatmens wiederholen wir den Laut »I« (I I I I I I I I I I I) mit leiser Stimme. Der Laut soll nicht gesungen, sondern in einem monotonen Ton, in unserer natürlichen Stimmlage, gehalten werden, während die erzeugte Schwingung den Körper von Kopf bis Zehe durchdringt.

Beim Laut »A« halten wir es gleich wie bei »I«, aber diesmal konzentrieren wir uns auf den Fluß des Lebensstromes in der ganzen Bauchgegend. Der Laut »A« soll gedehnt, mit monotoner Stimme und ohne die geringste Spannung, gehalten werden.

Den Laut »O« (O O O O O O O O O O O O) spüren wir unfehlbar in der Region des Herzorgans und des Sonnengeflechts. Die Lippen sollen dabei auch O-förmig sein. O O O O O O O O O O O O klingt wie durch ein endloses Rohr und ist einer der schönsten Laute – sein Klang wirkt, als ob die lebensspendenden Strahlen der Sonne ins Herz hineinströmten. Da die Schwingungen des Lautes »O« sehr konzentriert sind, ist die heilende Wirkung auf das Herzorgan verblüffend. Nach einiger Zeit normalisieren sich sogar Herzrhythmusstörungen. Wie bei allen Yoga-Übungen sind auch hier Ausdauer und Geduld unerläßliche Voraussetzungen für einen dauernden Erfolg.

Körper, Seele, Gedanken sollten vollkommen entspannt

sein, wenn wir zuerst tief einatmen und beim Ausatmen dem Laut O O O O O O O O O O O O O das M M M M M M M M M M M M folgen lassen. »OM« ist ein rein geistiger Laut.

Die Schwingung, die durch die Wiederholung von OM entsteht, strahlt von der Mitte unseres Wesens (etwas rechts vom organischen Herzen) in alle Richtungen aus, bis zur materiellen Grenze des Körpers. Die Schwingung bleibt aber nicht stehen, sondern strahlt weiter aus, bis eine Emanation – ähnlich einem Lichthof – um den ganzen Körper entsteht.

Die Silbe OM hat die besondere Eigenschaft, negative Ausstrahlungen, welche Dissonanz und Zwietracht bewirken, zu vernichten. Wer könnte die reine, heilige Atmosphäre gewisser katholischer Kirchen leugnen, die mit den andachtsvollen Gefühlen ihrer Gläubigen erfüllt und durchdrungen sind? In ähnlicher Weise bewirkt die Wiederholung von OM – laut ausgesprochen zu Hause und mental am Arbeitsplatz oder anderswo – eine spürbare Atmosphäre von Erhabenheit und Geistigkeit im Sinne von »ICH BIN GEIST, MEIN KÖRPER IST GEIST, ICH VERGEISTIGE (VERGÖTTLICHE) MEINEN KÖRPER, ICH VERGEISTIGE (VERGÖTTLICHE) MEIN LEBEN.«

Durch die tägliche Wiederholung dieser vier Laute – und von OM im besonderen – werden wir mit der Zeit eine spürbare Umwandlung erfahren. Da der Körper alle jene Kräfte in sich trägt, die ihn formen und aufbauen, und deren Ursprung OM ist, so löst die Wiederholung dieser schöpferischen Kraftquelle – OM – zahlreiche Reaktionen aus im Körper, in unseren Gedanken und Gefühlen, in unserer moralisch-sittlichen Gesinnung und in unserem geistigen Streben.

Die Wiederholung von OM wandelt die sexuellen Kräfte um in geistige Energie. Dies wiederum bewirkt eine Umwandlung unseres ganzen Wesens und läßt uns die

Ebene des rein Körperlichen und die menschliche Ebene überschreiten, bis wir schließlich unsere göttliche Natur bewußt offenbaren – das Ziel menschlicher Entwicklung.
Die Laute »I, A, O, OM« sollen entweder als eine der täglichen Yogaübungen wiederholt werden oder vor den drei Mahlzeiten, für ein paar Minuten.
Vor der Meditation können wir die Silbe »OM« fünf- bis siebenmal wiederholen. Nach einer gewissen Übung wird sich alle Unruhe, verursacht von unseren Gedanken und Gefühlen, legen, und der ersehnte FRIEDE wird in uns einkehren. Und eines Tages wird dieser Frieden für immer uns gehören.

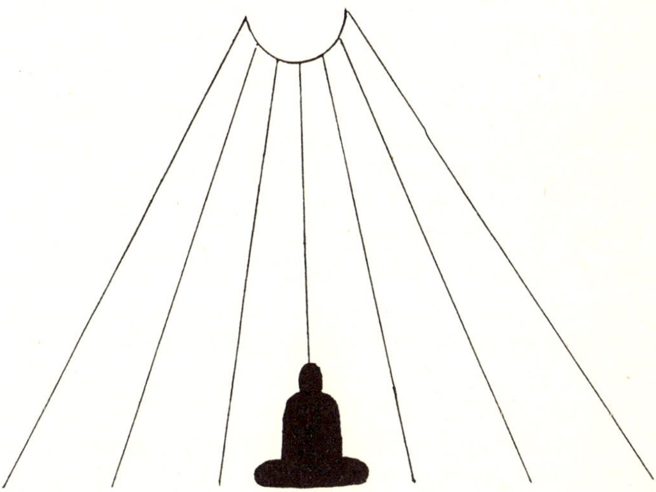

Raja-Yoga ist eine von den sechs Haupt-Disziplinen hinduistischer Philosophie. Es befaßt sich im wesentlichen mit Konzentration und Gedankenkontrolle als möglichen Weg zur Selbst-Verwirklichung. Der Yogi Patanjali hat dieses Wissen vor ca. 1000 Jahren in seinen »Aphorismen« festgehalten und der Nachwelt überliefert. Neues Licht auf diese alte Tradition wirft Swami Vivekananda mit seinem Patanjali-Kommentar, der unter dem Titel »Raja-Yoga« seit langem zu den Standardwerken der einschlägigen Literatur gehört. Vivekananda diktierte damals den Text einer seiner amerikanischen Schülerinnen, während er sich im Zustand tiefer Meditation befand. Manchmal kamen die inspirierten Worte des Meisters plötzlich, manchmal zögernd und manchmal verging eine ganze Stunde, ehe der Kommentar geboren war. Als Botschafter Gottes, tauchte er auf den allen Menschen gemeinsamen Urgrund des Seins und brachte Perlen von Wahrheit zurück.

In einigen Aphorismen erklärt Patanjali die Bedeutung von OM, woraus sich auch unser AMEN ableitet. Hier ist ein Auszug von Vivekanandas Kommentar:

»Das Ihn offenbarende Wort ist ›OM‹. Jeder Ihrer Gedanken hat seine Entsprechung im Wort; Gedanke und Wort sind untrennbar. Wort und Gedanke verhalten sich zueinander wie die Außenseite und das Innere des gleichen Gegenstandes, und dieses Innere nennen wir Gedanke. Niemand kann durch Analyse den Gedanken vom Wort trennen. Die Vorstellung, als hätten Menschen die Sprache geschaffen – bestimmte Menschen, die sich zusammen hingesetzt und Entscheidungen über Wörter getroffen hätten – hat sich als ein Irrtum erwiesen. Seit es Menschen gab, hat es Wörter und eine Sprache gegeben.

Welche Beziehung besteht nun zwischen einem Gedanken und einem Wort? Es ist klar, daß immer ein Wort zu einem Gedanken gehören muß, aber es braucht nicht unbedingt das gleiche Wort zu sein. Ein Gedanke kann in zwanzig verschiedenen Ländern der gleiche sein, und doch sind die Wörter, die ihn ausdrücken, verschieden. Wir brauchen jedesmal ein Wort, um einen Gedanken auszudrücken, aber diese Wörter brauchen nicht den gleichen Klang zu haben. Er wird in jedem Lande ein anderer sein. Patanjali sagt: ›Wenn auch die Beziehung zwischen dem Gedanken und dem Wort eine durchaus natürliche ist, bedeutet sie doch nicht die starre Verbindung eines bestimmten Lautes mit einer bestimmten Idee.‹ Diese Laute wandeln sich, und doch ist die Beziehung zwischen den Lauten und den Gedanken eine natürliche. Die Verbindung des Gedankens mit dem Laut ist nur dann eine glückliche, wenn eine wirkliche Beziehung zwischen dem bezeichneten Gegenstand und dem Symbol besteht; sonst wird das Symbol nie zu allgemeiner Geltung gelangen. Das Symbol ist Offenbarer des bezeichneten Gegenstandes, und wenn es diesen Gegenstand gibt und wir aus Erfahrung wissen, daß dieses Symbol oft Ausdruck dieses Gegenstandes war, können wir sicher sein, daß eine wirkliche Beziehung zwischen ihnen besteht. Auch wenn die Gegenstände nicht gegenwärtig sind, werden doch Tausende auf Grund ihrer Symbole davon wissen. Es muß nur eine natürliche Beziehung zwischen dem Symbol und dem bezeichneten Gegenstand bestehen. Wenn dann das Symbol genannt wird, weckt es die Erinnerung an den bezeichneten Gegenstand.

Patanjali sagt, das Gott offenbarende Wort sei OM. Warum legt er solches Gewicht auf dieses Wort? Es gibt Hunderte von Wörtern für Gott. Ein einziger Gedanke ist mit tausend Wörtern, die Vorstellung Gott mit Hunderten von Wörtern verknüpft, und jedes dieser Wörter steht als ein Symbol für Gott. Gut. Doch es muß etwas geben, das alle diese Wörter in sich eint, irgend ein Substrat, irgendeine gemeinsame Basis all dieser Symbole, und das einfachste Symbol wird das beste sein und alle übrigen vertreten. Zur Bildung eines Lautes benutzen wir den Kehlkopf und als Resonanzboden den

Gaumen. Gibt es nun einen Laut, der sich in allen übrigen Lauten offenbart und der allernatürlichste ist? OM (AUM) ist ein solcher Laut, die Grundlage aller Laute. Der erste Buchstabe A ist der Wurzellaut, der Grundton, der zum Tönen gebracht wird, ohne daß wir die Zunge oder den Gaumen berühren; M, als letzter Laut, wird mit geschlossenen Lippen gebildet, und das U tönt von jener Wurzel aus bis an das Ende des Resonanzbodens, des Mundes. So gelangt im OM das gesamte Phänomen der Lautbildung zur Darstellung. Dadurch wird es zum natürlichen Symbol, zur Mutter aller übrigen Laute. Es steht für alle Wörter, die gebildet werden können, und für alle Möglichkeiten.

Außer in diesen Spekulationen, sehen wir das Wort OM im Mittelpunkt der verschiedenen religiösen Vorstellungen Indiens stehen; die manigfaltigen religiösen Vorstellungen der Vedas haben sich um dieses Wort gesammelt. Was geht das nun Amerika oder England, oder sonst ein Land an? Einfach dies, daß das Wort auf jeder Stufe religiösen Wachstums in Indien beibehalten wurde und dazu diente, die Bedeutung der verschiedenen Vorstellungen von Gott in sich zu sammeln. Monisten, Dualisten, Mono-Dualisten, Separatisten und selbst Atheisten griffen dieses OM auf. OM wurde das eine Symbol für die religiöse Sehnsucht des größten Teils der Menschheit. Die Anwendbarkeit des Wortes Gott ist begrenzt, denn wenn Sie mehr ausdrücken wollen, müssen Sie Eigenschaftswörter beifügen, um daraus einen persönlichen, unpersönlichen oder absoluten Gott zu machen. So ist es in allen Ländern mit den Wörtern für Gott: ihre Bedeutung reicht nicht sehr weit. Dieses Wort OM aber vereinigt in sich all die verschiedenen Bedeutungen. Darum sollte es von allen angenommen werden.

Die Wiederholung dieses (OM) und das Meditieren seiner Bedeutung (ist der Weg). Wozu ist Wiederholung notwendig? Wir wollen uns der Theorie der *samskaras* erinnern, wonach die Gesamtheit der Eindrücke in der Denksubstanz lebendig bleibt. Sie werden darin mehr und mehr latent, verbleiben aber dort, um wieder hervorzukommen, wenn sie den richtigen Antrieb erhalten. Molekularbewegung hört niemals auf. Wenn dieses Weltall vergeht, hören die Schwingungen der großen Massen auf – Sonne, Mond, Sterne und Erde werden eingeschmolzen – es bleiben aber die Schwingungen in den Atomen. Jedes Atom übt die gleiche Funktion wie die großen Welten aus. Ebenso setzen sich, wenn die Schwingungen des *citta* aufhören, seine Molekularbewegungen fort, und wenn sie den Antrieb erhalten, treten sie von neuem hervor.

Jetzt werden wir verstehen, was mit Wiederholung gemeint ist. Sie ist der stärkste Antrieb, der den *samskaras* der Denksubstanz gegeben werden kann. ›Ein Augenblick in Gesellschaft der Heiligen baut ein Schiff, auf dem wir dieses Meer des Lebens überqueren.‹ Daher wird die Wiederholung des Wortes OM, zusammen mit dem Meditieren seiner Bedeutung, eine ebenso gute Wirkung auf Sie ausüben. Forschen und meditieren Sie, und meditieren Sie, nachdem Sie geforscht haben. Dann wird Ihnen Erleuchtung zuteil werden und das Selbst sich Ihnen offenbaren. Doch man muß über das OM und seine Bedeutung nachdenken.

Meiden Sie schlechte Gesellschaft, denn Sie tragen in sich die Narben alter Wunden, und gerade schlechte Gesellschaft wird sie wieder aufbrechen lassen. Ebenso soll, wie es heißt, gute Gesellschaft die in uns latent gewordenen günstigen Eindrücke wieder ans Licht bringen. Nichts läutert so sehr wie die Pflege guten Umgangs, denn durch ihn werden die günstigen Eindrücke an die Oberfläche drängen.

Dadurch wird (die Erkenntnis der) Innenschau gewonnen und die Zerstörung von Hindernissen erreicht. Als erste Wirkung der Wiederholung und des Überdenkens des OM wird die Kraft der Innenschau immer stärker wirksam werden; alle seelischen und körperlichen Hemmnisse werden zu schwinden beginnen. Was aber ist dem Yogi ein Hemmnis? Krankheit, geistige Trägheit, Zweifelsucht, Mangel an Begeisterungsfähigkeit, Stumpfheit, Haften am Sinnengenuß, falsche Begriffsbildung, Unvermögen, sich zu konzentrieren und nach erreichter Konzentration Abgleiten davon, sind die hemmenden Ablenkungen.

Krankheit: Unser Körper ist das Boot, das uns über das Meer des Lebens an das andere Ufer tragen soll. Man muß daher auf ihn achten. Kränkliche Menschen können keine *yogis* sein. Geistige Trägheit nimmt uns das lebendige Interesse am Gegenstand, ohne das weder der Wille, noch die Kraft zum Üben vorhanden sind. Zweifel an dem Wahrheitsgehalt der Wissenschaft werden aufsteigen, wie stark auch die verstandesmäßige Überzeugung sein möge, bis gewisse seltsame psychische Erfahrungen, wie Fern-Sehen, Fern-Hören, usw. einem zuteil werden. Diese Lichtblicke geben dem Geist neue Kraft und veranlassen den Schüler, auszuharren.

Abgleiten von erreichter Konzentration: Nach einigen Tagen oder Wochen der Übung wird das Denkorgan ruhig und Konzentration leicht möglich sein, so daß Sie schnell vorwärtskommen. Ganz plötzlich werden eines Tages diese Fortschritte aufhören, und sie werden sich wie gestrandet vorkommen. Bleiben Sie beharrlich. Jeder Fortschritt vollzieht sich in solchem Auf und Ab.

Kummer, seelische Not, Gliederzittern, ungleichmäßiges Atmen sind Begleiterscheinungen des Unvermögens, an der Konzentration festzuhalten. Sooft Konzentration geübt wird, werden dadurch Geist und Körper völlig zur Ruhe kommen. Diese Störungen treten auf, wenn die Übung falsch geleitet wird, oder nicht genügend beherrscht wurde. Wiederholung des OM und Hingabe an den Herrn werden den Geist stärken und ihm neue Kräfte zuführen.«

Vivekananda-Zitat aus »Raja-Yoga. Mit den Yoga-Aphorismen des Patanjali«, übersetzt aus der Originalausgabe des

Advaita Ashrama, Mayavati, Almora, U.P. Indien, von Emma von Pelet. Copyright 1937 by Rascher & Cie. A.G. Zürich. Seite 146 ff., mit der freundlichen Erlaubnis des Ramakrishna-Vivekananda Center, New York.

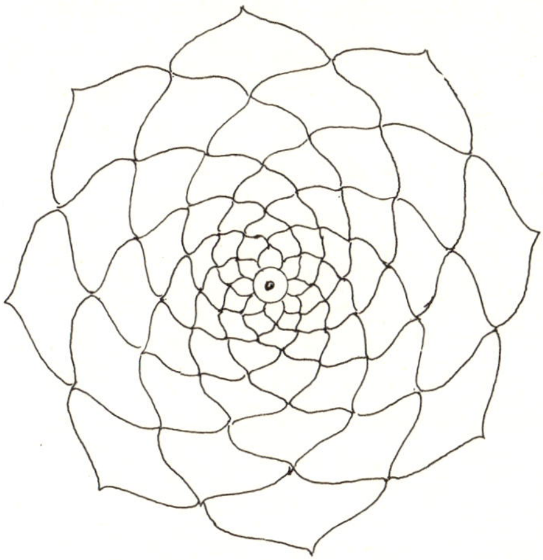

S.Y.

Als ich etwa zwölf Jahre alt war, erinnere ich mich, wie sich oft mein Zweifel in Verzweiflung wandelte. Dann ging ich in die Kirche beten. Zu ganz besonderen Anlässen, ein- bis zweimal pro Jahr, hielt der Bischof von Madras in der St.-Mathias-Kirche die Messe, wo ich Chorknabe war. Er verkörperte wunderbare Eigenschaften und man spürte, daß sie wirklich echt waren. Den Gottesdienst beendete er mit einem gesungenen Segen, bestehend aus dem Wort AMEN, das er mindestens ein dutzendmal wiederholte. Wenn seine tiefe Stimme erklang, wurde man Zeuge eines Aktes der Anrufung Gottes, dessen Gegenwart dann rings um mich her, und in mir, fühlbar wurde. Mein Herz war übervoll, Tränen der Freude strömten über mein Gesicht, die Stimme versagte mir und ich konnte mit dem Chor nicht mehr weitersingen.

Fünfundzwanzig Jahre später durchreiste und durchstreifte ich Ägypten. Seine magische Kraft vermag den Reisenden, der in die Geheimnisse des Landes eindringen will, zu verwandeln, zu verzaubern. Ganz in seinen Bann gezogen, vernimmt man die gebieterische Botschaft: Eile nicht, bleibe stehen, verweile, SEI STILL! Ich nahm die Belehrung in mir auf und reglos richtete ich meinen Blick auf die Sphinx. Über Jahrtausende hinweg war sie schweigender Zeuge zahlreicher Zivilisationen – in ihrem Aufstieg, in ihrem Niedergang. Verehrungsvoll verneigte ich mich innerlich vor diesen ewig wachen Augen. Ich bat die Sphinx um ihren Segen, den sie auch in der Vergangenheit jenen nicht versagte, die in ihrer Nähe geistige Führung suchten. – Inzwischen war es das siebte Mal in jener Woche, daß ich den freundlichen Fremdenführer der Cheopspyramide mit einem vertrauten »Salem Alleikum« begrüßte. Meine Abreise stand bevor und mein Wunsch hatte Erfüllung gefunden: man würde mir Einlaß in die Große Pyramide gewähren, um dort allein zu verweilen in der lebendigen Gegenwart Gottes und im Zwiegespräch mit Ihm. Freudig erregt, wartete ich am Eingang, bis der letzte in der Pyramide verbliebene Besucher sich seinen Weg aus der Dunkelheit zurück ins Freie bahnte; dann würde ich in die Stille und den Frieden des Innenraumes gelangen und »Allah anrufen«, wie ich dem Fremdenführer versicherte. Bereitwillig wachte er während ca. einer Stunde, damit niemand die sogenannte Grabkammer des Königs betrete.

Dieser Ort wird zu Unrecht so bezeichnet, da es sich vielmehr um eine Einweihungsstätte und nicht um ein Königsgrab zur Bestattung von Mumien handelte. Der große Steinsarkophag diente in alter Zeit dem künftigen Eingeweihten, der hier, mit Hilfe des Hohenpriesters, den außerkörperlichen Zustand erlangte, d.h., er ließ seinen Körper als leblose Gestalt zurück, während er als Geist voll bewußt war. Durch das eigene Erleben, unabhängig vom Körper existieren zu können, und im Wissen um die Vollkommenheit, Grenzenlosigkeit und Unsterblichkeit seines Geistes, blieb der Eingeweihte fortan unberührt von der ständig wandelbaren Natur seines Körpers und Gemütes.

Der Raum war in pechschwarze Dunkelheit gehüllt. Kein Lichtstrahl vermochte in die Mitte dieses größten von Menschenhand errichteten Bauwerkes zu dringen. Ich saß in einer Ecke der Königskammer und meine ganze Aufmerksamkeit war auf ein Ziel gerichtet: War ich in der Lage, Gott so anzurufen, wie es die alten Ägypter taten? Wenn Gott und sein Name eine Einheit bilden, dann will ich Ihn jetzt, als Kind Ägyptens, bei seinem heiligen Namen anrufen ... Ich zog mich von der äußeren Kammer zurück in die innere, in das Sanktuarium meines Herzens, in mein SELBST. Ich rief zu Gott auf die gleiche Weise, wie ein Kind seine Mutter ruft. Bald verwischten die Grenzen zwischen dem äußeren Frieden des Raumes und dem Frieden in meinem Inneren. In gleichbleibendem, ruhigen Rhythmus ließ ich mit jeder Ausatmung das heilige Wort AMEN erklingen, getragen von der gleichen Melodie, mit der damals der Bischof von Madras den Segen auf seine Gemeinde herabrief. Mein Zeitgefühl war ausgelöscht, und ein Augenblick der Ewigkeit wurde zur Ewigkeit selbst. Nur eine einzige Wirklichkeit existierte – die Wirklichkeit des SEINS. Die Zeit stand still. Es kostete keine Anstrengung, die äußere Welt zu vergessen, denn der Wahrnehmende existierte nicht mehr. Es wurde überflüssig, den Namen GOTTES laut zu wiederholen, ER hatte mich schon erhört und offenbarte sich in meinem Herzen. »SEI STILL UND WISSE, DASS ICH GOTT BIN«, so sprach Gott zu David. Auch ich konnte nicht anders als STILL SEIN UND WISSEN, DASS MEIN ›ICH‹ GOTT IST. –

Während meiner Wanderjahre, führte mich der Weg eines Tages nach Italien, auf den Friedhof von Genua, der wegen seiner großartigen Grabdenkmäler berühmt ist. Tote Steine

waren unter den begnadeten Händen bekannter Bildhauer lebendig geworden und sprachen die stille Sprache des Leidens, des schmerzlichen Abschiednehmens. Trunken von der Schönheit dieser Monumente, lenkte ich meine Schritte zur Friedhofskapelle und trat ein in die menschenleere Stille des Raumes. Vor dem Altar setzte ich mich, um mich in die Tiefe meines Wesens, in mein Selbst zu versenken. Während ich Gottes Gegenwart mit der Wiederholung Seines Namens, AMEN, herbeirief – nach der Melodie eines gregorianischen Gesangs –, durchflutete die gleiche ekstatische Freude mein Herz, die mich seinerzeit als zwölfjähriges Kind überwältigte; der gleiche innere Friede, wie damals in der Pyramide, hüllte mich ein. Die Kapelle hatte eine einmalige Akkustik und ließ den Klang meiner Stimme voll und klar ertönen. Das AMEN widerhallte, vibrierte und füllte den Raum mit erhabener Andacht, in der ich selbstvergessen weilte. Wie lange ich so verblieb? Vielleicht ein paar Minuten, eine Stunde, länger – ich weiß es nicht. Als mein Bewußtsein schließlich in den Körper zurückkehrte, öffnete ich meine Augen und fand mich, voller Staunen, inmitten einer Gruppe von italienischen Gläubigen wieder. In taktvollem Schweigen hatten sie teilgenommen an meinem ekstatischen Glücksgefühl. Ich mußte mich meiner Tränen nicht schämen, die mir über die Wangen liefen, denn auch ihre Gesichter waren tränennaß – wir waren eins in Gott.
Wie sich ein Kind voller Vertrauen an seinen Vater wendet, so rief ich Gott zu Zeiten der Freude, zu Zeiten des Leides. Als ich in Budapest Medizin studierte, bedeutete Vivekananda und dessen erhabener Meister Ramakrishna für mich eine ständige Quelle, aus der ich Kraft schöpfte. Obwohl ich Inder dravidischer Abstammung bin und unsere Vorfahren Hindus waren, wurde ich im christlichen Glauben erzogen. Ich blieb ihm treu, bemüht, ein besserer Christ zu werden. Und dank der universellen Glaubensbotschaft Ramakrishnas und Vivekanandas, lernte ich meinen christlichen Glau-

ben als einen der vielen Wege zu betrachten, die alle zum gleichen Ziel, zum gleichen Gott führen.
Ich hatte die WAHRHEIT gehört. Ich hatte sie als strahlendes Ziel vor mir gesehen, wie einen Berggipfel, den es noch zu erklimmen galt. Und nun bemächtigte sich meiner ein unwiderstehlicher Drang, die WAHRHEIT zu verwirklichen, sie zu sein. Diese Art Verrücktheit schien mir sinnvoller, als hinter der Fata Morgana eines vergänglichen Lebens herzujagen. Nachdem die Tage meines Erdendaseins gezählt sind, so dachte ich, will ich nicht länger im Dunkel der Unwissenheit umhertappen, sondern noch in jungen Jahren handeln.
Ich sagte mir, wenn Gott alles Geschaffene belebt, dann ist ER auch in mir. Wenn Ramakrishna und Vivekananda Gott in sich erfahren haben, so muß das auch mir möglich sein. Wenn die erste Offenbarung Gottes Klangschwingung ist – OM, AUM oder AMEN – dann wird mir die Wiederholung SEINES NAMENS dabei helfen, Ihn zu erreichen. Die Namensform Gottes hängt mit der Umgebung zusammen, in der man sich befindet. In Genua hatte ich das Bedürfnis Gott AMEN zu nennen, später jedoch, in den Tagen großer Gefahr, nannte ich Ihn OM, so, wie meine Hindu-Brüder.

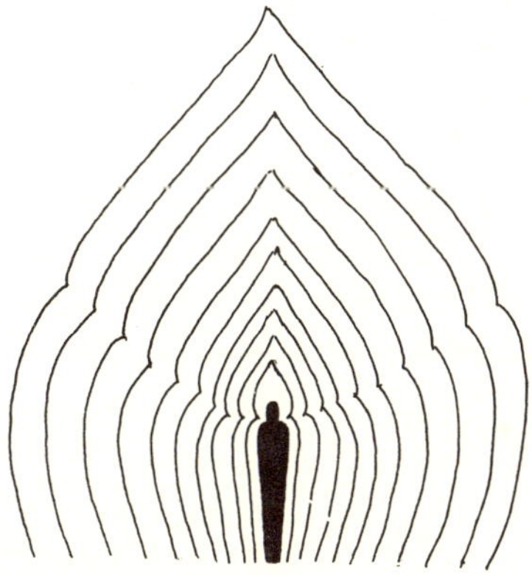

S.Y.

Ungarn wurde durch Hitler in den Krieg hineingezogen. Frau Elisabeth Haich, die ich 1940 kennenlernte und die mir eine geistige Lehrerin wurde, nahm mich in ihre Familie auf. Bomben hagelten auf Budapest und die Villa Haich stürzte zusammen wie ein Kartenhaus. Im kleinen Keller konnten dennoch 26 Mitglieder der Familie Unterschlupf finden. Sieben lange Wochen lebten wir in totaler Finsternis. Russische Angriffe folgten, der Stadtteil fiel.

Nicht nur fehlte es uns an den allernötigsten Nahrungsmitteln, sondern auch an einem Minimum an Schlaf – Luftangriffe tagaus, tagein. Die extreme Situation zwang mich, einen Ausweg zu suchen und ich fand ihn in der Meditation. Ich saß aufrecht, mit gekreuzten Beinen, innerlich die Silbe OM wiederholend. Es war meine Natur, Geistesgegenwart zu besitzen, wach und bewußt zu sein – was an und für sich schon intensive Meditation bedeutete. Zusätzlich, mit jeder Bombe, die fiel, reagierte der Selbsterhaltungstrieb – das Reaktionsvermögen um ein Vielfaches verschärfend. Bedingt durch diese Umstände, wurde die Meditation für mich zur einzigen Zuflucht. Nach und nach wurde dieser Bewußtseinszustand ganz natürlich, begleitet von einer absoluten Wunschlosigkeit. Wann immer ich den Laut wiederholte, fühlte ich, wie OM in der Tiefe meines Wesens vibrierte und mir als Brücke diente, die mich sicher über die Abgründe von Furcht, Kummer, Sorge, Angst, ja sogar über den Tod führte. – Nie habe ich erlebt, daß Frau Haich Angst gehabt hätte, nicht einmal angesichts des Todes. Wir saßen damals im Keller nebeneinander und waren uns klar darüber, was LEBEN wirklich bedeutet. Meine ganze Aufmerksamkeit war so konzentriert nach innen gekehrt, daß ich nichts wahrnahm, was rings um mich geschah, nicht einmal mehr ein neugeborenes Kind in unserer Nähe schreien hörte, das die Mutter nicht stillen konnte. Ich sagte mir: Sollte der Tod kommen, dann wird er mich nicht unvorbereitet finden, ich werde den Körper bei kontinuierlichem Bewußtsein verlassen.

Während ich OM wiederholte, zerriß ein Schleier der Dunkelheit nach dem anderen und in majestätischer Weite öffnete sich ein freier Horizont vor meinem sich ausdehnenden Bewußtsein. Ich schaute das Antlitz des Schweigens und hielt inne. Dann warf ich mich zu SEINEN Füßen, umklammerte sie ganz fest und sagte: »Ich lasse Dich nicht gehen, bis du mich nicht gesegnet hast!« Wellen des FRIEDENS überfluteten mein Herz. Es existierte weder Vergangenheit noch Zukunft, nur ewige Gegenwart – die ewige Gegenwart, die immer HIER und JETZT ist. Nie war ich Gott so nahe, wie damals in jenem Keller. Es schien, als füllte OM den Raum – Himmel und Erde. Es kam von allen Seiten, von innen, von außen, von oben, von unten und jede Faser meines Wesens war von OM durchdrungen, wie auch die Luft, die mich umgab. OM war das Heiligste, es war Brahman selbst und in Seiner Nähe wagte ich nicht einmal mehr zu atmen. Erschüttert, warf ich mich zu Boden und verneigte mich vor dem lebendigen Gott in mir und außerhalb von mir, dessen Allgegenwart durch die ganze Schöpfung pulsiert. Der Klang steigerte sich zu himmlischer Sphärenmusik, mit Stimmen, die vom tiefsten Bass zum höchsten Sopran reichten. Alles vibrierte. Sich explosionsartig entladend, der Eruption glutfließender Lava gleich, verursachte ein OM das andere, gefolgt von Hunderten, ja Tausenden. Meine Lippen hatten längst aufgehört, die heilige Silbe laut auszusprechen. Nie zuvor hatte ich gefühlt, daß Gott mir so nahe ist, und es immer war. »Wer mich bei meinem Namen ruft, zu dem werde ich kommen«, sprach Gott zu David. Und ich, Sein Diener, brauchte nicht einmal zu rufen, zu bitten, Er kam zu mir. Ich wußte nicht, daß Gott und Sein heiliger NAME ein und dasselbe sind.

Meine sichtbare Form, mein Körper, der den Namen Gottes aussprach, war er der einzige Zeuge dessen, was ich erfahren hatte? Nein. Ich war nicht allein. OM ist der NAME GOTTES. Nur den Namen erwähnen, heißt Gott im Bewußtsein lebendig werden lassen, den Raum mit heiliger Schwingung füllen, die himmlischen Hierarchien anrufen. Und auch sie stimmten ein in diese Symphonie, die weder Anfang noch Ende kennt. O, mein Gott, Du hast mich in diesen Ozean Deiner Gnade aufgenommen. Darf ich immer darin verweilen, eins sein mit DIR?

»Tod, wo ist dein Stachel; Grab, wo ist dein Sieg?« Ob ich atmete oder nicht atmete, ich weiß es nicht. Doch ich sollte nicht für immer in diesem Bewußtseinszustand verbleiben – in meinem Innersten machte sich eine Stimme bemerkbar: »Stehe auf, mein Sohn. ICH BIN mit dir. Fürchte nichts. Vergesse dein Versprechen nicht, den leidenden Menschen zu dienen. Stehe auf und diene. Ich, dein Herr und dein Gott, bin immer bei dir.« Und abermals fiel ich vor meinem unsichtbaren Gott nieder und sagte: »Spreche, O Herr und Dein Diener wird gehorchen.« Immer wieder aufs neue warf ich mich meinem Gott zu Füßen und betete IHN an. Gestärkt durch die Gewißheit, im Leben bestehen zu können, erhob ich mich. – Ich öffnete meine irdischen Augen und starrte in die mich umgebende Finsternis und meine Ohren nahmen jetzt die Detonation der Bomben wahr, die im ganzen Umkreis fielen. Doch eine innere Kraft erfüllte mich; der Herr in Seiner Gnade, hatte mich berührt.

Später wurden wir alle, die Männer der Gruppe, von den Russen gefangengenommen und so begann auch für mich eine harte Zeit. Dennoch, ich überlebte. Die Hölle, durch die ich ging, war Feuerprobe; das Fegefeuer, Läuterung. Ich nahm das Leid aus Gottes Händen an und erkannte, daß mich diese schicksalhafte Fügung formte und vorbereitete für eine Aufgabe, die noch vor mir lag.

So, wie Beethoven Himmel und Hölle, Liebe und Leid für die Nachwelt zu Symphonien verwoben hat, so sollen meine Tage Zeugnis sein für das Ringen, den Kampf und den möglichen Sieg des Menschen. Als ich zum erstenmal OM, den Namen Gottes, aussprach, wußte ich nicht, daß ich mein Leben Seinem Willen weihte. Es ist in mir alles eigene Wollen erloschen, denn mir, dem Diener, steht es nicht zu, meinen Herrn zu befragen. Noch heute sage ich: »DEIN WILLE GESCHEHE, O HERR, WIE IM HIMMEL, ALSO AUCH AUF ERDEN.«

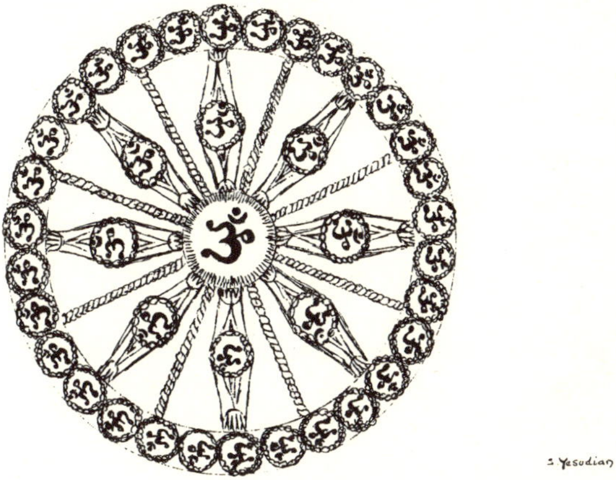

MANTRA UND EINWEIHUNG

Frage: Warum raten Sie uns ab, Mantras (heilige Laute oder Silben) zu gebrauchen? – Auch sind Sie der Meinung, daß die »Einweihung«, die viele Suchende aus dem Westen in Indien empfangen, eine fragwürdige Sache sei, die niemandem helfe, auf dem geistigen Weg schneller voranzukommen.

Antwort: Ein wahrer geistiger Lehrer hat erstens keine Schüler, sondern bestenfalls Anhänger, und zweitens bietet er bestimmt keine Mantras oder Einweihungszeremonien an.

Frage: Gibt es einen bestimmen Grund für Ihre kritische Äußerung?

Antwort: Haben Weltlehrer wie Krishna, Buddha, Jesus, Ramakrishna, Vivekananda oder Ramana Maharshi massenweise Menschen eingeweiht oder Mantras erteilt?

EIN MENSCH, DER DIE WAHRHEIT SUCHT, BRAUCHT KEINE KRÜCKEN, IN DEN HIMMEL ZU HUMPELN. Er wird sich auch nicht an einen Guru festklammern, selbst wenn dieser ein erleuchteter Weiser wäre.
WER SICH AUF DEN GEISTIGEN WEG BEGIBT, DER STREBE NACH SELBSTÄNDIGKEIT UND ERLEBE DIE FREIHEIT, DIE SEINER WAHREN NATUR EIGEN IST. Der westliche Mensch ist im allgemeinen von Natur aus selbständig und neigt eher zum Monismus. Der Inder hingegen fühlt sich zur dualistischen Glaubensform hingezogen; er braucht etwas Greifbares, etwas, was seine Vorstellung belebt, seine Phantasie beflügelt. Darum personifiziert das poetische Gemüt des Inders alles, was es wahrnehmen, spüren, berühren kann als Gott; und die Verehrung und Anbetung des Gurus liegt in diesem Charakterzug begründet. Es gibt nun aber Tausende von Pseudo-Gurus in Indien, welche die Unwissenheit der Massen und den Mangel an Unterscheidungsvermögen – es tut mir leid, das zu sagen – auch vieler Wahrheitssuchender aus dem Westen, schamlos ausnützen. Seien Sie deshalb auf der Hut vor Geheimniskrämerei und Sensationsmache; vor Gruppen, die mit ihrem Halbwissen einen gefährlichen Kult treiben mit Gurus, Tantra, Mantra, *chakras*, Erweckung von *kundalini* und vielem mehr. Die WAHRHEIT steht auf eigenen Füßen, überzeugt aus eigener Kraft. Guru-Anbeter beten einen Menschen an, nicht Gott. Eigenes Bemühen allein hilft uns, jene geistige Höhe zu erklimmen, die man FREIHEIT nennt. Prinz Gautama strebte nach FREIHEIT und wurde Buddha, der Allbewußte. Jesus

von Nazareth strebte nach FREIHEIT und wurde Christus, der Allbewußte. Die Begriffe »Buddha« und »Christus« sind sanskritischen bzw. griechischen Ursprungs und bedeuten »All-Bewußtsein« – jene höchste, geistige Stufe, die wir letztlich alle erreichen müssen.

Nichts anderes zählt, als Ihre ureigene Überzeugung; Ihre eigene Erfahrung ist maßgebend. Keine Veden, keine Upanishaden, weder Bhagavad Gita, Dhammapada noch die Bibel sollten Sie als Autorität anerkennen. Diese Werke wurden von erleuchteten Weisen geschrieben, doch sie waren Menschen wie Sie und ich. Die Heiligen Schriften aller Weltreligionen lehren dieselbe Wahrheit: daß wir Geist sind, göttlichen Ursprungs und nicht materielle Wesen. Keinem Papst und keinem Priester, keinem Heiligen und keinem Guru sollten Sie eine Machtstellung einräumen. Geben Sie sich niemals auf. Jeder Mensch ist für sich selbst das Allerheiligste, der »Tempel des Heiligen Geistes.« ERFAHRUNG ist unsere einzige Autorität. »Besitze solche Schätze, die nicht rosten, die kein Dieb wegstehlen kann« – und das ist unsere Erfahrung.

ERFAHRUNG IST EIN ANDERER AUSDRUCK FÜR EINWEIHUNG.

WAS IST EIN GURU?

Frage: Was ist ein Guru (geistiger Lehrer, Meister)?
Antwort: Ein Guru ist ein Erleuchteter, ein Gott-Verwirklichter; einer, der die Wahrheit weitergibt.

Frage: Was ist seine Aufgabe?
Antwort: Er zeigt dem Wahrheitssuchenden den kürzesten Weg zum Ziel. Weil er das LICHT erblickt hat, ist er ER-LEUCHTET, er ist das LICHT geworden; weil er die WAHRHEIT in sich, in seinem Innersten erkannt hat, ist er zur Verkörperung der WAHRHEIT geworden. Seine Aufgabe besteht darin, den Schüler mit dem Meister, dem Guru in seinem eigenen Herzen bekannt zu machen.

Frage: Das würde heißen, daß der wirkliche Guru nicht außerhalb von uns existiert?
Antwort: Das Göttliche in uns, das, was wir als »ICH« bezeichnen, ist unser Guru. »ICH« ist der Name Gottes. Als das »ICH« kommt Gott an erster Stelle in unserem Leben. Darum ist das Wort ICH ständig in unser aller Munde. Ob wir dies wissen oder nicht, ist nicht wichtig; früher oder später müssen wir alle aufwachen und uns der WAHRHEIT bewußt werden – der »WAHRHEIT, die uns befreien wird.« Die Bibel drückt es so schön aus: »Und jedes Auge wird IHN sehen« – in seiner Mitte, in seinem Innersten, als sein eigenes wahres SELBST.

Frage: Kann man trotzdem auch einen irdischen Guru – stellvertretend für Gott – anbeten?
Antwort: Nein, das sollen Sie nicht tun. Selbst wenn er das

Allerhöchste verwirklicht hat, sollten Sie nie vor einem Menschen auf die Knie fallen, sondern einzig und allein vor Gott, innewohnend in Ihrem Herzen. Es ist wahr, daß in den alten indischen Schriften geschrieben steht: »Wenn der Schüler bereit ist, wird der Meister erscheinen.« Dieser Ausspruch bedeutet aber auch: Wenn der Schüler bewußt wird, wenn sein Kopf klar und sein Herz rein ist, dann gibt er sich seinem inneren Guru hin.

»Der äußere Guru gibt dem Schüler einen kleinen Stoß von außen, und der innere Guru zieht den Schüler nach innen.« (Ramana Maharshi)

Ramakrishna, der große Weise des letzten Jahrhunderts, beobachtete Hunderte von Menschen, die den Tempel von Dakshineswar, wo er lebte, besuchten. Es waren Pilger auf dem Weg nach Puri, einem der heiligsten Orte Indiens. – Eines Tages kam ein Mönch, ohne Kleider, und benahm sich – dem Anschein nach – wie ein armer Geistesgestörter. Er tat jedoch nur so, um niemanden auf sich aufmerksam zu machen. Ramakrishna war ein Menschenkenner, er durchschaute die Maske, konnte das Echte vom Falschen unterscheiden, und er wußte, daß es sich bei diesem um einen *jivanmukta* (ein zu Lebzeiten Befreiter) handelte. Als der nackte Mönch in die Nähe des Tempels kam, schaute er sich nochmals um; er wollte sicher sein, von niemandem beobachtet zu werden. In der brennenden Mittagshitze hielt sich kaum jemand in den Tempelräumlichkeiten auf. Der Mönch richtete sich zu seiner vollen Größe auf, trat in das Sanktuarium des Tempels ein und sang mit lauter, mächtiger Stimme ein Lied, eine Invokation, die Gegenwart Gottes herbeizurufen. Die Tempelwände zitterten und vibrierten vom durchdringenden Klang seines

Gesangs. Bald darauf war der Mönch in tiefster Meditation versunken. Eine Stunde später trat er aus dem Tempel heraus, wankend und taumelnd wie ein Betrunkener, denn er hatte Gott gesehen, Gott erlebt. Wieder schaute er sich um, und so unbeachtet und unauffällig als möglich machte er sich auf den Weg. Ramakrishna, der Erleuchtete, sagte zu seinem Neffen Hriday: »Wahrlich, der nackte Mönch hat Gott erreicht.« Hriday verlor keinen Augenblick, und bald hatte er den *sadhu* (Wandermönch) eingeholt. »Herr, zeigen Sie mir den Weg, der zu Gott führt!« bat Hriday. Sein Bitten war umsonst, der Mönch schenkte dem Flehen kein Gehör. Doch Hriday gab nicht auf. Er folgte dem *sadhu* dicht auf den Fersen und bat ihn wiederum um Unterweisung. Endlich blieb der Mönch stehen, schaute Hriday liebevoll an und sagte: »Mein Sohn, wenn du keinen Unterschied machst zwischen dem schmutzigen, übelriechenden Wasser in dieser Gosse und den Wassern des heiligen Ganges, dann wisse, daß du das Ziel erreicht hast.« Danach setzte der Heilige seine Wanderung auf der endlosen Landstraße zügigen Schrittes fort.
Armer Hriday. Er war nicht in der Lage, die tiefe Bedeutung dieser Wahrheit zu verstehen. Die rätselhaften Worte verwirrten ihn, und hartnäckig bestand er darauf, den Lippen des Mönches weitere Belehrungen zu entlocken. Doch dieser hob einen Stein auf und drohte, ihn nach seinem lästigen Verfolger zu werfen. Hriday entfernte sich schnell von dem »Verrückten«, kehrte zu seinem Onkel zurück und erzählte alles, was geschehen war.
»So wie ein Holzlöffel den Geschmack der Suppe nicht fühlt« (Buddha), so lebte Hriday viele Jahre in seliger Unwissenheit neben Ramakrishna, dem

Erleuchteten. Seine Augen waren nicht fähig, den lebendigen Gott in seinem Onkel zu erkennen.

Frage: Würden Sie uns bitte etwas über Pavhari Baba, den großen Heiligen seiner Zeit erzählen? War nicht er es, der es immer ablehnte die Rolle eines Gurus, eines geistigen Lehrers zu spielen?

Antwort: Pavhari Baba war eine Gott-verwirklichte Seele. Er lebte vor etwas mehr als hundert Jahren in Nordindien. Sein Wunsch war, weit entfernt von den Menschen, zurückgezogen in einer Höhle mitten im Wald zu leben. Er wollte niemandem zur Last fallen, und obwohl er die höchste Bewußtseinsstufe erreicht hatte, war er nicht bereit, die Rolle eines Meisters zu spielen.

Doch umsonst versuchte er sich zurückzuziehen. So, wie die Ameisen den Zucker entdecken, wenn er auch noch so gut versteckt ist, so zog der Nektar der Ruhe und des Friedens, der Pavhari Baba zu eigen war, die Menschen an. Von nah und fern pilgerten sie zu seiner bescheidenen Einsiedelei, saßen ihm zu Füßen, um seine Botschaft der Stille und des Schweigens zu empfangen. Selten kam ein Wort über seine Lippen, denn er wollte nicht als geistiger Lehrer betrachtet werden.

Eines Tages wurde Pavhari Baba von einer Kobra gebissen. Weit und breit war niemand da, der ihm hätte helfen können. Seine Lauterkeit, seine Unschuld, die in allem nur Gott und Seine Offenbarung sah, verliehen ihm eine unerklärliche Immunität gegen das tödliche Gift, und er überlebte. Als ihn am Abend eine kleine Gruppe seiner Anhänger besuchte und hörte, was geschehen war, waren alle zutiefst erschrocken. Doch der Heilige, dessen Herz so voller Liebe war, Gott und seiner ganzen Schöp-

fung gegenüber, sagte lediglich: »Die Schlange war ein Botschafter meines GELIEBTEN.«
Ein Dieb, der die vielen Besucher durch den dichten Wald kommen und gehen sah, wurde neugierig. »Wie viel Geld und welche Wertgegenstände in der Höhle dieses Heiligen versteckt sein mögen!« dachte er. Eines Tages, als der Yogi allein war und in seiner Meditation die Einheit mit Gott erlebte, ein Zustand, in dem er nichts wahrnahm, was um ihn herum geschah, schlich sich der Dieb heran. Er nutzte die Gelegenheit aus und durchstöberte die Höhle nach Geld. Doch groß war seine Enttäuschung – nicht ein einziges Geldstück war zu finden. Ein paar Kochtöpfe und andere Küchengeräte, die der Heilige gelegentlich brauchte, um für seine Besucher zu kochen, waren dessen einziger irdischer Besitz. Schnell packte der Dieb ein paar Töpfe zusammen und machte sich davon. – Bald darauf kehrte der Yogi zu seinem normalen Bewußtsein zurück und sah, was geschehen war. Sein »GELIEBTER« hatte ihn besucht und er, Törichter war nicht da, Ihn zu empfangen und zu bewirten! Jemand brauchte das Kochgeschirr dringender als er. Er wußte ohnehin nicht, was er mit all den Dingen anfangen sollte. – Gott gab und Gott nahm. Aber er konnte es sich nicht verzeihen, daß er in Glückseligkeit verweilte und Gott nicht willkommen geheißen hatte. Schnell packte er die übriggebliebenen Gegenstände, Eßwaren und ein paar geflochtete Matten in ein Tuch, schwang das Bündel auf den Rücken und eilte so schnell er konnte, seinen »Geliebten« einzuholen. Als der Dieb den Yogi erblickte, rannte er noch schneller, bis er völlig außer Atem war und anhalten mußte. Da stand der Heilige, hochgewachsen und kräftig. Der Dieb war überzeugt, daß ihn nun eine harte Strafe

erwarten würde. Statt dessen erlebte er das Seltsamste, das ihm je widerfahren war. Pavhari Baba stellte das Bündel zu Füßen des Diebes, kniete sich vor ihn hin, grüßte ihn mit gefalteten Händen und mit Tränen in den Augen sprach er: »Oh Herr, verzeiht Eurem unwissenden Sohn, der in seiner eigenen Glückseligkeit verweilte, als Ihr ihn besuchen kamt. Was soll ich anfangen mit diesem irdischen Besitztum? Ihr habt einiges vergessen mitzunehmen, Vater. Auch diese Dinge gehören Euch. Verzeiht Eurem unwürdigen Sohn.« Darauf kehrte Pavhari Baba wieder in seine Einsiedelei zurück.

Da stand der Dieb, überwältigt von so viel Liebe. Er, ein Verachteter der Gesellschaft, er, der Sündige durfte diese grenzenlose Liebe eines Heiligen erfahren. In seinem ganzen Leben hatte ihm noch nie jemand so viel Verständnis, so viel Liebe entgegengebracht, nicht einmal seine Eltern oder seine Frau. Das war der Wendepunkt in seinem Leben. Noch zur selben Stunde war die Entscheidung gefallen. Er war fest entschlossen, das Leben eines Diebes aufzugeben. Nicht länger wollte er sich verstecken müssen, nicht länger in Angst und Scham leben.

Sorgfältig schnürte er alle Gegenstände zu einem Bündel zusammen, und kehrte zur Einsiedelei des Heiligen zurück. Pavhari Baba empfing den »verlorenen Sohn« mit einem verstehenden Lächeln, in dem seine grenzenlose Liebe verborgen war. Der Dieb wurde ein treuer Anhänger des Weisen, und in späteren Jahren wurde er selbst einer, der seinen Mitmenschen behilflich war und ihrer Suche nach Licht in dieser Welt voller Finsternis und Leid.

Frage: Ist ein geistiger Führer, ein Guru, nicht dennoch eine große Hilfe für den Wahrheitssuchenden?

Antwort: Ja, das ist er – jedoch nur am Anfang. Wir sagen in Indien: »Ein Guru ist jemand, der den Schüler mit Gott bekannt macht.« Hat der geistige Lehrer diese Aufgabe erfüllt, dreht er sich um und geht seines Weges. Mit anderen Worten: Ein Guru ist wie eine wegweisende Tafel, welche die Richtung zum Himmel aufzeigt. Der Schüler muß sich jedoch selbst bemühen, dieses Ziel zu erreichen.

Nachdem Krishna seinem Schüler, Arjuna, die tiefsten Wahrheiten und Erkenntnisse des Lebens in der Bhagavad Gita (Lied Gottes) dargelegt hatte, sagte er: »Alles Wissen, was ein Mensch besitzen muß, habe ich dir gegeben, o Arjuna. Die Zeit ist gekommen, da du allein um deine Befreiung ringen mußt. Nicht einmal ich, Krishna, kann dich auf diesem inneren Weg begleiten, der zur ersehnten Freiheit führt.«

Ich möchte Ihnen eine Geschichte erzählen:
Ein König, begleitet von seiner Königin und vielen Höflingen, befand sich auf dem Weg durch einen Wald. Da begegneten sie einem nackten *sadhu* (Mönch), der auf dem Waldboden lag und selbstvergessen vor sich hinlachte. So über-

glücklich schien er, daß der König auf ihn aufmerksam wurde und ihn zu sich rufen ließ. Doch der *sadhu* schenkte dem Boten des Königs keine Beachtung und verblieb in seiner Ekstase. Darauf ging der König selbst hin zu dem Heiligen, doch auch seine Gegenwart brachte den *sadhu* nicht auf diese irdische Ebene zurück. »Edler Herr«, fragte der große Monarch bescheiden, »was mag der Grund sein für dieses überwältigende Glücksgefühl in Eurem Herzen?« Darauf erhob sich der Heilige und sprach:

»Meine Gurus sind vierundzwanzig an der Zahl oder auch mehr: Die Vöglein auf dem Feld, das Getier im Wald, sie sind mein Guru; das plätschernde, niemals ruhende Wasser des Flusses ist mein Guru, erquickender Regen, Gewitterstürme – die ganze Schöpfung ist mein Guru. Die Welt, mit ihrem schönen wie mit ihrem schrecklichen Antlitz, ist mein Guru. Sie öffnet mir die Augen, auf daß ich unterscheiden lerne – das Wirkliche vom Unwirklichen, das sich Wandelnde vom Immerwährenden, das Vergängliche vom Ewigen.

Welche der vielen ist meine himmlische Heimat, die ich zurückgelassen am hochglitzernden Himmelsgewölbe? S.Y.

ZÖLIBAT – EINE VORAUSSETZUNG FÜR DAS GEISTIGE LEBEN?

Frage: Ist das Zölibat eine unerläßliche Voraussetzung für den geistigen Weg?

Antwort: Ob ein Mensch verheiratet ist oder nicht, hat nichts mit dem Bewußtwerden seines geistigen Wesens, seines SELBST, das immer »hier« und »jetzt« ist, zu tun. Der Wunsch nach Zölibat sollte von innen heraus wachsen. Es ist ein Entwicklungsprozeß, vergleichbar mit dem Heranreifen einer Frucht. Verdrängung ist keine Lösung, sie rächt sich oft bitter. Wer auf dem geistigen Weg vorangeht, dessen sexuelle Kräfte erfahren ohnehin eine natürliche Umwandlung in geistige Energien; und der Wunsch nach einem enthaltsamen Leben wird von selbst erwachen. Wäre Ehelosigkeit eine Voraussetzung für die geistige Entwicklung – wo bliebe die Chance für Verheiratete, für Familienväter? Und wer wäre für die Erhaltung der menschlichen Rasse – auch der *sannyasins* (Mönche) – verantwortlich? »Alles zu seiner Zeit«, das gilt auch in dieser Frage.

Ein junger Mann begab sich zu einem geistigen Lehrer mit der Bitte, als Schüler aufgenommen zu werden. Der Meister schaute ihm liebevoll in die Augen und erwiderte: »In zwanzig Jahren kehre zurück.« Die Worte eines Meisters sind unwiderruflich, und traurigen Herzens ging der Jüngling von dannen. »Bestimmt gibt es einen Grund, weshalb der Meister mich noch nicht als Schüler aufnehmen will«, dachte er.

Schon nach kurzer Zeit war sein Wunsch der Welt zu entsa-

gen, vergessen. Er verliebte sich, heiratete, und bald stand seinem Glück und Erfolg nichts mehr im Weg. Doch nach einigen Jahren suchte ihn ein Unglück nach dem anderen heim. Der Höhepunkt seines Leidensweges war der plötzliche Tod seiner über alles geliebten Frau. In seiner Trostlosigkeit und Verzweiflung erinnerte er sich seines Meisters und wußte, daß nun die Zeit für ihn gekommen war, der Welt, die ihm nichts anderes geben konnte als vergängliche Freude und endloses Leid, zu entsagen.
Und der Meister hieß seinen Schüler willkommen.

Hören wir noch eine andere Geschichte.
Ein Familienvater sehnte sich nach dem freien Leben der Mönche, wann immer seine Augen auf das gelbe Gewand eines *sannyasins* (Wandermönch) fielen. Das reine Leben, die Ungebundenheit, der Gedanke, aller Sorgen und Kümmernisse des Alltags ledig zu sein, gefielen dem verheirateten Mann sehr.
Eines Tages entschloß er sich – mit dem Einverständnis seiner Frau und seiner erwachsenen Kinder, für die er reichlich vorgesorgt hatte – der Welt zu entsagen und als Mönch zu leben.
Tage und Monate vergingen, und dem Familienvater-Mönch schien das Leben eines *sannyasins* zu gefallen. Er hatte sich einem Mönchsorden angeschlossen, der sich dem reinen und enthaltsamen Leben verschrieben hatte.
Jeden Tag erläuterte der Guru Texte aus den Heiligen Schriften. Während dieser Gespräche warf der neue Mönch unverhohlene Blicke auf jede Frau, die zufällig vorbeiging. »Bruder, du darfst keine Frau mehr anschauen«, wiesen ihn die anderen Mönche freundlich zurecht, »du bist doch jetzt ein Mönch, der der Welt entsagt hat.« – »Ja, ich weiß«, seufzte er zerknirscht, »was soll ich machen, die alte Gewohnheit ist noch immer da und will einfach nicht von mir weichen!«

TIEFSCHLAF UND MEDITATION

Frage: Während meines Aufenthaltes hier in der Yoga-Sommerschule trage ich ein wunderschönes Gefühl des Friedens und heiterer Gelassenheit in mir. Mit Hilfe der Meditation möchte ich erreichen, daß die innere Ruhe auch im Alltag fortdauert. Wenn ich mein Bewußtsein nach innen lenke, gelingt es mir, die vielen Menschen um mich herum zu vergessen. Aber tief in mir verspüre ich eine Unruhe, die mich überwältigt. Was ist die Ursache meiner aufgewühlten Gedanken und Gefühle, ausgerechnet in der Meditation, die, wie Sie sagen, »einen Frieden, der alle Vorstellungen übertrifft« verheißt. Ich fühle mich so entmutigt nach jedem Versuch, mich zu versenken – und das kommt mir doch eher paradox vor.

Antwort: Wir befinden uns immer dann in einer ruhelosen Gemütsverfassung, wenn wir uns an unnötige Wunschvorstellungen klammern. Gelingt es einem, diese aufzugeben, kehrt Ruhe und Frieden ein. Ein anderer Grund der inneren Spannung liegt darin, daß man, sobald die Aufmerksamkeit nach innen gelenkt wird, den unerledigten Aufgaben und Problemen des täglichen Lebens begegnet. Diese geben uns keine Ruhe, solange wir sie nicht gelöst haben. Zuerst müssen wir vertraut sein mit unseren Gedanken und Gefühlen, bevor wir sie unter unsere Herrschaft bringen wollen.

Frage: »Bete ohne Unterlaß«, sagte Jesus. Was bedeutet diese Aufforderung?

Antwort: Sie bedeutet, in der Sprache unserer Zeit ausgedrückt, »Sei immer in einem Zustand der Meditation, der Wachheit; des Bewußt-Seins.« Niemals konnte Jesus damit ein den ganzen Tag dauerndes Beten mit Worten gemeint haben. »Wenn du betest, GEHE in deine kleine Kammer (in dein SELBST), wo niemand dich sieht, nur dein Vater …« Bemühen wir uns, nicht nur einzutreten in die Schatzkammer des Herzens, sondern drinnen zu verweilen.

Allein im Schweigen und in der Stille seines Herzens konnte David das SEIN erleben: »SEI STILL und wisse, daß ICH GOTT BIN.« Meditation ist der Zustand ewigen, reinen SEINS.

Frage: Einmal sagten Sie: »Tiefschlaf ist auch eine Art Meditation, nur ist man sich der Wirkung von Ruhe und Frieden nicht bewußt.« Ich habe das nicht verstanden. – Inwiefern sind Tiefschlaf und Meditation identisch?

Antwort: Zieht sich der Verstand nicht zurück von seiner Funktion, Gedanken zu produzieren, wann immer wir einschlafen? Und ist nicht die Folge davon, daß wir uns in einem Zustand seligen Friedens befinden?

Frage: Ja, zweifellos – nur ist man sich dessen nicht bewußt.

Antwort: Sie sagen es richtig: man ist sich dessen nicht BEWUSST. Das Ausschalten aller Gedankentätigkeit ist Meditation. Jesus sagte so schön: »Lebe in dieser Welt, aber gehöre nicht dazu.« Diese Grundhaltung sollten wir uns zu eigen machen. Im Tiefschlaf identifizieren wir uns weder mit dem Körper noch mit den Sinnen; weder mit unseren Gedanken noch Gefühlen. Dieselbe Nicht-Identifikation erleben wir in der Meditation, jedoch bewußt. Es gibt keine Tätigkeit, keine »Technik« – genauso, wie das Einschlafen nicht geübt werden muß. Mit der Zeit wird uns jenes Losgelöstsein, das wir in der Meditation erleben, den ganzen Tag begleiten; und wo es keine unnötige Gedankentätigkeit gibt, dort kann auch keine Unruhe und Nervosität aufkommen.

Frage: Angenommen, ich würde den ersehnten Zustand des Friedens und des Nicht-verhaftet-Seins erreichen, würde ich nicht alle weltlichen Interessen verlieren? Ich leite ein großes Unternehmen, das nicht darunter leiden dürfte, denn es bedeutet Brot für viele Menschen.

Antwort: Das Gegenteil ist der Fall. Sie werden noch besser, noch kreativer arbeiten. Je freier und ungebundener wir uns innerlich fühlen, desto ruhiger und klarer funktioniert unser Verstand. Wer sich immerzu mit seinem SELBST, seinem geistigen ICH identifiziert, wird das Leben von der richtigen, von der objektiven Warte aus betrachten und unterscheiden können zwischen Täuschung und Wirklichkeit; zwischen dem Unwesentlichen und dem Wesentlichen. Diese Urteilskraft vernichtet alles Scheinwissen, und wahres Wissen wird geboren, das aus unserer geistigen Mitte, unserem SELBST stammt. In seinem SELBST verankert zu sein, ist der höchste Zustand, den ein Mensch offenbaren kann. – Ruhe und Frieden kehren ein, sei es im Tiefschlaf, im Wachzustand oder in der Meditation. Durch Meditation wird jener Friede bleibend, dauernd, allgegenwärtig. Friede, Freiheit, Glückseligkeit gehören zu unserer wahren Natur; es ist nicht etwas, was zuerst mühsam erreicht werden müßte. Es erfordert einzig und allein das Aufgeben des Gedankens »Ich bin Körper«. Gelingt dies, so wird die Erfahrung »Ich bin Geist, mein eigenes SELBST« offenbar.

KRISHNA

Frage: Wenn es wirklich Krishna war, der seinem Schüler Arjuna die Lehre von Karma-, Bhakti-, Raja- und Jnana-Yoga erläuterte, die in der Bhagavad Gita enthalten ist, so war er keine mythologische, sondern eine historische Gestalt. Wie kann man aber Krishnas Lehre, die in solch erhabenen Worten ausdrückt, daß der vierfache Yogaweg jeden Menschen letztlich zum gleichen wahren, unvergänglichen Glück führt, in Einklang bringen mit den Wundern, die er vollbracht haben soll, oder mit seinen Hunderten von Liebesbeziehungen, wie mir das in Indien erzählt wurde?

Antwort: Es ist menschlich, daß um das Leben der großen religiösen Geister dieser Erde, wie Rama, Krishna, Buddha, Jesus, Ramakrishna und anderer Gottesboten, Legenden entstehen. Und es liegt wiederum in der Natur des Menschen, jene Gottheiten auf seine eigene Stufe herunterzuziehen und ihnen allerlei menschliche Schwächen anzudichten. Ich persönlich glaube nicht, daß Krishna ein amoralisches Leben geführt hätte; aus dem einfachen Grund, weil dies unvereinbar wäre mit seiner göttlichen Botschaft in der »Bhagavad Gita«. Tausende von Jahren sind vergangen, seit Krishna auf dem Schlachtfeld von Kurukshetra jene anfeuernden Worte aussprach, mit denen er Arjuna zum Kampf gegen seine Feinde aufforderte, obwohl diese Feinde die eigenen Cousins waren.

Der symbolische Gehalt von Krishnas Lehre verkündet uns »Arjunas« auf dem Kampfplatz des Lebens die ewig gültige

Botschaft: Sei mutig! Kämpfe! – und schlage alle Feinde zurück, so lieb und teuer sie dir auch immer sind – deine falschen Gedanken, deine Wünsche und Begierden –, sonst gewinnen sie die Oberhand und machen dich zu ihrem Sklaven.

Die grenzenlose Liebe, die Radha für Krishna empfand, und ihre absolute Treue, hat die Menschen seit Tausenden von Jahren inspiriert. Die Sehnsucht einer Frau nach ihrem Geliebten steht als Symbol für die Sehnsucht unserer Seele nach Gott. Empfangen wir die erhabene Lehre der Gita und kümmern wir uns nicht um die Legenden. Gehen wir auf die WAHRHEIT ein, dann können wir die Mythologie beiseite lassen.

VON HEILIGEN UND WEISEN

Im Leben aller großen Heiligen und Weisen finden wir eine Gemeinsamkeit, und das ist ihr Verständnis, ihre unendliche Liebe den Mitmenschen gegenüber. Ermahnen oder tadeln sie, dann geschieht es aus dieser Liebe. Kein Zurechtweisen ist es, vielmehr ein Hinweisen auf die Ursache des Leides. Sie möchten den Menschen das Leid ersparen, das sie als Folge unüberlegter Handlungen und Taten auf sich ziehen. Einmal war es die Peitsche, zu der Jesus griff, um jene hinauszutreiben, die »den Tempel zu einer Räuberhöhle machten«. Und ein andermal, als eine Ehebrecherin von einer grausamen Gesellschaft gesteinigt werden sollte, da war es das mitfühlende Herz Jesu, dem die eindringlichen Worte entsprangen: »Wer von Euch ohne Sünde ist, der werfe den ersten Stein.« (Johannes VIII, 7)

Hätten Heilige und Weise menschliche Schwäche verstehen können, ohne diese selbst an sich erlebt zu haben? Wenn Gut und Böse zur relativen Ebene der Erscheinungswelt gehören, dann unterliegt jeder, Heiliger oder Sünder, ihrer Wirkungsweise. Bewußt oder unbewußt streben wir danach, emporzusteigen über die Gegensätzlichkeit von Gut und Böse und beides anzunehmen wie es ist. Nichts ist in Wirklichkeit absolut gut oder absolut schlecht. Gut und Böse sind integrierender Bestandteil des Lebens, sie bedingen sich gegenseitig und ergänzen einander.

Das Leben ist eine ständige Entfaltung der innewohnenden Divinität, die den Menschen zu vollkommener Vergeistigung führt. »Der Menschensohn muß Gottessohn werden«, lehrte Jesus. Es ist offensichtlich, daß die Erfahrung aus früheren Leben alle großen Propheten zu dem machten, was sie letztlich waren. »Du, o Arjuna, erinnerst dich an deine früheren Leben nicht. Doch ich kenne sie alle«, sprach Krishna.

»Bevor Abraham war, ICH BIN«, sagte Jesus (Johannes VIII, 58), was den ewigen Zustand geistigen Seins beweist, der immer JETZT und HIER ist.
»Wahrlich, wahrlich ich sage dir ... du mußt wiedergeboren werden« (Johannes III, 3–7), sprach Jesus zu dem reichen Kaufmann, der das Himmelreich suchte. Als Nikodemus sich das Wiedergeborenwerden nicht vorstellen konnte und seine Zweifel darüber äußerte, erklärte der große Lehrer Jesus sinngemäß: »Was im Körper nicht vollziehbar ist, das ist dem Geist möglich.« – Buddha erinnerte sich an verschiedene seiner früheren Leben, u.a. als Kaufmann, König und Boddhi Satva (der zukünftige Buddha) – Leben, in denen er nach Vollkommenheit strebte. – Wie bedeutend Propheten und Weltlehrer auch sein mögen, sie bleiben nicht verschont von menschlicher Erfahrung. Diese Tatsache mindert ihre Größe nicht, im Gegenteil, die Gestalt des Lehrers gewinnt an Überzeugungskraft je mehr er um die Dinge des Daseins dank vieler Inkarnationen WEISS. Mit ihrer Erscheinung auf Erden legten die Propheten auch menschliche Eigenschaften an den Tag, und ihr Leben war ein klares Beispiel für die Entwicklungsmöglichkeit von Mensch und Menschheit.
»Herr, haben Sie Gott geschaut?«, wandte sich der wahrheitssuchende junge Narendra (der spätere Swami Vivekananda) an Ramakrishna. »Ja, mein Sohn«, kam die Antwort, »nur sehe ich Ihn klarer und deutlicher als ich dich und alles Geschaffene um mich herum wahrnehme. Aber wer möchte heutzutage noch Gott schauen? Den Menschen verlangt es nach Frau, Kinder, Geld, Besitztum. Wahrlich, ich sage dir, wer drei Tage und Nächte nach Gott weint, der wird Gott sehen.« Narendra war tief beeindruckt von der fühlbaren Aufrichtigkeit des Meisters. Sri Ramakrishna war der erste Prophet, der den Pfad aller heute bestehenden großen Religionen beschritten hatte und die Erfahrung machte, daß sie alle zum selben Ziel, nämlich zu Gott führen. Zusammen mit den Weisen aus ferner Zeit, bezeugte er: ES GIBT NUR *EINE*

WAHRHEIT, DOCH WIRD SIE VON DEN WEISEN MIT VERSCHIEDENEN NAMEN BENANNT. Ramakrishnas geistige Errungenschaften waren nicht das Ergebnis einer kurzen Daseinsspanne sondern die Gesamtsumme aller seiner Leben aus der Vergangenheit. Wie Jesus, so lehrte auch er: Der Höhepunkt menschlichen Strebens ist die Gottesverwirklichung. Es ist die Liebe großer Seelen, welche die Welt zusammenhält. Unermüdlich inspirieren sie die Menschen, Sinn und Aufgabe ihres Lebens zu erfüllen: Gott zu erkennen, Gott zu erfahren, Gott zu offenbaren.

Vertiefen wir uns in das Leben von Sri Ramakrishna und Vivekananda, der als rechte Hand des Meisters dessen Botschaft in der ganzen Welt verbreitete, so wird uns bewußt, wie kurz des Menschen Aufenthalt auf dieser Erde ist und daß sein Leben zur Realisierung von etwas Dauerhafterem dienen sollte als zu bloßer Annehmlichkeit und leiblichem Wohl.

Die Quintessenz von Sri Ramakrishnas Lehre ist, wie Vivekananda so meisterhaft formuliert: »Wenn Atavismus siegt, fallen wir zurück. Wenn Evolution siegt, steigen wir empor.« Wenn Ramakrishna von »Lust und Gold« sprach, meinte er damit »Leidenschaft« und »Habsucht«. In der Tat bedeutet Leidenschaftlichkeit, der niederen Natur mit ihren animalen Trieben nachzugeben, während Gold die nie zufriedenstellende Habsucht symbolisiert. Die drei Sprossen auf der Leiter der Evolution heißen: Animalität, Humanität, Divinität. Es sind die drei Stufen unserer Entwicklung, die drei Stadien menschlichen Wachstums – so, wie ein Same, der zum Baum wird und schließlich Frucht trägt. In den Genuß der Frucht zu gelangen, bedeutet SELBST- bzw. Gottesverwirklichung.

Durchschnittsmensch und Heiliger haben vieles gemeinsam. Man könnte sogar sagen, daß außer dem Grad der Vollkommenheit, den sie offenbaren kein Unterschied zwischen ihnen besteht. Die im Keim enthaltene Göttlichkeit ist im Heiligen voll in Erscheinung getreten, im Durchschnittsmenschen schlummert sie als Möglichkeit. Die Bewunderung, die wir für Heilige hegen, ist eine unbewußte Sehnsucht, dieselben Eigenschaften zu besitzen, oder besser gesagt, diese zu offenbaren. Aus diesem Grund stellt das Volk seine Heiligen auf ein Podest, das ihnen zukommt und schenkt ihnen seine tiefste Verehrung. Im Heiligen sieht der Mensch seine eigenen Wünsche erfüllt, sein langersehntes Ziel erreicht: das Glück vollendeter Geistigkeit.

Ebenso, wie im Heiligen die Göttlichkeit im Keim enthalten war, so war es auch die Sünde. Erlöst hiervon hat ihn der eigene Leidensweg, der Kampf, das mühevolle Streben. Es gab keine Sünde, die Franz von Assisi nicht gekannt hätte. Als er aber einsah, wie kurzlebig weltliche Freude ist, wie jeder Freude das gleiche Maß an Leid folgt, da wandte er sich ab von ihr. Und indem er sie aufgab, gewann er den Frieden, den er immer suchte. Jemand sagte einmal zu ihm: »Sie sind so gut!«. Da antwortete er schlicht und einfach: »Ich kann nicht anders, sonst bin ich so unglücklich.«

Der Weise Vyasa betete zu den Himmelsmächten, sie möchten ihm die Geburt eines Sohnes schenken, einer Seele voller Licht und Weisheit. Aber der Sohn wollte nicht geboren werden; denn er wußte, er würde seinen Eltern viel Kummer bereiten. Vyasa nahm seine Zuflucht zur Himmelskönigin und bat: »Verhülle ihm die Sicht für einen Moment.« Und sie zog einen Schleier vor die Augen des Jünglings, der sodann, sechzehnjährig, zur Welt kam. Sein Name war Sukadeva. Vyasas Freude war jedoch von kurzer Dauer. Kaum hatte der Knabe die Vergänglichkeit der Welt erblickt, da stand er auf und strebte der Grenzenlosigkeit des Himalayas zu, dem Sitz der Götter. Betrübt weinte der Vater seinem Sohn nach, dessen Körper sich schon wieder in die vier Elemente aufgelöst hatte, aus denen er geschaffen war. »O Sukadeva, mein Sohn! O, mein Sohn! O, mein Sohn ...« brach es aus Vyasas Herzen hervor. Doch die Höhen des Himalayas trugen ihm

nur den Widerhall seiner eigenen Worte entgegen und füllten den Raum mit Gottes heiligem Namen: OM ... OM ... OM.
Von Mitleid erfüllt, kehrte Sukadeva zu seinem Vater zurück und bat ihn um geistige Unterweisung. Vyasa erkannte, daß er sich in Gegenwart eines Weisen befand und daß er seinem Sohn in dieser Hinsicht nichts mehr bieten konnte. So erzählte er ihm von König Janaka, der für seine Gelehrsamkeit und Weisheit bekannt war. Janaka fühlte, wie in Sukadeva der Wunsch erwachte, ihn aufzusuchen, und sogleich traf er Vorkehrungen, ihn zu prüfen.
Bei seiner Ankunft stieß der junge Weise auf eine Wache, die ihn grob behandelte und ihm den Zutritt zum Königspalast verweigerte. Sukadeva nahm die Demütigung gelassen hin, und geduldig wartete er drei Tage und Nächte vor den Palastmauern. Zu guter Letzt kam der König und sein Gefolge, um ihn in eigener Person zu empfangen. Der Gesichtsausdruck Sukadevas war so ruhig wie zuvor. Ob man ihn verschmähte, ob man ihn lobte, es berührte ihn nicht. Ihm zu Ehren wurde ein Gastmahl gegeben mit vorzüglichen Speisen und Getränken. Danach wurde Musik gespielt, gesungen und getanzt. Inmitten der verlockenden Festlichkeiten gelang es Sukadeva, auf Geheiß des Königs, rund um den Saal zu schreiten, einen Becher in der Hand, randvoll mit Milch gefüllt, ohne auch nur einen Tropfen davon zu vergießen. Alsdann verwandelte sich der Minister des Königs auf magische Weise in eine Frau von außergewöhnlicher Schönheit und trat vor den jungen Mann, um ihn mit ihrem Tanz, ihrem Schleier, ihrem Charme in Versuchung zu führen. Sukadeva näherte sich ihr mit der Unschuld eines Kindes und grüßte sie, indem er sie mit »Mutter« anredete. Zum König zurückgekehrt, berichtete der Minister, daß das Herz des Jungen rein und ohne Makel sei. Als der König den vollen Becher sah, da sprach er: »Was ein Mensch im Leben wissen muß, o Suka, das kennst du. Kehre heim zu deinem

Vater; denn nichts gibt es, worüber ich dich belehren könnte.«

Sukadeva streifte in den Wäldern des Himalayas umher und gab sein Wissen an jene weiter, die auf der Suche nach der Wahrheit waren. Eines Tages führte ihn sein Weg an einem wunderbaren tiefblauen Seerosenteich vorüber. Wassernymphen tummelten sich darin und trieben ihr vergnügtes Spiel. Als sie den jungen Weisen erblickten, freuten sie sich, kamen heraus ans Ufer, nackt wie sie waren, und begrüßten ihn. Obwohl auch Sukadeva nichts am Leibe trug, war seine Nacktheit von der Reinheit seines Wesens bekleidet und die Nymphen begegneten ihm mit kindlicher Natürlichkeit.

Nach einer Weile zog Vyasa, in schöne Gewänder gehüllt, des Weges. Als ihn die Nymphen, die gerade unter einem schattigen Baum sangen und tanzten, entdeckten, da sprangen sie plötzlich in alle Richtungen auseinander, bedeckten und versteckten sich. Verblüfft fragte Vyasa: »Wie ist es möglich, daß euch in Gegenwart meines Sohnes, der nackt war, keine Scham überkam; vor mir aber, der ich in meinen alten Tagen bin, lauft ihr davon und verbergt euch hinter Büschen und Bäumen?«

»O Vyasa, deine Worte sind wahr. Verzeihe, wenn wir es dir sagen: Während in deinem Sohn, Sukadeva, nicht die geringste Spur von Verlangen ist, regt sich in dir noch immer ein Fünkchen Liebeslust. Deswegen verstecken wir uns!«

Vyasa wurde zum Autor des großen indischen Epos »Mahabharata«. Die Legende sagt, daß ihm Ganesha, Sohn von Gott Shiva, dieses Werk diktierte. Seil undenklichen Zeiten bedeutete es das tägliche Brot für die Kinder von Bharata, und wie die Seher seit altersher sagten, wird es das Herz des indischen Volkes schlagen lassen, so lange die Erde sich dreht. In den Charakteren dieser Dichtung gewinnt die Vielfalt menschlicher Wesensart Gestalt. Sie reicht von ihrer niedrigsten Erscheinungsform, personifiziert durch den neiderfüllten Duryodhana, bis zu den höchsten und edelsten

Regungen der menschlichen Seele, verkörpert in Yuddhishtira.
Das zweite indische Epos, das Ewigkeitswert besitzt, ist das »Ramayana«. Es schildert das Leben von Vishnu und seiner göttlichen Gefährtin Lakshmi, die beide auf Erden erschienen als Rama und Sita. Ihr Leben widerspiegelt in vollem Maße menschliches Leid. Jeder, der sich hineinvertieft, erkennt sich in diesen beiden Gestalten wieder, erkennt das Portrait seines eigenen Lebens in allen Einzelheiten, von der Knechtschaft eines elenden Daseins bis zum edlen Streben nach Erlösung, Befreiung, Freiheit, was nur in der Gotteserkenntnis erfahren werden kann. Für den Hindu sind Rama und Sita das Idealbild von Mann und Frau. Im bloßen Klang dieser Namen schwingt die Gegenwart Gottes mit. Wenn in Indien die Kinder vor ihren Eltern knien, um deren Segen zu empfangen, dann kommt dieser am schönsten zum Ausdruck mit den Worten: »Sei eine Sita!« oder »Sei ein Rama!«
Der Autor des Ramayana war in seinen jungen Jahren ein ruchloser Räuber. Seinen Lebensunterhalt beschaffte er sich, indem er die Leute ausplünderte und umbrachte. Unter den Opfern befand sich auch der Weise Narada, den er gefangennahm. Narada warnte den Räuber vor dem unvermeidbaren Karma (Schicksal), das seiner harrte, als Folge aller dieser Greueltaten. »Niemand von deiner Familie wird bereit sein, teilzuhaben an deinem Schicksal!« sagte der Weise. Und er sollte recht behalten. Als den Angehörigen des Räubers dessen »Beruf« zu Ohren kam, verließen sie ihn. Das war der Wendepunkt im Leben des Räubers. Er ließ Narada frei, fiel zu Füßen des Weisen und bat ihn, er möge sich seiner erbarmen. »Mein Sohn, fürchte dich nicht! Es gibt Einen, der uns in Freud und Leid zur Seite steht und der auch den Gestrauchelten niemals verläßt. Rufe zu Ihm und du wirst von all deinen Sünden befreit«, tröstete ihn Narada.
So kam es, daß der Räuber unter einem Baum über den heili-

gen Namen Gottes, den er von dem Weisen erhalten hatte, meditierte. Und während er in tiefer Versenkung da saß, bauten die Ameisen ihre immer höher werdenden Hügel um den Gottsuchenden. Eines Tages vernahm er eine Stimme, die zu ihm sprach: »O, erhebe dich, du Weiser!« »Nein, nein, nicht Weiser, ein Räuber bin ich«, antwortete er. »Räuber nicht mehr, sondern erleuchteter Weiser! Fortan sollst du den Namen Valmiki tragen, ›Der-Zwischen-Ameisenhügel-Geborene!‹, so verkündete die Stimme.

Brahma, der Schöpfer selbst war es, der Valmiki erwählte, um das Leben von Rama und Sita nach Seiner Eingebung niederzuschreiben. Und auf diese Weise wurde das Wort Gottes der Nachwelt überliefert. Seien es Rama, Krishna, Buddha, Jesus, Mohammed, Sankaracharya, Chaitanya Deva, Ramakrishna, Vivekananda oder Ramana Maharshi – sie alle lebten in menschlicher Gestalt, teilten unser Freud und Leid, unser Kämpfen und Ringen, um am Beispiel ihres eigenen Lebens die wunderbaren Wege aufzuzeigen, über die der Mensch Zugang findet zu Gott, ungeachtet des Glaubens, der sozialen Stellung, der Hautfarbe.

VIVEKANANDA UND SEINE BOTSCHAFT

Frage: Seit 32 Jahren bin ich Mitglied Ihrer Yogaschule in Zürich. In Ihren Gesprächen machten Sie uns immer wieder darauf aufmerksam, daß »Selbsterziehung« die einzige Möglichkeit ist, um Glück und Freiheit zu erlangen. Während all dieser Jahre haben Sie in uns die Botschaft von Swami Vivekananda wachgerufen, dessen Lehre eine der vernünftigsten und praktischsten zu sein scheint, die der Osten dem Westen übermittelte. Gibt es einen besonderen Grund, weshalb Vivekananda im Mittelpunkt Ihrer Vorträge und Unterrichtsgespräche steht?

Antwort: Swami Vivekananda war das Idol meiner Kindheit, denn er verkörperte mein Ideal. Durch ihn lernte ich die Bibel als inneres Geschehnis verstehen. Erst im Besitz des esoterischen Wissens, konnte ich das konkret Dargelegte zugunsten der abstrakten Wahrheit aufgeben. In Vivekanandas Lehren war kein Raum für das Bereuen bereits begangener Fehler, kein Platz für Seelenqual wegen Hölle, Höllenfeuer, ewiger Verdammnis oder ähnliche Ängste, die mir als Kind von der christlichen Kirche eingeflößt wurden. So wie die aufgehende Sonne die Dunkelheit durchbricht, so zersprengten die Worte Vivekanandas meine Furcht und stellten die zerstört geglaubte Würde wieder in mir her. Seine Botschaft überbrachte er der Menschheit frei und furchtlos, gleichgültig an welche Glaubensgemeinschaft, Gesellschaftsschicht oder Nationalität er sich wandte. Mutig vertrat er seine Meinung, und wie ein Fachchirurg entfernte er alle Auswüchse des Aberglaubens.

Obwohl er nur ein Alter von 39 Jahren erreichte, gelang es ihm in dieser kurzen Spanne Zeit, die Botschaft seines Meisters Sri Ramakrishna zu verbreiten, nämlich die einengenden Begrenzungen unserer Glaubensvorstellungen zu überschreiten und die religiöse Überzeugung unserer Mitmenschen als Alternativen gelten zu lassen – Wege, die alle zum selben Ziel führen, zu Freiheit, Glück und Glückseligkeit. Das Wesentlichste von Ramakrishnas Lehren kann in wenigen Worten zusammengefaßt werden:
»Für den Hindu bedeutet die Glaubenswelt eine gemeinsame Reise, ein Auftauchen verschieden veranlagter Männer und Frauen, die durch unterschiedliche Lebensumstände und Bedingungen dem gleichen Ziel entgegenstreben. Jede Glaubensform fördert letztlich die dem materiellen Menschen innewohnende Gottheit zutage; doch wiederum ist es dieser EINE Gott, der alle Religionen inspiriert. Weshalb also so viel Gegensätzlichkeit? Sie ist nur scheinbar, sagt der Hindu. Die Widersprüchlichkeiten stammen aus der Wahrheitsoffenbarung selbst, die sich der jeweiligen Wesensart der Menschen anpaßt.«
Vor Tausenden von Jahren lehrte Krishna: »In jeder Religion bin ich wie der Faden, der sich durch eine Perlenkette hindurchzieht. Wo immer ihr außergewöhnliche Frömmigkeit findet, wisset, daß ICH gegenwärtig BIN.«
Sehen Sie die Parallele in den Aussagen dieser beiden großen Lehrer? Ich ziehe immer wieder Vergleiche und empfinde allen Religionen gegenüber Dankbarkeit.
Meines Erachtens ist Vivekananda d e r Mann dieses Zeitalters. Es ist, als hätte ihn der Zeitgeist selbst hervorgebracht, damit er der Menschheit geistiger Führer sei und sie ihm durch dick und dünn folge.

Frage: Was Sie sagen, mag tröstlich klingen. Sieht es aber nicht eher so aus, als ob die Welt in tausend Stücke zerfällt und dieses »Eiserne Zeitalter« nur Zwistigkeiten und Zerwürfnis mit sich bringt?

Antwort: Die gegenwärtigen Verfallserscheinungen sind ein Scheinbild, nicht die Wirklichkeit. – Wie das Feld, das nach der Ernte umgepflügt wird, um es für die folgende Saat aufnahmebereit zu machen, so ist die Welt heute großen Änderungen unterworfen. In dieser Zeit der Umwälzung sind gleichsam zwei Kategorien von Arbeitern am Werk, die jeweils eine verschiedene Aufgabe zu erfüllen haben – die einen beackern den Boden und ziehen das Unkraut heraus, was scheinbare Zerstörung und Chaos verursacht, während die anderen schweigend das neue Saatgut säen. – In Vivekanandas Leben und Lehre können wir beides erkennen, einerseits das anscheinend zerstörerische Element, das Dunkelheit, Unbewußtheit und Aberglaube vernichtet, andererseits den absolut aufbauenden Aspekt seiner Arbeit. Nachdem Vivekananda seine Mission erfüllt hatte, verließ er bewußt den Körper. Seine Hoffnung setzte er in die Anhänger, welche das von ihm begonnene Werk weiterführen sollten, Männer und Frauen von denen er wünschte, sie möchten nach und nach aus allen Ländern der Erde hervorgehen, um mitzuwirken an der großen Aufgabe, die Menschheit zu wecken. Wie Ihnen wohl bekannt ist, lebte Vivekananda zu Beginn dieses Jahrhunderts. Er schrieb keine Bücher. Er selbst war das Lebensbuch. Seine Erscheinung inspirierte mehr als jede Predigt. Doch wenn er sprach, vermochte er im Zuhörer den Lazarus vom Tode aufzuerwecken. Von Vivekanandas Vorträgen ist uns bedauerlicherweise nur ein Teil erhalten, der seinerzeit in Kurzschrift festgehalten wurde. Seine Ausführungen über Karma-, Bhakti-, Raja- und Jnana-Yoga gehören zu den klassischen Werken der geistigen Weltliteratur. Wenn Sie sich damit vertraut machen, werden Sie feststellen, daß seine Lehre weder dem Orient noch dem Okzident zuzuordnen ist. Seine Botschaft ist universal.

Frage: Warum finden Sie, daß er d i e Persönlichkeit für unser Zeitalter sei und ihn die heutige Welt hervorgebracht habe?

Antwort: Leben und Wirken Vivekanandas verfolgten ein zweifaches Ziel. Die erste Aufgabe bestand darin, die Mission seines verehrten Meisters Ramakrishna weiterzuführen. Dabei galt es, für die Regeneration Indiens, seines Vaterlandes, zu arbeiten. Das Volk sollte aus seinem lethargischen Todesschlaf wachgerüttelt und an seine allererste Pflicht erinnert werden, nämlich auf eigenen Füßen zu stehen und die Stärke von einst zurückzugewinnen, um gemeinsam mit den Schwesternationen vorwärts zu gehen und mit der Weltentwicklung Schritt zu halten. – Zweite Aufgabe Vivekanandas war es, der Menschheit bewußt zu machen, daß wir eine große Familie sind, gleichgültig welchem Glauben, welcher Bevölkerungsschicht oder Nation wir angehören. Man soll Glaubensunterschiede nicht zum Anlaß von Meinungsverschiedenheiten und Streit nehmen, sondern Andersgläubigen mit gebührender Achtung begegnen im Wissen, daß wir alle ein und denselben Gott verehren, nur unter verschiedenen Namen.

Vivekanandas Herz schlug für die Armen, die Ausgebeuteten, die Unterdrückten, die Leidenden aller Rassen. Er rief sie wach. Er forderte sie auf, die angeborene Trägheit abzuschütteln und ihre Würde zu behaupten. Er kam, um die Massen zu erheben. Seine Worte waren gewichtig und fielen nicht auf unfruchtbaren Boden. Sie werden Wurzeln fassen und im Herzen eines jeden heranreifen, der ihnen begegnet: »Es ist eine menschenformende Religion, die wir brauchen. Es sind charakteraufbauende Ideen, die wir benötigen. Wir brauchen Männer, Männer mit Muskeln aus Eisen und mit Nerven aus Stahl ... Hundert von ihnen werden die Welt verändern ... Eine Religion, die in ihren Gläubigen nicht Stärke erweckt, ist in meinen Augen keine Religion – und käme die Lehre aus den Veden, den Upanishaden oder welcher Religion auch immer. Stärke ist Religion und Religion ist Stärke ...«

»Fürchte nichts. Du wirst Wunderbares vollbringen. In dem Moment, wo du Angst hast, bist du niemand. Es ist Angst – die Hauptursache allen Elends auf der Welt. Es ist Angst – der größte allen Aberglaubens. Es ist Angst – der Grund all deines Leidens. UND ES IST FURCHTLOSIGKEIT, DIE DIR DEN HIMMEL ERÖFFNET, IN EINEM AUGENBLICK ... Alle Kraft und Hilfe, die du brauchst, ist in dir. Erschaffe dein eigenes Schicksal. Die unendliche Zukunft liegt vor dir und wisse, daß jedes Wort, jeder Gedanke, jede Tat sich in dir aufspeichern. Wenn einerseits die schlechten Gedanken und Handlungen bereit sind, dich anzufallen wie Tiger, dann besteht andererseits die anfeuernde Hoffnung, daß die guten Gedanken und Handlungen bereit sind, dich mit der Macht von hunderttausend Engeln zu verteidigen, jetzt und in alle Ewigkeit!«

Frage: Was ist eigentlich der Kern von Vivekanandas Lehre? Sie sagen, das Wesentliche sei in den vier von ihm erläuterten Yoga-Arten enthalten. Warum vier, wenn es nur e i n e, unteilbare Wahrheit gibt?

Antwort: Sicher, zwischen den vier Arten von Yoga läßt

sich keine Trennungslinie ziehen. In den klassischen Hinduschriften, den Veden und Upanishaden, finden wir die vier Voraussetzungen zu beständigem Glück mit Karma-, Bhakti-, Raja- und Jnana-Yoga bezeichnet. Das bedeutet, daß Arbeit, Liebe, Selbstbeherrschung und Unterscheidungsvermögen die Wege sind zum Glücklichsein. In Wahrheit ist dies die Essenz aller existierenden Religionen der Welt. Die Wissenschaft des Yoga verzichtet auf sämtliches Beiwerk, bestehend aus Dogmen, Riten, Ritualen usw. und lehrt die einfache WAHRHEIT. Auch die Bibel betont: »Die WAHRHEIT befreit.« Es gibt keine christliche, hinduistische, buddhistische, jüdische oder islamische Wahrheit, noch ist Gott ein Christ, Hindu, Buddhist, Jude oder Moslem. Die Wahrheit ist, daß wir Geist und nicht Materie sind. Denn wenn nicht GEIST, was sonst sind wir? Der universale Ausdruck dieses alles durchdringenden, allmächtigen und allgegenwärtigen Geistes ist Schöpfung. Karma-, Bhakti-, Raja- und Jnana-Yoga zeigen uns, auf welche Art und Weise wir diese universale WAHRHEIT erfahren können.

Frage: Ich habe viel über Yoga gelesen, teils aus östlichen, teils aus westlichen Quellen. Oftmals bin ich auf sich widersprechende, verwirrende Aussagen gestoßen. Was ein Buch empfiehlt, davor warnt das andere. Auch wird Europa zur Zeit geradezu von Lehrern aus dem Orient überflutet. Ich habe viele Vorträge gehört, bin dadurch aber nicht klüger geworden. Woran soll man sich orientieren? Was würden Sie empfehlen?

Antwort: In meiner Jugend erging es mir ebenso wie Ihnen. Das Bücherwissen führte mich an einen Punkt, wo ich es als »Nicht endgültige Wahrheit« aufgab. Den einfachsten und direkten Zugang zur WAHRHEIT fand ich über die vier von Vivekananda beschriebenen Yoga-Arten, weil sie aus verwirklichter Erkenntnis stammen. Es sind die großen Lebensweisheiten aus allen menschlichen Daseinsbereichen. Beim Studium von Vivekanandas Vorträgen wird Ihnen auffallen, daß das Gesagte nichts grundlegend Neues enthält. Es bestätigt und beleuchtet die eigene Erfahrung.

Karma-Yoga lehrt, die Arbeit als wunderbare Gelegenheit aufzufassen, um die Vollkommenheit unseres Geistes zu offenbaren.
Bhakti-Yoga inspiriert uns, die ganze Schöpfung zu verehren als mannigfache Manifestation Gottes, denn hierin begegnet Er uns in Seiner fühlbaren Form. Es lehrt, in der Vielfalt die Einheit zu sehen. D a s ABSOLUTE ist für uns nicht sichtbar. Was wir dagegen wahrnehmen können, ist Sein in Myriaden von Erscheinungsformen abgewandeltes Ebenbild. Nähern wir uns allem Geschaffenen als dem LEBENDIGEN GOTT. Sehen wir Ihn in allen Dingen. »Wer den Sohn gesehen hat, hat den Vater gesehen.« Derjenige, der eins ist mit der Schöpfung, ist eins mit dem SCHÖPFER.
Raja-Yoga lehrt, daß wir schon als Embryo mit der vollen Ausrüstung für dieses und künftiges Leben auf die Welt kommen. Durch Raja-Yoga entdecken wir Legionen verfügbarer Kräfte, lernen sie beherrschen und lassen sie für uns arbeiten. Damit sind wir Herr und nicht mehr Sklave unserer Triebe. Zum Rajah, König des eigenen Lebens geworden, genießen wir Freiheit in ihrer wahren Bedeutung.
Jnana-Yoga lehrt die einfache Kunst, zwischen den Dingen im Leben zu unterscheiden, die uns Freude oder Leid verursachen. Es lehrt, abzuwägen zwischen Vergänglichem und Ewigem. Es lehrt: »Lebe in dieser Welt, aber gehöre nicht da-

zu!« Jnana-Yoga vermittelt uns die überlegene Ruhe dessen, der aufgrund seiner Unterscheidungskraft SELBST-Erkenntnis gewonnen hat. Mit dem Schwert des Unterscheidungsvermögens sind wir unbesiegbar.

Frage: Warum meinen Sie, man solle seine Schwächen, Fehler und Mißerfolge annehmen als berechtigten Bestandteil seines Lebens?

Antwort: Wie wollen wir das Gute kennen, ohne das Schlechte gekannt zu haben? Wir wissen was Licht ist, weil wir Dunkelheit kennen. Mit der Zeit werden wir die Notwendigkeit einsehen für beides – Gut und Böse. Wir werden verstehen lernen, daß das eine das andere bedingt und im Schöpfungsplan zusammengehört. Auf dieser relativen Ebene, auf der wir leben und uns bewegen, sind sowohl das sogenannte Gute als auch das sogenannte Schlechte unerläßlich. Schließlich schütteln wir den Aberglauben der Angst ab und erfahren an uns selbst: »Der Mensch entwickelt sich nicht von Irrtum zu Wahrheit, sondern von Wahrheit zu Wahrheit; von niedriger Wahrheit zu höherer Wahrheit.« (Vivekananda)

Frage: Weshalb empfehlen Sie, einige der Vivekananda-Zitate auswendig zu lernen?

Antwort: Damit diese Worte in das Innerste Ihres Wesens dringen, zum Bestandteil Ihres Lebens werden und mit jedem Tropfen Blut pulsieren, bis Sie der unwiderstehliche Wunsch erfaßt, sich selbst zu erobern: Steh auf! Erwache! Und halte nicht an, bis das Ziel der Freiheit erreicht ist! – Alarmiert stellt man fest, wie sehr die Menschheit heute äußeren Einflüssen ausgeliefert ist und sich von den Massenmedien, Radio, Fernsehen und Zeitung, beeindrukken läßt. Würde der Journalist ziemlich harmlose Vorfälle nicht zu Sensationen aufbauschen, dann fände die Zeitung kaum Käufer. Wer dieser Hypnose zum Opfer fällt, das ist der gutgläubige Leser. Angst vor der Gegenwart, Angst vor der Zukunft – das alles vergiftet ihn. Was ich in Kriegsjahren den Mitgliedern unserer Yogaschule in Budapest sagte, war: Man mag sich im Rachen des Todes befinden – ist man STARK, dann wird es der Tod selbst sein, der einen ausspuckt! Was ich damals in großen Buchstaben auf die Tafel schrieb, das haben sie auf kleine Zettel abgeschrieben, es sich gegenseitig weitergereicht und auswendig gelernt. Ich ermutigte sie mit den Worten: Wenn WAHRHEIT auf eurer Seite ist, dann seid ihr unbesiegbar. Der Feind wird sich zum Freund und selbst die Hölle zum Himmel wandeln. Noch immer erinnere ich mich an einige Aussprüche Vivekanandas, die damals so vielen unter ihnen Kraft und Hoffnung gaben: »Stark sein, heißt Gutes vollbringen; schwach sein, ist Sünde. Wenn ein Wort aus den Upanishaden hervorsticht und in die unwissenden Massen wie eine Bombe einschlägt, so ist es das Wort ›Furchtlosigkeit‹. Wenn eine Religion gelehrt werden soll, dann ist es die Religion der FURCHTLOSIGKEIT. Ob es sich um das weltliche oder religiöse Leben handelt, es ist eine Tatsache, daß Angst mit Sicherheit Anlaß ist für Verfall und Sünde. Es ist Furcht, die Elend erzeugt. Es ist Furcht, die in den Tod führt. Es ist Furcht, die das Böse hervorbringt. Und was ist der Grund für alle Angst? Unkenntnis der eigenen Natur.«

»Im allgemeinen wird gesagt: Atheist ist derjenige, der nicht an Gott glaubt. Vedanta hingegen nennt Atheist jemanden, der nicht an sich selbst glaubt. Diese Auffassung ist nicht egoistisch, da Vedanta die Lehre der EINHEIT ist. Selbstvertrauen bedeutet Vertrauen auf die G a n z h e i t, weil du diese Ganzheit bist.«

»Seid stark, erhebet euch und suchet den Gott der Liebe! Darin liegt die höchste Kraftoffenbarung. Welche Macht ist stärker als die Macht der Reinheit? Liebe und Reinheit regieren die Welt. Dieser Gott der Liebe kann nicht vom Schwachen erreicht werden; duldet daher keine Schwäche, weder physische, mentale, moralische noch geistige. Weder Angst ist am Platz noch Flehen und Bitten, sondern Fordern – die Forderung nach dem HÖCHSTEN. Die wahrhaft Gottliebenden sind so hart wie Diamanten und so furchtlos wie Löwen ... Schafft euch Gehör vor Gott! Keine Kriecherei! Gott ist allmächtig. Er kann Helden hervorrufen aus Felsengestein.«

Frage: Hatten Vivekanandas Worte Ihnen persönlich geholfen?

Antwort: Ja, und sie helfen mir noch heute. Ich erinnere mich, wie ich als schwacher, kränklicher Junge, arm und ohne Freunde, es mir zur Gewohnheit machte, jeden Morgen vor Sonnenaufgang alleine am Meeresufer entlang zu gehen, wobei ich Vivekanandas leidenschaftliche, von Vaterlandsliebe getragenen Worte laut wiederholte:

»Neunzig Prozent der Menschen, denen ihr begegnet, sind kaltherzig, tot, sind Gespenster – einzig und allein der liebende, der mitfühlende Mensch ist lebendig. Fühlt, meine Kinder, fühlt mit den Armen, den Unwissenden, den Unterdrückten, fühlt bis sich euer Herz erschöpft, euer Verstand versagt, fühlt bis es euch an die Grenzen des Wahnsinns treibt – dann gießt eure Seele aus zu den Füßen Gottes und in diesem Augenblick wird Hilfe kommen und unbezähmbare Macht und Kraft wird euch zur Verfügung stehen. Kämpfe,

kämpfe! Das war mein Motto während der letzten zehn Jahre. Kämpfe! Das sage ich noch immer. Als alles dunkel war, pflegte ich zu sagen: Kämpfe! Und wenn Licht durchbricht, sage ich wiederum: Kämpfe! Kennt keine Furcht, meine Kinder. Blickt diesem unendlichen Sternengewölbe nicht mit angstvollen Augen entgegen, so als wollte es euch erdrükken. Wartet, nur noch ein paar Stunden und das alles wird euch zu Füßen liegen. Wisset, weder Reichtum und Macht, Name und Ehre noch Wissen und Berühmtheit haben Bestand. Nur etwas lohnt sich zu erringen und das ist die Liebe: Charakterstärke ist es, die imstande ist, selbst diamantharte Wände von Schwierigkeiten zu durchtrennen.«
Viele der Botschaften dieses Kriegergottes fielen auf den Boden meiner dürstenden Seele. Sie formten mich. – Eines Tages war ich Zeuge von einem gewaltigen Sturm. Ich saß hoch oben auf einem Felsen und tief unter mir tobte das wütende Meer. Berstende, berghohe Wellen überschwemmten die Felsenküste meilenweit. Und bei jedem Wellenschlag erbebte die Erde. Der Anblick war furchterregend und faszinierend zugleich; ein Naturschauspiel von Leben und Tod. Es war die Bluthochzeit zwischen Himmel und Erde. Dieses Drama scheinbarer Zerstörung erinnerte mich an Vivekanandas revolutionären Ruf, daß die Evolution der Menschheit – unsere Entwicklung – doch noch rechtzeitig erreicht werden möge. Und plötzlich brach aus meinem Herzen eine Hymne der Hingabe an den Helden hervor:

DU GOTT DER KRAFT!
Der jäh erscheint der Welt,
Zu Staub zerschlägt auch ihre Fesseln!
Der kommt wie ein Komet,
Zur Tat bewegt des Menschen schlummernd Herz!
Mit Donnerstimme
Die tote Menschenseele erweckest du!
O Krieger!

Allein über das Schlachtfeld schrittst du unter
Scharen lobpreisender Götter hin.
Ein Wetterleuchten blitzt an Helmes Statt,
Daß blend' den Feind!
Den ew'gen Marsch der Menschheit
Trommelst du auf den Veden,
Und hell schallt' deiner Posaune
Klang über Berg und Tal:
»Steh auf! Wach auf! und bleib nicht
Stehen, bis du erreicht das Ziel!«
Du *Bharatas edelster Sohn!
Deine Kinder riefen, du hörtest, du
Kamst, an der Hand uns zu nehmen
Und sprachst:
»Werft ab euren Schlaf, eure Trägheit!
Werft ab die Gefangenenketten!
Werft ab eure Schwäche, werft ab euer Leid!
Gebunden ist, wer es glaubt, und frei ist,
Wer sich sagt frei!
Steht auf! Wacht auf! und schreitet!«

Du Krieger! Du leuchtende Fackel des Lichts!
Einer deiner Gedanken genügt,
Daß Mut durch unsere Adern fließ',
Und stürze sich ins Herz,
Und sprech' in kühner Tat!
Deine Botschaft hören wir durch alle Ewigkeit:
»Sei tapfer!
Sei furchtlos!
Sei frei!
Beug dich nicht und bleib nicht stehen!
Steh auf! Wach auf! und schreite!«

Gebeugt in Knechtschaft lagen wir tief
Gedeckt mit dem düsteren Staub von

Jahrhunderten. Ergriffen von deiner Kraft
Erwachte Bharata und atmete auf.
Was du einst nur in sein Ohr gehaucht
Widerhallt nun in seinem Herzen:
»Steh auf! Wach auf! *Aryavartha!
Steh auf! Wach auf! und bleib nicht
Stehen, bis du das Ziel erreicht!«

Gerissen des Traumes Vorhang,
Vorbei der Schlaf, erhebt sich Bharata
Wiederum zu verkünden der Welt die
Botschaft seines Helden, und dessen Willen
zu erfüllen ruft es
Über Berg und Tal:
»Steh auf! Wach auf! und bleib nicht
Stehen, bis du das Ziel erreicht!«

Frage: Inwieweit können gewisse Zitate Vivekanandas als authentisch erachtet werden? Wurden sie ihm möglicherweise nicht von seinen begeisterten indischen Anhängern in den Mund gelegt? Ich kann kaum glauben, daß er eine derartige Äußerung gemacht haben soll: »Bei meinem jetzigen Besuch auf Erden ließ ich keinen Stein unangetastet … Für die nächsten fünfzehnhundert Jahre habe ich der Menschheit genug gegeben!«

Antwort: Es ist immer gut, die Worte großer Lehrer abzuwägen, bevor man diese für sich annimmt. Weil Vivekananda eine so überragende Erscheinung war wie die strahlende Mittagssonne, maßen die Menschen zunächst dem Botschafter mehr Bedeutung zu als seiner Botschaft und damit wurde die volle Trag-

---

*Bharata und Aryavartha sind verschiedene Namen Indiens

A. Swami Vivekananda
Photo aus »THE YOGAS AND OTHER WORKS« mit der freundlichen Genehmigung des Ramakrishna-Vivekananda Center, New York

weite seiner Lehren nicht unmittelbar erkannt. Er sprach mit Überzeugungskraft, denn er sprach aus Erfahrung. Seine imposante Persönlichkeit spiegelte den unbeugsamen Willen zur Wahrheit wider. Die Menge war fasziniert von der bloßen Erscheinung und fühlte sich verständlicherweise von der Person Vivekanandas mehr angezogen als von den Prinzipien, die er vertrat. – Selbst wenn die von Ihnen zitierten Worte der Vorstellung eines beeindruckten Zuhörers entsprungen sein sollten, so hindert das nichts an der Tatsache, daß seine Lehren es vermögen, die Menschheit auf Jahrhunderte hinaus zu bewegen. Wann immer ein Weltlehrer die irdische Sphäre verläßt, wird er zur legendenumwobenen Gestalt. Das ist menschlich. Doch ungetrübt strahlt durch das Episodenhafte das Licht ewiger WAHRHEIT, welches Vivekananda dieser und den kommenden Generationen brachte.

Frage: Es fällt mir schwer, die Bedeutung mancher Aussagen Vivekanandas zu verstehen, zumal diese aus ihrem Zusammenhang gerissen sind, z.B.: »Wenn ich wiederkomme, werde ich wie eine Bombe in die Gesellschaft einschlagen und sie wird Folge leisten wie ein Hund.« Wendet sich das Gesagte an die Allgemeinheit oder an die eigenen Landsleute?

Antwort: Ich denke, jene Worte waren vor allem an uns in Indien gerichtet und nicht an ein anderes Volk im Westen. Beim Besuch meines Heimatlandes wird Ihnen auffallen, daß die Mehrzahl der Bevölkerung in einer Innenwelt zu Hause ist, von welcher der westliche Mensch kaum Kenntnis hat. Der Inder lebt in einem zeitlosen Zustand jenseits dieser materiellen Ebene. Er hält am Althergekommenen fest, das ihm gewissermaßen Quelle der Kraft bedeutet. In jedem Tropfen Blut pulsieren die Glaubensgewohnheiten der Ahnen, von denen er nicht abweichen möchte. Noch ist das Volk nicht bereit, neue Wahrheiten zu akzeptieren. – Wir verehren Vivekananda, weil er so menschlich war. Von ihm nehmen wir Inder jede Form der Kritik an, weil ihr Beweggrund Liebe ist und sie aus einem Herzen stammt, das für die leidenden Landsleute blutete.

In Europa hat man sich vom Joch einer autoritären Priesterschaft befreit. Die Kirche stellt heute eine reformierte Institution dar, deren Hauptaufgabe in der Seelsorge und auf ethisch-sozialem Gebiet liegt. Die jahrhundertalten Drohungen von Höllenfeuer und ewiger Verdammnis gehören weitgehend der Vergangenheit an. Auch stellt die Kirche nicht mehr die politischen Machtansprüche von einst. Der bewegte Hintergrund von Glaubenskriegen zwischen Katholiken, Protestanten und anderen Reformbewegungen führte zu einer aufgeschlosseneren Gesellschaft mit fortschrittlicher Geisteshaltung. – Unglücklicherweise steht in Indien das einfache arme Volk noch immer unter dem Einfluß der Priesterschaft und wagt es nicht, in Glaubensfragen selbst zu entscheiden. Um die Jahrhundertwende stagnierte die Religion und hatte ihre wunderbare Flexibilität verloren. Daher – von einem Journalisten befragt, wie er persönlich zur Linderung der leidenden Massen beitragen könne – die provozierende Antwort Vivekanandas: »Wenn Sie Leute sehen, die zusammen Kirthans oder religiöse Lieder singen, gebrauchen Sie die Peitsche und treiben Sie die Pseudoreligiosität hinaus. Für die nächsten fünfzig oder hundert Jahre muß alle sinnlose Religiosität verschwinden. Ihretwegen steht unsere Rasse am Rand des Ruins, abgesunken in Aberglaube und Trägheit. Der geschwächte Körper unseres Volkes kann nichts Geistiges hervorbringen. Indiens Geistigkeit muß dynamisch werden und das ist nur möglich, wenn die Massen

ernährt werden. Erst im Besitz eines kräftigen Körpers kann ihr Denken, Fühlen und Handeln erstarken.«
Heute zeigen sich erfreuliche Anzeichen des Erwachens. Unter Vivekanandas scharfem Peitschenhieb hat sich Indien zum ersten Mal in seinem Schlaf umgedreht. Nach dem Weggang unseres geistigen Führers, erhob sich aus der Asche der Vergangenheit eine weitverzweigte Gruppe von Mitarbeitern. Angefacht vom Geistesfeuer ihres Helden, arbeitet sie an der Auferstehung Aryavarthas, ihrem Vaterland. In der Geschichte Indiens stößt man auf große Zyklen von Verfall und Regeneration, die das alte Land wie Ebbe und Flut heimsuchten. Es hat die Zeit überdauert und verschiedensten Anschlägen und Erschütterungen standgehalten. Vivekananda war fest davon überzeugt, daß Indien überleben wird – im Gegensatz zu anderen Nationen, die emporsteigen, am Weltgeschehen teilnehmen und wieder untergehen. Denn es ist auf indischem Boden, wo jeder Mensch einmal geboren werden muß, um mit seinen Erfahrungen und Errungenschaften einen Beitrag zu leisten zum Wohle der Menschheit.

Frage: Einerseits wollte Vivekananda für die nächsten fünfzig bis hundert Jahre jegliche Tendenz zur Geistigkeit aus dem Land verbannen, damit es neu belebt werde und Kraft sammle, andererseits betonte er, daß nur ein geistiges Indien überleben könne. Wie sind diese sich widersprechenden Aussagen zu verstehen?

Antwort: Haben Sie nicht bemerkt, daß ein geschickter Gärtner die Knospen eines jungen Bäumchens schneidet? Das ist nichts anderes als eine Schutzmaßnahme, um die zarte Pflanze davor zu bewahren, zu bald zu blühen und somit vorzeitig Frucht zu tragen. Die gegenwärtige Generation Indiens ist mit Kindern zu vergleichen, die ihre Grundschulerziehung erhalten. Erst wenn sie durch die Lebensschule gegangen ist und eine entsprechende Widerstandskraft entwickelt hat, kann von Ethik, Mental- und Geisteskraft die Rede sein. Erst wenn das indische Volk die Gesetze der Materie beherrscht, ist es reif für die geistigen Gesetze. Oder anders ausgedrückt: Materielle Stabilität ist das Fundament für die geistige Entfaltung – so, wie sich die Wurzeln eines Baumes erst in der Erde befestigen müssen, bevor er Blüten und später Früchte hervorbringen kann.

Frage: Welchen Beitrag leistete Indien in der Vergangenheit zum Wohle der Menschheit?

Antwort: Lange betrachtete man Babylonien als Wiege der Kultur und Zivilisation. Zweifellos kommt jener Geschichtsepoche und den Kulturen der Ägypter, Chinesen, Griechen, Römer und anderer Völker größte Bedeutung zu. Was Aryavartha, das heutige Indien, betrifft, wäre es inkorrekt, seinen Ursprung datieren zu wollen. Lebendige Zeugen alter Hochkultur sind die berühmten Bauwerke von Mahabalipuram im Süden und Ellora im Norden. Hier überragen, zu Tempeln umgestaltet, gewaltige Granitfelsen als schweigende Wachposten die Zeit. Der architektonischen Gesamtanlage von Mahabalipuram hat das Meer allein sechs Felstempel entrissen – und doch, mit Ehrfurcht und Staunen erfüllt den Betrachter das uns Erhaltene. Es müssen Meisterhände gewesen sein, die der Nachwelt solche Spuren in Stein hinterließen. Obwohl Ellora und Mahabalipuram 700 Meilen entfernt voneinander liegen, frappiert den Besucher dieser Orte die Ähnlichkeit ihrer gigantischen Elefantenskulpturen. Fragend sinnt er nach, ob sich in den beiden Monolithblöcken nicht das gleiche Künstlergenie verbirgt. – In Europa wird dem Künstler durch sein Werk Unsterblichkeit verliehen. In Indien hingegen steht der Künstler im Dienst der Verewigung des Kunstwerkes. Und keiner kennt seinen Namen ... Kunst in diesem zeitlosen Land ist ein Akt der Verehrung vor dem Schöpfer.

Wenn Indiens Kunst für sich selbst spricht, so auch die von seinen Weisen introspektiv erforschten Grundlagen zahlreicher Wissenschaften, wie Arithmetik, Algebra, Geometrie, Physik, Chemie, Astronomie und Ayurveda – das Wissen vom Leben, bzw. die medizinische Wissenschaft. Ist Sanskrit nicht die Mutter so mancher modernen Sprache? Einen hervorragenden Rang nehmen die Geisteswissenschaften ein, die uns in den Veden und Upanishaden überliefert sind. Letztere handeln von der Gesamtevolution des Menschen bis zu seiner höchsten Ausdrucksform als erwachtes Allbewußtsein. Das geistige Wissen vereint auf vollkommene Weise Psychologie, Philosophie und Religion. – Kann dieser heute allgemein bekannte, weitgefächerte Beitrag Indiens einen Zweifel daran lassen, daß die Wiege der Kultur und Zivilisation auf BHARATAS Boden stand?
Indien ist ein lebenswichtiges Organ im Körper der Menschheit. Ich messe weder Land noch Leuten eine Sonderstellung bei. Doch seine großen Weisen sind sich darüber einig, daß Indien die Endstation der Erdenlaufbahn jedes Menschen ist, um hier, nach einer langen Reihe von Leben, seinen Erfahrungsschatz in den Strom universellen Wissens einfließen zu lassen. Wenn Indien seine geistigen Werte weitergibt, dann geschieht das weder mit Pauken und Trompeten noch mit dem Schwert der Eroberung sondern ganz sacht und leise – sanft wie der Morgentau, der die dürstende Erde benetzt, still wie die Rose, welche ihren Wohlgeruch an den Wind verströmt. Die große Familie der Menschheit, versammelt auf

indischem Boden als Bharatas Kinder, wurde seit undenklichen Zeiten bis zum heutigen Tag von seinen Weisen und Sehern in die WAHRHEIT des Lebens eingeweiht.
Und wiederum war es Vivekananda, Prophet des modernen Indien, der sagte: »Essen und trinken zu geben, ist die niedrigste Art von Hilfe. Menschenleben zu retten, ist eine höhere Form von Hilfe. Des Menschen Blick vom Boden zum Himmel zu heben, ist eine noch größere Hilfe. Doch die allergrößte Hilfe ist GEISTIGE Hilfe.«

BUDDHA

Frage: Beide Religionen, der Buddhismus und der Hinduismus haben ihren Ursprung in Indien. Was sind die Hauptmerkmale, in denen sich der Buddhismus vom Hinduismus unterscheidet?

Antwort: Buddhismus ist eine Religion, die auf den ethisch-moralischen Gesetzen des Lebens basiert. Er hat seine Wurzeln tief im Hinduismus – man kann ihn als reinste Frucht der Vedanta-Philosophie bezeichnen.

Gautama, der Buddha erschien in einer unrühmlichen Epoche der indischen Geschichte, als der einst erhabene Glaube der Hindus degeneriert und mit allerlei Aberglauben vermischt war. Es war die Zeit des sogenannten Brahmanismus, das heißt, die Priesterkaste, die Brahmanen, befanden sich auf der Höhe ihrer Macht. Sie unterdrückten die unwissenden Massen, herrschten über das religiöse und soziale Leben des Volkes. – »Verzichtet auf eure unzähligen Götter und Göttinnen«, lehrte Buddha, der Erleuchtete. »Gütig sein und Gutes tun« – das soll die allein existierende Gottheit sein. Welch großartige Kultur und Zivilisation mußte im vorbuddhistischen Indien, vor mehr als 2500 Jahren, bestanden haben, daß die Menschen zu Buddhas Zeit – trotz einer Welle der Dekadenz in religiöser und sozialer Hinsicht – den Lehren und höchsten Weisheiten des Erhabenen folgen konnten. – Wenn Sie das Kapitel »Buddha-Legenden« in »Selbsterziehung durch Yoga« lesen, werden Sie einen kleinen Einblick erhalten in das Leben und Wirken einer der größten Gestalten der Geschichte. Gautama, der spätere Buddha, war ein Prinz, der der Welt des Leides und der Vergänglichkeit entsagte. »Die Geburt endet mit dem Tod«,

überlegte er. »Doch was ist ES, das nie geboren ist, das nie sterben kann?« Und er gelobte sich: »Bevor ich die Antwort nicht gefunden habe, werde ich mich nicht von dieser Stelle erheben, selbst wenn mein Körper daran zugrunde gehen sollte.« Seine Entschlossenheit in der Suche nach der Wahrheit, ließ ihn eines Tages die Antwort finden.
Seine erste Belehrung richtete er an eine Gruppe von Mönchen: »Zwei Dinge sollt ihr im Leben vermeiden, o Mönche – unnötige Wünsche und die Kasteiung des Körpers.« – »Was ist die Wahrheit?« fragte einer seiner Zuhörer. »Es gibt vier Wahrheiten, o Wanderer«, antwortete der Erhabene:
»LEID. DIE URSACHE DES LEIDES. DIE VERNICHTUNG DER URSACHE DES LEIDES. DER WEG, DER HERAUSFÜHRT AUS DEM LEID. Dies, o Mönche, sind die vier Wahrheiten.«
Buddhas Lehre wird oft mißverstanden. Man wirft ihr Negativismus, Weltabgewandtheit und Ablehnung des irdischen Lebens vor. Keineswegs! Was Buddha sagte, war: »Es ist wahr, o Simba, daß ich von Ablehnung, von Abkehr spreche: Ablehnung von allem, was dich schwächt, Abkehr von allem, was Leid verursacht – aber niemals Abkehr vom Guten, vom Segensreichen, von dem, was uns frei und glücklich macht.«

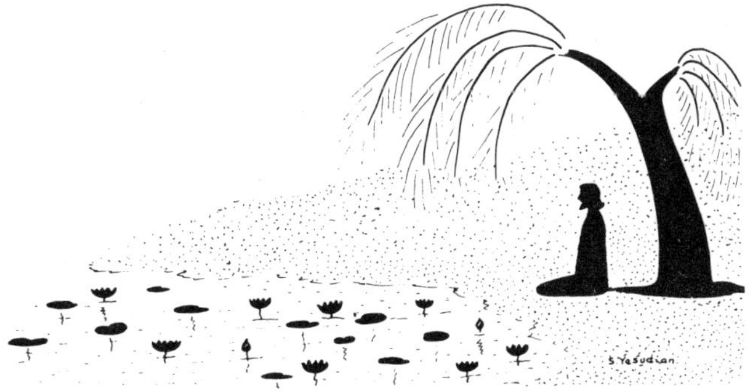

Hören wir die Worte Swami Vivekanandas über Buddha: »Buddha beugte vor niemandem und vor nichts die Knie, für ihn gab es keine Autoritäten – weder Vedas (heilige Schriften) noch Priester; weder das Kastenwesen noch andere Vorschriften der Gesellschaft. Furchtlos suchte er alles zu ergründen, so weit ihm dies mit dem Verstande möglich war. Solch ein unbeirrtes Forschen nach der Wahrheit und eine solche allumfassende Liebe hatte die Welt noch nie gesehen.«
Buddha war der erste, der es auszusprechen wagte: »Glaube nicht an etwas, weil irgendwelche alte Schriften es behaupten; glaube nicht, weil du von klein auf dazu angehalten wurdest. Denke nach. Ergründe alles selbst. Und wenn du nach sorgfältigem Erwägen zum Schluß kommst, daß es dir und allen anderen zum Wohle gereiche, dann glaube daran, lebe diesen Grundsätzen gemäß und hilf deinen Mitmenschen, auf ihrem Weg dasselbe zu tun.«
Buddha war der einzige Seher, der sagte: »Ich kümmere mich nicht um alle eure Theorien von Gott. Was nützen euch die subtilen Abhandlungen über die Seele? Verwirkliche das Gute, handle wohlwollend. Das wird dich zu Freiheit und Wahrheit – was immer sie sein mag – führen.«
Über sich selbst sprach der Erleuchtete: »Buddha« bedeutet Allwissen. Ich, Gautama, habe diesen Zustand erreicht. Es liegt auch in deiner Macht, ES zu erreichen, wenn du dich darum bemühst.«

SHANKARACHARYA, INDIENS GRÖSSTER PHILOSOPH

Die Grundlage indischer Philosophie ist die Psychologie – wobei Psychologie als Lehre, die zur Selbsterkenntnis führt, verstanden wird. Und die Philosophie geht am Ende in den Bereich der Religion über, mit dem Ziel der Gotteserkenntnis. Man trennt Psychologie, Philosophie und Religion nicht voneinander ab. Sie sind integrierender Bestandteil ein und derselben Wahrheit. In Indien würde sich kaum jemand für leere, rein spekulative Streitgespräche erwärmen. Ein Philosoph – im indischen Sinne – ist gleichzeitig ein Psychologe mit umfassender Menschenkenntnis. Außerdem ist er ein tief religiöser Mensch; sein Ziel ist die Gotteserfahrung, die Gotteserkenntnis.

Frage: Wie ich gelesen habe, war Shankaracharya ein solcher Philosoph. Wäre es möglich, etwas über ihn und sein Leben zu erfahren?

Antwort: Erzählungen illustrieren die Wahrheit oft besser als alle Theorie. Vertiefen wir uns eine Weile in die Lebensgeschichte eines Menschen, der als Indiens bedeutendster Philosoph betrachtet wird:

Vor mehr als tausend Jahren lebte in einem kleinen Dorf in Südindien ein älteres Ehepaar. Ihr einziger Kummer war, daß ihre Ehe kinderlos geblieben war. Fromm, wie sie beide waren, versäumten sie ihre religiösen Pflichten nie. Eines Tages erschien ihnen Gott im Traum und versprach, ihren Herzenswunsch zu erfüllen. »Möchtet ihr viele Kinder haben ohne besondere Fähigkeiten, denen ein langes Leben bevorsteht oder ein einziges Kind voller Wissen und Weisheit, dessen Aufenthalt auf dieser Erde jedoch von kurzer Dauer sein

wird? Überlegt es euch gut, die Wahl liegt bei euch.« Groß war das Dilemma des Paares. Doch nach einigem Nachdenken entschlossen sie sich für das eine Kind, das mit Wissen und Weisheit zur Welt kommen würde.
Bald ward ihnen ein Sohn geboren mit den glückverheißenden Merkmalen eines höheren Wesens. Die glücklichen Eltern gaben ihm den Namen Shankara (ein anderer Name für Gott Shiva). Er war ein überaus intelligentes und reifes Kind, das, kaum sieben Jahre alt, die Brahmanen im Tempel des Dorfes mit seinen weisen Aussagen verblüffte. Es war in jener Zeit, daß Shankaras Vater plötzlich verschied. Der kleine Knabe war seiner Mutter einziger Trost, das Licht ihrer alten Tage, und er war ihr auch von Herzen zugetan.
So wie Sukadeva, kaum geboren, die vergängliche Natur der Schöpfung erkennend, sein Elternhaus verließ und sich in die Einsamkeit des Himalayas zurückzog, so hing auch vor Shankaras Augen kein täuschender Schleier. Er wollte der Welt entsagen, sich in eine Berghöhle zurückziehen, um sich ungestört der Suche nach der absoluten Wahrheit zu widmen. Shankaras Mutter fühlte den Wunsch ihres Sohnes, tröstete sich aber mit dem Gedanken, schon in ein paar Jahren eine geeignete Frau für ihn zu finden. »Nichts wirkt sicherer als die Bande der Ehe«, dachte sie. Doch der Feinfühligkeit des Knaben entging ihre Absicht nicht, und umso mehr war er auf der Hut, sich in keine weltliche Bindung zu verstricken.
Das Schicksal kam Shankara zu Hilfe. Eines Tages, als er in einem Fluß badete, schnappte ein Krokodil nach seinem Bein und versuchte, den Knaben in die Flußmitte, in die Tiefe des Wassers zu ziehen. Seine zu Tode erschrockene alte Mutter stand hilflos am Ufer und weinte. Schnell entlockte ihr Shankara ein Versprechen, indem er ihr zurief: »Mutter, erlaube mir, der Welt zu entsagen und Mönch zu werden. Wenn du einwilligst, so wird mich das Krokodil vielleicht loslassen, und ich werde leben und an deiner Seite sein, wenn ich einst

meine Sohnespflicht bei den heiligen Sterberitualen erfüllen muß.« Was anderes konnte die angsterfüllte Mutter tun, als einzuwilligen! – und im selben Augenblick war Shankara befreit. Nicht einmal ein Krokodil hatte die Macht, seinem Opfer ein Leid anzutun, einem Knaben, der schon in diesem zarten Alter bereit war, der Welt zu entsagen, zum Wohl von Mensch und Menschheit.

Die alte Frau war ergriffen von allem, was geschehen war und tief beeindruckt von der Kraft der Entsagung, die selbst dem Tod widersteht. Wahrlich, der Tod hat keine Macht über denjenigen, der die Wirklichkeit wählt und nicht den Schein, das Licht und nicht die Finsternis, das Ewige und nicht das Vergängliche.

Doch plötzlich tauchte ein Gedanke in ihr auf: »Wird mein Sohn als wandernder Mönch wissen, wann die Stunde meines Abschieds von dieser Erde gekommen ist? Wird er sich seines Versprechens erinnern und die Sterberituale für mich vollziehen können?« – »Mutter, denke an mich im Augenblick des Todes, und ich werde vor dir erscheinen, unabhängig davon, wo ich mich gerade aufhalte«, beantwortete Shankara die unausgesprochene Frage seiner Mutter. »Ich werde kommen und meine heilige Pflicht erfüllen, so, wie ich es dir versprochen habe, o meine geliebte Mutter.« Darauf segnete die alte Frau ihren Sohn und schaute ihm mit erhobenen Armen nach, bis er im abendlichen Zwielicht zwischen den lichtdurchfluteten Staubwolken der Landstraße ihren Blicken entschwand. In die Dunkelheit der Nacht lenkte nun der Knabe seine Schritte – hinein in die Finsternis dieser Welt, in die er in späteren Jahren so viel Licht und Hoffnung bringen sollte für die leidende Menschheit.

Shankara war auf der Suche nach einem erleuchteten Weisen, einem Meister, der ihn in die tiefsten Wahrheiten des Lebens einweihen würde, und der ihm helfen sollte, den dünnen Schleier zu lüften, der ihn noch von der allerhöchsten

Erfahrung, der unmittelbaren Gottes-Erkenntnis, trennte. Seine lange Wanderung brachte ihn schließlich zur Einsiedelei eines Heiligen. Er klopfte an die Tür. »Wer bist du?« fragte eine Stimme von drinnen. Shankara, der kleine Knabe, der mit dem Wissen um die unteilbare e i n e, göttliche Ursache in allem was Form genommen hat, geboren wurde, mit dem Bewußtsein, daß der Teil und die Ganzheit eine untrennbare Einheit bilden, und mit der Gewißheit, daß auch er diese Ganzheit in sich trug, antwortete: »Dein eigenes Selbst.«
Der Weise, – wohl wissend daß kein gewöhnlicher Besucher um Einlaß bat – erhob sich und öffnete die Tür. Vier Augen begegneten sich und wurden zwei, und aus den zweien wurde EINS; zwei Herzen verschmolzen zu EINEM. Mit unendlicher Liebe umarmte der Meister seinen würdigen Schüler, den achtjährigen Shankara.
Acht Jahre blieb der Schüler bei seinem Meister, Guru Govindapada. Er lernte, was zu lernen war und war seinerseits dem Meister behilflich, wo immer er konnte. Demjenigen zu dienen, der Gott verwirklicht hat, bedeutet, Gott selbst zu dienen, denn Gott erscheint in der Gestalt des Guru, der Guru ist Gott. Die höchsten Wahrheiten der Vedanta-Philosophie enthüllten sich vor Shankara, und in der Tiefe der Meditation vereinigten sich die Wasser des Stromes mit den Wassern des Ozeans, die keine Ufer umspülen. Der Schüler wuchs über den Meister hinaus in all seinen edlen Errungenschaften, denn er, eine kleine Welle des unendlichen Ozean Gottes, verkörpert in menschlicher Gestalt als Shankara, war erschienen auf Erden, um das Wissen wiederherzustellen, um die WAHRHEIT neu zu beleben.
Wo immer er sich aufhielt, lenkte sein ungewöhnliches Wesen und seine Weisheit die Aufmerksamkeit der bedeutendsten Pandits (Gelehrte) seiner Zeit auf sich, welche sehr stolz waren auf ihre Gelehrtheit. Von weit her reisten sie, nicht nur, um den jungen Weisen zu sehen, sondern auch, um ihn her-

auszufordern in ihren Disputen über die Schriften, denn sie waren hochgebildet und bestens vertraut mit den Veden, Upanishaden, der Bhagavatam, Bhagavad Gita und allen anderen heiligen Schriften der Hindus. – Doch Shankaras Wissen war auf dem unerschütterlichen Felsen der Erfahrung aufgebaut, seine Weisheit entsprang der Quelle eigenen Erlebens und hielt den schneidenden Argumenten des Gelehrten stand. Der junge Weise bewies die Nichtigkeit des durch Bücherweisheit erworbenen Wissens und betonte, daß man allein durch Unterscheidungsvermögen zwischen der sich stets wandelnden Welt der Erscheinungen und der unveränderlichen WIRKLICHKEIT, innewohnend als das wahre SELBST im Herzen des Menschen, zur WAHRHEIT gelange. Er lehrte: »Die Unwirklichkeit zu verwirklichen ist Unwissenheit; allein die WIRKLICHKEIT zu verwirklichen ist wahres Wissen.«

Zu jener Zeit waren Städte wie Madurai, Tanjore, Rameswaram und Benares geistige Zentren, Begegnungsstätten berühmter Gelehrter, die vor Königen und Prinzen, Priestern und dem Volke wetteiferten.

Benares oder Kashi, wie die Stadt damals genannt wurde, nahm dabei den ersten Platz ein, und nur wer in der heiligen Stadt Anerkennung fand, galt als wahrer Pandit (Gelehrter). Nach jahrtausendealter Überlieferung ist Kashi die Stätte von Gott Shiva und außerdem ein geweihter Ort durch seine Lage am heiligen Strom Ganga.

Eines Tages badete Shankara in den heiligen Wassern des Ganges. Als er die Stufen, die zum Fluß führten, emporstieg, saß dort ein Mann, der allem Anschein nach einer niedrigen Kaste angehörte. Die Schüler Shankaras befahlen dem in Fetzen gekleideten Bettler aufzustehen und ihrem hochverehrten Lehrer aus dem Wege zu gehen. Doch der rührte sich nicht von der Stelle. Er schaute Shankara tief in die Augen und sprach die bedeutungsschweren Worte: »Wer Wissen besitzt, trägt auch Mitgefühl in seinem Herzen. Wer Mitgefühl besitzt, hat Liebe in sich. Wer Liebe besitzt, ist eins mit allem. Das SELBST ist EINS und das SELBST ist alles. Es ist innewohnend in allem Geschaffenen, in dir wie in mir. Was soll nun aus dem Wege geschafft werden, o Shankara, der Körper oder das Selbst? Ist mein Selbst verschieden von deinem Selbst?«

Als Shankara realisierte, daß er sich in der Gegenwart eines erleuchteten Weisen befand, fiel er vor ihm auf den Boden und bat um Verzeihung. Der *sadhu* (Wandermönch) erhob sich, segnete den jungen Shankara und verschwand in der Menge. Er war niemand anderes als Gott Shiva, der erschienen war, um dem jungen Weisen eine Lehre in Demut zu erteilen. Und Shankara hub zu singen an: »Ob Brahmane oder Unberührbarer; was kümmert es mich! Allein das zählt, ob er Gotteserfahrung besitzt, ob er das SELBST erkennt. Einen solchen betrachte ich als meinen Guru, meinen Gott, ob Brahmane oder Unberührbarer ...«

Bald folgten Hunderte von Schülern und Anhängern ihrem jungen Lehrer. Die meisten waren in fortgeschrittenem Alter und hochgebildet. Sie begleiteten ihren Meister von Stadt zu Stadt, und wo immer über philosophische und geistige Fragen diskutiert wurde, übertraf Shankara alle anderen.

Überall betonte er: »Eine Stufe höher als über die Wahrheit zu hören, ist sie zu sehen; und wiederum eine Stufe höher, ist die Wahrheit zu SEIN.« – In Narmada, einem berühmten geistigen Zentrum, war Mandan Mishra der unbestrittene Meister im Auslegen der heiligen Schriften. Er kannte die Veden und Upanishaden auswendig und hatte die Gabe, sie zu erläutern wie kein anderer. Er war sozusagen das Oberhaupt der Gelehrten. Der junge Shankara, noch keine siebzehn Jahre alt, forderte den berühmten Mandan zu einer Debatte heraus. Mandan schaute den Jüngling an und bewunderte seinen Mut, war aber überzeugt, daß Shankara kein ihm ebenbürtiger Gegner war. Mandans Gattin, Bharati, ebenso gelehrt wie schön, sollte Schiedsrichter sein.

Mandan konnte der Lebensweise eines Mönches keine Sympathie abgewinnen; *sannyasa*, Entsagung, bedeutete ihm nichts, und *sannyasis*, die auf ein Leben in der Gesellschaft verzichtet hatten und als Bettelmönche umherzogen, fanden keinen Gefallen in seinen Augen. – Die ungewöhnliche Bedingung des Wettstreites war, daß Shankara, falls er von Mandan besiegt würde, heiraten und das Leben eines Familienvaters führen sollte. Falls Mandan von Shankara besiegt würde, sollte er dem weltlichen Leben entsagen und Mönch werden; das gelbe Gewand des *sannyasins* und die Bettelschale würde er von seiner eigenen Frau empfangen. Bharati legte ihrem Gatten und dem jungen Shankara eine Blumengirlande um den Hals und sprach: »Wessen Girlande zuerst welkt, gilt als besiegt.«

Vor einer großen Zuhörerschaft – Schriftgelehrte des ganzen Landes Bharata (Indien) waren zugegen – begann der Wettstreit zwischen den beiden Gegnern. Beide legten ihre Argumente überzeugend dar; ihre Aussagen konnten nicht widerlegt werden – der eine, indem er die Tugenden eines Familienvaters aufzählte und der andere, indem er die wahre Freiheit eines Lebens der Entsagung pries. Mandan rühmte die Herrlichkeit der Schöpfung als glorreiches Panorama nie verblassender Schönheit. Shankara sprach überzeugend vom Leben der Entsagung als einziges Heilmittel gegen das Leiden, das das irdische Dasein mit sich bringt mit seinen ständigen Sorgen und Kümmernissen.

Mandan vertrat die Ansicht, daß der *sannyasi* (Mönch) die Freiheit, die er genießt, dem rechtschaffenen Leben und der Arbeit des Familienvaters verdanke. – »Das weltliche Leben, so angenehm es scheinen mag, ist immer begrenzt«, argumentierte Shankara, der junge Mönch. »Irregeführt durch die Sinne, lebt der weltliche Mensch in Knechtschaft und in steter Angst, das Wenige, das er besitzt, zu verlieren. Nichts ist gewisser als der Tod, und wenn er erscheint, ist der Traum dieses irdischen Lebens ausgeträumt. Der *sannyasi*, der den

täuschenden Aspekt des Lebens sieht, entsagt dem Trugbild der Sinne und lebt ohne Angst und Sorgen – frei von Leid. Siebzehn Tage lang dauerte der Wettstreit vor einer aufmerksamen Zuhörerschaft. Mandans Blumen welkten als erste. Shankaras unwiderlegbare Argumente überzeugten Schiedsrichterin Bharati, daß ihr Gatte besiegt war. Shankaras Worte wiegten schwerer als Mutter Erde, denn sie enthielten die allerhöchste Wahrheit; Weisheit leuchtete aus seiner Rede, die kein Schatten trüben konnte. Als Bharati sich von ihrem Sitz erhob, schien es, als ob die Göttin der Gelehrtheit, Saraswati, vor dem Publikum stünde. »Der junge Mönch ist Sieger«, verkündete Bharati vor aller Öffentlichkeit. Ein ohrenbetäubender Applaus folgte. Doch dann setzte Bharati alle Anwesenden in Erstaunen mit den Worten: »Dein Sieg ist erst dann unwiderruflich, o Shankara, wenn du auch mich besiegt hast. Wisse, daß ich die andere Hälfte Mandans bin; so, wie jede Gattin Teil ihres Gatten ist. Im Leben wie im Tod, in dieser Welt und in der nächsten, begleitet eine treue Frau ihren Gatten durch das Leben und auch über den Tod hinaus.«
Bharati war eine Meisterin der Liebeskunst und wußte, daß ihr brillanter Gegner unerfahren und unschuldig war wie ein kleines Kind. Shankara sprach zwar über die Liebe zwischen Mann und Frau als etwas, das der vergänglichen Ebene des Körpers angehöre und folglich verblasse und welke, wie eine Blume. Doch die Erfahrung, die seine Argumente hätte stützen sollen, fehlte. Bharati verlangte immer wieder Beweise für seine kühnen Behauptungen. Als Shankara nahe daran war, den Wettstreit zu verlieren, bat er Bharati, ihm dreißig Tage Bedenkzeit zu gewähren, um über ihre komplexen Fragen nachzudenken. Sie war einverstanden, denn sie wußte, daß der junge Mönch, den sie herausgefordert hatte, sein keusches Leben niemals aufgeben würde.
Nicht nur Shankaras Gelehrtheit und Weisheit waren einzigartig; er hatte auch unglaubliche okkulte Fähigkeiten

entwickelt in der Zeit, die er bei seinem Meister verbrachte, das heißt, von seinem achten bis zum sechzehnten Lebensjahr.
Das Schicksal wollte es, daß eben zu jener Zeit König Amaruka von Bengalen verschied. Dank seiner okkulten Kräfte wußte Shankara vom Tod des alten Königs. Der junge Mönch hatte die Fähigkeit, aus seinem Körper herauszutreten und in einem körperlosen Zustand anderswo zu erscheinen. Shankara ließ seinen Körper in der Obhut einiger treuer Anhänger zurück und trat in den eben verstorbenen Leib von König Amaruka ein. – Nicht nur die Bewohner der Residenzstadt jubelten, als ihr totgeglaubter König plötzlich erwachte; auch die zahlreichen Königinnen freuten sich. Sie kamen aus dem Staunen nicht mehr heraus, denn ihr betagter Gatte war ihnen so zärtlich und leidenschaftlich zugetan wie in seinen jungen Jahren. – Im Körper des Königs lernte Shankara die hohe Kunst der Liebe, Kamashastra genannt, die seine Gegnerin, Bharati, meisterhaft beherrschte.
Nach den vereinbarten dreißig Tagen verließ Shankara die sterbliche Hülle des Königs und kehrte in seinen eigenen Körper zurück. Er erschien vor Bharati und der ganzen Versammlung von Gelehrten, und alle waren neugierig zu erfahren, zu wessen Gunsten der Wettstreit ausgehen würde.
War es nicht Prinz Siddharta, der zukünftige Buddha, der um die Vergänglichkeit körperlicher Freuden wußte und den Versuchungen der drei wunderschönen Töchter Maras, des Erdgeistes, widerstand? Er sagte: »O, ihr drei Schönen, Freude ist kurz wie der Blitz. Warum soll ich nach diesen vergänglichen Freuden trachten, die ihr zu erfüllen versprecht? Soll ich nicht eher nach dem streben, was jenseits des Vergänglichen liegt?« So überzeugte auch Shankara seine Gegnerin Bharati, daß Leidenschaft, so himmlisch sie im Augenblick erscheinen möge, nicht von Dauer sei; daß auch der schönste Körper schlaff und welk werde im Alter; daß die

Geburt unvermeidlich zu den Toren des Todes führe, und daß kein Lebewesen davon verschont bleibe. »Darum, o Bharati, ist das Ziel des Lebens nicht irdisches Glück, sondern die Befreiung von der Knechtschaft der Sinne und die Erfahrung, daß alles, was geboren ist, vergeht. Was nicht geboren ist, ist der innewohnende Geist, das SELBST, Atman. Wer ES erreicht, wird unsterblich.« – Auch Shankaras verblüffendes Wissen über die Kunst der Liebe – er wußte mehr darüber als sie selbst – erfüllten Bharatis Herz mit Staunen. Sie gestand ihre Unterlegenheit ein und verkündete, daß ihr junger Gegner unbestrittener Sieger sei.

Mandan verneigte sich vor dem jungen Weisen und dann vor seiner Gattin, aus deren Händen er die Bettelschale und das gelbe Gewand eines Mönchs empfing. Beide warfen sich vor Shankara, den sie als ein Wesen göttlicher Abstammung betrachteten, auf den Boden. Alles, was sie besaßen, verteilten sie unter den Bedürftigen und folgten ihrem erhabenen Guru, immer auf der Suche nach jenem wahren, dauerhaften Glück, das die Beherrschung der Sinne voraussetzt. Viele Anhänger Mandans verzichteten auch auf ein weltliches Leben und wählten den Weg der Entsagung, der Leidenschaftslosigkeit und der Wahrheit.

Shankara wurde überall im Lande Aryavartha (Indien) als geistiges Oberhaupt anerkannt.

»Groß sind die Verdienste des Familienvaters«, sagte er, »denn er ist die Stütze der Gesellschaft und arbeitet zum Wohle seiner Mitmenschen. Er ist der Lebensbaum, in dessen Nest der alles entsagende Mönch geboren wird; er ernährt ihn, stärkt ihn, schützt ihn, bis er seine Flügel ausbreitet und fliegt – hinauf in die himmlischen Gefilde der Freiheit. Besitztum gehört zum Leben des Familienvaters, nur sollte sein Besitztum nicht von ihm Besitz ergreifen. Das ist Freiheit, dann lebt er nicht in Angst, das Wenige, das er besitzt, zu verlieren. Er ist ungebunden, frei und furchtlos – selbst angesichts des Todes. Kein Schwert kann ihn töten, kein Feuer verbrennen, denn er ist Geist, der unvergängliche, der unsterbliche, der ewig freie.«

Eines Tages lag Shankaras alte Mutter in einem weit entfernten Dorf in Südindien im Sterben. Schon als Achtjähriger hatte er ihr versprochen, in der Stunde des Todes an ihrer Seite zu sein und die heiligen Sterberituale zu vollziehen, unabhängig davon, wo er sich gerade aufhalte. Im Augenblick als die Mutter ihren Sohn herbeiwünschte, erinnerte sich Shankara seines Versprechens und erschien an ihrem Sterbebett. Unter Tränen der Freude und des Abschieds sang er für sie mit seiner wunderschönen Stimme Texte aus den heiligen Schriften und begleitete sie hinüber zu jenen Gestaden, wo der Tod seinen Stachel verliert. So, wie der Strom zu seinem Ursprung, dem Ozean, zurückkehrt, so trat Shankaras Mutter ins Reich des Absoluten ein, von wo es keine Rückkehr mehr gibt.

Yogis kennen die genaue Stunde ihres Abschieds von dieser Erde. Shankaracharya, der große Lehrer, hatte seine göttliche Mission bereits im Alter von 32 Jahren erfüllt. Es war ihm gelungen, die echte Religiosität, das geistige Bewußtsein seines Volkes zu erwecken, wo immer er erschien. Zahlreiche Schriften und Kommentare zu den Veden, Upanishaden und anderen großen Werken hatte er für die Nachwelt verfaßt. – Eines Tages zog er sich in Kedarnath, in den Himalaya-Gebirgen, in eine Höhle zurück und ward niemals wieder gesehen. Unter den unvergeßlichen und unsterblichen Geistern im weiten Himmelsgewölbe leuchtet er auch heute als ein Stern von ungewöhnlicher Größe. Selbst nach dieser langen Zeitspanne hat seine Botschaft nichts von ihrem ursprünglichen Glanz verloren; sie leuchtet fort und fort in alle Himmelsrichtungen und Menschen überall auf der Welt finden Kraft und Trost in der zeitlosen Botschaft, die Shankara Mensch und Menschheit brachte.

WEISHEITEN DES SHANKARACHARYA

Beim Anblick einer holzgeschnitzten Elefantenfigur wird das Holz vergessen und bei näherer Betrachtung des Holzes der Elefant. Ebenso wird in der Welt das SELBST vergessen und in SELBST-Versenkung die Welt.

Der weise Mensch sucht die Natur der Erscheinungswelt nicht zu ergründen. Wie ein Traum, der vorüberzieht, so sieht er die geschaffene Welt, die ebenfalls vergeht. Er betrachtet sie als Illusion, nicht als Wirklichkeit.

Obwohl der »Zu-Lebzeiten-Befreite« (jivanmukta) alle Täuschung überwunden hat, scheint er für die Außenwelt immer noch in deren Einflußbereich zu stehen. Doch das SELBST strahlt in seiner Fülle.

Auf die weite Leinwand der Schöpfung malt das SELBST Bilder vielgestaltiger Welten und es ist das SELBST, dem aus der Schau dieser Bilder beseligende Freude erwächst.

Das ist in Wahrheit die Natur des Weisen: Obwohl er auf das Panorama der phänomenalen Welt blickt, ist er das unzerstörbare SELBST in allem.

Der Weise, der alles als SELBST erkannt hat – worüber sollte er meditieren, worüber sprechen?

Für den Weisen, der in allen Erscheinungsformen einen Ausdruck des SELBST sieht, gibt es weder »Bindung« noch »Befreiung«.

Für den geistig Unreifen, bedeutet diese Welt eine Wirklichkeit, daher ist er an die Vorstellung von Geburt und Tod gebunden.

Dem Menschen geistiger Reife, die er sich durch die Verdienste vieler Leben erwarb, erklären die Veden: Trotz aller Vielfalt bildet das Universum eine im SELBST ruhende Einheit.

Das ganze Universum innen und außen durchdringend, es erleuchtend, verströmt sich das SELBST – aus sich selbst strahlend – in grenzenlosem Licht.

Das SELBST ist die Sonne der Erkenntnis, welche am Firmament des eigenen Herzens aufgeht, Dunkelheit und Unwissenheit zerstört – alles erfüllend und stützend, strahlt es und läßt alles erstrahlen.

Die Erscheinungswelt voll von Begierde und Haß ... ist wahrlich wie ein Traum. Zum Zeitpunkt, da uns SELBST-Erinnerung fehlt, scheint sie wirklich. Sind wir erwacht, wird sie als unwirklich durchschaut.

Wie das Perlmutt vermeintlich Silber enthält, so täuscht die Welt Wirklichkeitscharakter vor – doch nur so lange bis das SELBST als unwandelbare, allem zugrundeliegende Realität erfahren wird.

Wasserstrudeln gleich entstehen und vergehen Welten im SELBST – Urgrund und Ursache alles Geschaffenen.

So wie in der Sonne Licht, im Wasser Kälte, im Feuer Wärme ist, so ist das SELBST wesensgleich mit absolut-ewigem SEIN-BEWUSSTSEIN-SELIGKEIT.

Solange wir uns als Einzelseele betrachten, unterliegen wir dem gleichen Irrtum wie jemand, der ein Seil für eine Schlange hält und haben Angst. Mit der Erkenntnis »Ich bin nicht Einzelseele sondern allumfassendes SELBST« hat alle Angst ein Ende.

So wie Licht einen Krug oder andere Objekte beleuchtet, so durchdringt das SELBST erleuchtend Bewußtsein und Sinne usw.; nicht aber können diese beleuchtbaren Objekte (die Welt der Gedanken, Gefühle, Sinne usw.) das eigene SELBST erleuchten.

Da das SELBST seinem ureigensten Wesen nach Offenbarungsquelle für alles Erkennen ist, bedarf es zur Erkenntnis seiner selbst keines äußeren Wissens – genauso wie Licht keine zweite Lichtquelle braucht, um sichtbar zu werden.

Geburt, Alterserscheinung, Tod usw. haben keinen Anteil an mir, da ich nicht der Körper bin. Klang und andere äußere Sinnesobjekte haben keinen Einfluß auf mich, da ich nicht mit den Sinnen identisch bin.

Ich bin nicht Denken-Fühlen-Wollen; daher haben Sorgen, Wünsche, Haß, Angst usw. keinen Anteil an mir. Wie die Schriften lehren, ist das SELBST weder identisch mit den Sinnen noch mit dem Gemüt sondern reines – keinerlei Bedingungen unterworfenes – Bewußtsein. ICH BIN eigenschaftslos, jenseits aller Verstandestätigkeit, jenseits aller Zweifel, unbefleckt, formlos, ewig frei – reines inhaltsloses Bewußtsein.

Wie Äther durchdringe ich alles, innen und außen. ICH BIN unvergänglich, ewig in WAHRHEIT gegründet, in allem das unwandelbar EINE, ungebunden, keiner Bedingung unterworfen, unerschütterlich.

ICH BIN das höchste Brahman (das SELBST) – Wirklichkeit, Wahrheit, Unendlichkeit, reines Gewahrsein, die ungeteilte Seligkeit des Einen-ohne-ein-Zweites.

Sich unaufhörlich in das Gedächtnis einzuprägen »ICH BIN BRAHMAN« (das allesdurchdringende SELBST), beseitigt die Ursache der Unwissenheit wie Lebenselixier die Krankheit.

IN EINSAMER ZURÜCKGEZOGENHEIT SOLLTE MAN SITZEN UND ÜBER DAS EINE UNENDLICHE SELBST MEDITIEREN – BEHERRSCHTEN GEMÜTES, LEIDENSCHAFTSLOS UND OHNE MIT DEN GEDANKEN ABZUSCHWEIFEN.

EIN WEISER MENSCH SOLLTE KRAFT SEINER INTELLIGENZ DIE GANZE OBJEKTWELT IN DAS SELBST ZURÜCKSINKEN LASSEN UND IMMER ÜBER DAS EINE SELBST MEDITIEREN, DAS WIE GRENZENLOSER RAUM IST.

Jemand, der die höchste Wahrheit erfahren hat, gibt alles andere auf, was an Formen gebunden ist, wie Kastenzugehörigkeit etc., und wohnt naturgemäß im SELBST, das unendliche Bewußtsein und Seligkeit ist.

Die Unterscheidung von Erkennendem, Erkenntnis und Erkanntem besteht nicht in bezug auf das SELBST. Da letzteres reines Gewahrsein und Glückseligkeit ist, ist es selbsterleuchtend.

Wenn Erkenntnis die Unwissenheit beseitigt hat, dann tritt das SELBST in Erscheinung so wie die Sonne aufgeht, sobald der anbrechende Tag die Dunkelheit vertrieben hat.

Ist das Meer der Unwissenheit überquert, sind die Dämonen der Dualität, wie Sympathie und Antipathie etc. besiegt: dann genießt der beobachtende Zeuge – eins mit sich selbst – in höchstem Glück die Seligkeit seines eigenen Seins.

Der stille Zeuge, wenngleich auf relativer Existenzebene weilend, sollte unberührt von deren Auswirkungen sein. Alles erkennend, sollte er einem gleichen, der nichts weiß und ungebunden umherwandern, frei wie der Wind.

ICH BIN UNZERSTÖRBARES, UNSTERBLICHES BEWUSSTSEIN DES INNEREN SELBST. ICH BIN ERFÜLLT VON HÖCHSTER SELIGKEIT. ICH BIN DAS HÖCHSTE SELBST. ICH BIN DAS UNENDLICHE.

ICH BIN ZEUGE MEINES SCHÖPFERISCHEN GEISTES. ICH BIN DER SCHÖPFUNGSAKT. ICH BIN DAS GESCHAFFENE. ICH BIN FÜLLE UND FORTSCHRITT. ICH BIN ZUFRIEDENHEIT. ICH BIN DAS GLÜHENDE LICHT IN DER LAMPE DER ZUFRIEDENHEIT.

Auch Hunderte von philosophischen Systemen werden in mir keinen Widerhall finden, erwecken sie nicht Selbstbeherrschung und Frieden. ICH BIN ist alleinige Zufluchtsstätte des Weisen. ICH BIN ist der Zerstörer aller Zweifel.

Vom Wind großer Verdienste aus vergangenen Leben herangetragen, habe ich den Ozean der Erscheinungswelt überquert, dessen sorgen- und leidbeladene Wellen unbeständig sind.
Ich verneige mich nicht vor Göttern. Derjenige, der jenseits der Gottheiten gelangte, wen sollte er anbeten? Wieder und wieder verneige ich mich vor meinem eigenen SELBST – Wurzel allen Strebens.

Ausgewählte Zitate aus »Select works of Sri sankaracharya«. Übersetzt von S. Venkataraman, veröffentlicht im Verlag G.A. Natesan & Co., Madras, Indien.

ENTSAGUNG

Frage: Was ist mit Entsagung gemeint? Warum spielt sie im Leben der geistig Strebenden in Indien eine so große Rolle?

Antwort: Entsagung ist eine Geisteshaltung. Es ist die innere Losgelöstheit von den Dingen, die wir unser eigen nennen. Mit anderen Worten: BESITZTUM SOLLTE NICHT VON U N S BESITZ ERGREIFEN. Ein Vogel kann nur seine Flügel ausbreiten und zum Flug abheben, wenn er sich nicht an den Zweig festklammert, auf dem er sitzt. Weniger Bedeutsames wird gegen Bedeutungsvolleres eingetauscht – das ist Entsagung.

Frage: Demnach kann der geistige Weg beschritten werden, ohne Besitztum und Familie aufzugeben?

Antwort: Natürlich. Neben der Verwaltung Ihres Besitztums haben Sie eine Verantwortung Ihrer Familie gegenüber. Abgesehen davon, sollten Sie weder dem einen, noch dem anderen verhaftet sein. Wer innerlich losgelöst ist, genießt die größte FREIHEIT. Ihm öffnen sich Tür und Tor. Ein großer Lehrer formulierte es so: »Das Glück ist wie ein Flirt. Je weniger man es beachtet, um so mehr läuft es hinter einem her!« Fragen Sie sich: Was brachte ich mit, als ich zur Welt kam? Nichts. Was kann ich einmal mitnehmen? Nichts. Seien Sie sich dieser Tatsache zeit Ihres Lebens bewußt. Das ist FREIHEIT. – Hören Sie eine Geschichte! Zum Palast ritt Tag für Tag des Königs Minister. Der Wohlhabende trug kostbare Gewänder, übersät mit wertvollsten Juwelen. Am Eingangstor des Palastes saß in Lumpen gehüllt ein Bettler, der über Monate hinweg die An-

kunft des Reiters beobachtete. Einmal sagte der Bettler aus reiner Freude: »O, edler Herr, ich danke Euch für all das, was Ihr mir gewährt habt!« – »Was sprichst du da?«, rief der Minister aus, und tastete erregt die prächtigen Orden- und Ehrenzeichen ab, die an seiner Brust prangten. »Du Elender, fiel dir etwas von meinen Edelsteinen in die Hände?« »O nein, Herr«, lachte der Bettler: »Ihr seid der Wächter Eurer Juwelen – ich der Genießer!«

APHORISMEN UND GEDICHTE

In Gottes Schöpfung besteht nichts zu unrecht. Fassen wir Leid als Teil des Göttlichen Planes auf! Das Endergebnis allen Leides ist immer ein gutes.

Im Westen versucht man das Leben erträglich zu machen, indem man das Leid auf ein Mindestmaß reduziert. Im Orient nimmt man das Leid an im Wissen, *daß Leid allein von der Ursache des Leides befreit.*

Wenn du standhaft an der Wahrheit festhältst, trotz aller Versuchung, sie aufzugeben, wirst du an Stärke gewinnen – körperlich, mental, moralisch und geistig. Die Wahrheit wird in dir wohnen und für alle Zeit dein geistiger Führer sein.

Leid sollte immer in einem positiven Licht gesehen werden, denn ohne es kann Wachstum nicht geschehen. Wir sollten

Leid verstehen lernen als wachstumsbegleitende Schmerzen.

Jegliche Form von Leid hat ihren Ursprung im Verhaftetsein. Und jede Art von Anhaften endet in Leid.

Meditation führt zu Loslösung. Loslösung bedeutet Freiheit. Solange uns diese Freiheit nicht gehört, werden wir den Problemen immer wieder in der Form von Leid begegnen.

Verhaftetsein verhindert unser inneres Wachstum. Nichts kann daher unser Stagnieren besser signalisieren als Leid.

Solange wir noch ein Gefühl der Sympathie in uns tragen, so lange sind wir nicht frei – weil wir nicht frei sind von Antipathie. Liebe steht über beiden, Zuneigung und Abneigung.

Gebet bedeutet nicht, sich Gott in einer passiven Haltung zu nähern mit der Bitte, er möge unsere Wünsche erfüllen: es ist vielmehr eine Zeit tiefer Innenschau, des Abwägens, der Entscheidung und intensiven Handelns.

Ein Regentropfen ist ein Regentropfen, solange er ein Tropfen Regen ist. Wenn der Regentropfen in den Ozean hineinfällt, wo ist dann der Tropfen Regen? Er ist in den Ozean hineingefallen, um wieder zum Ozean zu werden.

Lachende Lebensquelle, so heiter,
unaufhaltsam sprudle weiter,
zersprenge was dich bindet,
bis dich die Freiheit findet.
Dann tauche in die Leere ein,
um wieder nur noch s i e zu sein.

Ich blickte in die Vergangenheit
und sah, wie weit
sie war.
Ein Meer von Erfahrung
so tief und so reich
von Freude und Leid
von Verlust und Gewinn –
dieses Kommen und Gehen,
genannt Leben und Tod.
Und wenn eines Tages
all dieses nicht mehr ist,
dann trete ich ein
in jenes Tor
woher ich einst kam
und B I N
in Ewigkeit.

I cast my gaze into the past
And saw how vast
It was.
A sea of experience
So profound and rich
Of pleasure and pain

Of loss and gain,
This coming and going
Called life and death.
And when it all will cease one day,
I'll pass within that entryway
From whence I came,
Eternity.

Die Welt geht durch eine Zeit der Veränderungen und Umwälzungen. Nach Gottes Plan geschieht dies zum Besten des Menschen. Im Schicksal des einzelnen wie auch aller, kann es keine Evolution ohne Bewußtseinsrevolution geben. Daraus ist ersichtlich, daß wir Gemeinschaftswesen sind und unser kollektiver Geist – seine eigenen Begrenzungen beseitigend – auf universaler Ebene zum Durchbruch gelangt. –

Wisse, o Mensch – die strahlende Sonne, die dir das Leben schenkt, ist dein eigenes SELBST, das in deinem Herzen wohnt. Steige die Stufen des Lebens empor, erreiche dein Ziel und sei frei von Sorge und Tod!

Die Lebenspforte – sie öffnet und schließt sich mit jedem irdischen Traum. Doch wenn das Blendwerk des Traumes verblaßt, wenn die wilde Ekstase der Jugend in Weisheit sich wandelt, wenn die Zeit ihr Lösegeld fordert für all das Geschaffene – dann ist der Schlaf beendet, dann sind wir erwacht.

Das Leben ist wie ein Traum. Nichts verbleibt. Sogar die Erinnerung an die Vergangenheit mit ihrer Süße und Bitternis versinkt ins Dunkel der Vergessenheit. Was fortbesteht, was nie vergeht, das ist der den Traum Beobachtende, der ewige Zeuge – dein eigenes SELBST.

Klammere dich nicht an das Leben, wie süß es auch sein mag; denn Verhaftung bedeutet leidbringende Gebundenheit, die dich deiner Freiheit beraubt. Lebe das Leben, ohne ihm anzuhängen. Wahre Daseinsfreude entspringt geistiger Freiheit.

Betrachte Gut und Böse unvoreingenommen und sie werden nicht auf dich wirken. Wer unbeeinflußbar ist vom Guten, ist unbeeinflußbar vom Schlechten.

Widerfährt dir Gutes oder Schlechtes – bleibe gelassen! Unberührtheit von beidem befreit.

Jeder Mensch sehnt sich nach Glück. Da der Körper für uns das Nahestehendste ist, suchen wir natürlicherweise im Anfangsstadium unserer Entwicklung das Glück auf physischer Ebene. Während vieler Leben beziehen wir es ausschließlich über die Sinne. Erfahrung lehrt uns, daß der Körper nur begrenzten Genuß bieten kann. Darüber hinausgewachsen, gelangen wir auf die Humanitätsebene, wo wir mit unserem Denken, Fühlen, Wollen eine kreativere Welt entdecken, die uns eine andere Art von Glück vermittelt. Da alle Wünsche Erfüllung suchen – was nur durch erneutes Erscheinen auf dieser Erde möglich ist – werden wir wieder und wieder geboren. Solange Verlangen fortbesteht, kennt der Kreislauf von Geburt und Tod kein Ende. –

Ist der Mensch gesättigt vom gelebten Leben, vollgesaugt wie ein Schwamm mit Wasser und nähert sich das Ende seines Spieles von Gestalten und Zerstören, dann erwacht er zur Erkenntnis, daß das Erdendasein ein ständiges Fließen und Fluktuieren ist und nichts Bestand hat. Schicksalsschläge – weit davon entfernt uns zu vernichten – zwingen uns, die Hände zu öffnen und alles loszulassen, woran wir festgehalten haben. Gebundenheit hört auf, Freiheit beginnt. Erst auf dieser Stufe erleben wir unsere eigentliche Geburt. Zum erstenmal können wir freudvoll durchs Leben gehen, weil unser Handeln ein furchtloses ist. Frei von Angst, unser Besitztum zu verlieren, frei von innerer Bindung, frei von Angst vor dem Tod, sehen wir das Leben so wie es ist, in seiner ganzen Wirklichkeit, unablässig sich wandelnder Traum. Und wir erkennen, was sich nie änderte, immer unberührt blieb, nie litt – das ist unser eigenes SELBST, der ewige Zeuge – das Unwandelbare, das Unendliche, das Immerwährende. –

O, ihr Stürme des Lebens, wie ich euch brauche! Nur eine kleine Ruhepause sei euch gegönnt und in hundertfacher Stärke kehret wieder, damit ich euch widerstehe und weiterkämpfe!

SCHLAF

Es gibt noch einen anderen Schlaf –
Tod ist sein Name,
voller Furcht erklingt er im Munde der Sterblichen.

Oh! Ermessen, daß es nur Schlaf ist,
erkennen, daß niemand mehr wacht
während das Erdenleben entflieht,
Lachen und Weinen vorüberzieht,
und die gähnende Grabesleere
den Ruhm seines Atems beraubt. –

Wird die Wunschnatur
als trügerischer Traum transparent,
was kann dann noch den Menschen
an dieses Ufer binden?
Vergnügen ist tot,
nie mehr begleitet von Schmerz!

So laßt auch diesen Traum
recht schnell verblassen,
damit wir neu erwachen –
am fernsten aller Ufer,
im See des unbegrenzten Seins,
aus dem wir seit jeher Ursprung nahmen.

Hier kennt das Leben weder Geburt noch Tod,
tür-los offen –
IST ES – ohne Anfang, ohne Ende.

KRAFT

Daseinsfreude kommt aus der unbezähmbaren Kraft, die in jedem Menschen potentiell vorhanden ist. Das Leben, was an und für sich Expansion ist, erhält seinen Sinn dadurch, daß wir auf die verschiedenste Art und Weise unsere Kraft offenbaren. Es erweist sich letztlich als ungeheure Herausforderung, der wir nicht entrinnen können. Was immer wir auch dagegen unternehmen sollten, unweigerlich laufen wir in die Arena der widrigen Umstände hinein. Gleich Gladiatoren müssen wir ihnen entgegentreten. Sie zwingen uns zum Gebrauch gerade jener Eigenschaften, die wir nicht zu besitzen glaubten.

YOGA UND RELIGION

WAS IST GOTT?

Frage: Was ist Gott?

Antwort: ICH BIN, DER ICH BIN. Was Gott ist, kann man nicht erklären. Gott kann man nur erfahren. Mit anderen Worten, die Ursache ist unerklärbar, man kann sie nur SEIN! Ich bin mein SELBST. Mein SELBST ist GEIST. GEIST IST GOTT. Deshalb: »ICH« IST DER NAME GOTTES. Kühn und klar sind die Worte Jesu: IHR SEID GOTT; denn nicht Materie sind wir, sondern rein Geist. Gewöhnen wir uns daran, nur Gott zu sehen in Seiner mannigfachen Erscheinung. Schöpfung ist nichts anderes als GOTT MIT FORM und GOTT OHNE FORM, IST DAS INNEWOHNENDE SELBST IN ALLEM GESCHAFFENEN. Ursache und Wirkung sind ein und dasselbe. Gott ist die unsichtbare Ursache und Schöpfung die sichtbare Wirkung, die ebenfalls Gott ist.

Ich bin das Strömen im Wasser.
Ich bin das Wehen im Wind.
Ich bin der Funke im Feuer.
Ich bin das Tragen der Erde.
Das bin ich. Das bin ich. Das bin ich.

Ich bin die Ursache. Ich bin die Wirkung.
Ich bin der Schöpfer. Ich bin der Zerstörer.
Ich bin das Endliche. Ich bin das Unendliche.
Ich bin das Vergängliche. Ich bin das Unvergängliche.
Das bin ich. Das bin ich. Das bin ich.

Ich bin das Leben. Ich bin der Tod.
Ich bin der Gebende. Ich bin der Nehmende.
Ich bin die Tat. Ich bin der Tuende.
Ich bin der Anfang. Ich bin das Ende.
Das bin ich. Das bin ich. Das bin ich.

Ich bin das Gesehene. Ich bin der Sehende.
Ich bin das Geschaffene. Ich bin der Erschaffende.
Ich bin das Eine. Ich bin die Vielheit.
Ich bin das Licht. Ich bin die Finsternis.
Das bin ich. Das bin ich. Das bin ich.

Ich bin der Sturm. Ich bin die Stille.
Ich bin Krieg. Ich bin Frieden.
Ich bin Weinen. Ich bin Lachen.
Ich bin der Besiegte. Ich bin der Sieger.
Das bin ich. Das bin ich. Das bin ich.

Ich bin der Gesang. Ich bin der Singende.
Ich bin Freude. Ich bin Leid.
Ich bin der Tag. Ich bin die Nacht.
Ich bin gebunden. Ich bin frei.
Das bin ich. Das bin ich. Das bin ich.

Ich bin die Zeit. Ich bin die Ewigkeit.
Ich bin gestern. Ich bin morgen.
Ich bin die Gegenwart. Ich bin die Vergangenheit.
Ich bin ein Teil. Ich bin das Ganze.
Das bin ich. Das bin ich. Das bin ich.

ICH BIN OM. ICH BIN AUM. ICH BIN AMEN.
ICH BIN, DER ICH BIN.
Das bin ich. Das bin ich. Das bin ich.

WERDEN GEBETE ERHÖRT?

Frage: Ich kann mir nicht vorstellen, daß eine überirdische Wesenheit unseres Betens bedarf, um unsere Bitten zu erhören. Von wem stammt die Antwort auf unser Gebet: Von Gott oder von uns selbst?
Antwort: Von Gott, Er erhört alle Gebete.

Frage: Wo ist Gott und weshalb wissen wir so wenig über Ihn?
Antwort: Gott ist gegenwärtig. Er wohnt in unserem Herzen, wie in allem Geschaffenen, als die innewohnende Ursache.

Frage: Wenn Gott in uns ist, dann kommt die Antwort auf unser Gebet doch aus uns selbst?
Antwort: Ja, so ist es. »Das Himmelreich ist in euch … Wisset ihr nicht, daß euer Leib ein Tempel des Heiligen Geistes ist?« –

Frage: Was versteht man eigentlich unter Religion?
Antwort: RELIGION IST UNIVERSELLE ERZIEHUNG. Erziehung bedeutet die Entfaltung von latent vorhandenem Wissen im Menschen. Dieses ist immer universell. Wahres Wissen besitzt, wer weiß, daß er Geist und nicht Materie ist. Geist füllt das Universum. Seine Natur ist Vollkommenheit. Wann immer wir diese offenbaren, geschieht beides – Religion und Erziehung. –

Frage: Wie würden Sie den Begriff »Gewissen« definieren?
Antwort: Es ist die innere Stimme, die Stimme unseres eigenen Selbst, welche sich mit Überzeugungskraft und

Bestimmtheit Gehör verschafft und uns hilft, Gut und Böse, Wesentliches und Unwesentliches zu unterscheiden. Im Konflikt zwischen Herz und Verstand, ist es die einzig zuverlässige Kontrolle im Leben. D e r K o p f ü b e r l e g t, d a s H e r z e n t s c h e i d e t. Unser Gewissen ist bewußt und allbewußt. Als Jesus über das zur SELBST-Erkenntnis erwachte CHRISTUS-Bewußtsein sprach, sagte er, bis Christus zu uns komme, würde er uns den Heiligen Geist senden, damit uns dieser eingebe, was zu tun sei. Hiermit ist nichts anderes gemeint als unser Gewissen. Solange wir unwissend sind und unbewußt handeln, sind wir darauf angewiesen; vollbewußt nicht mehr. Dann sind wir unabhängig von der Stimme des Selbst, weil wir dieses SIND.

Zusammen mit Frau Haich war ich einmal in Wien, um dort einen Vortrag zu halten. Max Böhm, ein damals bekannter österreichischer Schauspieler, zeigte uns die großartigen Sehenswürdigkeiten der Stadt. Mit ihm ins Gespräch vertieft, ließ Frau Haich die Bemerkung fallen: »Weißt du, Max, ich habe kein Gewissen!« Er war schockiert; doch im selben Atemzug fügte sie hinzu: »WEIL ICH ES BIN«. –

Frage: Was ist der tiefe Sinn, wenn Priester ihre Gemeinde oder Eltern ihre Kinder segnen?

Antwort: Der Segnende strömt seine grenzenlose Liebe in den Gesegneten.

Frage: Ist diese Liebe mächtig?

Antwort: Nur, wenn sie in ein aufrichtiges Herz fällt.

Frage: Kann man sagen, daß, wer so den Segen empfängt, in ihm das höchste, erhabenste Empfinden erweckt wird?

Antwort: Ja. Es geschieht, wenn zwei Herzen sich auf der gleichen Wellenlänge gottwärts bewegen. Jemanden zu segnen, bedeutet, ihm dabei zu helfen, die Eigenschaften des eigenen göttlichen Geistes zu erfahren. Jedesmal, wenn LIEBE von uns auf einen anderen übergeht, dann segnen wir diesen. In sich Liebe zu tragen ist der größte Segen. Diese Liebe an alle Geschöpfe Gottes weiterzugeben, heißt Segen aussenden, Licht in die Finsternis bringen, von der glorreichen Sonne seines Wesens ausstrahlen, wo immer man ist. Wie eine Blume, die ihren Duft an den Wind verschenkt, schöpfen wir aus der unversiegbaren Quelle unserer Liebe und erfüllen so, wozu unsere Geburt uns bestimmte. Es ist Liebe und Liebe allein, die alles im Leben zusammenhält. Es ist die Liebe Gottes, die durch alles Geschaffene hindurch lebt und die Welt davor bewahrt auseinanderzubrechen. Wo immer der Strom der Liebe im Übermaß fließt, SEHET DEN LEBENDIGEN GOTT.

MIT GOTT IST ALLES MÖGLICH

Frage: Oft sagen Sie: »Mit Gott ist alles möglich«.

Antwort: Ja, das werde ich immer sagen, weil es die Wahrheit ist. Versuchen wir nicht, die Tiefe von Gottes unendlicher Möglichkeit mit dem Maßstab spekulativen Denkens zu messen. Nur das kann verstandesmäßig erfaßt werden, was Bestandteil der relativen Ebene ist. Schlußfolgerungen kann man nur so weit fortsetzen, als es die Zuständigkeit des Verstandes erlaubt. Unweigerlich gelangt man an einen toten Punkt, an dem der Verstand versagt, weil seine Funktion eine begrenzte ist. Solange wir uns im Bereich von Gedanken und Gefühlen bewegen, befinden wir uns auf der Wirkungsebene; wir sind identifiziert mit allem, was wir bislang erlebt, erfahren, gelernt haben, und die unsichtbare Ursache, unberührt von jeglicher Konditionierung, bleibt unentdeckt. Die Ursache ist grenzenloser Geist, ewig vollkommen und frei: Geist nimmt sich durch sich selbst wahr. Allein ein tiefes In-Sich-Gehen kann uns davon überzeugen, daß wir Geist sind – und was erfahrbar ist, wird erfahren; was zu wissen ist, wird gewußt.

Genießen wir den Apfel, anstatt über seine heilsame Wirkung zu diskutieren! Tauchen wir in den Ozean und begreifen wir die Wellen. Nie aber werden wir den Ozean verstehen durch die Wellen. Gehen wir eher umgekehrt vor: Seien wir uns dessen bewußt, daß wir als Geist das unteilbare Ganze sind und als Körper ein winziger Teil. Klammern wir uns ganz fest an den innewohnenden Gott und alles andere wird uns gegeben werden. –

Frage: Geschehen auch in unserer Zeit Wunder?

Antwort: Alles was geschieht, ist ein Wunder, nur sind wir meist blind dafür. Die Schöpfung ist das größte Wunder. –

Frage: Was sind die Anzeichen geistigen Fortschritts?

Antwort: Wachsendes Verständnis dafür, daß unsere Mitmenschen das gleiche Ziel vor Augen haben wie wir, nämlich Glück und Freiheit. Wahrhaft geistig ist, wer keine Meinung hat über die anderen, wer dem Alltagsgeschehen gelassen und vorurteilslos begegnet. Der geistige Mensch hat volles Vertrauen zur Vorsehung, die sowohl das Schicksal des einzelnen wie das der Menschheit lenkt. Sein erwachendes Bewußtsein macht ihn zum ewigen Zeugen des Lebens, das sich Stufe um Stufe entfaltet. Er sieht, wie Gut und Böse der relativen Ebene menschlicher Existenz angehören. Er sieht, wie das eine das andere bedingt und beide für die Expansion des Lebens unerläßlich sind. Er ist selbständig, furchtlos und frei. Mit Recht kann er sagen: ICH BIN DIE STRAHLENDE SONNE MEINES LEBENS.

GEBET UND TÄTIGKEIT

Frage: Hilft das Beten?
Antwort: Ja, es hilft. –

Frage: Kürzlich sagten Sie in einer Fragestunde, daß die Hilfe beim Gebet nicht von einem äußeren Wesen komme, sondern aus dem eigenen Innern. Jetzt erst wird mir klar, wie kindlich meine Vorstellung von einem weit entfernten persönlichen Gott war und meine dualistische Glaubensauffassung rückt immer mehr in den Hintergrund. Mein Bedürfnis nach einem Glauben, der sich beweisen läßt, wird immer stärker. Stehen Glauben und die Forderung nach Beweisbarkeit nicht zueinander in Widerspruch?
Antwort: Es freut mich, daß Sie auch in bezug auf den Glauben Ihren gesunden Menschenverstand beibehalten haben. Wenn man im Besitz des Ganzen ist, dann ist der Teil inbegriffen. Wenn man die Erfahrung des Monismus kennt, dann ist der Dualismus darin enthalten. Was ich dabei betonen möchte, ist, daß man keine Angst zu haben braucht, den konkreten, dualistischen Glauben aufzugeben. Nur sollen wir eben Gott nicht einsperren in eine Körpergestalt, die hinter den Wolken regiert, sondern Ihn personifiziert sehen als die Gesamtheit der Schöpfung. Diese ändert sich ständig und vergeht. Was jedoch ewig gleich bleibt, das ist der alles belebende Geist im Universum. Halten wir uns ganz fest an das Unveränderliche, dann wird uns das Veränderliche in der Schöpfung nicht stören. Beide Aspekte sind wirklich. Alles Geschaffene ist Gott mit Form, und

Gott ohne Form ist die innewohnende Ursache oder Geist. Wenn wir unser eigenes SELBST als Gott erkennen, dann erleben wir die wunderbare Einheit mit dem gleichen Gott, der in allem gegenwärtig ist, was eine sichtbare Form trägt. NÄHERN WIR UNS GOTT IN ALLEM, WAS WIR SEHEN. SCHÖPFUNG IST DIE VERKÖRPERUNG GOTTES. –

Frage: Stimmt das, wenn man ein Gebet an Gott richtet, dann wendet man sich an sein eigenes Selbst?

Antwort: Ja, das ist vollkommen richtig. Es ist das eigene Selbst, das unsere Gebete erhört. SELBST und GOTT sind identisch. –

Frage: Erhören Heilige Gebete?

Antwort: Kann man sich vorstellen, daß die Heiligen nichts anderes zu tun haben als auf die Anrufungen der Menschen zu warten, um sich ihrer teils seltsamen Wünsche anzunehmen? Der feste Glaube, daß sie die Gebete erhören, ist es, der Wunder bewirkt. In Wirklichkeit aber ist es unser eigener Glaube, der solches hervorbringt. »Wenn ihr nur so viel Glauben habt wie ein Senfkorn, werdet ihr Berge versetzen«, sagte Jesus. Glaube an unser eigenes Selbst ist wertvoller als Glaube an Heilige. –

Frage: Ich bin eher aktiv veranlagt und das Beten fällt mir schwer. Laufen Arbeit und Gebet letzten Endes nicht auf das gleiche hinaus?

Antwort: Es ist dasselbe. Der Betende zieht sich zurück in sein innerstes Wesen, seine »kleine Kammer«, wie Jesus lehrte, und holt die Antwort von da hervor. Ein Mann der Tat dagegen, bezieht seine Inspiration aus dem Glauben an sich selbst. Die Mittel sind verschieden, das Ergebnis ist das gleiche. Der eine gelangt über das Gefühl mit seiner Anrufung zu Gott, der andere dank seines Selbstvertrauens.

Frage: Wie kommt es, daß ich trotz meines Glaubens an Gott eine große Angst vor der Zukunft habe?

Antwort: Machen wir unseren Glauben zu einer lebendigen Erfahrung. Glaube und Angst vertragen sich nicht. Glaube kennt keine Furcht. Glaube bedeutet absolute Abwesenheit von Zweifel und Angst.

DAS ZIEL VON GEBET UND MEDITATION

Eines Tages führte mich mein Weg nach Ponte Tresa ins Tessin zu unserer Yogasommerschule. Mein Reisebegleiter im Zug war Feldkaplan und bald bahnte sich zwischen uns eine Unterhaltung an. Freundlich und wißbegierig, stellte er einige persönliche Fragen, die ich gerne beantwortete. »Sie sprechen ausgezeichnet Deutsch, wo haben Sie es gelernt?«, fragte er. »Zweiunddreißig Jahre in Ihrem wunderbaren Land, das ist eine lange Zeit«, erwiderte ich. »Sind Sie Diplomat?«, fuhr er fort. »Nein, das bin ich nicht. Ich halte Vorträge und schreibe«, antwortete ich. »Über welche Themen sprechen Sie?«, war seine erneute Frage – klein wie die Schweiz ist, hält man sich recht schnell über die täglichen Geschehnisse auf dem laufenden. »Über indische Philosophie«, gab ich etwas vage zurück. Hiermit waren wir am Wendepunkt unserer Konversation angelangt; denn beide stellten wir eine gewisse Gemeinsamkeit in bezug auf unsere Berufe fest.

»In Indien scheint der Weg zu Gott über einen Guru zu gehen, der seinen Anhängern Weltabgeschiedenheit und Meditation über ihr eigenes Selbst lehrt. Ich halte das für eine eher egoistische Einstellung, während der christliche Glaube vom Gebot ausgeht: ›Liebe deinen Nächsten wie dich selbst‹«, meinte mein Gesprächspartner mit einem leichten Unterton von Protest in der Stimme. – Wie gut, in meiner Heimat in Südindien die Erfahrung einer christlichen Erziehung gemacht zu haben. Damals in Madras führte mich der aufrichtige Wunsch nach WAHRHEIT von einer christlichen Sekte zur anderen, was mir einen Einblick in verschiedene religiöse Auffassungen gab. »War es nicht gerade hier in der Schweiz, wo in der Vergangenheit fanatische Glaubenskriege ausgetragen wurden, die schwer auf der Bevölkerung lasteten? Und gilt dies nicht für ganz Europa im allgemeinen?«, dachte ich bei mir und setzte meinen Gedankengang fort: »Wenn ›Liebe deinen Nächsten wie dich selbst‹ wirklich die Grundlage christlichen Glaubens bildete, dann gäbe es keine Religion auf der Erde, die sich mit dem Christentum vergleichen könnte.« Nachdem aber der junge Priester an der traditionellen Theologie festhielt, wäre es von mir nicht richtig gewesen, seine Religion in Frage zu stellen und einen Beweis für seinen Glauben zu fordern, der auf Gotteserfahrung basiert.

Andererseits fand ich es bemerkenswert, daß auf christlicher Seite allmählich mehr Toleranz für die übrigen Religionen der Welt gezeigt wird, was jedoch fundierte Kenntnisse dieser Wege voraussetzt, Wege, die zum selben Ziel, zum selben Gott führen. So wies ich auf d a s G e m e i n s a m e hin, das den Glauben von Christen und Hindus verbindet. Der Priester beharrte weiterhin auf dem Wort »Unterschied«. »Wenn es überhaupt einen Unterschied geben kann, dann nur in der Art und Weise, wie man sich Gott nähert«, sagte ich, »doch des Wesen aller Religionen ist EINES. Hebt man das Wort ›Unterschied‹ hervor, dann wird aus Religion eine sektiererische Geisteshaltung. Gott wäre dann Christ für die Christen, Moslem für die Moslems, Jude für die Juden, Buddhist für

die Buddhisten und Hindu für die Hindus.« – Der Priester überlegte einen Augenblick lang und aus seinem Schweigen konnte ich entnehmen, daß er für die Weiterführung des Gespräches empfänglich war.
»Schon als Junge«, sagte ich, »lehnte ich einen rachsüchtigen Gott ab, der den Guten einen Platz im Himmel zuwies und die Bösen mit ewiger Verdammnis bestrafte. Das Privileg Christ zu sein, kehrte sich für mich ins krasse Gegenteil; besonders als ich hörte, Millionen meiner Hindu-Brüder seien wegen Abgötterei für immer verloren. Dabei handelte es sich bei den sogenannten Götzenbildern lediglich um Symbole, welche die Wahrheiten und Prinzipien versinnbildlichten, die sie verehrten. Und was hatte ich bis dahin anderes getan, als Jesus angebetet, ohne je in Betracht gezogen zu haben, seine Belehrungen in die Tat umzusetzen. Als ich nun nicht mehr von dem Vorrecht Christ zu sein, Gebrauch machen wollte, wandelte sich meine dualistische Gesinnung. Die Verehrung für die Person Jesu wurde abgelöst von der Einsicht in die Notwendigkeit, die geistigen Gesetze anzuwenden, so wie er es uns gelehrt hat.« – Der Priester hörte aufmerksam zu, um so mehr als er vernahm, daß ich mich damals vom Glaubenskünder zwar zurückgezogen hatte, jedoch zugunsten seiner Botschaft, die ich mit Eifer praktizierte. Ich sprach davon, wie dankbar ich der Kirche gewesen sei, daß ich durch sie die wahre Bedeutung von RELIGION oder RE-LIGIO (Rück-Verbindung oder Wieder-Vereinigung) kennenlernte, was die Vereinigung mit dem Göttlichen im Menschen meint. »Religion«, sagte ich, »besteht aus zwei Teilen: dem Weg und dem Ziel, dem Unwesentlichen und dem Wesentlichen. Der Pfad, den mich die Kirche lehrte, mit ihren Dogmen, Riten, Glaubenssätzen usw. – wie wichtig auch immer – gehörte zum Äußeren meiner Wahrheitssuche. Wesentlich war das Ziel: die innere Gotteserfahrung.
Im christlichen Glauben wird sie über das Gebet erreicht. Beten ist die dualistische Art, sich Gott zu nähern. Die Medita-

tion der Hindus ist Vereinigung des individuellen Selbst (*atman*) mit dem göttlichen SELBST (*paramatman*) des ganzen Universums. Aus ihrem Gebet, dem Gayatri, geht ihre Einstellung klar hervor: ›Ich meditiere über die Herrlichkeit jenes Wesens, welches das Universum erschaffen hat, möge ES mich erleuchten.‹ Und Millionen aus der Bevölkerung Indiens, ob Kinder oder Erwachsene, Arme oder Reiche, Unwissende oder Gebildete, beten so: ›Führe mich von der Unwirklichkeit in die Wirklichkeit, von der Dunkelheit ins Licht, vom Tod ins Leben.‹ Die wahre Bedeutung des Betens ist, einzutreten in die kleine Kammer unseres Selbst, wo der Vater, der im Himmel ist, als reiner Geist in der Mitte unseres Wesens wohnt. Hier schöpfen wir die Kraft, angesichts aller Umstände siegreich hervorzugehen. In der Meditation ist der Hindu eins mit dem himmlischen Vater. Als Jesus den monistischen Zustand absoluter Einswerdung erreichte und somit zu CHRISTUS wurde, konnte Er sagen: ›Ich bin das Leben, der Weg und die Wahrheit‹, womit Er sein eigenes SELBST meinte. Mit jenen Worten hat er bewiesen, daß ein jeder das wunderbare Geschenk seines Lebens in genau diesem Sinn gebrauchen kann. Tatsächlich lehrte Jesus beide Wege, Dualismus und Monismus, damit sie je nach Veranlagung und Temperament beschritten werden können. SCHLIESSLICH REALISIERT MAN, DASS GEBET UND MEDITATION DAS GLEICHE ZIEL HABEN. Sowohl dualistische als auch monistische Geisteshaltung gipfeln in ein und derselben Erfahrung: ein gleiches SELBST, ein gleicher Geist, derselbe himmlische Vater, derselbe Allah, derselbe Jehova, ein gleiches Buddha- oder All-Bewußtsein, ein gleicher Brahman.«

»Ja, da muß ich doch noch gewisse Vorbehalte machen, daß die Quintessenz von Gebet und Meditation die gleiche ist«, sagte der Priester mit Nachdruck und nachdenklich zugleich. Abgesehen von seinem theologischen Hintergrund, war ihm eine Intensität eigen, die ihn mit Wachheit und Lebendigkeit umgab. Es kamen mir die verständnisvollen Worte in den Sinn, die mir vor mehr als vierzig Jahren meine verehrte Lehrerin, Elisabeth Haich, mit auf den Weg gab: ›Nehme nie den Glauben von jemanden weg, bevor du ihn nicht durch etwas Besseres ersetzen kannst.‹«

»Gott anzunehmen als alles durchdringenden Geist, ist nur dem möglich, der über die Auffassung ›Ich bin die Person‹ hinausgewachsen ist. Bis man dahingelangt, hat die dualistische Einstellung in Verbindung mit dem Gebet, ihre volle Berechtigung«, erklärte ich und fügte an, daß die Weisen Indiens seit altersher lehrten: »WAHRHEIT hat drei Stufen – wir hören die Wahrheit, wir verstehen die Wahrheit, wir sind die Wahrheit.« Der Gebrauch unserer fünf Sinnesorgane ist sehr begrenzt. Selbst das Vermögen zu denken und zu fühlen beschränkt sich auf die kleine Welt, in der wir leben und uns bewegen. – Als sich der heilige Franz von Assisi anfänglich mit seinen schönen inhaltsreichen Gebeten an Gott wandte, mußte er allmählich einsehen, daß die Höhere Macht nicht an der Hülle und Fülle seiner Worte interessiert war. Schließlich ließ er den äußeren Ausdruck des Gebetes fallen und wiederholte nichts anderes als den Namen Gottes: Dio, Dio, Dio ... Die Zeit verebbte. In der Stille des Raumes ergriff die Macht des WORTES den einfachen Diener Gottes: Eins mit dem WORT, wurde GOTT zum SEINSZUSTAND. Als er so vor dem bescheidenen Holzkreuz kniete, begann der Gegenstand seiner Verehrung hell aufzuleuchten, von überirdischem Licht umflossen. In dieser glorreichen Vision nahm Gott die vom Andächtigen ersehnte Gestalt an, kam auf ihn zu, ging in ihn ein: DER SUCHENDE, DAS GESUCHTE, DAS GESEHENE WAREN EINS. Der Heilige – versunken in den Ozean Gottes – tauchte daraus empor als Gott. Und buchstäblich erfüllten sich die Worte der Heiligen Schrift: »Der Menschensohn muß Gottessohn werden.«

Bis hierher folgte der Priester meinen Ausführungen. Doch

gerade als er im Begriff war, sich über seinen subjektiven Standpunkt zu erheben, da versetzte ihn der Schock über das Bibelzitat zurück in die Gefilde der Sicherheit. Er zog es vor, »Menschensohn« zu bleiben und aus seinem Blick konnte ich ablesen, daß »Gottessohn werden« nahezu an Blasphemie grenzte. Ich hielt es für ratsam, innezuhalten und mit zwei kleinen Geschichten abzuschließen: »Die ältesten heiligen Schriften der Welt, die Upanishaden, enthalten die Begebenheit von einem kleinen Jungen, der in den Wald ging, um dort von einem Weisen über die Wahrheit belehrt zu werden.

Er fragte: ›Herr, was ist Gott?‹ – ›Mein Sohn‹, antwortete der Lehrer, ›was Gott ist, das kann man nicht erklären. Weder die fünf Sinne, noch der Verstand, noch die Gefühle können Ihn wahrnehmen. Setze dich vor mich, schließe die Augen, gehe tief in dich hinein und erlebe: Kleiner als das Kleinste, größer als das Größte, näher als das Naheste, ist *dein* SELBST, das Allesbelebende, das Allesdurchdringende, das Nie-Geborene, das Nie-Endende, das Unsterbliche, das ewig Freie. DAS BIST DU, DAS BIST DU, DAS BIST DU.‹«

Der Zug rollte mit großer Geschwindigkeit seinem Ziel entgegen. Die Zeit reichte gerade noch für die letzte Geschichte:

»Zwei junge Männer stritten sich heftig und schlugen aufeinander ein. Ein Passant, der des Weges kam, fragte weshalb sie denn miteinander kämpften. Der eine antwortete: ›Ich habe gelernt, daß Gott so ist, wie ich das sage; doch mein Freund glaubt es mir einfach nicht und läßt sich durch nichts überzeugen.‹ – ›Genau aus diesem Grund schlagen wir uns ja‹, meinte der andere, ›meine Ansicht ist die richtige und trotzdem weigert sich mein Freund, diese anzunehmen.‹ Der Fremde fragte den ersten: ›Mein Sohn, hast du Gott gesehen?‹ – ›Nein, Herr‹, antwortete er. – ›Dein Vater?‹ – ›Nein, Herr.‹ – ›Dein Großvater?‹ – ›Nein, Herr.‹ Dem zweiten der beiden jungen Männer wurde genau die gleiche Frage gestellt und auch er gab eine verneinende Antwort. Der dritte, der kein anderer war als Buddha selbst, sagte: ›ERST GOTT SEHEN, dann sprechen.‹«

EIN PERSÖNLICHER GOTT

Frage: Gibt es einen persönlichen Gott?

Antwort: Ja, die ganze Schöpfung ist eine Personifizierung Gottes.

Frage: Ich meine als eine Wesenheit im Himmel?

Antwort: Wie schön es auch ist, einen schlichten, unschuldigen Gottesglauben zu besitzen und wie sehr uns dieser über Zeiten innerer Not hinwegtrösten vermag, so ändert das nichts an der Tatsache, daß die Vorstellung von einem Gottvater hoch oben im Himmel über den Wolken blinder Glaube bleibt. Damit betrügt man sich nur selbst, und zwar aus dem einfachen Grund, weil ein tieferes Eindringen in die Lehren der Weisheit zeigt, wie wir wahres Wissen innerlich erleben und somit beweisen können. Von diesem Moment an sieht man ein, daß die vorherige Glaubensauffassung primitiv war und sich im harten Lebenskampf als unpraktisch erweisen mußte. Der dualistische Glaube ist immer ein Vorläufer für die Erkenntnis der WAHRHEIT. Er ist das Ergebnis menschlicher Vorstellung und angesichts der Vernunft löst sich das ganze Phantasiegebilde, früher oder später, wie eine Wolke unter sengender Sonne auf. Den Glauben kennen wir vom Hörensagen; er ist das, was wir als Kinder gelernt haben. Wir sind daran gewöhnt, beim Denken – meist unbewußt – Bilder aus unserer Vorstellung zu verknüpfen. Dabei finden die aus Sicherheitsbedürfnis entstandenen Ängste sowie die Suche nach Trost vollen Ausdruck.

Erst durch die Überwindung der eigenen Person kann der Mensch auf die Krücken seines persönlichen Gottesbildes verzichten. Von Vorstellung umkleidete WAHRHEIT existiert deshalb, weil der hilflose Verstand etwas Konkretes braucht, um sich daran festzuklammern. Das alles wird freiwillig zurückgelassen, wenn der Mensch stark genug ist, die nackte, abstrakte WAHRHEIT – bar aller Äußerlichkeit – zu ertragen. Die Kraft, die er suchte, lag nie außerhalb, sondern immer i n ihm, als sein eigenes Wesen. Jetzt erkennt er seine wahre Natur aus Stärke, Furchtlosigkeit, Mut und Selbständigkeit. Er sieht, daß er sich diese Eigenschaften nicht aneignen muß; sie warten darauf, hervorgeholt zu werden. Es kommt nicht so sehr darauf an, wissend oder unwissend zu sein, an Gott zu glauben oder nicht. Ausnahmslos wachsen wir aus unseren Begrenzungen heraus. Dabei öffnet sich der Blickwinkel unseres menschlichen Bewußtseins immer weiter, bis er sich eines Tages am Horizont der Unendlichkeit verliert.

Nehmen wir an, wir seien ohne das Wort »Gott« aufgewachsen, dann hätten wir uns so manches Kopfzerbrechen über eine legendäre Gottesexistenz erspart. Die Ursache für unser Leben kann sich nicht außerhalb von uns befinden, und schon gar nicht als Gestalt aus Fleisch und Blut, die über den Wolken thront. Es ist nicht nur absurd, sondern geradezu eine Blasphemie, sich Gott als Materie zu denken oder als eine Art Übermensch, den wir in irgendeinem siebten Himmel mit unseren Gebeten anrufen, auf daß er handle. – Gott ist die unsichtbare, intelligente, innewohnende Ursache von jeder Erscheinungsform. Die Form ist die Wirkung, der Geist die Ursache. Sie sind ein und dasselbe. Ursache und Wirkung sind so untrennbar miteinander verbunden, wie Milch und ihr Geschmack.

Der Gottesbegriff konnte in seiner vollen Bedeutung bis auf den heutigen Tag nicht definiert werden, noch wird das in Zukunft jemals der Fall sein. Das Instrument zum Ausloten des Unergründlichen ist weder der Verstand noch sind es die Gefühle, noch die fünf Sinne: Sehen, Hören, Tasten, Riechen, Schmecken. Diese Wahrnehmungsorgane vermitteln uns ausschließlich das Bild einer veränderlichen Welt. GEIST KANN NUR DURCH GEIST ERMESSEN WERDEN. Sri Ramakrishna erzählte das Gleichnis von einer Salzpuppe, die in den Ozean ging, um seine Tiefe zu messen. Kaum ins Wasser gelangt, schmolz sie dahin. Wer war nun da, der sagen könnte, wie tief das Wasser des Ozeans sei? Kennzeichnend für den Dualismus ist das Gefühl, getrennt zu sein vom Geist, getrennt zu sein vom Ganzen. Monismus besteht in der Erfahrung, sich selbst als Geist wahrzunehmen. Um Gott zu kennen, muß man eins sein mit Gott.

»Es mag sich um stufenweise Entwicklung handeln oder nicht, es mag dem Schwachen leicht fallen, dies anzunehmen oder nicht: Die dualistische Glaubensauffassung – basiert sie letzten Endes nicht auf einem Irrtum? Sind die meisten der religiösen Praktiken oftmals nicht schwächend und daher falsch? Sie gehen von einer unrichtigen Grundidee aus, von falscher menschlicher Sicht. Ergeben zwei falsche Komponenten eine richtige? Wird Lüge zu Wahrheit? Wird Dunkelheit zu Licht?« (Vivekananda)

TRIMURTI – TRINITÄT – DREIFALTIGKEIT

Frage: Ich verstehe noch immer nicht, was Sie damit meinen, wenn Sie sagen, daß Gott grenzenloser Geist ist. Hat Gott keinen Ursprung? Ist er nicht der Urheber aller Dinge, der hinter diesem Geist steht?

Antwort: Gott ist keine Person, sondern grenzenloser, bewußter Geist. Die Hindu-Philosophie bezeichnet den unmanifestierten Geist *parabrahm.*

Wenn Schöpfung geschieht, dann nehmen der innewohnende Geist (*atman*), potentiell vorhandene Energie (*prana* oder Ur-Energie) und potentiell vorhandene Materie (*akasha* oder Ur-Materie) Gestalt an. Geist, Energie, Materie sind untrennbar miteinander verbunden. Es sind die drei Erscheinungsformen von ein und derselben Ursache.

Löst man Materie auf, wird sie zu Energie, einer unsichtbaren Kraft. Energie ihrerseits ist unauflöslich. Sie bleibt bestehen, solange sich Schöpfung fortsetzt. Jeder Schöpfungsakt läuft in drei Phasen ab (Brahma, Vishnu und Shiva), die einander bedingen.

BRAHMA ist das schöpferische Prinzip, VISHNU das erhaltende, SHIVA das zerstörende. Drei verschiedene Aspekte innerhalb der einen Schöpfung.

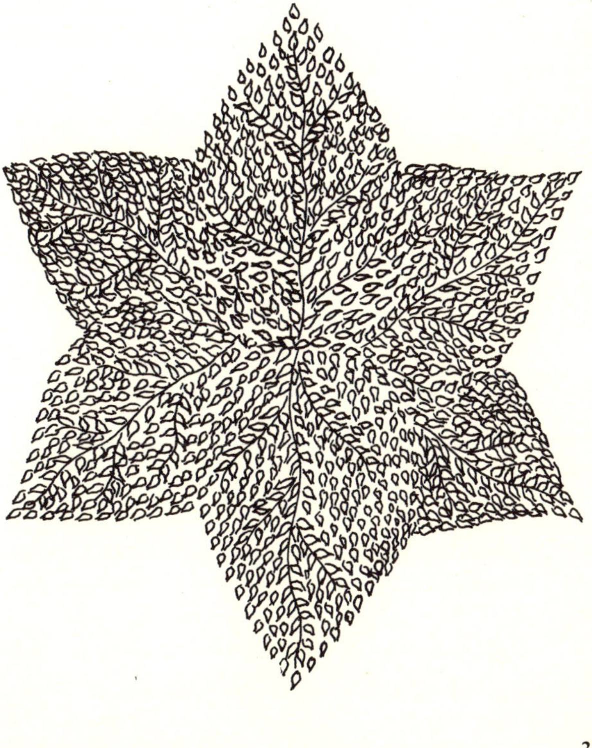

Im christlichen Glauben sagen wir: »Im Namen des Vaters, des Sohnes und des Heiligen Geistes. Amen.« Bei den Hindus ist es genau das gleiche: VATER ist die symbolische Bezeichnung für UNMANIFESTIERTER GEIST, SOHN ist die symbolische Bezeichnung für MANIFESTIERTER GEIST und HEILIGER GEIST ist die symbolische Bezeichnung für INNEWOHNENDER GEIST oder Ursache von allem, was eine Form trägt.
Dieses: »DREI-IN-EINEM und EINES-IN-DREI« wird in Indien TRIMURTI genannt, woraus sich der christliche Ausdruck TRINITÄT (Dreifaltigkeit) ableitet. »Niemand hat den Vater gesehen. Wer aber den Sohn gesehen hat, der hat den Vater gesehen«, sagte Jesus.
Von Gott kann man sich kein Bild machen. Weder können wir Ihn uns in Fleisch und Blut vorstellen noch viel weniger als Geist. Unser menschlicher Verstand ist unzureichend, um sich einen Begriff von etwas zu bilden, das unfaßbar ist. »Sehet mit den physischen Augen und ihr sehet die Welt. Sehet mit dem geistigen Auge und alles erscheint euch als das SELBST« (Geist oder Gott), sagte Indiens letzter großer Weiser, Ramana Maharshi.

DER URSPRUNG DES CHRISTENTUMS

Frage: Ich stieß auf folgenden Text von Swami Vivekananda: »Die Gegend von Madras (der heutige Bundesstaat Tamil Nadu) ist die Wiege ältester Tamil-Kultur. Schon in frühester Zeit verbreitete einer dieser tamilischen Volksstämme, die Sumerer, das umfassende Kulturgut an den Ufern des Euphrats. Ihre Astrologie, Religion, Sittenlehre, Riten usw. bildeten die Grundlage für die babylonisch-assyrische Kultur und ihre Mythologie war der Ursprung für die christliche Bibel. Ein weiterer Tamilenstamm verließ die Malabar-Küste und aus ihm ging die wunderbare Kultur der Ägypter hervor ... Ihre kolossalen Tempelbauten in Südindien künden vom Sieg der Virashaiva (Shivaiten) und der Viravaishnava (Vishnuiten). Der große indische Vishnuglaube wurde ebenfalls von einem Tamilen gegründet: Pariah-Sathakopa – ›der mit Fächern handelte und zugleich Yogi war.‹ Die tamilischen Alvars (fromme Dichter von Hymnen) werden bis auf den heutigen Tag von allen Vishnuiten verehrt. Noch heute ist in Südindien – weit mehr als andernorts – das Studium folgender religionsphilosophischer Systeme Gegenstand besonderen Interesses: 1. *dvaita* (wörtlich ›Zweiheit‹ oder Dualismus, d.h. Glaube an einen persönlichen Gott); 2. *vishishtadvaita* (qualifizierter Monismus) und 3. *advaita* (wörtlich ›Nichtzweiheit‹ oder Monismus gemäß der Vedanta-Philosophie, d.i. die Lehre von der Einheit des innewohnenden Geistes mit dem universellen Geist). In der Tat ist hier, bis in die Gegenwart hinein, der Durst nach Religion spürbarer als an irgendeinem anderen Ort.«

Meine Frage geht dahin: Wie zuverlässig sind solche Angaben? Sind sie geschichtlich belegbar? Können Sie Hinweise geben auf Literatur, die sich eingehender mit diesem Thema befaßt?

Antwort: Vieles, das in die Anfänge der großen Weltreligionen zurückreicht, liegt für die heutige Menschheit noch im verborgenen. Erst zu gegebener Zeit, wenn die Fronten des Fanatismus fallen, wenn in jeder Religion einer der vielen Wege erkannt wird, der zum selben Ziel des Gotteserlebens führt, wenn Toleranz gegen Andersgläubige geboren ist: dann wird WAHRHEIT, die ehedem den Weisen vorbehalten war, aus Höhlen und Wäldern ans Tageslicht dringen und zum Gut aller werden. Nachdem Mathematik, Geometrie, Algebra, Chemie, Astrologie, Astronomie, Ayurveda (medizinisches Wissen) und andere Wissenschaften zu uns von Aryavartha (Indien) gekommen sind, warum sollte es uns erstaunen, wenn auch Kosmologie, die Theorie kosmischer Evolution und Involution sowie die Religionswissenschaften dem indischen Boden entstammten, der als Treffpunkt der Menschheit gilt. Alle bestehenden Wissenschaften der Welt sind gemeinsamer Beitrag von Mensch und Menschheit zum Wohle des einzelnen und zum Wohle aller. Hat Moses seine Einweihung nicht von erleuchteten Weisen in Ägypten erhalten? Und waren die Ägypter nicht Nachfahren der alten Inder, die vom Süden auswanderten, um sich an den Ufern des Nils niederzulassen? Bewahren die Söhne Israels nicht bis auf den heutigen Tag die großen Lehren von Moses? Gehen die in der Kabbala enthaltenen esoterischen Lehrsätze des jüdischen Glaubens, theologischer und metaphysischer Natur, nicht auf vedischen Ursprung zurück, wenngleich auch in angeglichener Form, um den Erfordernissen dieses Kulturkreises zu entsprechen?

Helena Petrowna Blavatsky, Begründerin der Theosophischen Gesellschaft, wurde bei ihren Wanderungen durch Indien, zusammen mit ihren geistigen Lehrern, an verschiedene verborgene Höhlen herangeführt. Dort erhielt sie Einblick in eine reichhaltige Bibliothek voll esoterischen

Wissens und metaphysischer Lehren, aufgezeichnet auf uralten Palmblättern, der Nachwelt zur Überlieferung. Sorgsam gehütet von Brahmanen-Priestern, Wächter der ältesten Manuskripte der Welt, geben letztere Aufschluß über die vier Yugas (Weltzeitalter): Satya-, Treta-, Dvapara- und Kali-Yuga, die einen Zeitabschnitt von 12000 göttlichen Jahren umfassen. Es wird darin von der Menschheitsentwicklung berichtet, die sich während einer Dauer von etwas mehr als vier Millionen Erdenjahren auf unserem Planeten fortsetzen soll. »Warum wird dieses Wissen von den Menschen unserer Zeit ferngehalten, die so nach Wahrheit und Weisheit dürsten?«, fragte Madame Blavatsky. »Die Epoche, durch welche die Menschheit gegenwärtig geht, heißt Kali-Yuga, das schwarze oder eiserne Zeitalter der Uneinigkeit. Wie bei einem Ackersmann, der das Feld pflügt und dadurch scheinbare Zerstörung verursacht, so geschieht es in der heutigen Zeit. Sie ist Zeuge vieler Umwälzungen – grausam und unverständlich für die Menschen. Im Kali-Yuga ist die Tugend im Schwinden begriffen, während die Laster immer größer werden. Aus diesem Grunde sind die Menschen nicht reif für die verborgenen Lehren. Das Kali-Yuga geht jedoch dem Satya-Yuga voran und mit der Zeit werden die Menschen für höhere Wahrheiten bereit sein ...«, so lautete die Antwort.
Im Zusammenhang mit den Anfängen des Christentums möchte ich einen sehr interessanten Abschnitt vorlesen, der Hinweise enthält für einen Ursprung des Christentums in Indien:
»Am 30. Dezember 1896 lief der Dampfer von Neapel aus: Bestimmung Colombo, voraussichtliche Ankunft 15. Januar 1897 ... Im Mittelmeer, auf ungefähr halbem Weg zwischen Neapel und Port Said, hatte Swami Vivekananda einen außergewöhnlichen Traum, der auf ihn einen sehr tiefen Eindruck machte. Eines Nachts, kurz nachdem er sich zur Ruhe begeben hatte, sah er im Traum die Erscheinung eines alten, bärtigen Mannes, der verehrungswürdig wie ein großer wei-

ser Rishi aussah und zu ihm sprach: ›Achte auf den Ort, den ich dir zeige. Du bist jetzt auf der Insel Kreta, wo das Christentum entstand.‹ Und weiter hörte ihn der Swami sagen: ›Ich bin einer der therapeutae, die hier lebten.‹ Er fügte dann noch ein Wort an, das sich dem Gedächtnis des Swami nicht deutlich eingeprägt hatte, und welches ›Essener‹ gewesen sein könnte, der Name einer mönchischen Religionsgemeinschaft mit geistig freien Ansichten und einer Philosophie höchster Einheit, der Jesus angehört haben soll. Das Wort therapeutae bedeutet unmißverständlich ›Söhne oder Jünger der Theras‹. In der Rangordnung buddhistischer Mönche war thera die Bezeichnung für ›Älterer‹. – *putra* hingegen heißt auf Sanskrit ›Sohn‹. Abschließend sagte der alte Weise: ›Die Wahrheiten und Ideale, wie wir sie lehrten, wurden von den Christen als Lehre Jesu verkündet. Es trug sich aber zu, daß eine Person jenes Namens nicht lebte. Ausgrabungen hier an diesem Ort werden Licht auf das Geschehen werfen und es bezeugen.‹ Der Swami wachte auf und stürzte aufs Deck, um den genauen Lagepunkt des Schiffes zu orten. Er stieß auf einen Schiffsoffizier, der von seinem Wachposten zurückkam, und fragte ihn: ›Wie spät ist es?‹ – ›Mitternacht‹, war die Antwort. – ›Wo sind wir?‹ – ›Ungefähr fünfzig Meilen nach Kreta!‹
Die einzigartige zeitliche Übereinstimmung verblüffte den Swami und der Vorfall ließ ihn über die Geschichtlichkeit Jesu nachdenken, die er nie im geringsten bezweifelt hatte. Er fragte sich, ob die Apostelgeschichte möglicherweise nicht ein älteres Dokument darstelle als die Evangelien selbst und ob sich möglicherweise eine Verschmelzung der Glaubensauffassungen von ›Therapeutae‹ und ›Nazarenern‹ vollzogen habe, was dem Christentum sowohl eine Philosophie als auch eine Persönlichkeit verliehen hätte. Doch diese Überlegungen erlaubten keinen definitiven Rückschluß auf die Entstehungsgeschichte des Christentums. Für ihn lag es allerdings auf der Hand, daß in Alexandria ein Aufeinander-

treffen indischer und ägyptischer Elemente stattgefunden hatte, das maßgeblich an der Formierung des Christentums beteiligt war. Der Swami soll einem englischen Freund, der Archäologe war, von seinem Traum geschrieben haben. Er bat ihn herauszufinden, ob etwas Wahres an der Sache sei. Einige Zeit nach dem Tod des Swami erschien ein Artikel in ›The Statesman of Culcutta‹. Hierin wird von einem Engländer berichtet, der bei seinen Ausgrabungen auf Kreta auf Urkunden gestoßen war, die wunderbare Enthüllungen über den Ursprung des Christentums enthielten.«

CHRISTENTUM UND VEDANTA

Frage: Was ist der Hauptunterschied zwischen dem Christentum und dem Vedanta der Hindus?

Antwort: Das Christentum geht von der Erlösermacht Christi aus, der Gesandter und Sohn Gottes ist. So stützt sich diese große Religion auf Jesus, Heilsbringer und Quelle ewigen Lebens für jeden Christen. Zentralfigur ist der Meister, um dessen Persönlichkeit das Christentum entstand. Die Glaubensform ist dualistisch, die großen Lebenswahrheiten sind personifiziert und werden vom Sohn Gottes verkündet. Es besteht die Lehre, daß jeder in Sünde geboren sei, weil Adam, der Stammvater des Menschengeschlechts, die erste Sünde begangen habe. Doch wer an Jesus Christus als persönlichen Erlöser glaubt, der erlangt Befreiung aller Sünden.

Der Vedanta, die Religion der Hindus, geht von der

ursprünglichen Göttlichkeit des Menschen aus. Er beruft sich weder auf eine religiöse Einzelpersönlichkeit noch auf Gott, sondern auf die WAHRHEIT. – Eine institutionalisierte Religion wäre ohne ihren Stifter unvorstellbar: Was wäre das Christentum ohne Christus, der Islam ohne Mohammed, der Buddhismus ohne Buddha, das Judentum ohne Moses? Vedanta hingegen hat universalen Charakter. Er basiert auf der Wahrheit, wie sie erkannt, erlebt und gelebt wurde – von Rama, Krishna, Vyasa, Sukadeva, den großen Sehern und Weisen aller Zeiten sowie den Rishis von ehedem. Entfernt diese geistigen Lehrer und das fest verankerte Glaubensgefüge der Hindus bleibt dennoch unerschüttert fortbestehen. Was waren ihre Lehren? »Oh, ihr Kinder unsterblicher Glückseligkeit, kommt und seht! Ich habe die Wahrheit entdeckt ... auch ihr könnt sie erfahren ...« Das war ihre Sprache.

Der Vedanta, als älteste Religion der Welt, hat den Grundgedanken: »Religion ist die Offenbarung der Göttlichkeit, die schon im Menschen liegt.« Es ist die Lehre vom Selbst, das weder Geburt noch Tod kennt, das unsterblich ist und frei. Wenn auch der Körper vergeht, das Selbst existiert immer, unvergänglich, ewig. – Die Hindus nennen »Sünde« Unwissenheit. Wenn es überhaupt etwas wie Sünde gibt, so sagen sie, dann nur, weil der Mensch seine Göttlichkeit vergessen hat. Seiner Unsterblichkeit unbewußt, leidet er. Seiner Göttlichkeit bewußt, lebt er in Glück und Glückseligkeit. Der Vedanta lehrt, daß der Mensch seine eigene Erlösung verursacht. Daher die Essenz der Lehre: »DAS SELBST IST DER ERLÖSER VOM SELBST« (von der Person, dem Ego).

Die Hindus erkennen das Wort »Sünde« im Sprachgebrauch ihrer christlichen Brüder nicht an. Für sie bedeutet »Erbsünde«, in Unwissenheit geboren zu sein. Ein jeder erwacht aus ihr und wächst hinein in Wissen und Wahrheit.

Frage: Ich dachte, die Religion der Inder sei Hinduismus

oder Brahmanismus mit Bilderverehrung und Abgötterei?

Antwort: Genau genommen, gibt es so etwas wie Brahmanismus nicht. Die richtige Bezeichnung für den Glauben der Hindus in seiner höchsten Ausdrucksform ist Vedanta. Der Vedanta stammt aus den Veden. Letztere stellen eine umfassende Literatur dar, die sich mit der Evolution des Menschen befaßt bis zu seiner Vollendung als *jivanmukta* oder Gottmensch.

Von Natur aus ist die Religion der Hindus sehr wissenschaftlich. So erklärt sie beispielsweise den Schöpfungsablauf von der unsichtbaren Ursache bis zur sichtbaren Welt der Erscheinungsformen. Die Lehren des Vedanta sind eingebettet in Mythologie, die Wahrheit ausschmückend, um sie den Massen zugänglich zu machen. Die Mythologie gleicht dem Rahmen, die Wahrheit dem Bild mit seiner Botschaft. Das Äußere ist konkret, das Innere abstrakt. Auf diese Weise wird die Mythologie zur Glaubensstruktur, in die voller

Anmut Götter und Göttinnen verwoben sind. Sie nimmt den Gläubigen an der Hand und führt ihn, Schritt für Schritt, von der Zweiheit (*dvaita*/Dualismus) zur Einheit (*advaita*/Monismus); führt ihn von Gott mit Form – dem er seine andachtsvolle Verehrung bezeugt – zu Gott ohne Form, der in ihm wohnt als sein eigenstes, rein göttliches SELBST.
Das ist in Wirklichkeit das Wesen aller Religionen der Welt: Von Gott hören, Gott in Seiner Schöpfung sehen und zuletzt Gott erleben als das eigene Selbst.

CHRISTENTUM UND REINKARNATION

Frage: Warum wird die Reinkarnationslehre im christlichen Glauben nicht anerkannt? Mir erscheint die Idee von der Wiedergeburt vollkommen gerechtfertigt, weil dabei jedem die Chance gegeben wird, die großen Schicksalszusammenhänge zu erkennen und während vieler Leben daran zu arbeiten.

Antwort: Tatsächlich lehrte Jesus die Wahrheit von der Reinkarnation, die der bestehenden semitischen Kulturreligion nicht fremd war. Doch in das Judentum konnten diese freisinnigen und freiheitsliebenden Ideen nur schwerlich Eingang finden. Streng konservativ, änderte jene Tradition bis auf den heutigen Tag kein Jota an den von Moses überkommenen Lehren. Die katholische Kirche paßte sich mehr als einmal neuen Gegebenheiten an, hervorgerufen durch die eigenen gewaltsam geführten Glaubenskriege. Eines der Haupthindernisse für die Durchsetzung der Wiedergeburtslehre war ihr allesbefreiender gedanklicher Hintergrund. Diesen lehnte die Kirche ab, in der Annahme, er mache ihre Mitglieder zu eigenständig und unabhängig. Dem Gesetz der Wiedergeburt gemäß, ist jeder einzelne für sein Schicksal (oder Karma) und die Folgen seiner Taten verantwortlich. Mit der Aufhebung der Reinkarnationslehre übernahm die Kirche die Verantwortung für die Seelenführung eines jeden und forderte von ihm absoluten Gehorsam, Treue und Ergebenheit. Dafür erteilte sie dem Sünder, der dem Priester seine Sünden beichtete, die Absolution. Der Fanatismus erreichte im Mittelalter seinen Höhepunkt, als die Hierarchie des Klerus nicht den geringsten Mangel an Unterordnung duldete. Wie oft wurden glaubenserneuernde Gedanken als Gotteslästerung bezeichnet. Verfolgungen setzten ein und Häretiker (»Ketzer«) wurden zu Tausenden getötet. Die Inquisition ist in der Tat ein schwarzes Kapitel in der Kirchengeschichte.

Wäre die Reinkarnationslehre im christlichen Glauben verblieben, hätte sie diesen nur bereichert. Das Christentum ist auf den wunderbaren Lehren Christi aufgebaut wie Nächstenliebe, Selbstlosigkeit und universale Liebe. Doch der dogmatische Glaube in seiner gegenwärtigen Form ist für viele vernünftig denkende Menschen von heute unannehmbar. Es bleibt zu hoffen, daß das ökumenische Bestreben sich nicht nur auf eine Angleichung katholischer und protestantischer Glaubensinhalte beschränkt und somit die Mitglieder dieser Konfessionen einander näher bringt, sondern daß die Kirche darüber hinaus eine logische und wissenschaftliche Grundlage für ihre Aussagen schafft.
Es ist eine historische Tatsache, daß bereits in der frühchristlichen Kirche Meinungsverschiedenheiten bezüglich der

Wiedergeburtslehre bestanden haben. Diese führten letztlich zu einem ernsthaften Konflikt, weshalb Konstantin d. Gr. im Jahre 325 n. Chr. ein Konzil der europäischen Kirchenväter in Nicäa einberief. Abzustimmen war darüber, ob »Reinkarnation« in der Bibel belassen oder ganz herausgenommen werden solle. Die entsprechenden Bibelstellen wären erhalten geblieben, hätte nicht die Abwesenheit eines Kirchenvaters, der ein ausdrücklicher Befürworter der Wiedergeburtslehre war, den Ausschlag gegeben. Bei seiner Anreise wurde er von einem starken Schneesturm am Passübergang des Großen Sankt Bernhard gehindert und mußte im Kloster zurückbleiben. Damit fiel die Entscheidung zur Beseitigung der Wiedergeburtslehre Christi. Allerdings wurden einige Passagen übersehen. So lesen wir z. B. zu Beginn des Johannes-Evangeliums im 3. Kapitel das interessante Gespräch zwischen Christus und Nikodemus, Ratsherr der Juden. Als dieser fragte, wie man denn bereits im Besitz des Körpers ein erneutes Mal geboren werden könne, antwortete Jesus sinngemäß: Was dem Körper unmöglich ist, das ist dem Geist möglich.
Im folgenden zitiere ich einige überzeugende Bibelstellen zur Reinkarnation, wie sie im Buch »Autobiographie eines Yogi« von Paramahamsa Yogananda wiedergegeben werden:
»Das Alte Testament endet sogar mit einer Prophezeiung, welche die Wiedergeburt von Elias und Elisa verkündet: › Siehe, ich will euch senden den Propheten Elia, ehe denn da komme der große und schreckliche Tag des Herrn.‹ (Maleachi 4, 5) Und so wurde Johannes (Elias) › ehe denn da komme ... der Herr‹, d.h. kurz vor Christus, geboren, um sein Kommen zu verkünden. Ein Engel erschien seinem Vater Zacharias und offenbarte ihm, daß sein zukünftiger Sohn Johannes niemand anderes als Elias sein würde.
› Aber der Engel sprach zu ihm: Fürchte dich nicht, Zacharias! denn dein Gebet ist erhört, und dein Weib Elisabeth

wird dir einen Sohn gebären, des Namen sollst du Johannes heißen ... Und er wird der Kinder von Israel viele zu Gott, ihrem Herrn bekehren. Und er wird vor ihm hergehen (d.h. vor Christus) in Geist und Kraft des Elia, zu bekehren die Herzen der Väter zu den Kindern und die Ungehorsamen zu der Klugheit der Gerechten, zuzurichten dem Herrn ein bereitet Volk.‹ (Lukas 1, 13–17).

Jesus wies zweimal unmißverständlich darauf hin, daß Johannes Elias sei. ›Es ist Elia schon gekommen, und sie haben ihn nicht erkannt ... Da verstanden die Jünger, daß er von Johannes dem Täufer zu ihnen geredet hatte.‹ (Matthäus 17, 12–13) Und wiederum sprach Christus: ›Denn alle Propheten und das Gesetz haben geweissagt bis auf Johannes. Und (so ihr's wollt annehmen), er ist Elia, der da soll zukünftig sein.‹ (Matthäus 11, 13–14).

Als Johannes abstritt, Elias zu sein (Johannes 1, 21), meinte er damit, daß er im demütigen Gewand des Johannes nicht mehr die erhabene Rolle des großen Guru Elias spielte. In seiner vorherigen Inkarnation hatte er seinem Jünger Elisa den ›Mantel‹ seiner Herrlichkeit und seines geistigen Reichtums übergeben. ›Elisa sprach: Daß mir zwei Anteile von deinem Geiste zufallen. Er sprach: Du hast Schweres erbeten. Doch, wenn du mich sehen wirst, wie ich von dir genommen werde, so wird's geschehen ... Und er nahm den Mantel, der Elia entfallen war ... der Geist des Elias ruht auf Elisa‹ (2. Könige 2, 9–14).« –

Im Jahre 1941 wohnte ich in Budapest einem Gespräch bei, das Frau Haich im Rahmen ihres großen esoterischen Kreises hielt. Mir, der ich von Indien kam, schien es selbstverständlich, daß der Mensch so oft geboren werden würde als er dies wünsche. Nachdem aber für europäische Ohren dieses Thema damals neu war, führte es zu einer hitzigen Debatte zwischen akademischen und geistlichen Mitgliedern der Gruppe. Ein katholischer Priester, Dr. Istvan Zador, war bis in die Grundfesten seiner dogmatischen Glaubensauffas-

sung erschüttert. Von Natur aus liebte er es, den Ursachen der Dinge nachzugehen und hatte bis dahin mit Interesse die logischen und einleuchtenden Lehren von Frau Haich verfolgt, die sie zwanzig Jahre später in ihrem klassischen Werk »Einweihung« in der Schweiz niederschreiben sollte. Die Reinkarnationsidee konnte er allerdings nicht annehmen, stand sie doch im krassen Widerspruch zu den Glaubenssätzen, die er gelernt hatte. »Du brauchst mir nicht zu glauben, Istvan«, sagte sie freundlich, »ich möchte dir meine Ansichten nicht aufdrängen. Dein Vorteil ist, daß du sprachbegabt bist und für dich Altgriechisch, Latein und Hebräisch kein Problem darstellen. Nachdem du in der Kirche einen hohen Rang innehast, kannst du vom Vatikan sicher die Erlaubnis erhalten, an Ort und Stelle die verbotenen Schriften einzusehen, insbesondere die aus dem Alten Testament herausgenommenen Reinkarnationspassagen.« Das erregte Gemüt des Priesters schien dadurch nicht besänftigt. Er verteidigte seinen Glauben, überzeugt, daß solche Behauptungen an Gotteslästerung grenzten und allein Jesus Christus die Unsterblichkeit und Macht zur Wiederkehr auf Erden besitze. Frau Haich wäre die letzte, den Glauben eines anderen wegzunehmen, so lange sie ihn nicht durch etwas Besseres ersetzen kann. Sie sagte, daß es überhaupt nicht wichtig sei ob man an Reinkarnation glaube oder nicht – Hauptsache man ist hier und jetzt bewußt und mache das Beste aus seinem gegenwärtigen Leben.
Dr. Istvan Zador konnte keine Ruhe finden, er war im Konflikt mit sich selbst. Eines Tages reiste er tatsächlich von Budapest nach Rom. Total zurückgezogen lebte er während neun langer Monate im Vatikan. Er konsultierte alle Quellen, denen er habhaft werden konnte, Schriften, die auf dem Index stehen sowie die unter Konstantin d. Gr. beseitigten Bibeltexte. Sein Studium überzeugte ihn voll und ganz, daß Jesus das Gesetz der Wiedergeburt lehrte und dieses vom Gerechtigkeitssinn in der Schöpfung zeugt. Er hatte die wun-

derbaren Wahrheiten in ihrer ursprünglichen, unangetasteten und unverfälschten Form »eingesehen.«
Gleichzeitig erkannte er, daß das Gesetz der Wiedergeburt dem Menschen die Möglichkeit schenkt, sein Schicksal zu gestalten – zum eigenen Wohl und zum Wohle aller.

DIE BEDEUTUNG VON SYMBOLEN

Symbole sind die Versinnbildlichung verborgener Wahrheit, sei es in Gemälden oder Skulpturen, in Gleichnissen oder Erzählungen. Das Symbol weist auf eine tieferliegende, nicht greifbare Wirklichkeit, indem es dem Auge und Geist des Betrachters klar erkennbare Anhaltspunkte vermittelt. In Indien ist die Bedeutung der Symbole allgemein bekannt – Bauer und Brahmane, Ungebildeter und Gebildeter, Armer und Reicher sind damit vertraut. Der Westen sieht in indischen Symbolen häufig Idole oder bedeutungslose Kultgegenstände für die breite Masse. Es liegt im Wesen jeder Religion, sich der Symbolkraft zu bedienen. Wir finden Symbole auch in zahlreichen christlichen Riten, z.B. das Kreuz bei der Segenserteilung, Brot und Wein als Opfergaben, das Wasser bei der Taufe usw. – Im Rahmen unseres Gedankenaustausches möchte ich mich auf die drei abgebildeten Kunstwerke beschränken.

Der Mensch entwickelt sich von der tierischen Instinktebene zur menschlichen Verstandesebene und entfaltet sein Bewußtsein auf der göttlichen Ebene des Geistes. Die ihm zur Verfügung stehende schöpferische Kraft strömt dem Menschen aus der unglaublich mächtigen Quelle seiner sexuellen Energie zu. Auf menschlicher Ebene ermöglicht sie die Geburt eines Kindes. Wird diese Energie nicht verschwendet und in einem übermäßigen Sexualleben verausgabt, dann erfolgt ihre Umwandlung automatisch in OJAS, eine geistige Kraft, die latente Gehirnzentren erweckt und zahlreiche Talente zum Vorschein bringt, die Geburt geistiger Kinder.

Abbildung Nr. 1 symbolisiert die Umwandlung der gigantischen sexuellen Energie. Während eine kriechende Schlange immer den unbewußten Gebrauch der sexuellen Kraft versinnbildlicht und auf das menschliche Unterlegensein ungezähmter Energie hinweist, sehen wir hier im Bild den Sieg über die Natur, Wendepunkt vom Menschlichen zum Göttlichen. Dieser Sieg wird von Garuda symbolisiert, dem Fabelwesen, halb Mensch, halb Adler, Träger des Götterpaares Vishnu und Lakshmi. Deutlich erkennbar ist die Schlange um Garudas Hüfte, die mit ihrem Schild die Genitalien bedeckt. Zwei weitere Schlangen hängen mit erhobenem Haupt von seinen Schultern. Eine dritte umwindet Hals und Brustkorb und entfaltet in formschöner Gestaltung auf Höhe des Herzens ihr Schild. Plötzlich wandelt sich der krie-

g. 1 Garuda

chende Versucher zur haltgebenden Schutzmacht; der Mensch ist bewußt geworden. Würde und Stolz des Fabelwesens gehen aus der leicht erhobenen Kopfhaltung hervor, was besagen will: Derjenige, der die Sinne beherrscht, ist unbesiegbar in den drei Welten. Die zeitlose Schildkröte im eisernen Griff des Garuda weist auf die Herrschaft über Zeit und Raum, hingegen zeugt der Elefant an der rechten Hand von Kraft und hoher Weisheit. Die zwei Göttergestalten mit erhobenen Armen und zur Grußgeste aneinandergelegten Handflächen erinnern an Huld und Segen. Diese senken sich vom Himmel hernieder auf all jene, die der Sinnenwelt mit ihren Täuschungen entsagen.

Abbildung Nr. 2 Die Dreieinigkeit der Hindus – Brahma der Schöpfer, Vishnu der Erhalter, Shiva der Zerstörer – ist niemand anderer als der Mensch selbst mit seinen drei Wesenszügen von Schöpfen, Erhalten und Zerstören. Diese Dreiheit ist bekannt als Trimurti, worauf der christliche Ausdruck Trinität zurückgeht. Die Begründer des Christentums waren von der Logik der Hindulehren beeindruckt und haben die Idee übernommen vom Vater als unmanifestierten Geist, vom Sohn als Schöpfung und vom Heiligen Geist als der innewohnenden Ursache all dessen, was eine Erscheinungsform trägt. –

Der Begriff von der Dreiheit in der Einheit kommt in der abgebildeten Skulptur sehr schön zum Ausdruck: Links sehen wir Hanuman, unbesiegbarer Heerführer der Affen, in der Mitte Ganesha, den elefantenköpfigen Gott der Weisheit und rechts Garuda, Symbol für Kraft und Freiheit. – Hanuman versinnbildlicht absolute Treue und Loyalität, die Waffe des Rechtschaffenen. Im Krieg gegen Ravana, Dämonenkönig von Sri Lanka, war Hanuman die rechte Hand von Rama. – Die Figur gegenüber, mit dem Vogelkopf, stellt Garuda dar, dessen Eigenschaften und Attribute wir bereits besprochen haben. – Die zentrale Figur, Ganesha, symbolisiert

ig. 2 Trinität

höchste Weisheit, welche durch Innenschau zur Entfaltung gelangt und die allein zum Unterscheidungsvermögen führt zwischen Unwirklichem und Wirklichem, Vergänglichem und Unvergänglichem, zwischen Tod und ewigem LEBEN. Die kleine Maus zu seinen Füßen bedeutet Fleiß und Ausdauer bei der Arbeit.

Abbildung Nr. 3. Hier sehen wir wieder Garuda, über dem sich das Schild des Schlangenhauptes, Allbewußtsein verkörpernd, schützend erhebt. Es ist ein einprägsames Symbol für Selbstvertrauen, Selbständigkeit und Stärke. Nur wer Meister der Triebe ist, kann seine Flügel ausbreiten zum Flug in die Ewigkeit. Für das erwachte Wesen hat der Tod seinen Stachel verloren. Das Bild veranschaulicht die drei Entwicklungsstufen Animalität, Humanität, Divinität, die der Mensch erklimmen muß, um ein »Garuda«, ein Freiheitsliebender zu werden.

Fig. 3 Garunda, Symbol der Sublimation

INTERESSANTE EPISODEN

VORBOTEN ZUKÜNFTIGER EREIGNISSE

Von meinem vierzehnten Lebensjahr an war ich Pfadfinder und aktives Mitglied des Eversleigh Boys' Club Madras, der von Mr. Howard Oakley präsidiert wurde, einem vollendeten englischen Gentleman. Unter den vielen Dingen, die damals mein Interesse erweckten, waren Onkel Oakleys Vorträge über seine Reisen nach China, Japan, Kanada, England, Palästina und in andere Länder, die er uns in seinen Filmen lebendig veranschaulichte. Jeder Vortrag war wie eine Erdkundestunde für mich, zumal Geographie mein Lieblingsfach war. Ich begleitete Onkel Oakley auf vielen seiner Vorträge zu Schulen und höheren Lehranstalten, wobei ich die Filme vorführte. Dabei lernte ich die Geschichte der betreffenden Länder kennen, insbesondere die von Palästina, dessen geistiger Hintergrund mich seit den Tagen meiner Kindheit faszinierte.

Eines Tages im Jahre 1932 wurde Onkel Oakley zur Residenz des Gouverneurs von Madras berufen. Zum selben Zeitpunkt sollte er an einer großen High School für Jungen den Termin zu einem Palästinavortrag wahrnehmen, der unter keinen Umständen abgesagt werden konnte. »Mein Sohn, ich muß unbedingt zu einem Treffen mit dem Gouverneur. Glaubst du, diesen Film-Vortrag für mich halten zu können?«, fragte er mit etwas besorgter Miene. Damals war ich sechzehn Jahre alt. Als sei es die natürlichste Sache der Welt, hatte ich den Mut zu antworten: »Ja, Sir, ich denke, das kann ich.« So kam es, daß ich an jenem Abend vor einem riesigen Publikum stand und über ein Land sprach, dessen Boden ich nie betreten hatte. Alles verlief gut. Ziemlich gegen Ende der Filmvorführung legten sich zwei Hände sanft auf

meine Schultern und Onkel übernahm. Noch zwei weitere Male befand ich mich in der gleichen Situation, anläßlich eines China- und Japanvortrages. Daraus ist mir großes Selbstvertrauen erwachsen. Es war eine Ehre und ein Privileg, den allseits beliebten Onkel Oakley vertreten zu dürfen, schätzte man in ihm doch die Persönlichkeit, welche in Südindien die Pfadfinderbewegung ins Leben gerufen hatte. Lord Baden-Powell, Begründer der weltweiten Pfadfinderorganisation, sowie Lady Baden-Powell waren verschiedentlich im Eversleigh Boys' Club zu Gast. Ich erinnere mich noch gut als Lady Baden-Powell die 35 von mir betreuten Jungpfadfinder inspizierte. Hocherfreut stattete sie einen Besuch ab in der von uns selbst errichteten »Höhle der Wölflinge«, die mit wundervoll duftenden, blühenden Kletterpflanzen umwachsen war.
Nie hätte ich mir träumen lassen, daß sich in späteren Jahren bemerkenswerte Parallelen ergeben sollten, um zu beweisen, daß es keinen »Zufall« gibt und nichts ohne Grund geschieht. Nahezu die gleichen Begebenheiten spielten sich erneut ab, nur intensiver und in größerem Rahmen. Im Jahre 1941, genau acht Jahre später, als »Sport und Yoga« in Ungarn überraschend populär wurde, erhielt ich die Einladung, im Konzertsaal der »Königlich-Ungarischen-Musikakademie« Budapest einen Vortrag über Yoga zu halten. Ich wiederholte meinen Text zwanzig-, dreißigmal vor Frau Haich, um sicher zu sein, daß Aussprache und Betonung richtig waren; denn in der ungarischen Sprache, die orientalischer Herkunft ist, genügt schon eine kleine Abweichung und der Sinn eines Wortes ist verändert. Mit unerschütterlichem Selbstvertrauen wagte ich mich wiederum an unmöglich Scheinendes heran. Der Tag meines Vortrags war gekommen. Dieser sollte Punkt 20.00 Uhr beginnen. Ab 19.15 Uhr hielt ich mich im Künstlerraum der Musikakademie bereit und wartete geduldig, bis man mich auf die Bühne rufen würde. Im Konzertsaal dieses Hauses hatte ich als armer Medizinstudent so

manche Aufführung besucht. Gewöhnlich saß ich oben irgendwo in der Gallerie auf einem der billigsten Plätze. An diesem Tag hingegen hatte mich das Schicksal auf das gleiche Podium gerufen, wo seinerzeit der unsterbliche Franz Liszt seine Klavierkonzerte gab und der große Flügel, auf dem er spielte, noch immer stand. Um 20.00 Uhr kam der Konzertagent auf mich zu und gab mir mit einer Geste der Entschuldigung zu verstehen, daß das freiheitsliebende, unpünktliche ungarische Publikum noch nicht erschienen sei. Um 20.15 Uhr informierte er mich mit deprimierter Stimme von dem nur allmählichen und spärlichen Eintreffen der Leute. Wir sahen uns an. Sein Blick verriet einiges Bedauern darüber, jemals einen völlig unbekannten Inder für ein Referat engagiert zu haben, noch dazu auf ungarisch. Eine Konzerthalle ist überdies der ungeeignetste Ort für einen Vortrag. Innerlich gestand er sich ein, einen Fehler begangen zu haben. In den Zeitungen war seit Wochen von einem nie dagewesenen Ereignis in der Geschichte Ungarns die Rede, nämlich, daß ein Inder sich an das Publikum in dessen Muttersprache wenden würde. Und große Plakate verbreiteten die Neuigkeit in der ganzen Stadt. Um 20.25 Uhr kam der elegante Agent herein, erhobenen Hauptes, ein breites Lächeln im Gesicht und berichtete, daß der Saal fast voll sei. Noch immer strömten Leute herbei. Um 20.30 Uhr, genau eine halbe Stunde später als vorgesehen, rief er mich auf die Bühne. Ich trat heraus, konnte aber nicht bis zum Mikrophon vordringen, da etwa dreihundert Leute einen ihnen zugewiesenen Platz auf der Bühne eingenommen und sich rund um die Leinwand für die Diaprojektion niedergelassen hatten. Die Konzertdirektion sah sich außerstande, 500 Besucher abzuweisen, die sich mit Stehplätzen zufrieden gaben oder bereit waren, am Boden zu sitzen, um den Vortrag »Yoga im heutigen Lebenskampf« zu hören.
Nach indischem Brauch legte ich die Handflächen aneinander, verneigte mich vor dem Publikum und begrüßte es mit

den Worten: »Schwestern und Brüder von Ungarn.« Donnernder Applaus dröhnte mir entgegen. Ich war überwältigt. Nie in meinem Leben hatte ich einen solchen Ozean von Gesichtern gesehen. Später erfuhr ich, daß die dichtgedrängte Zuhörerschaft 1500 Personen zählte. Kalter Schweiß stand mir auf der Stirn. So lange der Beifall anhielt, war ich Zeuge, Betrachter aus einer jenseitigen Welt. Jetzt verstummte der Applaus. Totenstille. Meine Zunge war wie gelähmt, all mein Ungarisch vergessen. Wie sollte ich meinen Vortrag halten? Mir zitterten die Knie. In der ersten Reihe war Frau Haich mit ihren zahlreichen Angehörigen anwesend. Tagelang hatte sie den Vortrag mit mir einstudiert und abschließend vertrauensvoll gemeint: »Alles ist gut, es wird dir gelingen.« – »Fange an!«, sagte sie nun leise von ihrem Platz aus. »Ja, ich weiß, das ist genau das, was jeder von mir in diesem Moment erwartet«, erwiderte ich in Gedanken. Spannung lag in der Luft. Die Leute wurden unruhig. Vernehmbares Räuspern. Ich überlegte: »Lampenfieber. Wie kann ich Herr der Situation werden?« Das ganze Drama spielte sich in Sekundenschnelle ab, schien aber Minuten zu dauern. Es war überaus peinlich. Ich merkte, daß zuerst meine zitternden Knie beruhigt werden mußten. Plötzlich war mir klar, wie ich die Situation in den Griff bekommen würde. Ich atmete tief ein und befahl meinen Knien, sich nicht zu bewegen. Sofort hatte ich meine Ruhe zurückgewonnen und war wieder ganz ich selbst. Ich schickte einen freundlichen Blick und ein Lächeln in die Runde der Zuhörer und begann zu sprechen. Obwohl ich meinen Vortrag vom Blatt las, schaute ich immer wieder auf die Anwesenden und ließ genügend Zeit, damit die Botschaft von Herz zu Herz gelangen konnte. Eine Stunde war vergangen. Ich hatte mich keinen Zentimeter von der Stelle bewegt.
Die Lichter gingen aus und die Diavorführung sollte beginnen. Doch da stand ich wie festgenagelt auf den Bühnenbrettern. Frau Haich wisperte hörbar, ich sollte zur Seite treten.

»Wären Sie an meiner Stelle, liebe Mutter, könnten Sie meine Regungslosigkeit verstehen.« Dreißig Sekunden verstrichen. Als ich im Dunkel mit mir kämpfte, ging mir plötzlich ein Licht auf: ICH war ja derjenige, der seinen Beinen den Befehl zum Stillstehen gegeben hatte. Schnell erteilte ich den Gegenbefehl, sie möchten den kleinen »Zauberkreis« durchbrechen. Im selben Augenblick schnellte mein rechtes Knie gegen die Brust, worauf ich mich mit Leichtigkeit zum Bühnenrand begeben konnte. Glücklicherweise merkte in der Dunkelheit niemand, was sich zwischen mir und meinen ungehorsamen Beinen zutrug. – Ich war froh, daß der Vortrag so gut aufgenommen wurde. Das war das erste und letzte Lampenfieber meines Lebens. In allen späteren Vorträgen näherte ich mich dem Publikum mit einem Lächeln der Dankbarkeit und der Einstellung: Meine Freunde, ihr seid gekommen, um mich zu hören; das einzige, was ich tun kann, ist, mit euch meine kleine Erfahrung guten Herzens zu teilen. Was ich 1933 in Indien bei Onkel Oakley als Pfadfinder begonnen hatte, das gleiche setze ich heute fort, nur auf einer anderen Ebene; ich gebe die Botschaft der WAHRHEIT in möglichst einfachen Worten weiter. Seit 48 Jahren arbeiten Frau Haich und ich zusammen und stehen im Dienst unserer Mitmenschen, um sie auf ihr geistiges Erbe, mit dem wir alle zur Welt kommen, aufmerksam zu machen. Ergänzend zu meinen Klassengesprächen und Vorträgen, zeigen wir – hauptsächlich an unserer Yoga-Sommerschule in der Schweiz – zahlreiche Dokumentarfilme über Indien und sehenswerte europäische Städte. Dankbar gestehe ich, daß es Onkel Oakley war, der mich zum Fotografieren und Filmen inspirierte.

An ein weiteres eindrucksvolles Erlebnis erinnere ich mich in Zusammenhang mit meinen Filmvorführungen als Pfadfinder. Damals hatte ich über Palästina gesprochen und Jahre später sollte ich mit dem Lande Israel in direkten Kontakt kommen. Es geschah an unserer Yoga-Sommerschule im

Tessin. Zu jener Zeit, als Ben Gurion Ministerpräsident wurde, lag unser Buch »Sport und Yoga« in Hebräisch vor und war weiten Kreisen des israelischen Volkes bekannt. Ben Gurion selbst praktizierte Yoga nach unserem Buch, insbesondere den Kopfstand – eine Übung, die sich bei seiner nervlichen Überbeanspruchung bestens bewährte. Er sandte eine Delegation von Regierungsbeamten von Tel Aviv nach Ponte Tresa mit einer Einladung für Frau Haich und mich, seinem Volk eine Einführung in die Wissenschaft des Hatha- und Raja-Yoga zu geben. Das Angebot war verlockend. Mindestens zwei Monate hätten wir in diesem geschichtsträchtigen Land verweilen können, der Geburtsstätte des Christentums, von wo uns das Buch der Bücher überliefert ist. Doch aus verschiedenen Gründen nahmen wir die Einladung nicht an.

Wie interessant, dachte ich. Nachdem ich als Junge mit aufrichtiger Begeisterung über Palästina gesprochen hatte, sollte ich nun vom selben Land eine Einladung erhalten, um auf seinem Boden zu referieren; wenn auch diesmal über ein anderes Thema. –

Das einschneidenste Erlebnis jedoch war, daß ich in Indien als Junge Yoga-Unterricht erhalten hatte, um meinen Gesundheitszustand zu verbessern und kräftiger zu werden. Nie hätte ich im entferntesten daran gedacht, elf Jahre später meine Yoga-Erfahrung mit den Brüdern und Schwestern im Westen zu teilen. Dazu gibt es eine kleine Vorgeschichte:

Eines Tages, als ich in Budapest von der Medizinischen Hochschule nach Hause kam und zum Aufzug ging, rief eine Frau laut hinter mir her: »Haltet ihn fest! Haltet ihn fest!«, als ob sie einen Dieb festnehmen wollte. Ich fürchtete, ohne mein Wissen in irgendeine Geschichte verwickelt worden zu sein, rannte so schnell mich meine Füße trugen und verbarg mich unter dem Lift in einer dunklen, schmutzigen Nische. Die Frau, die mein Versteck entdeckte, fragte ganz aufgeregt: »Sind Sie Herr Yesudian?« – »Ja«, antwortete ich vorsichtig. – »Entschuldigen Sie bitte mein ungeschicktes Vorgehen. Mein Name ist Ilona Virag«, sagte sie, vollkommen außer Atem. »Seit Monaten bin ich auf der Suche nach Ihnen – seit der Zeit, als ich Ihr Interview in einer ungarischen Zeitung gelesen hatte. Niemand konnte mir sagen, wo Sie wohnen und da stoße ich jetzt per Zufall auf Sie! Darf ich Sie zum Tee einladen?« Höflich wies ich die Einladung der jungen Frau zurück; denn man konnte nie wissen, was sie als nächstes wieder im Schilde führen würde. »Ich bin sehr an Yoga interessiert und möchte gern ein paar Fragen stellen«, bat sie. Erneut lehnte ich ab. Sie setzte die Unterhaltung fort: »Eine gute Bekannte von mir, arrivierte Malerin und Bildhauerin sowie Konzertpianistin, ist Adept in Yoga und der Philosophie des Orients. Jeden Montag hält sie in ihrem esoterischen Kreis Vorträge, wo Ärzte, Wissenschaftler, Priester und allgemein geistig interessierte Menschen zusammentreffen. Ich bin sicher, daß sie sich freuen würde, Sie zu empfangen. Ihr Name ist Elisabeth Haich.« Als ich »Yoga« hörte, waren alle anderen Talente der virtuosen Künstlerin vergessen und ich nahm die Einladung zum Tee an. Am nächsten Tag, pünktlich um 16.00 Uhr, läutete ich die Hausglocke in Lorantfy-Zsuzsanna-Straße Nr. 2. Niemand anderes als Frau Elisabeth Haich selbst öffnete die Tür. Ich hatte das einzige elegante Kleidungsstück angezogen, das ich besaß, einen hellblauen Blazer mit hellgrauen Hosen. Zuerst war ich etwas aufgeregt, einer prominenten Persönlichkeit gegenüberzustehen; doch dank der einfachen und natürlichen Art von Frau Haich, konnte ich ganz ich selbst sein. Vom ersten Moment an fühlte ich mich bei ihrer Familie, mit ihrem Mann und Sohn, wie zu Hause. Weil Frau Haich nie eine persönliche Frage an mich richtete, konnte eine gute Beziehung entstehen. In ihren Monatsvorträgen sprach sie hauptsächlich über indische Philosophie und Yoga. Sofort erkannte ich: Hier gibt es viel für mich zu lernen.

Ilona Virag, die mich mit Frau Haich bekannt gemacht hatte, stellte mir ihren Gymnastikraum zur Verfügung. Dort gab ich 35 Mitgliedern aus dem esoterischen Kreis von Frau Haich meine erste Yogastunde. Als man mich im Anschluß daran fragte, wie teuer die Kursgebühren seien, kam ich in allergrößte Verlegenheit. In Indien würde kein Lehrer für geistige Unterweisung Geld entgegennehmen. Auf meine Antwort, daß der Unterricht frei sei, schauten sich die Teilnehmer gegenseitig verwundert an. Nach einer Woche kamen fünfzehn und in der darauffolgenden nur noch sieben Yogaschüler. Eines Tages, nach dem Kurs, ging Frau Haich auf mich zu und erklärte mir auf freundliche Art, daß man im Westen dazu neige, alles geringzuschätzen, was gratis ist. Sie meinte, ich solle ein bescheidenes Honorar nicht abschlagen. »Angenommen, du möchtest Butter kaufen und der Ladenbesitzer schenkt sie dir, was würdest du davon halten?« – »Ich würde vermuten, daß es sich um alte Ware handelt«, erwiderte ich. »Genauso seltsam kommt es den Leuten vor, wenn du für den Unterricht kein Kursgeld verlangst«, bemerkte sie lächelnd. Ich war gar nicht überzeugt. Als sie sah, wie zögernd ich reagierte, sagte sie: »Schon gut, du kannst mir den administrativen Teil der Arbeit überlassen.« Wie erleichtert ich war! Und seit 1941 bis auf den heutigen Tag trägt Frau Haich die Verantwortung für die Verwaltung der Yogaschulen.

Was ich eines Tages in Indien als vierzehnjähriger Junge begonnen hatte, nämlich meinen Körper zu trainieren, um Gesundheit und Kraft zu erlangen, das hat hier im Westen eine neue Form des Ausdrucks gefunden. Ich zeige den Menschen einen Weg, wie sie sich selbst helfen können, um in jeder Hinsicht stark zu werden – körperlich, mental, gefühlsmäßig, moralisch und geistig. Diese Arbeit setzt sich seit 48 Jahren in ungebrochener Folge fort. Während all dieser Zeit lernte ich, mir keine Sorgen um die Zukunft zu machen, da letztere nur in unserer Vorstellung existiert. Ich lebe in ewiger

Gegenwart, immer hier und jetzt. Meine Erfahrung ist: Nur das, was geschehen soll, kann geschehen; was nicht geschehen soll, kann und wird nicht geschehen. Alles ereignet sich zu unserem besten. Es ist von Gott, der in unserem Herzen wohnt, vorbestimmt. Schritt für Schritt führt er uns durch das Leben. So sage ich: »Dein Wille geschehe, o mein Herr!«

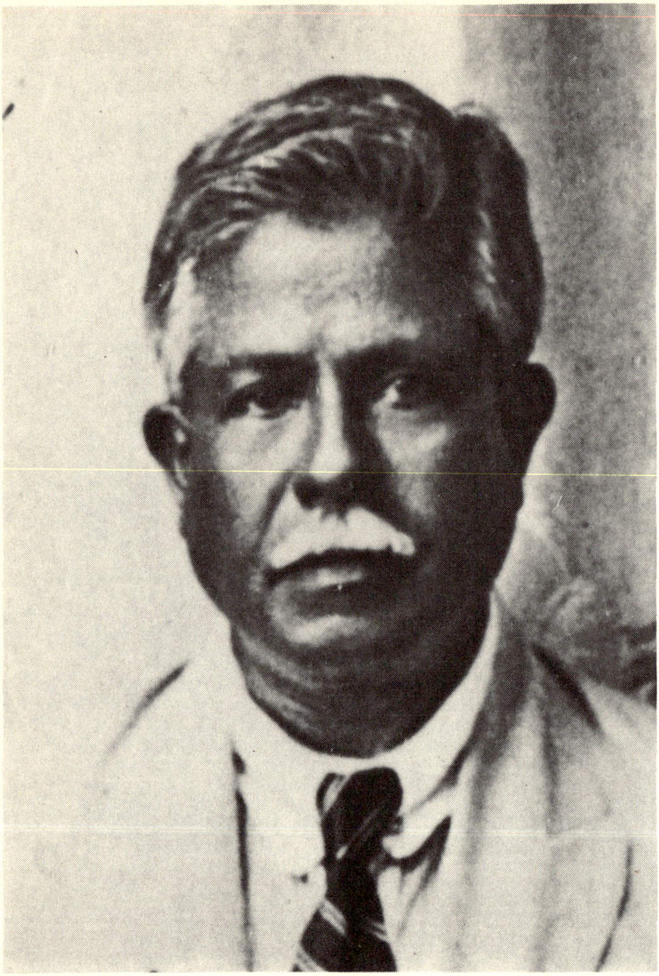

Mein Vater

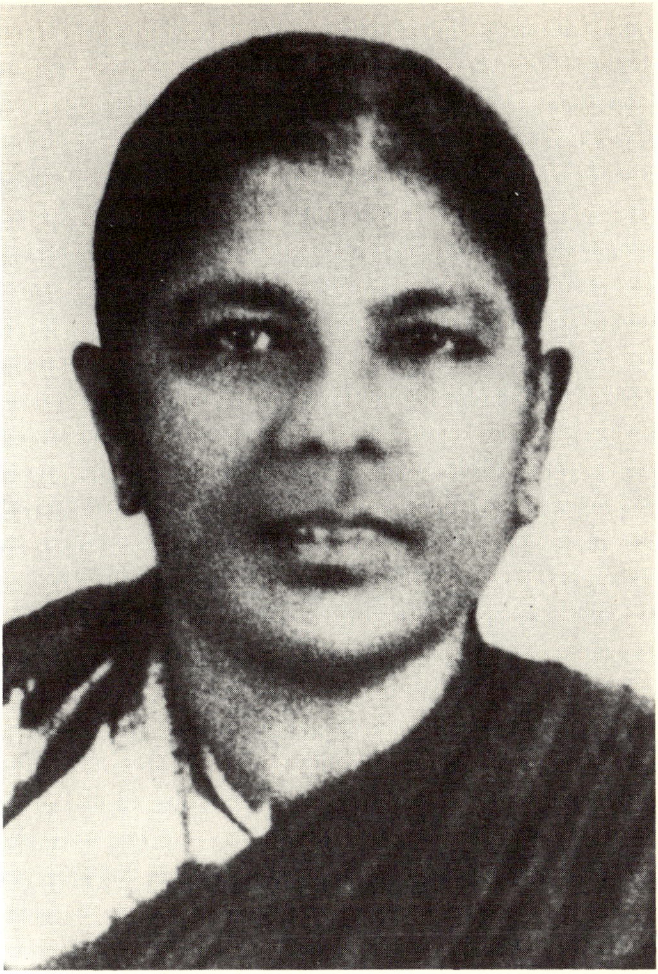

Meine Mutter

S.Y. als Zehnjähriger

Padmasana

Erste Publikation von »Sport und Yoga« 1941

Yoga-Fieber in Ungarn (1942)

Yogaklasse nach dem Krieg in Budapest (1948)

Yogaklasse in Zürich (1950)

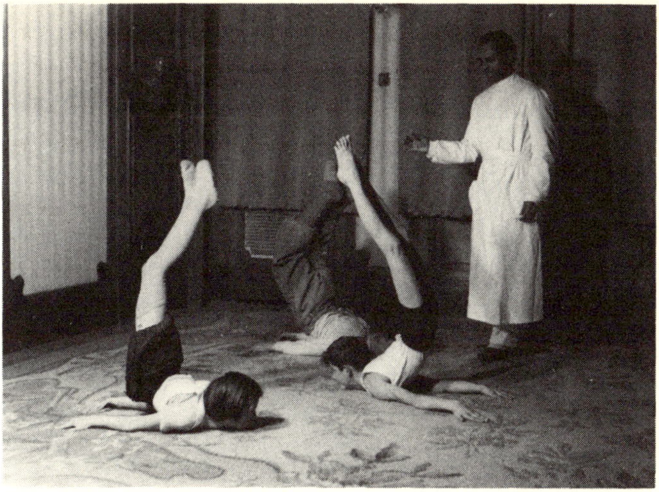

Eine Yogastunde in Zürich (1950)

Yoga-Sommerschule, Ponte Tresa (1952)

Der Autor mit Frau Haich, Sommerschule (1960)
Foto Urfer, Ponte Tresa

Der Autor während des Unterrichtes (1976)

Foto Urfer, Pte. Tresa

Fragestunde, Pte. Tresa (1985)
Foto: Urfer, Ponte Tresa

Fragestunde mit Frau Haich, Sommerschule (1985)
Foto: Urfer, Ponte Tresa

Eine fröhliche Yogastunde, Ponte Tresa (1985)
Foto: Urfer, Ponte Tresa

VORSEHUNG UND VORSICHT

Frage: Wie Sie in Ihrem Unterricht hervorheben, ist es Ziel des Yoga, den Menschen wach, bewußt und achtsam zu machen. Gleichzeitig sagen Sie, unser Leben sei gottgelenkt. Haben Sie in Ihrer Jugend erfahren, daß die Vorsehung in Ihr Leben eingriff und Ihre Person im Gefahrenmoment gleichsam wie eine Schachfigur zur Seite rückte während Sie noch nicht voll bewußt waren? Haben Sie später hingegen auch Situationen erlebt, in denen Sie die bevorstehende Gefahr erkannten, ihr entkamen und dabei wußten, daß Sie nicht von einer höheren Macht bzw. der Vorsehung beschützt wurden, sondern Sie selbst es waren, der vorsichtig handelnd die Verantwortung für seine Taten übernahm?

Antwort: Vorsehung und Vorsicht sind letzten Endes ein und dasselbe. Solange wir uns in einem dualistischen Zustand befinden und noch nicht realisiert haben, daß wir Geist und nicht Körper sind, haben wir das Gefühl, eine außenstehende höhere Macht, die wir Vorsehung oder Gott nennen, lenke unser Leben. In unserer Unwissenheit suchen wir die Ursache für unsere physische Existenz in einer von uns getrennten Wesenheit und glauben, all das Gute käme von dieser äußeren Quelle. Wenn der Mensch schließlich aus dieser Dualität herauswächst und erfährt, daß sein Wesen Geist ist – göttlicher, allmächtiger, allgegenwärtiger Geist, dann ist er bewußt. Er verhält sich vorsichtig, gleich einem jungen Adler auf seinem ersten Flug. Nur ein bewußter Mensch kann mit absoluter Überzeugung sagen: ICH WEISS, WAS ICH TUE. ICH TUE, WAS ICH

WEISS. Selbst in Augenblicken der Gefahr wird er von seinem Instinkt und Intellekt sowie von seiner Intuition geführt und damit vermeidet er Unheil und Unglück.

Folgende Beispiele erinnern Sie vielleicht an Vorfälle aus Ihrem eigenen Leben, wenn Ihnen Hilfe zukam, scheinbar von außen, durch die Vorsehung. Im Anschluß daran werde ich von Begebenheiten berichten, die aus erwachtem Bewußtsein stammen, wobei der ständig in Achtsamkeit lebende Mensch vorausblickend, vorsichtig und verantwortungsbewußt handelt. Herr der Situation, kann er sogar dem Tod entkommen.

1941 erzählte Marton Lajos, Journalist der größten Budapester Zeitung »Pesti Hirlap«, Frau Haich und mir eine Episode, die sich 1914 während des 1. Weltkrieges zutrug. Er wurde seinerzeit zum Militär einberufen und kurz darauf an die Front geschickt. Jung und naiv wie er war, nahm er sich zwanzig Bücher mit, um in seiner »Freizeit« zu lesen. Recht schnell stellte er ernüchtert fest, daß er fast ununterbrochen im Einsatz war. Er befand sich in der Nachhut und las beim Marschieren. Sein Offizier hatte ihm oft gesagt, er solle seine schweren Bücher wegwerfen, die er mühsam mit sich herumschleppte. Doch Lajos war nicht bereit, sich von dem zu trennen, was er seine Freunde nannte. »Lajos, Sie hören das Heulen!?« machte ihn sein Offizier aufmerksam. »Ja, das müssen Hunde eines entlegenen Dorfes sein«, meinte Lajos. »Keinesfalls. Das ist ein Rudel beutegieriger Wölfe«, warnte der Offizier. Lajos, zusammen mit ungefähr dreißig anderen zurückgebliebenen Soldaten, verlor keine Zeit, um die Truppe einzuholen, die bereits eine zwei Meter hohe Mauer hinter sich gelassen hatte. In panischer Angst, von den immer näherrückenden Wölfen angefallen und zerfetzt zu werden, sprangen Lajos und seine Kameraden über die Mauer, ohne sie auch nur zu streifen. Sie waren sich ihrer Leistung gar nicht bewußt, sondern rannten was das Zeug hielt, bis sie die Haupttruppe erreichten. Vierzehn Tage später mußten sie auf dem gleichen Weg, den sie gekommen waren, wieder zurückmarschieren. Dieselbe Truppe, die damals unbewußt eine unglaubliche Kraftprobe vollführt hatte, bemühte sich jetzt vergebens, die Hürde zu nehmen – selbst ohne Rucksack und Munition gelang es einfach nicht. Auf dem Hinweg war es Angst, welche die gesamte ihnen zur Verfügung stehende Energie mobilisiert hatte. Unleugbar hatte auf diese Weise der allesbelebende innewohnende Geist sie dazu gezwungen, das Hindernis zu nehmen. Hier war die Vorsehung am Werk.

Als die ersten Bomben auf die Innenstadt von Budapest fielen und die Angehörigen der Familie Haich Schutz im Keller ihrer schönen Villa suchten, konnte man kaum ahnen, daß dieser Ort für lange acht Wochen zu unserem Standquartier werden sollte. Auch war nicht vorherzusehen, daß es sich um ein letztes Beieinandersein handelte, ehe der Krieg die Familienmitglieder in alle Winde zerstreute. Damals lebte ich im Kreis der Familie Haich und teilte die Erfahrungen, mit denen jeder von uns sowohl persönlich wie auch als Mitglied der Gemeinschaft konfrontiert wurde. Eines Tages hatten wir uns an dem langen Tisch zum Essen versammelt. Ich saß mit dem Rücken gegen ein großes Fenster, das auf die Gartenseite ging. Die Russen hatten begonnen, ihre sogenannten »Teppichbomben« abzuwerfen – eine Serie von jeweils zirka zehn Bomben, im Abstand von je fünfzig Metern. Obwohl jede Bombe nicht mehr als zwanzig Kilo wog, machte der fürchterliche Luftangriff ganze Häuser dem Erdboden gleich. Die Detonationen lösten entsetzliche Erschütterungen aus. Es hörte sich an wie das Grollen der bebenden Erde und das Toben eines ausbrechenden Vulkans. Jetzt rückte die Bombardierung dichter und dichter an unser Haus. Die Angst vor dem Tod riß mich instinktiv vom Stuhl und ich übersprang den langen Tisch, landete in etwa sechs Meter Entfernung am Boden, um dann in der Tiefe des Kellers zu verschwinden ... lange bevor die anderen kamen. Der Sprung erfolgte buchstäblich mühelos. Ich bewegte mich wie ein Panther, ausschließlich kraft der Beine. Die Anwesenden konnten sich davon überzeugen, zu welch außergewöhnlicher Leistung der Körper fähig ist, wenn unter extremen Bedingungen der Selbsterhaltungstrieb durchbricht.

Wer als letzte den Keller betrat, war Frau Haich. Sie erzählte, wovon sie Zeuge geworden war: Der ungeheure Detonationsdruck schleuderte das Fenster, unter dem ich gesessen hatte, mitsamt dem Rahmen aus der starken Mauer; es hing einen Augenblick lang in der Luft, ehe es in tausend Scherben zersplitterte. Ohne die Triebfeder meines Instinktes wäre mir der Tod gewiß gewesen. Es war die Vorsehung, die mich rettete. Als Selbsterhaltungstrieb arbeitete sie in mir und durch mich, was mir damals nicht bewußt war.

1945 befand ich mich etwas außerhalb von Budapest unter den russischen Kriegsgefangenen und wartete auf den Abmarsch. Ich beobachtete, was in mir vorging und um mich herum geschah. Auf einmal wurde ich von einem unguten Gefühl erfaßt, das mich bewußt Abstand nehmen ließ von der Gruppe der Mitgefangenen. Frau Haichs Bruder, Dr. Béla Haich, und ich liefen beide schnell zur Seite. Fünf Minuten später fiel eine Bombe, genau dorthin, wo wir vorher standen und tötete ungefähr fünfzig Menschen. Weil ich mich im Zustand der Geistesgegenwart befand, hatte ich umsichtig gehandelt. Ich hatte gefühlt, daß die letzte Stunde für jene Gefangenen gekommen war. Die Vorsehung griff nicht in ihr Leben ein, da es ihnen bestimmt war – als Teil ihres Schicksalsplanes – die Erde so plötzlich zu verlassen. Ich wurde nicht von Panik ergriffen, weil ich wach und bewußt war.

Nach den acht Wochen vollkommener Dunkelheit im Keller war die Angst vor dem Tod restlos von mir abgefallen.

Von den 26 Kellerinsassen waren Frau Haich und ich wahrscheinlich die einzigen, welche die meiste Zeit in Meditation verbrachten. Wir hatten die Tatsache vor Augen, daß der Tod jeden Moment in unsere Mitte treten könne und waren vorbereitet. Seit langem schon hatten wir die Grenzen des Körpers – der allein Geburt und Tod unterworfen ist – überschritten.

Einmal lebte ich für eine Weile im Haus eines einfachen italienischen Bauern. Ich hatte mich in ein kleines Dorf unweit von Genua zurückgezogen, um mein Buch »Selbsterziehung durch Yoga« zu schreiben. In jenen Tagen der Meditation begab ich mich von Zeit zu Zeit in die Stadt, um meinen Wochenbedarf an Weihrauch zu decken, von dem ich reichlich Gebrauch machte. Der Inhaber des alten Ladens war immer freundlich und liebenswürdig mir gegenüber. Damals trug ich einen Bart. Ich sah aus wie ein Eremit. Meine Kleider waren vom Geruch des Weihrauchs durchdrungen. Aus diesen Anzeichen entnahm der Geschäftsmann, daß ich meine Zeit im Gebet zubrachte, und taktvoll respektierte er mein Schweigen; sprach er dennoch, dann nur leise. Wann immer ich den Laden betrat, konnte ich verschiedene Qualitäten Weihrauch prüfen, ehe ich mich für eine bestimmte Sorte entschied. Eines Tages entnahm ich eine Handvoll eines besonderen, bittersüß duftenden Weihrauchs zur Probe. Noch bevor ich meine Bestellung über zwei Kilogramm aufgeben konnte, stürzte sich ohne Grund dieser sonst so gütige Herr auf mich, packte mich am Nacken, warf mich hinaus und knallte die Ladentür hinter mir zu. Da stand ich in der dunklen regennassen Gasse – verwundert.

Spät in jener Nacht, als ich zu meiner stillen Klause heimkehrte, zündete ich ein kleines Holzkohlenfeuer an und warf etwas von dem bittersüßen Weihrauch hinein. Während ich mit gekreuzten Beinen dasaß, versank ich alsbald in Meditation. Üblicherweise bin ich in diesem Zustand der Umwelt entrückt, doch dieses Mal erlitt ich einen heftigen Hustenanfall, der mich gewaltsam auf die Ebene des Körperbewußtseins zurückzog. Ich öffnete das Fenster, um frische Luft hereinzulassen und streute erneut etwas Weihrauch ins Feuer. Daraufhin hatte ich eine zweite Hustenattacke, schlimmer als die erste. Nun erst merkte ich, daß die Luft vergiftet war. Der Weihrauch war alt und schon zersetzt. – Als ich über die ganze Geschichte nachdachte, stieg in mir ein Gefühl der Dankbarkeit für den Ladenbesitzer auf, der mich rechtzeitig hinausgeworfen hatte, ehe ich in den Besitz einer großen Menge Gift gelangte. Es war die Vorsehung, die sich der Hände dieses Italieners bediente, um mich auf unsanfte Weise vor einem Verhängnis zu bewahren.

In den letzten Tagen seines Lebens war Sri Ramakrishna Paramahamsa als Folge seines verheerenden Kehlkopfleidens nur noch Haut und Knochen. Aus Mitgefühl und Liebe hatte er die Unvollkommenheit und Krankheit Hunderter und Tausender auf sich genommen, die ihr menschliches Elend zu ihm trugen. Seine Gemahlin, Sarada Devi, in der er die Göttliche Mutter sah, stand damals Tag und Nacht im Dienst ihres kranken, bettlägerigen Gatten. Sie war Zeuge eines unglaublichen Geschehens. Der sterbende Ramakrishna, der nicht einmal mehr die Kraft hatte zu flüstern, sprang plötzlich vom Bett hoch, rannte mit ungeheurer Schnelligkeit die Treppen hinunter und eilte zum naheliegenden dichten Wald. Sarada Devi war sprachlos. In Windeseile kehrte Ramakrishna zu seiner Liegestatt zurück. Sogleich verfiel der Körper in den vorherigen nahezu leblosen Zustand und lag wie tot. Staunend erkundigte sich Sarada Devi, weshalb er so hastig das Bett verlassen habe. »Niranjan und die anderen Jungen machten sich auf den Weg zu einem Picknick im Wald«, flüsterte er mit größter Anstrengung. »Unter dem Baum, wo sie sich niederlassen wollten, sah ich eine riesige schwarze Kobra. Fürchtend, es könne ihnen etwas zustoßen, lief ich voraus und forderte die Kobra auf, woanders hinzugehen.«

Es war nicht die Vorsehung, die den sterbenden Weisen zum Handeln bewegte, sondern es war der allbewußte, all-wissende Ramakrishna, der trotz des geschwächten, fast leblosen Körpers seine geliebten Schüler vor dem sicheren Tod bewahrte. Es war Ramakrishnas Körper, der in der Erfüllung seiner irdischen Mission im Sterben lag; es war Ramakrishnas unsterblicher Geist, der von seinem Körper wieder Besitz ergriff, um ihn in den Dienst seiner Nahestehenden zu stellen.

Frau Haich ist jetzt 92 Jahre alt. Wir bewohnen das gleiche Haus, sie das Erdgeschoß, ich den ersten Stock. Gelegentlich kommt sie die Treppe herauf und macht einen Besuch bei mir. Obschon sie vor ungefähr fünfzehn Jahren das Sehvermögen auf ihrem linken Auge verlor, als Folge einer schweren Gürtelrose, Herpes zoster, läßt sie sich von keinem Hindernis beeindrucken, sei es klein oder groß. Sie besitzt eine Widerstandskraft, um die sie so mancher junge Mensch beneiden könnte. Allwöchentlich hält sie ihre Vorträge für mehr als hundert Menschen, täglich empfängt sie Leute, die ihren Rat suchen und darüber hinaus obliegt ihr die Verwaltung unserer Yogaschulen in der Schweiz. Das ist der gewohnte Arbeitsablauf, den sie beibehalten hat während all der 48 Jahre unserer Zusammenarbeit.

Kürzlich nahm sie wieder einmal den Weg zu mir über die Treppe, um mich zu besuchen. Ich war gerade in meinem kleinen Atelier, wo ich in das Malen eines Meditationsmotivs vertieft war. Plötzlich hörte ich ein lautes Rufen nach Hilfe, gefolgt von einem dumpfen Aufschlag. Als ich hinausstürzte, um zu sehen, was geschehen war, lag Frau Haich bewegungslos auf dem Rücken, kaum atmend. Ich glaubte ihre letzte Stunde sei gekommen. Ich näherte mich in der Absicht, ihren Kopf auf ein Kissen zu legen, sie aber bat darum, für eine Weile allein gelassen zu werden. Ich befürchtete eine schwere Gehirnerschütterung mit der üblichen Begleiterscheinung von Schwindelgefühl. Regungslos blieb sie für zehn Minuten liegen. Dann öffnete sie langsam ihre Augen und erkannte meine tiefe Besorgnis. Mit Tränen in den Augen fragte ich mich, ob die Stunde des Abschieds gekommen sei. Im nächsten Moment blickte sie mich liebevoll an und beantwortete meine unausgesprochene Frage: »Nein, mach dir wegen mir keine Sorgen, ich gehe nicht von hier.« Das war mir ein Trost, aber ich wußte nicht, was ich jetzt tun sollte. Wie konnte ich sie über ca. zwanzig Stufen zu ihrem Bett bringen? Da bemerkte ich, daß sie wieder langsam, regelmäßig und tief atmete; nach kurzer Zeit richtete sie sich auf, ergriff meine Hand und sagte etwas Unglaubliches: »Komm, wir gehen hinunter, die Buchführung fertigmachen!« Da stieg sie hinab, voller Tatkraft, wie üblich. Mit Freude stellte ich fest, daß sie wieder ganz die alte war. – Früher einmal hatte sie mir gesagt, sie würde beim Tod ihren Körper bewußt verlassen.

Hätte ich den Vorfall nicht mit eigenen Augen gesehen, sondern von anderer Seite erfahren, dann würde ich das Geschilderte für unwahrscheinlich oder übertrieben gehalten haben. Welche Kraft muß Frau Haich besitzen, daß ihr Körper nach einem so heftigen Sturz nicht den geringsten Schaden davontrug? Ihr ganzes Leben lang hat sie Yoga praktiziert. Ich meine damit nicht nur die Hatha-Yoga-Übungen, vielmehr, daß sie im ständigen Bewußtsein lebt, GEIST UND NICHT MATERIE zu sein. Da der Geist unverletzbar und unbesiegbar ist, offenbarte sie dessen Vollkommenheit im Körper, der sofort mit absoluter Gesundheit reagierte. Frau Haich hatte nichts anderes getan, als wieder von ihrem Körper Besitz ergriffen und ihn mit ihrem allesbelebenden Geist durchdrungen. Der Körper hatte keine andere Wahl – er mußte sich dem GEIST fügen und sich ihm anpassen. – Frau Haich wurde letztes Jahr mit einer ernsthaften Unterleibskolik in das Krankenhaus Lugano eingeliefert. Als ich Kenntnis davon erhielt, war ich in Zürich, 270 km weit entfernt. Ich telefonierte umgehend mit dem zuständigen

Arzt, erkundigte mich über die Ernsthaftigkeit des Falles und fragte, ob meine Anwesenheit erforderlich sei. Der Arzt, gerade von ihr zurückgekommen, war ziemlich außer Atem und sehr ärgerlich über die ganze Situation. Er erklärte mir, Frau Haich sei eine unmögliche Patientin, die im Anschluß an die halbstündige Untersuchung jegliche ärztliche Behandlung abgelehnt habe. »Sie hat uns weggeschickt«, sagte er. »Ich bedauere, Ihnen keine weiteren Auskünfte geben zu können. Die Patientin hat bereits auf eigene Verantwortung und Gefahr die Station verlassen.«

Als sie heimgekehrt war, rief ich sie an und vernahm, daß es ihr wieder gut gehe und sie den Unterricht mit der gewohnten Vitalität und Begeisterung fortsetze. –

Zusammen mit Frau Haich ging ich einmal ins Kino, um einen schönen Dokumentarfilm anzusehen. In der Dunkelheit stolperte sie und fiel der Länge nach hin. Laut Diagnose des Arztes zog sie sich eine schwere Thrombose zu. Ihr Bein war entzündet, angeschwollen und wies eine Verhärtung auf. Sie sollte mindestens vierzehn Tage lang strenge Bettruhe halten. Unglücklicherweise mußte ich am nächsten Tag nach Indien abreisen, war jedoch überzeugt, daß Frau Haich notfalls die Yogastunden absagen würde, die sie für mich in drei Städten der Schweiz übernehmen sollte. Nach drei Wochen kam ich zurück. Zu meiner großen Überraschung traf ich Frau Haich bei guter Gesundheit an. »Weißt du, was ich nach deiner Abreise tat? Ich sagte mir – Unsinn, ich habe keine Thrombose, ich habe keine Thrombose, ich habe keine Thrombose! Meine Anwesenheit im Körper bedeutet Kraft und Gesundheit. Das wiederholte ich hunderte Male am Tag. Ich ging im Wohnzimmer auf und ab, atmete tief ein, zog bei jeder Ausatmung mein Knie bis an die Stirn hoch und brachte auf diese Weise das Blut in der verhärteten Stelle meines linken Beines wieder zum Zirkulieren. Ich konnte den Gedanken einfach nicht ertragen, daß in irgendeinem Teil meines Körpers eine Störung sein solle. Der Körper ist die äußere Hülle meines absolut vollkommenen Geistes – und Geist ist Gott. Was auch immer ich meinem Körper befehle, er muß gehorchen, bedingungslos. Wie du siehst – ich bin stark und gesund, wie eh und je!«

NUR WAS GESCHEHEN SOLL, KANN GESCHEHEN

Ein Herr, den ich in Budapest kennenlernte, hatte als Soldat im 1. Weltkrieg ein äußerst merkwürdiges Erlebnis. Er wurde rückwärts von einem Kopfschuß getroffen. Die Kugel verletzte weder das Gehirn noch verursachte sie irgendeine Lähmung. Sie trat an der Nasenwurzel zwischen den Augenbrauen aus. Während des Sturzes sah er in blitzartiger Vision eine vorzeitig weiß gewordene junge Frau und zwei Kinder, einen Jungen und ein Mädchen. Er hatte das sichere Gefühl, daß es sich hierbei um seine künftige Familie handle. – Nach einigen Tagen im Koma erlangte er allmählich sein normales Bewußtsein. Lediglich mit einer Narbe zwischen den Augenbrauen wurde er aus dem Krankenhaus entlassen. – Jahre später machte er anläßlich einer Einladung die Bekanntschaft einer reizenden, weißhaarigen jungen Frau, in der er sofort die Erscheinung seiner damaligen Vision erkannte. Sie verliebten sich, und bald darauf fand die Hochzeit statt. In den folgenden Jahren sollten sie zwei Kinder haben, einen Jungen und ein Mädchen. Jene Dame, Frau Berencsy, sowie die mittlerweile erwachsenen Kinder, waren Mitglieder unserer Yogaschule in Budapest.
Ich dachte darüber nach, wie seltsam die Wege des Schicksals sind, wie sie einer Gesetzmäßigkeit folgen, so daß im Plan der Schöpfung nur das geschehen kann, was geschehen

soll. Nachdem ich selbst mehr als einmal diese Erfahrung machte, kann ich aus Überzeugung sagen: Was nicht geschehen soll, kann und wird nicht geschehen. Nach dem Willen der Vorsehung hat jedes Geschehnis seine Bedeutung, und zwar zum Besten alles Erschaffenen. Seit Kindheit habe ich mich dieser universalen, intelligenten Macht gebeugt, die wir Gott nennen.

BEGEGNUNG MIT EINER KOBRA

In den Wanderjahren der Jugend liebte ich die Urwälder meiner Heimat, die auch in Südindien immer seltener werden. Einst waren dies Oasen der Stille, wohin sich Heilige

und Yogis zurückzogen, um ungestört in der Abgeschiedenheit, fern der neugierigen Menge, zu verweilen. Zahlreiche wilde Tiere hausten zutraulich in der unmittelbaren Nähe der Gottliebenden und gewährten ihnen ausreichenden Schutz. Der Berg Arunachala, vor achtzig Jahren noch dicht bewaldet, war der Ort, an dem sich Indiens letzter großer Weiser, Sri Ramana Maharshi, in verschiedenen Höhlen aufhielt. Ein ungewöhnlicher Besucher, der sich in der Gegenwart des Weisen recht wohl fühlte und die Höhle mit ihm teilte, war ein ausgewachsener Tiger. Die Nacht über leistete die große Wildkatze dem Weisen Gesellschaft und pflegte zu schnurren, wenn dieser sie am Bauch kraulte. Genau bei Tagesanbruch machte sich der Tiger dann wieder auf seinen Weg in die Tiefen des Waldes.
Erinnerungen an mein früheres Leben aus nicht allzu ferner Vergangenheit waren mir noch frisch im Gedächtnis. Damals lebte ich als Einsiedler an den Ufern des heiligen Flusses Ganges, hoch über Rishikesh. Ich führte ein unbeschwertes Dasein, nackt wie ich zur Welt gekommen war und wie ich sie wieder verlassen sollte, bar jeglicher Bindung an Familie und Besitztum. Mit der Sehnsucht nach Frieden und Freiheit wanderte ich auch in diesem Leben mit dem Stab in der Hand und kannte keine Angst vor den Waldbewohnern. Es ist wirklich so, wenn man den Tieren kein Leid zufügt, dann tun sie einem auch nichts. Sie greifen nur an, um sich zu verteidigen.
Nachsinnend über die Zukunft meines Vaterlandes, das durch wiederholte Invasionen seines Reichtums und Ruhmes beraubt worden war, kreisten meine Gedanken bald um meine eigene von Armut betroffene Gegenwart. Sie gingen zu zwei liebevollen Menschen, meinen Eltern, die mir den Eintritt in das Erdenreich ermöglichten. Als Ärzte hätten sie ein gutes Auskommen gehabt, aber die Vorstellung, ihre Existenz auf dem Leid anderer gründen zu müssen, war für sie unannehmbar. Ich sah mit eigenen Augen, wie sie nie etwas

verlangten, weder für Arzneimittel noch für Behandlung. Sie überließen es dem Patienten, etwas zu geben oder nicht, ganz nach seiner Möglichkeit. Oft wurde ihnen von armen Patienten als Honorar ein wenig Gemüse, Eier, Obst oder eine Schale mit rohem Reis gebracht. Wenn sie Geld gaben, dann war es selten mehr als eine Rupie (etwa zwanzig Pfennig). Als Ausdruck der Dankbarkeit führte Mutter die Münze an die Stirn, küßte sie, drückte sie an ihr Herz und knotete sie dann in den abgetragenen Saum ihres sauberen Saris, ehe das Geldstück in dessen Falten verschwand. Bei so viel Selbstlosigkeit und Entsagung rollten mir bereits als Kind die Tränen über die Wangen. Und wenn ich heute nach sechzig Jahren davon erzähle, strömen mir wie damals heiße Tränen über das Gesicht. Haben mir diese beiden selbstlosen, barmherzigen Seelen mit ihrem Hinscheiden auch keine irdische Erbschaft hinterlassen, so schenkten sie mir dafür ein geistiges Gut, das mit nichts in der Welt aufzuwiegen ist. Meine ältere Schwester, mein jüngerer Bruder und ich, wir schöpfen in Überfülle daraus, bis auf den heutigen Tag. Ja, der Geist der Entsagung liegt auch mir im Blut. In diese Gedanken vertieft, streifte ich durch den Wald. Ich ließ die Vergangenheit hinter mir zurück und kam zu dem Schluß, daß es besser sei, wenn die Zukunft ebenfalls verschleiert und vor mir verborgen bliebe.

Jäh wurde ich durch ein schneidend-scharfes Zischen aus meiner Beschaulichkeit gerissen. Ich hielt inne: Ein Waldbewohner warnte mich vor Gefahr. Es war eine große Kobra in aufgerichteter Stellung, mit ausgebreitetem Schild, bereit, sich zu verteidigen. Sie fixierte mich mit weit-geöffneten Augen, während ihr Kopf hin- und herwiegte. Es war mir klar, daß dies die Art und Weise ist, wie die Kobra ihren Gegner hypnotisiert. Ist man einmal in ihren Bann gezogen, dann schlägt sie ihre Giftzähne in das Opfer, speit tödliches Gift aus, was die Zersetzung des Blutes und somit den sicheren Tod zur Folge hat. Im Augenblick der Gefahr verliere ich nie den Kopf, noch zeige ich Angst. So auch jetzt. Mein Instinkt kam mir zur Hilfe und bewahrte mich vor unüberlegter Handlung. Ungewöhnliche Kraft und der Stock in meiner Hand waren die einzigen Waffen zu meinem Schutz. Einen Moment lang hatte ich zwar daran gedacht sie einzusetzen, um meinen Gegner für immer zum Schweigen zu bringen. Aber die Kobra hatte ja nichts anderes getan, als mir den großen Gefallen zu erweisen, das Leben zu retten, indem sie mich vor dem Weitergehen warnte. Und sollte ich ihr das mit dem Tod vergelten? Da standen wir einander gegenüber, die Königskobra und ich. Wir hatten nicht die leiseste Absicht, uns gegenseitig etwas anzutun. So verharrten wir und warteten auf ein erstes Sich-Regen des anderen, ein Anzeichen zum Auseinandergehen. In Gedanken entschuldigte ich mich bei der Schlange: »Vergib mir, o du edles Wesen, daß ich in dein Königreich eindrang. Den gleichen Weg werde ich zurückgehen, den ich gekommen bin, werde andere Gegenden dieses Waldes aufsuchen, mit meinen Gedanken allein zu sein. Mein Herz ist voller Dankbarkeit, daß du mein Leben gerettet ...« Vier Augen begegneten einander im Schweigen, der Sprache des Dschungels. Die Zeit stand still während ich die Sendbotin Gottes beobachtete, wie sie ihren schönen Kopf im Todestanz bewegte. Weil ich als Kind dem Tod in schwerer Krankheit begegnet war, wußte ich: Mein Körper vergeht, nicht aber mein Geist, mein ICH, das Niegeborene, das Niesterbende. Deshalb wurde ich auch jetzt nicht von Angst ergriffen, sondern unsagbarer Friede senkte sich auf meine Seele, wie ich das bis dahin noch nie in meinem Leben erfahren hatte. Nach einer Weile faltete sich das majestätische Schild der Kobra zusammen, der Kopf senkte sich und die Schlange näherte sich meinen Füßen. Einen Augenblick lang war ich wie gelähmt, da ich auf dieses seltsame Verhalten nicht gefaßt war und den Beweggrund nicht kannte. Die Kobra hätte sich auch auf eine andere Seite wenden können, den Ort zu verlassen. Aber nein, sie zog es vor, zu mir zu kommen, beinahe zu meinen Füßen. Dann glitt sie davon in außergewöhnlich eleganter wellenförmiger Bewegung, um bald darauf in ihrem weiten Dschungelheim zu verschwinden. Sie war gekommen, um von mir Abschied zu nehmen, in Frieden. Von meiner Dschungelfreundin hatte ich eine lebenslange Lektion gelernt, nämlich: Frei von Angst zu sein, bedeutet Verständnis haben, und Verstehen heißt Lieben. WO LIEBE IST, DA GIBT ES KEINE ANGST.

EIN SCHULJUNGE BEGEGNET DEM WEISEN RAMANA MAHARSHI

Kürzlich bei einem Gespräch mit meinem Neffen, Dr. K. Sudarsanam, Arzt in Turayur, Südindien, erfuhr ich einige aufschlußreiche Begebenheiten aus seiner Kindheit. Auf einfache, doch faszinierende Art erzählte er mir, wie er im Alter von dreizehn Jahren Indiens letzten großen Weisen, den Erleuchteten Sri Ramana Maharshi, aufsuchte. Viele Menschen im Westen, die an indischer Philosophie interessiert sind, kennen seine Lehren. Dr. Paul Brunton war der erste, der den Namen Ramana Maharshis an die Weltöffentlichkeit trug. Hunderte, ja Tausende, hatten das außergewöhnliche Privileg einer persönlichen Begegnung mit dem Weisen, wovon sie für den Rest ihres Lebens einen unauslöschlichen Eindruck mitnahmen.

Hören wir im folgenden die schlichte Schilderung von dem Eindruck, den der Weise auf den kleinen Jungen machte. Noch nach 48 Jahren verbleibt diese Impression in ihrer ganzen Schönheit und Frische:

»Es war ein heißer Sommertag im Jahre 1937. Ein dreizehnjähriger Junge, in weißem Hemd und Khakihose, traf am »Ramana Rishi's Ashram« in Triuvannamalai gegen 11.00 Uhr morgens ein – völlig außer Atem, denn er war herbeigeeilt. –

Zusammen mit seinen Klassenkameraden und zwei Lehrern hatte der Bub an einem Schulausflug nach Tiruvannamalai teilgenommen. Man besuchte zuerst den Tempel, um anschließend die Stadt zu besichtigen. Der Junge aber bat seinen Lehrer, ihm eine Stunde freizugeben mit der Begründung, er sei nicht an der Stadt interessiert, vielmehr wollte er Ramana Maharshi aufsuchen. Erstaunt und erfreut zugleich, gab ihm der Lehrer die Erlaubnis und meinte, er müsse sich nur rechtzeitig um 15.00 Uhr zur Busheimfahrt einfinden. Das wollte der Junge gerne tun, da für ihn eine eigene Rückfahrt nach Madras unerschwinglich gewesen wäre. Er dankte dem Lehrer und rannte in froher Erwartung auf den Ashram zu, um *darshan,* den segenbringenden Blick des Heiligen zu empfangen und in seiner Gegenwart zu weilen.

Der Bub hatte lebendige Augen und war ein guter Beobachter. Als er zur Mittagszeit ankam, fiel ihm auf, daß die Speisen in einem Saal für Brahmanen, im anderen für Nicht-Brahmanen aufgetragen wurden. Er war zwar sehr hungrig, aber sein Eifer trieb ihn dazu, so schnell als möglich am *darshan* des Heiligen teilzunehmen. Er fragte, wo Swamiji sich gewöhnlich aufhalte und lief auf den Saal zu, in dem eine

Gruppe von andächtigen Besuchern vor dem Maharshi versammelt war. Der Junge, glücklich, in der Nähe des Weisen zu sein, erlebte eine jähe Enttäuschung. Denn es traf sich, daß Ramana Maharshi an jenem Tag *maunam* (Schweigen) hielt. Außerdem fand der Kleine ihn ruhend vor, und zwar auf einem schönen, geräumigen Bett, dessen Matratze von einem Seidentuch, sowie einem Samtstoff und überdies von einem prächtigen Tigerfell bedeckt war. Der Knabe war mehr als enttäuscht, er war verärgert. Sein Blick fiel auf zwei Personen, die den Rishi mit riesigen Fächern fächelten. Die versammelte Gemeinschaft, hauptsächlich ältere Menschen, war stumm. Als er hereinkam, wurde er aufgefordert, wie die übrigen Platz zu nehmen. Beharrlich blieb er stehen, schaute dem Weisen ins Angesicht und fragte höflich, ob er einige Fragen an ihn richten dürfe. Die Anwesenden waren entsetzt und höchst peinlich berührt, denn der Bub hatte die große Stille, die über der Halle lag, verdorben. Nur einer von ihnen war zufrieden und gab dem Jungen mit verständnisvollem Lächeln und einer sanften Bewegung seiner rechten Hand zu verstehen, daß er Fragen stellen könne. Wer sonst hätte es gewagt, ihm die Erlaubnis zu erteilen, wenn nicht der gütige Weise selbst.
Noch immer stehend, brachte der Kleine seine erste Frage vor: »Swamiji, Sie haben alles aufgegeben. Man sagt, Sie hätten auf das weltliche Leben verzichtet. Warum haben Sie ein so schönes bequemes Bett? Sie tragen ein Lendentuch; weshalb sitzen Sie dann nicht auf dem Boden? Und wenn Sie auf einem Bett liegen möchten, warum tragen Sie dann nicht ein Hemd und ein richtiges Tuch um Ihre Hüfte?« Die ganze Versammlung war empört. Alle starrten auf den Jungen, doch niemand wagte zu sprechen. Der Weise aber lächelte und gab einem der Anwesenden das Zeichen, ihm zu antworten. Die Person, auf die der Maharshi zeigte, schaute mit Tränen in den Augen auf den Knaben und sagte liebevoll, aber bestimmt: »Genauso wie ein Kalb keine Furcht

kennt, so wagst du, kleiner Bub, solche Fragen zu stellen. Weil Swamiji mich darum bat, ist es meine Pflicht, dir zu antworten, obwohl mir deine Frage recht ungeschickt, wenngleich auch kühn und verwegen vorkommt. Nun stelle ich dir meinerseits eine Frage: »Hast du davon gehört, daß unser Swamiji Jahre der Meditation in einer Höhle verbrachte?« – »Ja«, lautete die Antwort des Jungen, der schlagfertig fortfuhr, »nicht nur das, ich weiß auch, wann der Swamiji die Höhle aufsuchte und wie lange er darin verweilte bis er Erleuchtung erlangte!« Daraufhin meinte der Mann: »Und mit all dem Wissen stellst du solch eine Frage?«. Der Junge beharrte darauf, eine Antwort zu bekommen. Von den Augen des Weisen konnte man ablesen, daß ihm die Unterhaltung sichtlich Vergnügen bereitete. »Unser Swamiji stellt überhaupt keine Ansprüche. Wir waren es, die ihn gebeten hatten, ein etwas angenehmeres Leben zu führen als zwischen den nackten Wänden von Höhlen. Um uns einen Gefallen zu erweisen, gab er sein Leben in der Einsamkeit auf. Wir sind diejenigen, die auf der bescheidenen Bequemlichkeit bestanden, die du hier siehst.« – Der kleine Junge gab sich damit nicht zufrieden. Er sagte: »Ich habe noch ein paar Fragen und ich bitte um Erlaubnis, sie stellen zu dürfen.« Der Maharshi lächelte und erhob die rechte Hand zum Zeichen seines Einverständnisses.

Die zweite Frage des Jungen war folgende: »Als ich hier ankam, merkte ich, daß man das Essen für Brahmanen und Nicht-Brahmanen in getrennten Räumen auftrug. Warum werden im Ashram solche Unterschiede gemacht? Sind wir nicht alle Kinder Gottes? Und wenn wir Kinder Gottes sind, dann sollten wir doch alle gleich behandelt werden. Warum ist das hier nicht so? Warum diese Ungerechtigkeit?« – Als die Antwort ausblieb, stellte er die nächste Frage:

»Welchen Unterschied sehen Sie zwischen Christentum und Hinduismus?« Das war vielleicht die verfänglichste Frage des Jungen. Alle waren schockiert und die beiden anwesenden Ausländer offensichtlich verlegen. – Einer, der sich nicht aus der Fassung bringen ließ und die Szene eher vergnügt beobachtete, das war Swamiji. Er lächelte. – Nach einer Pause versuchte sich einer der beiden Fremden mit folgender Antwort: »Weißt du, sämtliche Religionen der Welt lehren *mukthi* bzw. Befreiung. Das ist das Ziel allen geistigen Strebens. Man könnte es sich auch so vorstellen: Ob du eine Öllampe, eine Gaslaterne oder eine elektrische Lampe anzündest, jede dieser verschiedenen Quellen spendet Licht. Ebenso lehren alle Religionen immer die gleiche Grundwahrheit.« Der Junge war damit nicht im geringsten zufrieden. Schlagfertig fragte er weiter: »Als Christ wissen Sie ja, was das Christentum lehrt. Und wenn Sie nach Indien gekommen und hier im Ashram sind, verstehen Sie auch sicher etwas vom Hinduismus. KÖNNEN SIE MIR SAGEN, MIT WELCHER VON DEN BEIDEN RELIGIONEN MAN SCHNELLER ZU GOTT GELANGT?«. Dem schweigenden Weisen mußte die Äußerung gefallen haben, denn ein Lächeln glitt über sein Gesicht. Jener Besucher aus dem Westen gab eine diplomatische Antwort. Er sagte: »Es ist noch zu früh, mir ein Urteil zu bilden. Es braucht etwas Zeit, ehe ich über eine so schwierige Frage sprechen kann, auf die ich selbst noch keine Antwort weiß. »Swamiji lächelte voller Anmut.

Jetzt hätte der Junge aufgehört zu fragen und damit dem »Drama« ein Ende bereitet, wäre nicht gerade in diesem Augenblick etwas ganz Eigenartiges passiert. Jemand trug ein schwer verwundetes Eichhörnchen herein, das heftig aus dem Mund blutete und eine starke Verletzung am Bauch hatte. Die arme Kreatur, zitternd und zappelnd, rang mit dem Tod. Man brachte das Tier zu Swamiji, der ein Zeichen gab, man solle es töten. Sofort wurde es aus dem Saal entfernt. Das tat dem Kleinen sehr weh. Gerade heraus und sogar in vorwurfsvollem Ton sagte er zum Weisen: »Welches Recht haben Sie, das töten zu lassen, was Gott erschaf-

Sri Ramana Maharshi

Foto mit freundlicher Genehmigung des Sri Ramanasramam, Indien.

fen hat?« Nach dieser dreisten Frage war die Versammlung wirklich ungehalten. Doch Swamiji war überhaupt nicht verstimmt und forderte jemanden auf zu antworten. Der Betreffende erklärte: »Selbst Gandhiji sprach von Fällen »grausamer Liebe«, und das trifft hier zu. Niemand kann das Eichhörnchen retten. Da es ohnehin sterben muß, warum sollte man es lange leiden lassen? Besser, seiner Qual gleich ein Ende bereiten.« Der Bub war sprachlos. Er schwieg.
In diesem Moment geschah das Allererstaunlichste. Swamiji, diese vielverehrte Gestalt, winkte den Jungen zu sich an die Seite seines Bettes, legte seine heilige Hand auf den Kopf des Knaben und segnete ihn, mit einem strahlenden Lächeln auf den Lippen.
Obwohl inzwischen Jahre vergangen sind, hat der Kleine von damals keinen einzigen Vorfall jenes Tages vergessen. Nie hatte er die Gelegenheit, den Heiligen noch einmal zu sehen. Für den Jungen, aus dem längst ein Erwachsener geworden ist, war die Begegnung mit dem Weisen der gesegnetste Tag seines Lebens. Das göttliche Lächeln des Ramana Maharshi bewahrt er in seinem Herzen.«

INDIEN

INDIEN, LAND DES KARMA

Frage: Wie kommt es, daß es unter dem indischen Volk viele Menschen gibt, die einerseits kaum eine Bildung, andererseits aber eine tiefe Lebensweisheit besitzen? Verglichen mit den entsprechenden Bevölkerungsschichten des Abendlandes erscheint der Inder voller Feingefühl, Toleranz und Intuition.

Antwort: Er ist eine alte Seele, Wanderer durch viele Leben. In Indien angelangt, wirft der Mensch unwillkürlich einen langen Blick auf die Vergangenheit. Diese lehrt ihn, der inneren Welt der Wirklichkeit den Vorrang zu geben vor der schnell verblassenden Welt der Erscheinungen, in die er sich hineingestellt sieht. Bereits mit der Milch seiner Mutter nimmt er den Glauben der Ahnen in sich auf, reich an Mythen, Märchen und Legenden. Sie alle helfen den Weg bahnen zur Mitte des eigenen Wesens, zu ewiger Freiheit. Aus Erfahrung weiß er: »Mein Reich ist nicht von dieser Welt.«

Frage: Ich habe Ihre indische Heimat öfter besucht und bin viel in diesem wunderbaren Land gereist. Immer wieder kam mir das Karmagesetz in den Sinn, wonach wir selbst es sind, die das Schicksal von Gesundheit oder Krankheit, Reichtum oder Armut, Glück oder Unglück verursachen. Es drängte sich mir die Frage auf: Was haben diese Millionen von Menschen getan, ein Schicksal zu verdienen, das sie seit Jahrhunderten in so unbeschreiblichem Elend niederhält. Und doch ist mir kein Volk je begegnet, das sanfter und friedliebender wäre als das indische. Nie hat es Länder der Nachbarn an sich gerissen, nie Volksgruppen von Mitmenschen ausgerottet – wie so viele Nationen, die aus Machtwahn unterjochen und töten, um zu expandieren. Womit hat das heutige Indien sein trauriges Schicksal heraufbeschworen?

Antwort: Bei Ihrer Fühlungnahme mit den verschiedenen Eigenheiten und Wesensmerkmalen des indischen Volkscharakters ist Ihnen eine wichtige Tatsache entgangen. Die vorwiegend harten Lebensbedingungen und -umstände forderten zwar die milde Natur der Inder heraus, führten unglücklicherweise aber auch zu Resignation. Als Inder wünschte ich, meine Landsleute hätten die Macht und Stärke in Selbstverteidigung zurückzuschlagen, um sich Geltung zu verschaffen. Natürlich darf man nicht außer acht lassen, daß Indien in der Vergangenheit wegen seiner unermeßlichen Schätze an Gold, Silber, Edelsteinen und Rohmaterialien Ziel vieler Eroberungszüge war. Einst reichste Nation der Welt, hat es das Schicksal gewollt, daß Indien heute zu den ärmsten Ländern zählt, ausgebeutet von all seinen Eroberern.

Vor allen übrigen Nationen der Welt, weiß Indien darum, daß seine schwierige Lage karmisch, schicksalsbedingt, ist. Die Weisen von ehedem nannten Indien das Schicksalsland – Karma Bhumi – auf dessen Boden jede Seele einmal geboren werden muß, um sich aus ihren karmischen Verwicklungen zu lösen. Wenn auch den Massen das Gesetz von Ursache und Wirkung unbekannt ist, so müssen sie ihm doch Folge leisten, denn sie haben keine andere Wahl. Von Geburt an fällt dem Inder ein hartes Los zu. Schicksalsergebenheit liegt ihm im Blut. Ohne Murren trägt er die Last seines Leides und beseitigt somit unbewußt dessen Ursache. Nirgends auf der Welt ist der Geist der Entsagung so ausgeprägt wie in Indien. Was hier durch die Macht des Leides abfällt, sind Fesseln, ist die Verstrickung in vergängliche Vergnügen, in kurzlebige Daseinsfreuden. Notgedrungen begibt sich der Inder auf die Suche – nach etwas, das jenseits der Unbeständigkeit des äußeren Lebens liegt. Beschaulich wendet er sich nach innen, die Wirklichkeit zu ergründen. Aus den Schocks endloser Leiden gewinnt er eine wichtige Erkenntnis, nämlich nicht festzuhalten sondern loszulassen. Schließlich hat für ihn eine Welt, in der alles vergeht, jegliche Anziehungskraft verloren. So ist es nicht verwunderlich, wenn wir in der uralten Geschichte dieses Landes von manch einem König lesen, der sein irdisches Reich aufgab zugunsten eines anderen aus Frieden und Freiheit.

Wir Menschen sind Wanderer auf dieser Erde. Wir werden in eine bestimmte Nation hineingeboren, wo wir die beste Möglichkeit haben, jene Eigenschaften zu entfalten, die zu den charakteristischen Merkmalen des betreffenden Landes gehören. Nachdem wir uns diese während eines oder mehrerer Leben angeeignet haben, tauchen wir als Angehörige einer anderen Nation auf, wo sich erneut das Schauspiel des Lebens in seiner ganzen Vielfalt vollzieht. Von Schauplatz zu Schauplatz, von Leben zu Leben, entfalten wir die Universalität unseres Wesens. All die Erfahrungen bestärken eine große Wahrheit: Wenn es uns gelungen ist, die gegenwärtige Höhe zu erreichen, dann liegt es ebenfalls in unserer Macht, die Jakobsleiter der Evolution emporzusteigen bis zu Freiheit und Befreiung. Leid vernichtet Illusion. Leid bereitet den Weg zu Wahrheit und Weisheit.

Das Karmagesetz lehrt, in dieser Welt zu leben, ohne ihr anzuhangen. Gleichfalls besagt es, daß die wiederholten Erdenaufenthalte der Läuterung und Vorbereitung dienen für den endlosen Flug als ewig freier Geist. Subjektiv betrachtet, sind wir überall von Leid umgeben. Wenn auch der Mensch im Westen seine Gefühle zu verbergen sucht und nach außen alles in Ordnung zu sein scheint, wohnt im Innern Angst und Leid. In Indien ist es genau umgekehrt. An der Oberfläche herrscht leibliche Not, Armut, Entbehrung. Doch tief darunter schlägt das Herz des Volkes in der Hoffnung auf den Anbruch einer Ära ewiger Freiheit durch innere Befreiung. Aus diesem Grund ist Indiens Lebensrhythmus Religion.

GETEILTES INDIEN

Frage: In Ihren Vorträgen sprechen Sie über »Indiens glorreiche Vergangenheit« und wie sich dessen kultureller Beitrag weltweit bis in die Gegenwart hinein auswirkt, wobei Sie verschiedentlich dem Heiligen der Nation, Mahatma Gandhi, Tribut zollen. Obwohl Mahatma Gandhi ebenfalls im Westen eine große Wertschätzung erfährt, läßt sich kaum der Gedanke zurückweisen, daß Indiens extreme Armut teilweise auf die Tragik der Landesteilung zurückzuführen sei. Denn mit der widernatürlichen Staatenbildung von Pakistan und – rund zwei Jahrzehnte später – Bangladesch, hat Indien sicherlich einen erheblichen Verlust an Bodenschätzen bzw. allen natürlichen Reserven erlitten. Sofern wir uns aus westlicher Sicht überhaupt eine Beurteilung erlauben dürfen; sehen wir diesen Zusammenhang richtig? Kann Indiens Millionenvolk jemals das Massaker vergessen, das bei der Geburt Pakistans angerichtet wurde? Mein Mitgefühl gilt Indien, einem Land, das ich liebe und wofür ich bereit bin, im Rahmen meiner bescheidenen Möglichkeiten, alles zu tun, um das Leid seiner Menschen zu lindern.

Antwort: Ich bin tief gerührt über Ihre ehrliche Anteilnahme, Ihre Liebe zu meinem Heimatland und meinen Landsleuten. Voll und ganz teile ich Ihre Ansicht. Auch mein Herz blutet, wenn ich an die Armut der Massen denke. Wenn ich mit meiner Familie in Indien bin, kann ich kaum einen Bissen zu mir nehmen, ohne das Gefühl zu haben, einem anderen wegzunehmen, was ihm gehören müßte. Es erfüllt mich die gleiche Traurigkeit wie Sie. Zum einen kämpfte Gandhi sein Leben lang für Indiens Freiheit mit der Macht der Entsagung, indem er selbst auf alle Bequemlichkeit, jegliches Besitztum verzichtete und sich bis zum letzten Atemzug aufopferte. Zum andern brachte er es nicht übers Herz mit anzusehen wie Angehörige ein und desselben Volkes – Hindu und Mohammedaner – sich gegenseitig bekriegten und ermordeten. Um diesem sinnlosen Blutbad ein Ende zu bereiten, willigte

Gandhi in die vom Oppositionsführer, Mohammed Ali Jinnah, vorgeschlagene Teilung Indiens ein. Ich bin sicher, daß die Millionen Inder nicht vergessen haben, was jener tödliche Schicksalsschlag ihrem gealterten Volkskörper zugefügt hat. Obwohl so viel Blut geflossen ist, bin ich zuversichtlich, daß die Wunden nicht nur heilen werden, sondern sie das Volk zum Erwachen und Aufstehen bewegen. Möge es zielwärts strebend im Ringen um Würde, Moral und Charakter erstarken. Eines Tages, wenn es die Vorsehung will, wird das Volk erneuert und verjüngt sein: EIN Körper, EINE Seele, EIN Geist. Die Bewohner Pakistans und Bangladeschs sind ihrem Wesen nach Inder. Gleiches Blut fließt in ihren Adern. Was sie unterscheidet, ist der Glaube. Letztlich ernährte uns alle dieselbe lebensspendende Milch unserer gemeinsamen Mutter Indien. Möge Indien erstehen in mohammedanischer Körperkraft und hinduistischer Geistesstärke. Mögen sich beide Seiten der großen Lehre nicht verschließen: Haß und Furcht sind die Sendboten des Todes – LIEBE ALLEIN IST LEBEN.

ZEITRECHNUNG IN DER INDISCHEN MYTHOLOGIE

Frage: In der indischen Mythologie sehe ich gewisse Parallelen zur Alltagswirklichkeit und frage mich, ob sich der Kampf der Götter und Dämonen nicht zu allen Zeiten in der menschlichen Seele zwischen Tugend und Laster abspielt.

Antwort: Ja, Höhen und Tiefen menschlichen Daseins wurden von den einstigen Weisen symbolhaft dargestellt als Kampf zwischen Göttern und Dämonen. Mythologie ist das Bilderbuch der WAHRHEIT. Hören Sie eine kleine Geschichte: Gott Vishnu, der Erhalter des Universums, stellte dem Dämonenkönig Bali frei, wohin er sich begeben wolle – entweder zusammen mit fünf Dummköpfen in den Himmel oder zusammen mit fünf Weisen in die Hölle. Der Dämon überlegte eine Weile und sagte: »O Herr, darf ich den Platz bei den Weisen in der Hölle einnehmen, denn in der Gegenwart der Dummen kann mir selbst der Himmel keine Freuden bieten. Die Hölle hingegen, mag sie noch so trübselig sein, mit den Weisen gewinnt sie an Charme!«

Frage: Das in der Mythologie eng verwobene Leben von Götter- und Menschengestalten verdeutlicht, daß der Mensch als Mikrokosmos und Gott als Makrokosmos in Wechselwirkung miteinander stehen. Es wäre interessant, etwas über die Weltalter sowie die Inkarnation von Gott Vishnu zu erfahren.

Antwort: In den Puranas der Hindus lesen wir, wie Vishnu als Erhalter des Universums immer dann, wenn Ungleichheit, Ungerechtigkeit und Unredlichkeit vorherrschen, mit seinem Herabsteigen (Avatar) aus dem Formlosen ins Formhafte die Menschen läutert. Dadurch wird das Dharma – die göttliche Weltordnung – beruhend auf den ewigen Gesetzen von Gerechtigkeit und Rechtschaffenheit wieder hergestellt. Allgemein sind in Indien die zehn Verkörperungen Vishnus bekannt als der Fisch-Avatar (Matsya-Avatara), der Schildkröten-Avatar (Kurma Avatara), der Eber-Avatar (Varaha-Avatara), der Mannlöwen-Avatar (Nirisingha-Avatara), der Zwerg Avatar (Vamana-Avatara), der Parasurama-Avatar, der Rama-Chandra-Avatar, der Krishna-Avatar, der Balarama-Avatar sowie der Buddha-Avatar. Für das Ende des gegenwärtigen Kali-Yuga wird der Kalkin-Avatar genannt. Die Hinduschriften besagen, daß es weitere Avatare gibt, sowohl innerhalb als auch zur Wende der jeweiligen Weltzeitalter.

In welchen Zeitabschnitten die zehn Inkarnationen Vishnus aufeinanderfolgen, kann nicht mit menschlichem Maßstab gemessen werden. Die in den Hinduschriften angewandte Zeitrechnung hat wenig zu tun mit den großen Weltlehren. Herabkunft und Dauer ihres Erdenaufenthaltes läßt sich nicht mit Genauigkeit festlegen. Die indische Zeiteinteilung erfolgt nach Yugas, Manvantaras und Kalpas. Yuga bedeutet Zyklus oder Zeitalter. Nach der Hindumythologie unterscheidet man folgende vier Yugas:

Satya – Yuga = das Goldene Zeitalter = 4.800 Jahre der Götter
Treta – Yuga = das Silberne Zeitalter = 3.600 Jahre der Götter
Dvapara – Yuga = das Bronzene Zeitalter = 2.400 Jahre der Götter

Kali – Yuga = das Eiserne Zeitalter = 1.200 Jahre der Götter.

Zusammen ergeben die vier Yuga-Perioden ein Maha-Yuga, großes Weltenalter, von 12.000 Götterjahren.
Ein Tag der Götter entspricht einem Erdenjahr. Dem altindischen Kalenderjahr liegen 360 Tage zugrunde, woraus sich nachstehende Zeitspannen ableiten lassen:

Satya-Yuga = 4.800 x 360 = 1.728.000 Erdenjahre
Treta-Yuga = 3.600 x 360 = 1.296.000 Erdenjahre
Dvapara–Yuga = 2.400 x 360 = 864.000 Erdenjahre
Kali–Yuga = 1.200 x 360 = 432.000 Erdenjahre

Mit anderen Worten: 12.000 Götterjahre umfassen einen Zeitraum von 4.320.000 Erdenjahren.
Im Satya-Yuga, dem Goldenen Zeitalter, lebt die Menschheit nach den Grundsätzen der Ethik. Die geistigen Eigenschaften dominieren. Mit jedem nachfolgenden Yuga nimmt die Tugendhaftigkeit ab. Gegenwärtig befinden wir uns im Kali-Yuga, in dem ein Minimum an Tugend und ein Maximum an Sittenlosigkeit herrscht. – Die Yugas, Manvantaras und Kalpas in allen Einzelheiten zu erläutern, würde zu weit führen. Wir konnten jedoch einen kleinen Einblick erhalten in das kosmologische Wissen der alten Seher, Weisen und erleuchteten Rishis. Nur so viel soll zu den Yugas noch gesagt sein:
Satya- oder Krita-Yuga ist das Zeitalter der Wahrheitsliebe, Rechtschaffenheit und Vollkommenheit. Es ist das vortrefflichste der vier Yugas. – Wie nach einem langen Winterschlaf, wenn sich die Auferstehung des Lebens durch den erwachenden Frühling mit Farbenpracht und Blütenduft ankündigt – so bringt das Satya-Yuga den Schöpfer in all seiner Fülle zum Ausdruck. – In jenem Weltalter gab es kein Mühen und Ringen um Erwerb und Erfolg. Satya-Yuga war sich selbst »wunscherfüllender Baum«. Niemand erlitt Man-

gel und Not. Man kannte weder Zorn, Eifersucht, Grausamkeit noch Streit, Haß oder Angst. Leidfreiheit war die Folge. Es existierten keine »danavas« oder Geister, Kobolde, Teufel, Dämonen, Riesen, »gandharvas« oder Halbgötter. Kurz, es gab keine Bewohner der Unterwelt. Krankheit und Alterserscheinungen waren unbekannt. Man hatte keine Meinungsverschiedenheiten, war frei von Unstimmigkeit, Zwietracht, Konflikt und Krieg. Es herrschte Übereinstimmung, Eintracht, Harmonie und Frieden. Brahma, der Weltenschöpfer, regierte in seiner ganzen Macht und Herrlichkeit. Die Seele alles Erschaffenen war weiß und makellos. Alles war EINS. Es gab keine Dualität, denn das EINE war alles.
Im Treta-Yuga nahm das Dharma, die Erfüllung des religiös-ethischen Pflichtenkreises, um ein Viertel ab. Die dem Schöpfer zugeordnete Farbe ist nicht mehr weiß sondern rot. Obwohl die Menschen sich an die Wahrheit hielten, suchten sie die Gunst der Götter durch Gottesdienst, Ritual und Zeremonien für sich zu gewinnen. Die Gottesverehrung entsprang nicht mehr einem absichtslos-reinen Gemüt, sondern zielte auf Belohnung ab.
Im Dvapara-Yuga ging die rechte Gesinnung, die Einhaltung des Dharmas, um zwei Viertel zurück. Die dem Erhalter der Schöpfung zugeordnete Farbe ist gelb. Die heiligen Schriften, die Veden, hatten vormals im Satya-Yuga eine Einheit gebildet. Nunmehr zerfiel die von Gott inspirierte Lehre in vier Teile: Rig-Veda, Yajur-Veda, Sama-Veda und Athara-Veda. Es war jedem einzelnen überlassen, in wie weit er sich, je nach Charakterveranlagung und innerem Antrieb, mit deren Studium befassen wollte. So kam es, daß diese Hymnensammlung entweder in ihrer Gesamtheit, nur teilweise oder gar nicht gekannt wurde. Die Veden als das Wort Gottes stellten nicht länger eine geschlossene Einheit dar, vielmehr glichen sie einem Strom, der in vier Richtungen fließt. Mit der Aufteilung der Veden ging das Wissen vom ungeteilten Leben weitgehend verloren. Man kam vom Weg

der Wahrheit ab und schloß Kompromisse. Leidenschaftlichkeit schlich sich ein und verdeckte die Tugend. Je weniger man sich der Wahrheit verpflichtet fühlte, um so vielfältiger wurde das Leid. Die Gesundheit war im Schwinden begriffen; stattdessen hielten Legionen von Störungen und Krankheiten ihren Einzug. Dvapara-Yuga ist das Geburtszeitalter der Unredlichkeit.
Alle Werte, die im Satya-Yuga ganz, vollkommen und heil waren, erfahren im Kali-Yuga eine so starke Minderung, daß nur noch ein Viertel der ursprünglichen Rechtschaffenheit und Gerechtigkeit verbleiben. Mit der Nichtbeachtung und dem Zuwiderhandeln der kosmisch-göttlichen Ordnung setzt der Niedergang des Menschen ein. Religion, Frömmigkeit und Spiritualität verlieren allmählich ihren Sinngehalt. Religionslosigkeit tritt an deren Stelle. Man huldigt Mammon und Materie. Die Moral wird mißachtet, Immoralität gerechtfertigt. Die Enthaltsamkeit der Frau wird belächelt, die Mutterschaft nicht ernstgenommen. Das einstmals in Ehren gehaltene Idealbild der Frau, höchste ethische Werte verkörpernd, wird hinabgezogen auf Triebebene. – Im Kali-Yuga ist die Gott Vishnu zugeordnete Farbe schwarz und Kali-Yuga bedeutet das Finstere Zeitalter.
Was früher als normal galt, wird abgewertet und das Abnormale zur Norm erhoben. Schönheit wird in den Hintergrund gedrängt, Häßlichkeit zur Schau gestellt. Anstelle des Anstands tritt Vulgarität. Ehrlichkeit wird geringgeschätzt, Unredlichkeit auf den Thron erhoben. Die Menschenwürde wird mit Füßen getreten, die Welt von Barbaren beherrscht.

Frage: Was Sie beschreiben, scheint das gegenwärtige Zeitalter widerzuspiegeln. Wenn die Weisen die Zukunft in so schwarzen Farben vorhersahen, hatten sie dann in ihrer visionären Schau auch den Eindruck, daß unser Zeitalter Vorbote sei zur Neuerstehung einer besseren Welt? Trägt das Kali-Yuga den Keim des kommenden Zeitalters schon in sich? Wird das künftige Weltbild frei von trennenden Mauern sein? Könnte der Zusammenballung so viel schlechtgeoffenbarter Kräfte schließlich doch etwas Gutes entspringen?

Antwort: Ihre treffende Frage enthält bereits die Antwort. In der Gegenwart liegt die Zukunft immer als unentfaltete Möglichkeit verborgen. Man kann von dem Gesetz ausgehen, daß das Pendel der Zeit, während es sich auf die dunkle Seite zubewegt, unweigerlich an Schwungkraft gewinnt, um erneut zur positiven Gegenseite auszuschlagen. –

Im Herbst bieten die einst grünen Felder einen Anblick von Öde und Leere. Nach reicher Ernte sind nur noch Spuren von Spreu verblieben. Die Bauern kommen und reißen die dürren Stoppelfelder auf, bis nach und nach das ganze Erdreich umgebrochen ist. Sobald die zerstörenden Pflugscharen das Feld geräumt haben, trifft eine andere Gruppe von Landsleuten ein – Männer, Frauen, Kinder, die guten Mutes für eine neue Ernte säen.

Unser heutiges Zeitalter mit seinen flagranten Unruhen und der scheinbaren Vernichtung ist Bestandteil des Schöpfungsplanes. – Die Blätter sterben ab, verrotten und dienen dem gesamten Wald als Nahrung. – Jetzt und in kommenden Jahrhunderten wird jeder mehr denn je direkt oder indirekt zum Mitgestalter im Spiel der Schöpfung. Während einem Teil der Menschheit dic Rolle zukommt, am Auflösungsprozeß mitzuarbeiten und einen Schlußstrich unter die Vergangenheit zu ziehen, sind die übrigen Zeitgenossen damit beschäftigt, den Schleier zu lüften über dem Schauplatz einer Zukunft, deren Grundlagen sie errichten. Die alte Welt wird ihren Lebensodem aushauchen und eine neue Welt wird sich wie Phönix aus der Asche einer einst glorreichen Vergangenheit erheben. Im Plan Gottes haben beide Ele-

mente, das zerstörerische und das aufbauende, eine ergänzende Funktion. Dabei sollten wir immer klar vor Augen haben, daß es in dieser Welt der Erscheinungen auf unserer relativen Ebene weder das absolut Gute noch das absolut Schlechte gibt.
Wenn in Indien ein großer Monsunregen einsetzt, dann stehen die Reisfelder meilenweit im Wasser und der ganze Landstrich wird zu einer einzigen Seenplatte. In dieser Flut der Gleichheit sind alle Abgrenzungen hinweggeschwemmt.
Die Konturen des indischen Kastenwesens werden allmählich verwischen und das Ende des Kali-Yuga wird Priester, Kriegeradel, Kaufleute und Arbeiter brüderlich vereint sehen. Die krassen Unterschiede zwischen Gesellschaftsschichten, Völkern, Nationen, Rassen werden letztlich verschwinden. Trotz der vordergründigen Lebensvielfalt wird der Urgrund der Einheit mehr und mehr fühlbar. Das Wesenhafte jeder Religion wird zum Durchbruch gelangen und eine universale Brüderlichkeit wird die Menschheit in gegenseitigem Verständnis und geistiger Einheit verbinden. – Das mag wie ein ferner Traum klingen, doch mit dem gegenwärtigen Mühen und Ringen unternimmt die Menschheit eine große Anstrengung, um die unsichtbaren Barrieren des Hasses niederzureißen. Die begrenzte Sichtweise der

Religionen wird sich weiten, weiten bis sie ins Unendliche reicht.
Unser Zeitalter wird Zeuge sein, wie aus den Trümmern einer vergangenen Zivilisation der Lebensbaum hervorgeht. Er wird wachsen, sich ausdehnen bis an die Grenzen der Erde und in seinem Schatten wird jedes Mitglied des Menschengeschlechtes Rast und Ruhe finden. Laßt uns alle in diesem gesegneten Wissen leben und streben, daß die wahre Morgenröte einer neuen Menschheit am Horizont unseres Herzens schon angebrochen ist, und laßt uns bewußt Mitarbeiter sein am großen Werk, welches das unsere ist.

DER URSPRUNG DES GANGES

Frage: Warum wird der Ganges von den Hindus als der heiligste Fluß Indiens bezeichnet?

Antwort: Kommen Sie nach Indien, bleiben Sie eine Zeitlang bei uns und sehen Sie, wie die Inder leben. Eine Welt wird sich Ihnen erschließen, die sich nicht durch Bücher oder Vorträge vermitteln läßt. Wenn auch das Volk heute physisch geschwächt ist, so vermag es noch immer Kraft aus seinem Glauben zu schöpfen. Dieser Glaube ist Mittelpunkt im Dasein des Hindu und alles, was er unternimmt, liegt darin begründet. In anderen Nationen mag sich das gesellschaftliche Leben um Politik, Wirtschaft, Handel oder Kunst drehen – in Indien pulsiert es mit Religion. Ohne Übertreibung kann gesagt werden: Im Gedanken an die Gegenwart Gottes arbeitet, ißt, schläft, wacht und stirbt der Hindu. Für ihn ist das ganze Universum nichts anderes als Gott. Er macht keinen Unterschied zwischen dem Schöpfer und Seiner Manifestation. Für ihn wäre Schöpfung ohne den innewohnenden Schöpfer undenkbar. Die aller Lebensoffenbarung zugrundeliegenden fünf Elemente – Akasha (Äther oder Urmaterie), Vaya (Luft), Agni (Feuer), Ap (Wasser) und Kshiti (Erde) sind dem Hindu Gegenstand großer Verehrung. Er sieht in jedem dieser fünf kosmischen Prinzipien die dahinterliegende göttlich-beseelte Wesenheit. Einige der Flüsse sind dem Hindu heilig und legendenumwoben ist ihr Lauf. So auch der Ganges. Für Millionen von Indern ist er kein gewöhnlicher Fluß, verlegt die Mythologie doch seinen Ursprung in Himmelsregionen, von wo aus er sich auf die Erde ergießt, um die Menschen zu ernähren und ihre Sünden hinwegzuwaschen.

Obwohl der Ganges vielerorts verschmutzt ist – besonders in Benares, einer Stadt, die jahraus, jahrein von Millionen Pilgern besucht wird – besitzt sein Wasser eine merkwürdige selbstreinigende Eigenschaft. Dieses Phänomen ist der Wissenschaft ein Rätsel. Man kann beobachten, wie Tausende hier alltäglich ihr rituelles Bad nehmen oder andere ihre Kleidung und Eßgeschirre waschen; wie Kühe, Wasserbüffel und Hunde sich im erfrischenden Wasser tummeln bis es sich braun verfärbt und die badenden Pilger mit Schlamm umgibt. Entnimmt man ein Glas trüben Wassers, stellt man fest, wie die schmutzige Verfärbung vor den eigenen Augen verschwindet und es zu kristallklarer Flüssigkeit wird. Eine Tatsache, welche sich mit wissenschaftlichen Methoden nicht erklären läßt.
Sri Ramakrishna lebte gegen Mitte des letzten Jahrhunderts in Dakshineswar, in der Nähe Kalkuttas. Hunderte frommer Pilger besuchten ihn Tag für Tag und berührten in andächtiger Verehrung die Füße des Weisen. Dabei geschah, wie es

von Jesus geschrieben steht: »Es berührte mich jemand, denn ich spürte eine Kraft von mir ausgehen« (Lukas 8.46). Die unreine Ausstrahlung der Volksmenge tat Ramakrishna nicht gut und ihre Unvollkommenheit ging auf seinen Körper über. Gegen Ende eines jeden Tages wurde sein ganzer Leib, ätherisch-fein wie er war, von einem starken Brennen erfaßt. Wenn sich der Abend näherte, begab er sich vom Tempelbezirk, wo er lebte und lehrte, hinab zum Ganges. Er verblieb eine Weile in seinen lindernden Wassern und wurde so immer wieder von den Unreinheiten befreit. – Ramakrishna selbst erzählte, wie er zu Beginn seiner Sadhana (Askese) überall von einem Hautausschlag befallen wurde als Folge der beschleunigten Toxinausscheidung im spontanen Reinigungsprozeß des Körpers. Mit einem täglich ausgedehnten Aufenthalt im Ganges konnte er sich davon befreien.

Das Gangeswasser ist seiner krankheitsverhütenden und heilenden Wirkung wegen bekannt. Unleugbar besitzt die Stadt Benares eine besonders starke geistige Ausstrahlung: Wie von einem Magnet fühlt man sich zur Mitte des eigenen Wesens hingezogen. Kann das anders sein? Millionen von Pilgern aus ganz Indien strömen hier zusammen, um den Wunsch ihres Lebens erfüllt zu sehen – einmal einzutauchen in die heiligen Wasser des Ganges. Ich begegnete alten Menschen, versunken ins Gebet, versunken in die Tiefe ihrer Seele, der Todesstunde entgegenharrend. Mit dem letzten Atemzug streifen sie ihre sterbliche Hülle ab und geben sie dem Ganges anheim, während der Geist sich in die Höhen der Ewigkeit emporschwingt, ein für allemal befreit aus dem Kreislauf der Wiedergeburten. Weitverbreitet ist der Glaube, daß der große Gott Shiva, die Seelen der hier Verstorbenen abholt, um sie in das Reich der Glückseligkeit zu geleiten, das ohne Wiederkehr ist. – Welch schöner Glaube, dachte ich bei mir, und einen Augenblick lang wanderten meine Gedanken zum christlichen Glauben meiner Kindheit und

zu einem Kirchenlied, das ich damals sang: »Shall we gather at the river, the beautiful, the beautiful river, shall we gather at the river, – the beautiful river of God ...«
Die Religion der Hindus mag dem westlichen Menschen gefühlvoll, ja kindlich erscheinen. Ist diese Behauptung berechtigt? Eines steht fest, für jeden Inder, vom Analphabeten bis zum Akademiker, bedeutet der Glaube eine lebendige Kraft. Mit seiner Hilfe hat er auch die Ängste überwunden, worunter heute so viele leiden. Glaube und Gottvertrauen liegen tief im indischen Volk verwurzelt. Es ist das Erbe der Väter, Nachkommen der Rishis. Jene Weisen hielten Gemeinschaft mit Gott und ihre Fußspuren führen uns wieder zu Ihm. Wenn sich der Glaube des Volkes zurückverfolgen läßt von Generation zu Generation bis zur Geburt von Aryavartha (Indien), dann muß er beweisbar sein. Es muß eine Wirklichkeitsebene existieren, eine unsichtbare Ursache aller Dinge, die jenseits der zerbrechlichen Wahrnehmungsfähigkeit der fünf Sinne liegt. Im fühlenden Herzen findet die alte indische Weisheitslehre fast unmerklich Widerhall, viel schneller als in dem zu Spekulation und Haarspalterei neigenden Verstand. Der Hindu sucht den Beweis für die letzte Wirklichkeit in praktischem Erleben, der westliche Mensch in verstandesmäßigem Erfassen. Beides sind die sich ergänzenden Hälften eines Ganzen. Die einen genießen die Frucht, die anderen sprechen davon. Beide haben ihre Berechtigung.
Dem Ruf des Ganges folgend, verließen Könige ihren Thron, entsagten Philosophen der Welt, erlebten Rishis, Yogis, Heilige und Weise beseligende Freude. Zu allen Zeiten wurde die unversiegbar heilende und heiligende Kraft seiner Gewässer gepriesen. In den Augen der Welt ist der Ganges ein Fluß wie jeder andere, für den Hindu ist er die Mutter, welche ihn von Geburt an umsorgt und in der Todesstunde wieder umfängt.
Hören Sie, wie Mutter Ganga auf die Erde herabkam – eine Geschichte, die das Herz jedes Hindu, jung oder alt, arm oder

reich, ungebildet oder gebildet höher schlagen läßt: Glück war König Sagara und seinen beiden Königinnen, Keshini und Sumati, nicht beschieden. Sie waren kinderlos. Das Königreich Ayodhya glich einem mächtigen Baum, der keine Frucht trug. Darüber war die ganze Stadt betrübt und kein Menschenherz unterließ eine Fürbitte bei den Göttern für den sorgenbeladenen König. Eines Tages begaben sich der Monarch und seine beiden Königinnen auf eine Pilgerreise zu den weit entfernten heiligen Bergen des Himalaya. Dort taten sie Buße. Da erschien der große Weise Brigu vor dem König und erteilte ihm seinen Segen mit den Worten: »O König, deine große Frömmigkeit und dein reines Herz seien belohnt: Keshini wird dir einen Stammhalter gebären und Sumati wird Mutter von sechzigtausend Söhnen sein.«

Bald darauf schenkte Keshini einem schönen Kind das Leben und Sumati brachte aus einem Kürbis, der aufgesprungen war, sechszigtausend Söhne hervor. Groß war die Freude im Königreich Ayodhya und weise Männer prophezeiten manch glückverheißendes Ereignis. König Sagara versprach, den Göttern ein Dankopfer darzubringen. Dazu erwählte er ein edles Roß, weiß wie Schnee. Bevor es geopfert werden sollte, wurde es freigelassen, um die Erde bis an ihre vier Enden zu erkunden. Ein tapferer Krieger wurde ihm mit auf den Weg gegeben, damit es von Unheil verschont bliebe. Trotz aller Vorsicht wurde das Tier von einem höheren Wesen geraubt, das in Gestalt eines Dämons erschienen war. Die Priester von Ayodhya sahen darin ein böses Omen. Solange der Dieb nicht gefaßt, getötet und das Pferd nicht gesichert sei, so sagten sie, würde das Schicksal von König und Königreich ein unglückseliges sein.

Der beunruhigte Monarch erteilte seinen sechzigtausend starken Söhnen den Befehl, sich auf die Suche des zu opfernden Tieres zu begeben. Sie machten sich sogleich auf den Weg. Jahre vergingen, aber das Pferd war nicht aufzufinden.

Schließlich, von Wut besessen, gruben sie mit ihren bloßen Händen in die Erde hinein, bis Mutter Erde vor Schmerzen stöhnte. Aber das Tier blieb selbst in den tiefsten Tiefen unauffindbar. Aus Furcht, die Erde werde in zehntausend Stücke zerfallen und alles Leben von ihrer Oberfläche verschwinden, versammelten sich alarmiert die Götter, erschienen vor Brahma, dem Weltenschöpfer, und suchten seinen Beistand und Rat. Der vierköpfige Vater der Schöpfung tröstete sie mit den Worten: »Mutter Erde ist die Gemahlin des gerechten Gottes Vasudeva. Bringt ihm euer Sühneopfer dar und erfleht die Vernichtung der Söhne Sagaras!« Die Götter taten wie ihnen geheißen.
Inzwischen kehrten die sechzigtausend Söhne mit leeren Händen zu ihrem Vater zurück. Der König war verärgert und befahl: »Gehet hin und kommet nicht wieder bis ihr das Pferd gefunden, denn ohne es kann des Himmels Segen auf unserem Land nicht ruhen. Sonst ist der Zorn der Götter uns gewiß. Er wird uns vernichten.« Abermals ritten die Krieger aus und schworen dem Pferdedieb Rache. Unterwegs trafen sie auf vier an Größe dem Himalaya gleichende Elefanten, die auf ihren Köpfen die Erde in den vier Himmelsrichtungen trugen. Nachdem sie ihnen ihre Ehrerbietung bezeugt hatten, setzten die Krieger die Reise fort und zerstörten, was immer sich ihnen in den Weg stellte. Nach zwölf Herbsten waren sie am Wohnsitz des Gottes Vasudeva angelangt. Dieser, in Gestalt des Kapila, befand sich im Zustand tiefer Meditation. Und neben ihm weidete friedlich – das weiße Roß. Die Krieger stürmten auf den vermeintlichen Dieb los in der Absicht, ihn zu töten. Mit einem schreckenerregenden Aufschrei richtete Vasudeva seinen Blick auf die Söhne Sagaras: Feuerflammen schossen aus seinen Augen und von den Sechzigtausend verblieb nichts als Asche. –
König Sagara fürchtete Unheil, da seine Söhne nicht zurückgekehrt waren. Er rief seinen Enkel Suman zu sich und entsandte ihn mit kummervollem Herzen: »Ziehe hin und

ergründe, warum meine Söhne nicht wiederkehrten! Gib kein Ärgernis den Göttern, verhalte dich geziemend, verehre sie und erbitte ihren Segen!«
Suman suchte überall, im Himmel, auf Erden, in der Unterwelt. Nach langen Jahren kam er zu Vasudevas Wohnsitz, wo er die Asche seiner Onkel vorfand. Da war das weiße Pferd. Beim Anblick des anmutigen Tieres war er von Freude überwältigt. Doch es sprengte ihm fast das Herz im Leibe beim Gedanken an den Tod seiner Oheime. Sogleich bereitete er die Begräbniszeremonien vor, wie es Kriegern gebührt, als der Adler Garuda – das Reittier Gott Vishnus – herbeiflog, um ihn zu trösten: »Suman, verzehre dich nicht vor Gram. Was geschah, das ist des Schöpfers eigener Wille. Erkenne darin ein Vorzeichen großer Ereignisse zum Wohle der Menschheit. Da Vasudeva selbst es war, der die sechzigtausend Söhne Sagaras zu Staub werden ließ, sollst du für das Ritual kein gewöhnliches Wasser gebrauchen. Nur die geheiligten Wasser der Göttin Ganga, Tochter des Bergkönigs Himalaya, können diese Asche reinwaschen. Nur ihre Berührung besitzt die Macht, die Seelen der Söhne Sagaras in den Himmel zu erheben. Kehre heim mit dem weißen Roß zu deinem Großvater und vergiß nie, die verwunschenen Krieger zu befreien, die ihr Leben hingegeben haben für ihren Vater und sein Reich.«
Groß war die Freude des Königs und des Volkes von Ayodhya, als Suman das Pferd durch die jubelnde Stadt führte. Der Himmel tat sich auf und die Götter ließen Blumen über Blumen herabregnen. Das Roß wurde in Erfüllung des Gelübdes dargebracht und die Götter nahmen es wohlgefällig an.
Nach dem Tode Sagaras gelangte Suman auf den Thron und herrschte während vieler Jahre. Schließlich übergab er das Königreich seinem Sohn Dilipa. Er selbst zog sich in die Waldeinsamkeit zurück, um den Rest seines Lebens in Meditation zu verbringen. Dilipa regierte dreißigtausend Jahre bis

er das Königserbe seinem Sohn Bhagiratha übertrug. Dieser lebte ebenfalls in den Wäldern des Himalaya und wurde zum Heiligen. Tausend Jahre unterzog er sich strengster asketischer Übung, die göttliche Ganga vom Himmel herabrufend. Brahma, der Weltenschöpfer, trat vor den königlichen Heiligen und sagte: »O du aller weltlichen Begierde Entsagender, sprich einen Wunsch aus, er sei dir erfüllt!« – »Wenn es mir gestattet ist, o Herr, gewähre, daß die Asche meiner sechzigtausend Vorfahren durch die geheiligten Gewässer der Ganga Devi geläutert werde«, flehte der Heilige. – »Nur durch Gebet und Fürbitte wird sich Mahadeva, der große Gott Shiva, bewegen lassen. Und er allein ist es, der die Stärke besitzt, die vom Himmel herabfallenden Wasser der Ganga zu ertragen – er allein, der dreiäugige Shiva, der Herrscher mit dem Dreizack.« So sprach Brahma, segnete den Heiligen und entschwand seinen Blicken.«
Mit andachtsvollem Herzen betete der Weise zu Hara (Shiva) volle zwölf Monate lang. Schließlich erschien der Gott der ewigen Meditation vor dem frommen Bhagiratha und versprach, den Fluß auf seinem Haupte zu empfangen. Hierzu ließ sich in spielerisch-übermütiger Laune die stolze und majestätische Tochter Himalayas einen Scherz einfallen. Sie war entschlossen, sintflutartig aus Himmelshöhen auf Haras Haupt herabzustürzen und den Gott hinwegzutragen. Dieser aber war nicht verlegen, ihr eine Lektion zu erteilen und nahm sie im wahrsten Sinne des Wortes mit seiner Lockenpracht gefangen, woraus sie keinen Ausweg fand. Da betete Bhagiratha noch inbrünstiger zu Shiva, er möchte die Flußgöttin aus seinem üppigen Haargeflecht befreien. Die bußfertige Bitte des Weisen sollte nicht unerhört bleiben. Aus Liebe und Mitleid zur Erde und ihren Bewohnern, entließ die barmherzige Gottheit den mächtigen Himmelsstrom in sieben Flüssen. Drei strömten der aufgehenden und drei der untergehenden Sonne entgegen; der siebente Fluß aber folgte dem königlichen Weisen wie eine von Flötenmusik bezau-

berte, sich wiegende Schlange. Die Herabkunft der göttlichen Ganga vom Haupte Shivas war wie das Spiel der Schöpfung selbst. Die himmlischen Heerscharen, die Engel, die Götter und die Bewohner der drei Welten kamen herbei, um die Geburt Gangas zu bezeugen. Sie alle badeten in ihren heiligen Wassern, tranken daraus und erlangten ihren Segen.

Und während Ganga dem Heiligen folgte, geschah es, daß sie die Wälder überflutete, in denen der machtvolle Weise Jahna meditierte. Erzürnt über diese Freveltat, trank er den Fluß leer bis auf den letzten Tropfen. Die Götter waren sprachlos und vom Himmel herniedereilend, baten sie den mit außergewöhnlicher Fähigkeit begabten Weisen, Ganga wieder freien Lauf zu lassen. Nach langem Bitten erklärte er sich einverstanden und hieß den Fluß durch seine Ohren rauschen. Erneut stürzte sich die Flußgöttin auf die Erde her-

nieder, verfolgte Bhagiratha bis sie eines Tages zu dem Berg aus Staub und Asche gelangte, und im Augenblick ihrer heiligen Berührung wurden die sechzigtausend Söhne Sagaras vom Fluch befreit und fuhren zum Himmel auf.
Göttin Ganga, Tochter des Himalaya, trug ihre heiligen Wasser weiter bis hin zum endlosen Ozean. Unterwegs schenkte sie allen, die in ihr Reinigung und Läuterung suchten, Erlösung und Befreiung.
Wer immer die Geschichte von der Geburt der Göttin Ganga hört, ist gesegnet, alle Tage seines Lebens. Wer immer über sie meditiert, wird in der Stunde seines Todes wahrlich von ihr aufgenommen und aus dem Rad der Wiedergeburten enthoben. Dies ist der Glaube der Hindus an Ganga Nadi – Mutter von Millionen aus dem Lande Mahabharata.

DIE GEHEIMNISVOLLE HÖHLE VON AMARNATH

Frage: Warum betrachten die Hindus die in 4000 Metern Höhe gelegene Höhle von Amarnath in Kashmir als heilig und riskieren sogar ihr Leben beim beschwerlichen Aufstieg, der nur im Juli und August erfolgen kann, während das Felsenheiligtum die übrige Zeit des Jahres unter Schnee- und Eismassen verborgen liegt?

Antwort: Wie die Legende erzählt, wohnt an diesem geistumwehten Ort Shiva, Herr der Unsterblichkeit: Er, Mahadeva, der Große Gott, ist hier in ewiger Meditation versunken. Das Innere der Höhle birgt eine fast lebensgroße Eissäule, in der die Gläubigen das Symbol Shivas verehren. Ein merkwürdiges Phänomen läßt die Säule zusammen mit dem Mondwechsel zu- oder abnehmen. Zu Tausenden und Abertausenden strömen die Pilger aus allen Teilen Indiens herbei, um von der Gottheit die Gnade zu erflehen, nicht mehr auf die Erde zurückkehren zu müssen – von Karma befreit.

Die göttliche Gemahlin Shivas, Parvati, befragte eines Tages ihren Herrn, weshalb er eine höchst seltsame Girlande von Totenschädeln trage anstelle immerblühender Blumen. Er erklärte, daß es ihre Totenköpfe seien – und daher ihm besonders lieb und teuer. »Bei jeder Geburt wurdest du meine Gattin und bei jedem Tod reihe ich deinen Totenkopf an meine Girlande«, sprach er. Bis ins Herz getroffen, fragte sie, warum sie dem Tod untertan und er frei davon sei. Shiva antwortete: »Weil ich die Geheimnisse der Unsterblichkeit kenne.« – »So weihe mich in diese Geheimnisse ein«, bat sie inständig und fuhr fort: »Ist es nicht mein gutes Recht, alles rückhaltlos mit dir zu teilen?«

Mahadeva dachte eine Weile nach und willigte ein, Parvati zu belehren. Nach langem Suchen fand Shiva eine Höhle – hoch oben in den Schneegebirgen, weitab von den Menschen und allen Lebewesen – die ihm der geeignete Ort schien zur Preisgabe der göttlichen Geheimnisse der Unsterblichkeit. Damit niemand Zeuge dieser Unterweisung werde, sandte Shiva seine Geistwesen aus, um die Höhle von allen Kreaturen freizuhalten. Sodann wandte er sich an Parvati, ihr die kostbare Lehre übertragend. Aufmerksam lauschte sie. Nach jedem Satz aus Shivas Mund tat sie mit einem »Mhm« ihr Verstehen kund. Als Shiva Lehre um Lehre beendet hatte, entdeckte er … eine schlafende Parvati! – »Wer also war es, der bis zu guter Letzt »Mhm« verlauten ließ?«, so sann er nach.

Genau in diesem Augenblick kam ein Papagei – dort »shuka« genannt – unter dem steinernen Sitz Mahadevas hervorgeflogen und verließ blitzartig die Höhle. Die geistigen

Sendboten Shivas hatten ein Ei zu Füßen ihres Herrn übersehen. Während der Übermittlung der Lehre war es ausgebrütet und von Unsterblichkeitswissen getränkt worden, vom Großen Gott selbst offenbart. Shiva verlor keine Zeit und jagte hinter dem Vogel her. Nach langem Flug erreichte der Papagei die Einsiedelei des großen Weisen Vyasa, der in den Tiefen des Waldes wohnte. Seine Frau war soeben dabei, ihr schwarzes Haar zu kämmen, wobei sie den Mund leicht geöffnet hielt. Gerade in diesem Moment suchte der Vogel Zuflucht darin und drang tief in ihren Körper ein. Shiva war völlig machtlos und verließ ehrerbietig die Eremitage. Vyasas Frau trug »shuka« unter ihrem Herzen, der nach geraumer Zeit Menschengestalt annahm und im Alter von zwölf Jahren das Licht der Welt erblickte. Bald bekannt als Shukadeva – großer Seher und Kenner der Unsterblichkeitslehre – gab er diese an alle weiter, die bereit waren, den Tod zu besiegen.
So ist die Höhle im Himalaya zu einem der heiligsten Pilgerziele im Lande Bharatas geworden. Hier gehen die Gedanken zu Mahadeva, dem Mysterienenthüller, hier in Amarnath, genannt: »Herr der Unsterblichkeit«.

INDISCHE FABELN UND LEGENDEN

KÖNIG BHARATA

König Bharata war ein mächtiger Monarch, der vor langer, langer Zeit über ein großes Königreich regierte. Das Volk liebte und verehrte ihn, denn er war ein gerechter Herrscher, der um die Zufriedenheit und das Wohlergehen aller seiner Untertanen besorgt war.

In den Schriften steht geschrieben, daß ein jeder – Bauer oder König – den letzten Teil seines Lebens der Suche nach dem Ewigen, nach Gott, widmen soll. Auch für König Bharata kam die Zeit, wo er den Thron seinem ältesten Sohn übergab und sich in die Tiefe des Waldes zurückzog.

Der mächtige Monarch, der sein ganzes Leben in einem goldenen Palast verbracht und über Millionen von Untertanen geherrscht hatte, baute sich nun eigenhändig eine kleine, bescheidene Hütte am Ufer eines heiligen Flusses. Hier wollte er den Rest seiner Tage in Meditation verbringen. Er ernährte sich von Nüssen, wildem Honig und den Früchten und Beeren des Waldes; seine Kleider waren die eines anspruchslosen Eremiten – denn in Gottes Augen gibt es keinen Unterschied zwischen arm und reich, mächtig und unbedeutend.

Eines Tages wurde König Bharatas Meditation vom Gebrüll eines Tigers, der ein Reh verfolgte, unterbrochen. Das arme Tier wollte den Fluß überspringen und fliehen, doch die Anstrengung war zu groß für die trächtige Rehgeiß. Sie gebar ein Kitz und verendete auf der Stelle. Der reißende Fluß hätte das Neugeborene weggetragen, wäre Bharata nicht ins Wasser gesprungen, um es zu retten. Er trug das Rehlein in seine Hütte, hegte und pflegte es – und während der folgenden Tage, Wochen und Monate galt sein ganzes Trachten und Streben dem Wohlergehen des kleinen Tieres. Wenn es Nacht wurde und das Rehlein nicht zur Hütte zurückkehrte, machte sich der königliche Einsiedler Sorgen um seinen kleinen Schützling, bangte um seine Sicherheit. Statt sich in Meditation zu vertiefen, galt jeder Gedanke des Weisen dem kleinen Reh.

So vergingen Jahre. Eines Tages kam der Tod auch zur Hütte des Einsiedlers. Als sich der Weise zum Sterben niederlegte, stand das Rehlein neben seinem Bett und schaute den Freund und Meister aus großen, traurigen Augen an. König Bharatas letzte Gedanken galten dem kleinen Tier: »Was wird aus dir werden, mein Kleines? Wer wird auf dich acht geben, wenn ich weggehe? ...«

Kein Karma geht verloren – und König Bharata, der im Augenblick des Todes nur seines Rehleins gedachte, wurde im nächsten Leben als Reh geboren. Aber es war ein merkwürdiges Reh; es entfernte sich stets von seiner eigenen Gattung und hielt sich am liebsten in der Nähe von Einsiedlern auf. – Eines Tages kam der Tod auch zu diesem Reh.

In seinem folgenden Leben wurde Bharata als Sohn eines reichen Kaufmanns geboren. Er erinnerte sich an seine früheren Inkarnationen, wußte, daß er einst ein mächtiger Monarch war und später als Reh geboren wurde. In diesem Leben wollte er sich auf keinen Fall auf irgend etwas Weltliches einlassen. Darum enthielt er sich von klein auf jeder Kommunikation und sprach kein Wort. Sein Vater, der ihn sehr liebte, starb eines Tages plötzlich. Die Brüder, die Bharata stumm glaubten, bemächtigten sich seines Erbteils und ließen ihn als Diener für sich arbeiten. Auch die Frauen seiner Brüder gönnten ihm kein freundliches Wort. Sie hießen ihn die schmutzigste Arbeit im Haus verrichten. Er ertrug alle Erniedrigungen gelassen und wehrte sich mit keinem Wort.

Aber die Zeit kam, als man ihm selbst das Essen verweigerte und ihn schlug, weil er nicht flink genug arbeitete. Armer Bharata. Er konnte diese grausame Behandlung nicht länger ertragen. Mit leeren Händen verließ er das elterliche Haus

und zog sich in einen Wald zurück, um sich dort ganz der Meditation hinzugeben. Er gelobte, weiterhin kein Wort zu sprechen, bis er Gottes-Bewußtsein erlangt hätte.
Eines Tages reiste der König des Landes in einem Palankin, getragen von vier Männern, durch jenen Wald. Einer der Träger erkrankte plötzlich. Wie konnte nun die Reise fortgesetzt werden? – Als der König den stark gebauten Bharata erblickte, der unter einem Baum saß, rief er laut: »Du dort, komm hierher und hilf mit, den Palankin zu tragen!« Bharata erhob sich und nahm ohne zu zögern den Platz des erkrankten Trägers ein. Nach einer Weile bemerkte der König, daß der neue Träger von Zeit zu Zeit hinkte, wodurch der Monarch in seiner Sänfte unangenehm geschüttelt wurde. Er streckte den Kopf aus dem Fenster und rief wütend: »Du Narr, wenn du müde bist, so ruhe dich eine Weile aus und gehe dann weiter, ohne zu hinken!«
Bharata stellte den Palankin sachte auf den Boden, wandte sich dem König zu und zum ersten Mal in seinem Leben öffnete er den Mund und sprach: »O König, wen nennt Ihr einen Narren? Wisset, daß der, welcher diesem Körper innewohnt, wahrlich derselbe ist wie der, der Euren Körper belebt. ER ist allwissend, allgegenwärtig und allmächtig. ER offenbart sich durch diesen Körper wie durch den Euren. ER schaut durch jedes Auge, das sieht. ER spricht durch jeden Mund, der spricht. ER ist der Erhalter des Lebens in Euch, in mir und in den drei Welten. O König, ER, den kein Feuer versengt, ER, den der Tod nicht berührt, ER, der Unvergängliche, der Unsterbliche, wisset, oh König: IHR SEID ER.
Und wenn Ihr diesen Körper einen Narren nennt, dann wisset, o König, daß ich nicht aus Müdigkeit hinkte. Die langersehnte Regenzeit ist gekommen und die Regenwürmer auf dem Boden freuen sich. Da ich nicht auf sie treten wollte, mußte ich manchmal einen größeren Schritt nehmen, darum war mein Gang unregelmäßig.«
Als der Monarch Bharata so sprechen hörte, stieg er aus dem

Palankin, warf sich dem königlichen Weisen zu Füßen und bat ihn um Verzeihung. Bharata segnete den König und zog sich in die Tiefe des Waldes zurück, um weiterhin über Gott zu meditieren.

DER WAHRE WERT

Ein Mann fand einmal einen Edelstein, so groß und schön, wie er in seinem Leben noch keinen gesehen hatte. Da er dessen wahren Wert erfahren wollte, sandte er seinen Diener mit dem Stein zu einem Gemüsehändler, um ausfindig zu

machen, was dieser ihm dafür anbieten würde. Der Gemüsehändler schaute sich den Edelstein an und sagte: »Die Hälfte aller meiner Gemüse und Früchte wäre ich bereit zu geben für diesen Stein.« Als der Besitzer von dem Angebot hörte, schickte er seinen Diener zu einem Tuchhändler, um zu erfahren, was dieser für den Stein bezahlen würde. »Ich gebe dir den dritten Teil von allem, was ich hier in meinem Laden habe«, sagte der Tuchhändler. – Da wußte der Mann, daß sein Edelstein einen größeren Wert besaß als Gemüse, Früchte, Tuch und Seide. Er sandte den Diener schließlich zu einem Juwelier. Der untersuchte den Stein sorgfältig, und als er seinen wahren Wert erkannte, rief er aufgeregt: »Für diesen Edelstein biete ich dem Besitzer alle Juwelen und Steine, die ich hier im Laden habe und außerdem noch zehn Sack Gold.« Der Handel wurde abgeschlossen und das Tauschgeschäft ausgeführt.
Der neue Besitzer des Edelsteines wußte wohl, daß dieser das Zehnfache dessen, was er dafür angeboten hatte, wert war. Er war stolz darauf, den größten Edelstein, den je ein Mensch besessen hatte, sein eigen zu nennen. – Aber nun tauchte ein Problem auf: Wie konnte er sich mit diesem kostbaren Stein vor Dieben schützen? Alle Juweliere der Stadt würden in kurzer Zeit erfahren, daß er das wertvolle Stück besaß, und jeder Dieb würde versuchen, es zu erbeuten. Da heckte er einen Plan aus: Er wickelte den Edelstein in ein Stück Papier ein, steckte ihn in seinen rechten Schuh und ging nach Hause mit der Absicht, den Stein in einer Flasche im Garten zu vergraben. – Zu Hause angekommen, machte er sich daran, seinen Plan auszuführen, wollte aber den Stein noch einmal sehen und bewundern, bevor er ihn vergraben würde. Er öffnete das kleine Paket. Doch was erblickten seine Augen – lauter Staub! »Oh, ich bin ruiniert! Ich bin zugrunde gerichtet!« schrie er verzweifelt, »ich habe alles verloren, was ich besaß! Ich bin ein Bettler geworden!« Als er so klagte und weinte, sagte der Staub: »Solange du mich geschätzt und als dein

liebstes Juwel ans Herz gedrückt hast, war ich dein ein und alles. Aber jetzt, da du mich in deinem Schuh versteckst, mich von den Augen der Welt fernhalten und gar in der Erde vergraben willst, bin ich dir nicht mehr wert als Staub.«

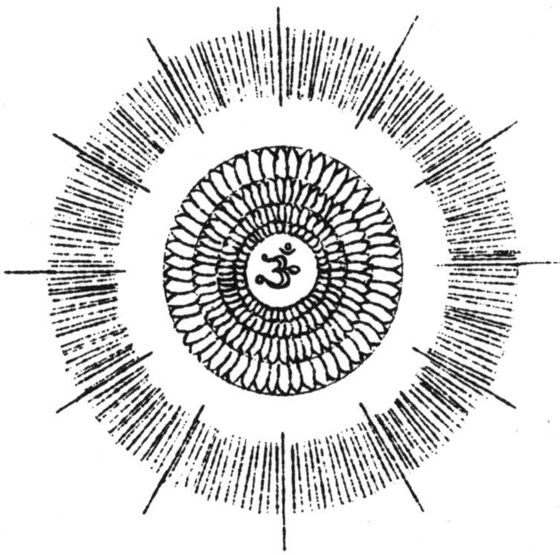

TRAUM ODER WIRKLICHKEIT?

Ein Bauer und seine Frau lebten glücklich und zufrieden. Sie hatten einen einzigen Sohn, den sie über alles in der Welt liebten. Eines Tages starb der Knabe. Die Mutter war außer sich vor Schmerz über den Verlust ihres geliebten Kindes. Sie konnte es nicht glauben, daß es nicht mehr unter ihnen weilte. Aufgeregt weckte sie ihren Mann und erzählte ihm, was geschehen war. Der Bauer schaute auf seinen verstorbenen Sohn und brachte kein Wort heraus; er starrte nur vor sich hin. Seine Frau konnte die merkwürdige Reaktion ihres Gatten, der wie ein Stück Fels da saß, nicht verstehen und machte ihm schwere Vorwürfe: »Hast du keine einzige Träne für unser Kind? Bist du wirklich so herzlos geworden?« Der Bauer blieb bewegungslos sitzen und gab keine Antwort. – »Ist dein Herz aus Stein, daß du nichts zu sagen hast? Was ist aus dir geworden, der du unseren Sohn über alles geliebt hast? In ihrer Verzweiflung beschimpfte die Frau ihren Mann immer weiter, bis er schließlich sein Schweigen brach und sagte: »Meine Liebe, höre, was ich dir zu sagen habe. – Mir träumte, ich sei ein mächtiger Monarch und du meine geliebte Königin. Wir hatten sieben Söhne, die über verschiedene Königreiche Indiens regierten; alle waren beliebte und erfolgreiche Herrscher. Eines Tages brachte man uns die traurige Nachricht, alle sieben Söhne seien getötet worden. Wie ich auf dem Thron saß und über das traurige Schicksal unserer Söhne nachdachte, wecktest du mich und sagtest, daß unser einziger, geliebter Sohn gestorben sei. Nun weiß ich nicht, für wen ich weinen soll – für unsere sieben Söhne in meinem Traum oder über den Verlust unseres einzigen, geliebten Kindes, das uns geschenkt und wieder von uns genommen wurde.

GOTTES EINZIGE RETTUNG

Gott beklagte sich einmal bitter bei seinen Erzengeln, wie sehr er es bereue, den Menschen geschaffen zu haben. »Warum, Herr?« fragten jene erstaunt. – »Ich habe ihnen alles gegeben, was sie brauchen: Augen zum Sehen, Ohren zum

Hören, einen Mund zum Sprechen, ein Gehirn zum Denken, Hände zum Arbeiten und einen gesunden Körper; sie sind bestens ausgerüstet für ihren Aufenthalt auf Erden. Und trotzdem kommen sie ständig zu mir und betteln. Sie betteln um Namen und Ansehen; sie betteln um Kraft und Gesundheit. Für jede Kleinigkeit bestürmen sie mich. Ich weiß nicht, wo ich mich vor diesen undankbaren Geschöpfen verstekken soll.« – »Der höchste Gipfel des Himalaya, ewig bedeckt von Schnee und Eis, das wäre vielleicht ein geeignetes Versteck«, meinte ein Engel. – »Oh, nein, bestimmt würden sie die steilen, glitschigen Felswände hinaufklettern und wieder betteln kommen«, erwiderte der Herr. – »Auf dem Grund des tiefsten Ozeans würden dich die Menschen bestimmt in Ruhe lassen«, schlug ein anderer Engel vor. – »Ausgeschlossen«, seufzte der Herr, sie würden Mittel und Wege finden, mich auch dort aufzusuchen.« – Da sagte der weiseste aller Engel: »Herr, verstecke dich im Herzen der Menschen, dort werden sie dich niemals finden.«
Gott befolgte jenen guten Rat, und seitdem hat er seine Ruhe. Denn wahrlich sucht der Mensch Gott überall – in Kirchen, in Tempeln, in Büchern, in Menschen, doch niemals in seinem eigenen Herzen.

DER BAUER UND SEIN OCHSE

Ein Dieb wurde einmal von der Polizei verfolgt. Er rannte und rannte und suchte verzweifelt nach einem Versteck. Endlich fand er eine leerstehende Hütte. Blitzschnell schlüpfte er aus den Kleidern, rieb seinen Körper mit Asche ein, setzte sich mit gekreuzten Beinen auf den Boden und gab vor, in tiefer Meditation versunken zu sein. Als die Polizei die Hütte betrat, fand sie keinen Dieb vor, sondern einen Heiligen in Kommunikation mit Gott. Sie schätzten sich glücklich, in der Gegenwart eines erleuchteten Weisen zu sein, warfen sich vor ihm auf den Boden, um seinen Segen zu empfangen und gingen weiter. Der Dieb blieb noch eine Weile in Sicherheit, bis er annehmen durfte, daß sich die Polizei nicht mehr in der Nähe aufhielt. Doch als er sich anschickte, die Hütte zu verlassen, kam der Bauer zurück. Schnell nahm er seine vorherige Stellung wieder ein und tat, als wäre er in einem Zustand tiefer Versenkung. Der Bauer fühlte sich sehr geehrt, daß ein erleuchteter Weiser, der nichts wahrnahm, was in der Außenwelt geschah, ausgerechnet seine bescheidene Hütte als Aufenthaltsort gewählt hatte. Er kochte ein feines Essen und stellte es andachtsvoll vor den »Heiligen«.

Dieser aß mit gutem Appetit und ließ kein einziges Reiskorn übrig. Die Nacht verbrachte der Bauer draußen vor der Hütte, um seinen verehrten Gast nicht zu stören.
So vergingen Tage, Wochen und Monate. Die Menschen aus der ganzen Umgebung versammelten sich vor der Hütte des Bauern, um den »Heiligen« zu sehen und seinen Segen zu empfangen. Doch allmählich wurde das bequeme Leben zu langweilig für den Dieb. Er sehnte sich danach, wieder frei und ungebunden umherzuziehen und seinem alten Handwerk nachzugehen.
Eines Tages bat der Bauer den »Heiligen«, ihm den Weg zu zeigen, der ihn gottwärts führen würde. Der schlaue Dieb war keinen Augenblick um eine Antwort verlegen. »Was liebst du über alles im Leben, mein Freund?« fragte er. »Meinen Ochsen, verehrter Herr«, sagte der Bauer scheu. »Meditiere über deinen Ochsen, eine Stunde frühmorgens und eine Stunde beim Einbruch der Nacht – und du wirst Gott erreichen«, sprach der Dieb. Der Bauer belohnte seinen verehrten Lehrer reichlich für den Ratschlag. Dieser suchte so schnell als möglich das Weite, denn er fürchtete, andere würden auch zu ihm kommen und von ihm lernen wollen.
Der Bauer fühlte sich sehr geehrt, vom »großen Lehrer« eine persönliche Unterweisung empfangen zu haben. Fortan betrachtete er seine Hütte als Stätte der Andacht, huldigte seinem Guru täglich in Gedanken und meditierte über seinen geliebten Ochsen. Da das geistige Streben des Schülers aufrichtig und ehrlich war, wurde ihm nach einiger Zeit Erleuchtung zuteil. Leute kamen zu Hunderten und Tausenden zu dem Heiligen, um seine Belehrungen und seinen Segen zu empfangen.
Eines Tages weilte der Dieb in jener Gegend. Groß war seine Überraschung, als er vor der Hütte, die ihn längere Zeit beherbergt hatte, eine riesige Menschenmenge vorfand. Als er sah, daß es niemand anderes als der bescheidene Bauer war,

zu dem so viele Menschen pilgerten, sagte er: »Mein Freund, wie kam es dazu, daß du die höchste Stufe der Erleuchtung erlangt hast?« Der einfache Bauer warf sich in aller Demut zu Füßen seines Lehrers und sagte: »Oh, verehrter Meister, ich habe deinen Ratschlag befolgt und jeden Tag morgens und abends über meinen Ochsen meditiert. Mit deinem Segen erschaute ich eines Tages das innere, geistige Wesen des Tieres und mir wurde Erleuchtung zuteil. »Höchst belustigt über das Geschehniss zog der Dieb weiter.
Wie man in Indien sagt: »Es kommt nicht darauf an worüber du meditierst, ob über einen Ochsen, eine Ziege, eine Katze oder über die WAHRHEIT. Wenn dein Streben aufrichtig und lauter ist, wirst du das Ziel erreichen.

DIE SIEBEN KRÜGE GOLD

Es lebte einmal ein Barbier, der in den Diensten des Königs stand. Er war immer zufrieden, fröhlich und glücklich. Der König liebte ihn seines heiteren Wesens wegen sehr. Eines Tages, auf dem Heimweg vom Palast, glaubte der Barbier seinen Ohren nicht zu trauen, als er eine Stimme hörte, die ihm sieben Krüge voll Gold versprach, und niemand war zu sehen. Da wiederholte der Geist sein Anerbieten. Auch dieses Mal achtete der Barbier nicht auf die Stimme und zog weiter seines Weges. Als er jedoch zum dritten Mal die Verheißung vernahm, gab er der Verlockung nach; denn die sieben Krüge Gold, so überlegte er, würden mit einem Schlag all seiner Armut ein Ende bereiten. Er stimmte zu und sagte zum Geist: »Gebt sie mir!« – »Geh nach Hause«, antwortete dieser, »die Goldkrüge erwarten dich!« In großer Aufregung rannte der Barbier heim, so schnell ihn die Füße tragen konnten. Und siehe – da standen die sieben Krüge mit purem Gold! Seine Freude kannte keine Grenzen. Er umarmte seine Frau und frohlockte: »Meine Liebe, nun brauchen wir nicht länger in Armut leben. Schau, das alles ist unser!«

Plötzlich entdeckte der Barbier, daß von den sieben Krügen Gold einer nur halb gefüllt war. Er eilte zu seiner Frau, nahm all ihren Schmuck an sich und warf ihn in den halbvollen Krug. Dieser aber füllte sich nicht. Mit dem Lohn, den er vom König erhalten hatte, kaufte er Gold und warf es in den Krug, der nach wie vor halbvoll blieb. Seine Habgier wuchs. Er faßte Mut, begab sich zum König und bat: »Majestät, viele Jahre habe ich Euch treu gedient. Wenn es Eurer Majestät wohlgefällig ist, würde mich nichts glücklicher machen als eine Erhöhung meines Solds.« Der gute König gewährte die Bitte des Barbiers und gab ihm ein Zehnfaches seines bisherigen Lohnes. Der habgierige Barbier kaufte noch mehr Gold hin-

zu und warf es abermals in den Krug. Doch dieser wollte und wollte sich nicht füllen.
Der König merkte den Wandel wohl, der sich in seinem Barbier vollzogen hatte. Er war nicht mehr der gleiche. Unrast hatte in überkommen. Sorge und Kummer waren ihm ins Gesicht geschrieben. Das Glück hatte ihn verlassen. »Hat dir der Geist sieben Krüge Gold geschenkt?« fragte der König. – »Wie kommt es, daß Eure Majestät dies weiß?«, erkundigte sich der Barbier. – »Der Geist suchte zuerst mich auf und fragte, ob ich die sieben Krüge mit Gold wolle. Als ich sie zurückwies, wußte ich, er würde zu dir kommen. Ich rate dir, willst du des Lebens wieder froh werden, gib alle sieben Krüge zurück.«
Der Barbier tat, wie ihm geheißen, ging nach Hause und ließ vom Geist die sieben Krüge holen. Im Nu waren sie verschwunden und mit ihnen die Sorgen des Barbiers. Friede kehrte in sein Herz zurück. Er hatte sein Lächeln wiedergefunden und lebte glücklicher als zuvor.

KÖNIG HIMALAYA UND SEINE TOCHTER UMA

König Himalaya hatte eine Tochter, die den Namen Uma trug. Mit ihrer Schönheit konnte sich kein menschliches und kein himmlisches Wesen vergleichen. Der König bewunderte sie über alle Maßen und war von ihrem Liebreiz und ihrer Anmut bezaubert. Eines Tages fragte er: »Mein Kind, wohl bist du meine Tochter, doch scheinst du mir nicht sterblichen Geblüts. Sage mir, wer bist du in Wirklichkeit?« – »Vater, wer sonst soll ich sein, wenn nicht deine Tochter?«, antwortete Uma in aller Bescheidenheit. – »Mein Kind, verberge dein wahres Gesicht nicht vor mir«, bat sie der König aufs neue. – »Wer sonst kann ich sein als dein Kind«, kamen die schlichten Worte wieder. Der König aber gab sich mit der Antwort nicht zufrieden. Er bestand darauf, ihre Herkunft zu ergründen. – »Du magst alles von mir erfahren, Vater, aber begehre nicht zu wissen, wer ich bin«, sagte ernst das Mädchen. Mit wachsender Neugier beharrte der Vater auf seinem Recht, sie möge sich ihm kundtun – solange, bis Uma nachgab und sprach: »So erschaue, o Vater, mein wahres Wesen.«

Im selben Augenblick verschwand ihre irdische Gestalt und vor ihm stand in ihrer himmlischen Lichtschönheit Bhagavati, Mutter des Universums, leuchtend wie tausend Sonnen. Die sterblichen Augen des Königs konnten die alles überstrahlende Erscheinung seiner göttlichen Tochter nicht ertragen. Geblendet vom überirdischen Glanz, stürzte er vom Thron zu Füßen Umas. Voll des Mitleids und der Liebe für den alten König, berührte sie sein Antlitz und schenkte ihm das Augenlicht wieder. Von nun an zweifelte König Himalaya nie mehr an der göttlichen Herkunft seiner Tochter, nie mehr an der göttlichen Herkunft aller Frauen. Von nun an sah er die Mutter des Universums in jeder Frau verkörpert.

NARADA UND DIE SCHLANGE

Narada, der Weise, lenkte seine Schritte einem dichten, dunklen Walde zu, als ihn die Hirten vor einer großen schwarzen Schlange warnten, die dort, wie sie sagten, den Zugang bewachen und alle Eindringlinge töten würde. Narada, dessen Herz voller Liebe zu Gott und allen Lebewesen war, kannte keine Angst, ging weiter seines Weges und achtete der warnenden Worte nicht. Plötzlich kroch die Schlange aus ihrem Versteck hervor und stürzte sich auf den Heiligen, um ihn zu töten. Da erhob Narada die Hand und gebot: »Halte ein! Richte kein Unheil an! Wer gibt dir das Recht, Leben zu vernichten?« – »Was kann ich tun, Vater, wenn Gott mir Gift eingegeben hat?«, verteidigte sich die Schlange. – »Kennst du die Folgen deiner bösen Taten?

Wisse, das unsagbare Leid, das du anderen antust, wird im Übermaß zu dir zurückkehren«, mahnte der Weise. Die Schlange gestand ihre Missetaten ein. Während sie über ihre Vergangenheit nachsann, sprach Narada: »Mein Sohn, es gibt Einen, der dich retten kann und das ist Gott. Bete zu Ihm dein ganzes Leben. Während des Tages wiederhole Gottes heiligen Namen – so wird Er mit dir sein, dich beschützen und von allen deinen Sünden befreien.« Darauf segnete der Heilige die Schlange und ging seines Weges.
Von nun an änderte die Schlange ihr Leben und begann, von morgens bis spät in die Nacht den Namen Gottes zu wiederholen. Allmählich wurde sie so mild, sanft und liebevoll, daß sie nicht nur aufhörte zu töten, sondern keiner Fliege mehr etwas zuleide tun konnte.
Die Hirtenknaben beobachteten, daß die Schlange nicht wie vordem angriff und sagten: »Sicher ist sie alt und schwach geworden, hat ihre Zähne verloren und kann nicht mehr beißen.« Sie faßten Mut, pirschten sich an die Schlange heran, warfen große Steine auf sie und versetzten der armen Kreatur mit starken Stöcken so lange Hiebe, bis ihr Rückgrat gebrochen war. Als sie sich nicht mehr regte, packten die Jungen die Schlange beim Schwanz und schlugen sie mit dem Kopf immer wieder gegen einen Felsen. Dann warfen sie den leblosen Leib auf einen Abfallhaufen, glücklich darüber, daß das Tier machtlos geworden war.
Spät in jener Nacht schleppte die Schlange, in der noch ein Hauch von Leben verblieben war, mit letzter Kraft den schwer verwundeten Körper zurück in ihre Behausung – dabei unentwegt den Namen Gottes wiederholend. Die Zeit verstrich und die Geläuterte erlangte durch Gottes heiligen Namen neue Lebenskraft und schließlich Gottesverwirklichung. So wie sie im Frühjahr die Hülle ihrer Haut hinter sich gelassen hatte, so waren jetzt aller Haß, aller Zorn und alle Furcht von ihr abgefallen. Nur noch Liebe konnte sie empfinden. –

Monate später kam Narada des Weges und hielt Ausschau nach seinem Freund, der Schlange. Nirgends war sie zu finden. Da gesellten sich die Hirtenknaben hinzu und erzählten von all dem, was sie der Schlange angetan, wie sie diese umgebracht und ihren toten Körper auf einen Abfallhaufen geworfen hatten. »Nein, das kann nicht sein«, dachte Narada. »In wessen Munde Gott ist, der kann keiner Qual erliegen.« Er ging zum mächtigen Banyanbaum, unter dessen Schirm die Schlange wohnte, und rief laut nach seinem Freund. Lange Zeit danach erschien die Schlange vor ihm, wie ein Jünger vor seinem Meister, mit Achtung, Ehrerbietung und Liebe. »Was ist aus dir geworden? Warum bist du so mager, du bist ja nur noch Haut und Knochen? Sage mir die Wahrheit!«, sprach Narada. Die Schlange – die Liebe in Person – hatte längst das Leid vergessen, das ihrem Leib zugefügt worden war und sagte lächelnd: »O, lieber Vater, seitdem du mir den Rat gabst, den Namen Gottes zu wiederholen, ist mein Herz erfüllt vom Sonnenschein Seiner Liebe. Auch ich bin eine der Glücklichen dieser Welt ... Ach ja, jene Jungen hatten einmal auf dem Feld gespielt und mir dabei im Scherz ein wenig weh getan. Aber, wie du siehst, Narada, ich bin glücklich.« – »Es ist wahr, mein Sohn, ich hatte dir verboten, zu töten – aber niemals hatte ich dir verboten zu zischen!« sagte der Heilige, segnete seinen Freund, die Schlange, und setzte seinen Weg fort.

ALLES HAT EINEN SINN

Es war einmal ein König, der ritt zusammen mit seinem Minister aus, zur Jagd in einen dichten Wald, wo viele Tiere hausten, groß und klein. Als er seinen Bogen spannte und auf ein geflecktes Hirschkalb zielte, verletzte er den Daumen so sehr, daß er nicht mehr weiterjagen konnte. »Der Tag ist mir verdorben! Der Tag ist mir verdorben!«, grollte ärgerlich der König. »O, edler Herr, grämt Euch nicht«, sagte tröstend der Minister und fuhr fort: »Wer weiß, für was es gut ist. Nichts geschieht ohne Grund.« Der König war ein jähzorniger Mann. Auf der Stelle würde er den Minister niedergeschlagen haben, hätte ihn der blutende Daumen nicht daran gehindert. Es fand sich, daß in der Nähe ein tiefer ausgetrockneter Brunnen stand. Der wütende Monarch stieß kurzerhand den Minister hinein und ging hinweg, nicht ohne ihm vorher nachgerufen zu haben: »Du Narr, auch das wird für etwas gut sein!«

Da tauchte ganz unverhofft eine Horde wilder Räuber auf. Die ergriffen den König, beraubten ihn all seiner Juwelen und schickten sich an, ihn den Göttern zu opfern. Wie es Sitte war, wurde der König von ihrem Priester begutachtet, um festzustellen, ob er als Opfer geeignet sei. Als letzterer den blutüberströmten Daumen sah, betrachtete er dies als ungünstiges Omen und den Gefangenen der Opferung unwürdig. Daraufhin ließen die Räuber den König laufen, dem nun die Worte seines weisen Ministers in den Sinn kamen. Eilends kehrte er zum Brunnen zurück, zog den Verstoßenen heraus und erzählte alles, was sich zugetragen hatte. Darüber nachsinnend, sagte der Minister lächelnd: »Wie wunderbar, o König, daß Ihr mich in den Brunnen geworfen habt. Hättet Ihr es nicht getan, so wäre ich an Eurer Statt geopfert worden!«

DER FALSCHE HEILIGE

Einen Dieb, der im Teich der königlichen Gärten geangelt hatte, verfolgte die Palastwache. Er rannte hin und her und konnte keinen Ausweg finden, die hohen Schloßmauern zu überwinden. Da kam ihm plötzlich eine hervorragende Idee. Er entledigte sich der Kleider, bestrich seinen Körper mit Sand und Asche, setzte sich mit gekreuzten Beinen unter einen alten Baum und täuschte vor, ein Yogi zu sein – tief versunken in Gott.
Die Wächter konnten den Dieb nicht aufspüren. Doch groß war ihre Freude, als sie nichts ahnend auf einen Heiligen stießen. Sie trugen die gute Nachricht zu ihrem König, der es als Ehre und Gnade empfand, einen Wanderasketen in seinem Garten zu haben. Der hochgesinnte Monarch begab sich sogleich mit der Königin an den Ort, wo sich der »Heilige« niedergelassen hatte. Wie es einem Yogi gebührt, erwiesen sie ihm ihre Ehrerbietung und brachten zu seinen Füßen auf einem großen Silbertablett ihre Gaben dar: Ein feines Tuch, Früchte und Nüsse. Nachdem sie den Segen des »Sad-

hu« empfangen hatten, kehrten sie mit erhabenen Gefühlen zum Palast zurück.
»Wie seltsam, da bin ich nur ein gewöhnlicher Dieb, spiele die Rolle des Yogi, und das Königspaar begegnet mir mit so großem Respekt. Was hielte wohl das Schicksal für mich bereit, wenn ich zu einem wirklichen Heiligen würde?«, dachte bei sich der Dieb. – Er gab es auf, sein Brot auf unredliche Art zu verdienen und wurde ein Gottsuchender. In späteren Jahren gereichte sein Leben zum Segen vieler, die für geistige Hilfe zu ihm kamen, denn er hatte das Ziel erreicht – er war ein wahrer Yogi geworden.

NICHTS IST ZUFALL

Ein Mann sandte einmal seine beiden Söhne zu einem Meister, der gerade in ihrer Heimatstadt lehrte. Der ältere Sohn, dem der Kopf nicht nach geistiger Unterweisung stand, hörte eine Weile zu und verließ bald darauf gelangweilt und mißmutig den Ort. Auf seinem Weg nach Hause stieß er auf einen Sack Gold. Außer sich vor Freude, gab er ihn seinem Vater. Als die Nacht heraufzog, brachte man den jüngeren Sohn, der im Sterben lag, ins elterliche Haus. Beseelt von den wunderbaren Lehren, die er den ganzen Tag über empfangen hatte, war er, gottestrunken, auf seinem Heimweg in der Dunkelheit über eine Baumwurzel gestolpert und mit dem Kopf gegen einen Felsen gestürzt. Der Vater stand vor einem unlösbaren Rätsel. Bei Anbruch der Morgendämmerung begab er sich zum Lehrer.

»Mein älterer Sohn, der nicht geistig gesinnt ist, kam mit einem Sack Gold nach Hause. Mein jüngerer Sohn, der immer die Sehnsucht nach Gott in sich trug, wurde sterbend heimgebracht. Wo bleibt hier die Gerechtigkeit? Warum mußte dies geschehen, Meister?«, brach es aus dem unglücklichen Vater hervor. Der Weise antwortete zunächst mit Schwei-

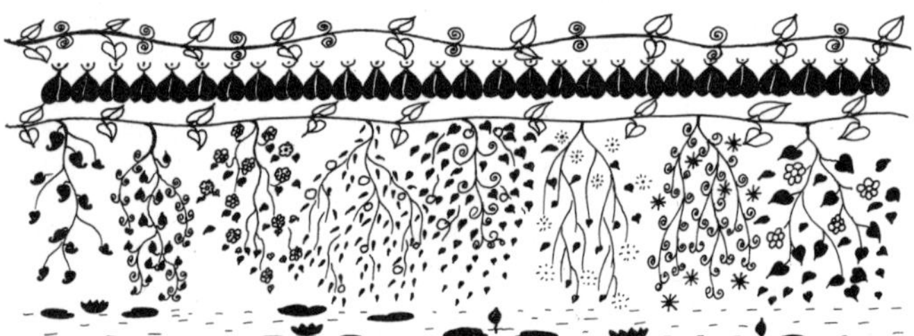

gen. Sodann, aus tiefer Meditation emportauchend, sprach er: »Es war vorherbestimmt, daß dein älterer Sohn König werde, doch wegen seines müßigen Lebens, mußte er sich mit einem Sack Gold begnügen. Es war vorherbestimmt, daß dein jüngerer Sohn sterben solle, aber dank seines geistigen Strebens ist er mit einem Unfall davongekommen. Er wird leben.«

WER IST DER GRÖSSTE?

Die Legende erzählt, daß unter den Menschen einmal ein Streit entbrannte, welcher Gott der größte sei: Brahma, der Schöpfer – Vishnu, der Erhalter – Shiva, der Zerstörer. Man wurde sich nicht einig. Ein jeder befürchtete, seine Opfergaben könnten fruchtlos bleiben. Keiner wußte, welcher Gottheit er sich anvertrauen solle.
Da faßte sich ein junger Mann ein Herz und dachte bei sich: »Ich werde selbst hingehen und im Himmel nachsehen, welcher Gott am größten ist und würdig unserer Verehrung, Liebe und Opfer.« An seinem Ziel angelangt, öffnete er das hohe Himmelstor und trat ein. Brahma, der Schöpfergott, saß auf lichtumflossenem Thron und blickte mit seinen vier Gesichtern bewundernd auf sein Werk hernieder. Der junge Mann schenkte ihm keine Beachtung. Gerade als er am Schöpfer vorbeigehen wollte, war der Zorn des vierköpfigen Gottes entflammt ob des unehrerbietigen Benehmens eines Sterblichen. Brahma hatte schon den Bannfluch auf den Lippen, als sich der Jüngling vor dem Weltenschöpfer zu Boden warf und um Vergebung seines gedankenlosen Verhaltens bat. – Daraufhin schritt der Erdenbewohner an Gott Shiva vorüber, dem Zerstörer alles Erschaffenen, ohne ihm

zu huldigen. Der empörte Shiva wollte soeben aus seinem alles-erblickenden dritten Auge einen sengenden Strahl aussenden, um den Sterblichen in Asche zu verwandeln, hätte sich dieser nicht im letzten Augenblick der Zerstörergottheit anheimgegeben und um Erbarmen gefleht. – Er ging weiter und unter einem himmlischen Banyanbaum ruhte schlummernd Gott Vishnu, der Erhalter des Universums, im Schoße seiner göttlichen Gemahlin Lakshmi. Der junge Mann sammelte seine ganze Kraft, stürzte sich auf die schlafende Gottheit und versetzte ihr einen gewaltigen Stoß. Sofort richtete sich Vishnu auf, hielt den Fuß des Sterblichen und fragte besorgt, ob er sich weh getan habe. –
Der Jüngling kehrte auf die Erde zurück, erzählte von seinen unglaublichen Abenteuern und erklärte: »Gott Vishnu ist der größte der drei Götter!« Denn Vishnu allein war es, der für ihn keinerlei Zurechtweisung, Anschuldigung oder Verurteilung bereitgehalten hatte – nur Liebe. Seit jener Zeit bringen die Sterblichen ihre Hingabe und Verehrung den Lotosfüßen von Gott Vishnu dar, der alle Geschöpfe liebt und ihre Wünsche erfüllt, seien sie groß oder klein.

CHAITANYAS PRÜFUNG

Bereits in sehr jungen Jahren verlangte es Chaitanya nach Gott. Er suchte einen großen Heiligen auf und bat, als Jünger angenommen zu werden. Der heilige Mann blickte ihn prüfend an und fragte: »Wie kommt es, Chaitanya, daß du auf der Suche nach Gott bist? In der zarten Blüte deiner Jugend, in der Unschuld deiner Kraft und Schönheit weißt du nicht um die Entsagung mönchischen Lebens. Es birgt manche Versuchungen und sie könnten dir zur Falle werden. Zuerst lebe dein Leben! Nur wenn du Erfahrungen gesammelt und das häusliche Leben mit Frau, Kind und Besitztum kennengelernt hast, wenn du die flüchtigen Daseinsfreuden genossen und ihre fliehende Natur durchschaut hast, dann erst kannst du diese für Gott aufgeben und nicht zuvor. Ich rate dir, Chaitanya, gehe hin, und lerne vom Leben, ehe du ihm entsagst!«

Mit Tränen in den Augen, trug Chaitanya dem Meister erneut seinen Wunsch nach Jüngerschaft vor. Der Heilige war tief beeindruckt von der Beharrlichkeit der Bitte aus dem Munde eines so jungen Gottsuchenden. Ihn auf die Probe stellend, sagte der Lehrer: »Bringe mir am frühen Morgen eine Handvoll Puderzucker!« Höchst verwundert über den seltsamen Auftrag, erschien der Jüngling tags darauf pünktlich und überreichte den Zucker. Da gebot ihm der Heilige: »Chaitanya, strecke die Zunge heraus!« Diese war vollkommen trocken. Der Meister streute etwas Puderzucker darauf, der sich mit Leichtigkeit wegblasen ließ. Dabei war die Zunge trocken geblieben. Nachdem er die Prüfung mehrmals wiederholt hatte, rief der Meister voller Freude: »Chaitanya, nie habe ich solche Entsagung gesehen. Wer seinen Gaumen beherrscht, beherrscht seine Sinne. Du kannst bleiben!«

WER FÜR GOTT WEINT ...

Chaitanya, der Gott schon in seiner Jugend schaute, wurde selbst zu einem großen Heiligen. Hunderte, Tausende strömten ihm zu, wo immer er lehrte, denn er war ein Gärtner Gottes im heiligen Lande Bharata. Er tränkte den indischen Boden mit seines Herzens Blut. Er nährte die Quelle eines nie versiegenden Flusses der Liebe, ganz Aryavartha überflutend, von Bengalen bis Sri Lanka. Im Herzen seiner Hörer stimmte er eine Weise an, die noch heute über Jahrhunderte hinweg nachklingt, vom kleinsten Dorf bis zur größten Stadt.

Unter den vielen, die damals Tränen der Freude vergossen, als sie den Worten Chaitanyas von Gottes unwandelbarer Liebe lauschten, war auch ein armer Bauer. Ungebildet wie er war, verstand er nicht die Sprache, in welcher der Meister seine Botschaft überbrachte. Da er in seiner Hingabe nicht hinter den andern Andächtigen zurückstehen wollte, zog er aus der Falte seines Gewandes ein kleines Päckchen hervor, entnahm ihm etwas Chillipulver und rieb es in die Augen. Bald war auch sein Gesicht tränenüberströmt. Chaitanya fragte den Bauern, ob er die Predigt verstanden habe, weil er so gerührt sei. In seiner Herzenseinfalt antwortete er: »Geliebter Meister, wenn alle vor Freude weinten, dann müßt Ihr viel Gutes gesagt haben, darum habe ich ein wenig mit dem Pulver nachgeholfen, denn auch ich wollte für Gott weinen.« Bewegt von der Reinheit seines kindlichen Gemüts, schloß Chaitanya den Bauern in seine Arme und segnete ihn.

EINE LEHRE IN DEMUT

Es war einmal ein König, der war sehr stolz auf seinen Reichtum, seine Macht und sein Wissen. Im ganzen Land gab es niemand, der ihm an Stärke glich. Im Laufe der Zeit wurde er eitel und hochmütig, und selbst Könige und Prinzen, die er besiegt hatte, demütigte er. Da wollte ihm Gott eine Lehre erteilen. Er erschien vor dem König und seinem Gefolge in Gestalt eines unscheinbaren häßlichen Zwerges, welcher der Priesterkaste angehörte. Der Monarch empfing ihn mit der Ehre, wie sie einem brahmanischen Gast gebührt. »Was führt Euch an meinen Hof und womit kann ich Euch dienlich sein?«, fragte der König. – »O großer Herr«, sagte der Zwerg, »nur drei Schritte Land erbitte ich von Euch.« – »Frage ruhig nach mehr Besitztum, nach Reichtümern oder Rinderherden. Als König ist es meine Pflicht, für das Wohlergehen meiner Untertanen zu sorgen«, erwiderte der König mit gönnerhafter Miene. »Ich bin zufrieden mit drei Schritten Land, mehr begehre ich nicht«, sagte der Zwerg bescheiden. »Dein Wunsch sei dir erfüllt!«, entgegnete der König. Im selben Augenblick war der Zwerg entschwunden und an seiner Statt

stand strahlend – den ganzen Raum füllend – Gott Vishnu, der Erhalter des Universums, in seiner gigantischen kosmischen Gestalt. Er tat einen Schritt und hatte die Erde durchmessen. Er tat einen zweiten Schritt und hatte das Weltall durchmessen. Für seinen dritten Schritt aber war kein Raum mehr. Nun fragte Vishnu: »Wohin soll ich den dritten Schritt tun?« Da hatte der König eingesehen, wie töricht es war, sich für den Größten zu halten. Demut war in ihm geboren. Er kniete nieder vor dem HERRN und bot ihm sein Herz als Ruhestätte dar. Vishnu setzte seinen Fuß auf das Herz des Königs, der gesegnet war mit der Erscheinung des Weltenerhalters. SEIT JENER ZEIT IST DAS HERZ EINES GOTTERGEBENEN DIE WOHNSTÄTTE DES ALLERHÖCHSTEN.

JATILA UND SEIN BRUDER

Eine Mutter begleitete ihren kleinen Sohn, Jatila, jeden Tag durch einen dichten Wald zur Schule und holte ihn am Abend wieder ab. Da sie sehr arm war und in verschiedenen Häusern arbeiten mußte, um sich ihren und des Knaben Lebensunterhalt zu verdienen, sagte sie eines Tages: »Mein Kind, ich kann dich nicht weiter zur Schule bringen. Der Weg ist dir vertraut; du kannst nun allein gehen.« – So durchquerte Jatila den Wald ohne seine Mutter. Doch immer wenn er das Brüllen wilder Tiere vernahm, überkam ihn große Angst. – »Fürchte dich nicht, mein Kleiner«, sagte die Mutter, als er nicht mehr allein zur Schule gehen wollte, »dein älterer Bruder, Gopal Da, wohnt im Walde draußen. Rufe ihn und er wird dir sicherlich helfen.« Mit diesen Worten versuchte die Frau ihren kleinen Sohn zu trösten. Am nächsten Morgen begab sich Jatila wieder auf den Weg durch den Wald, und er rief laut: »Gopal Da, meine Mutter sagt, du seiest mein großer Bruder. Bitte, begleite mich durch den Wald, ich habe solche Angst vor den wilden Tieren.« – Und siehe da, ein wunderschöner Jüngling mit dem bläulichen Körper eines höheren Wesens tauchte aus dem Dickicht auf. »Fürchte dich nicht, Jatila. Ich bin wahrlich dein Bruder und werde von nun an auf dich acht geben«, sagte Gopal, der niemand anders war als Gott Krishna, erschienen auf Jatilas Rufen. Er nahm den kleinen Knaben bei der Hand und führte ihn durch den Wald. Am Abend rief Jatila wieder: »Gopal Da, mein Bruder, bitte komm und begleite mich ...« Und so geschah es Tag für Tag.

Eines Tages verschied die Mutter von Jatilas Lehrer. Es war Sitte, daß jedes Kind am folgenden Tag dem Lehrer etwas mitbringen sollte. So bat auch Jatila die Mutter um ein kleines Geschenk für seinen Lehrer. »Oh, mein Jatila«, sagte die Mutter unter Tränen, »ich würde dir so gerne etwas geben, doch wir sind arm und haben kaum zu essen – frage deinen Bruder, er wird dir helfen. Die Mutter wußte nicht, daß Gopal Da tatsächlich in jenem Walde weilte und den kleinen Jatila täglich begleitete.

Am nächsten Morgen erzählte Jatila seinem Bruder alles, was geschehen war und bat ihn, ihm zu helfen. »Warte, Jatila, ich werde dir etwas bringen«, sagte Gopal Da. Aus der Tiefe des Waldes brachte er einen kleinen irdenen Topf mit sahnigem Joghurt. »Hier, bringe das deinem Lehrer.«

In der Schule angekommen, überreichte Jatila dem Lehrer seine Gabe. Dieser schüttete den Inhalt des Töpfchens in ein anderes Gefäß. – Doch kaum hatte er es getan, so war der Topf wiederum bis zum Rand gefüllt mit Joghurt. Noch einmal und noch einmal entleerte er ihn und einen Augenblick danach war er wieder voll. – »Jatila, woher hast du dieses Töpfchen? fragte der Lehrer. Er war überzeugt, daß er einen Zaubertopf in den Händen hielt, einen Topf, der niemals leer wurde. »Mein Bruder, Gopal, gab es mir, um es Euch zu schenken«, antwortete der Kleine in aller Unschuld. »Bringe deinen Bruder zu mir, ich möchte ihn kennenlernen«, sagte der Lehrer. – »Herr, das kann ich nicht«, meinte Jatila, »mein Bruder wohnt im Wald.« – »Dann gehen wir zu ihm«, sagte der Lehrer und sie gingen Hand in Hand schnellen Schrittes dem Walde zu. – »Gopal Da, mein Lehrer ist gekommen und

möchte dich sehen«, rief Jatila mit erwartungsvoller Stimme. Keine Antwort. – »Wo bist du, Gopal Da? bitte komme.« Noch immer keine Antwort. – »Mein Bruder, Gopal Da, wenn du nicht kommst, denkt mein Lehrer ich hätte gelogen. Bitte komm.«
Als Jatila verzweifelt zu weinen begann, hörten sie eine Stimme aus dem Walde: »Mein kleiner Bruder, wenn mich dein Lehrer so ruft, wie du mich rufst, dann werde ich kommen.«

Wie könnte sich Gott von demjenigen fernhalten, der ihn aus der Tiefe seines Herzens anruft.

Jedesmal, wenn Liebe von dir auf einen andern übergeht, dann strömt dein Segen auf ihn. In sich Liebe zu tragen ist der grösste Segen. Diese Liebe an alle Geschöpfe Gottes weiterzugeben, heisst Segen aussenden, Licht in die Finsternis bringen, von der glorreichen Sonne seines Wesens ausstrahlen, wo immer man ist. Wie eine Blume, die ihren Duft an den Wind verschenkt, schöpfen wir aus der unversieglbaren Quelle unserer Liebe und erfüllen so, wozu unsere Geburt uns bestimmte. Es ist Liebe und Liebe allein, die alles im Leben zusammenhält. Es ist die Liebe Gottes, die durch alles Geschaffene hindurch lebt und die Welt davor bewahrt auseinanderzubrechen. Wo immer der Strom der Liebe im Übermass fliest, siehe den lebendigen Gott.

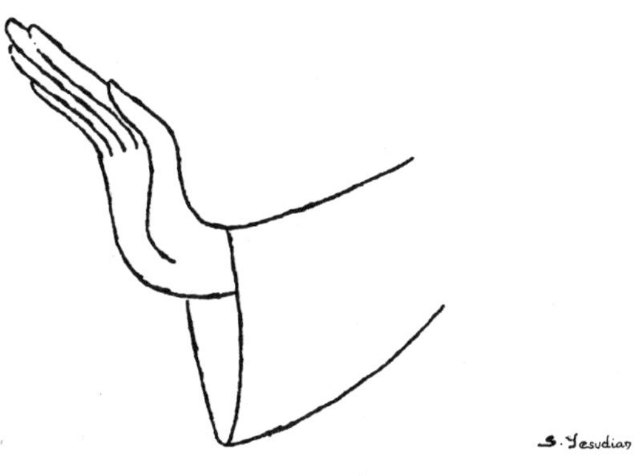

Weiterführende Literatur:

SELVARAJAN YESUDIAN + ELISABETH HAICH: **SPORT + YOGA**
mit 74 Bildern, 282 Seiten

SPORT, ein Begriff und seine Tätigkeit des Westens, bedarf zu seiner Vervollkommung und Vertiefung der Lebenskunst des Ostens, des YOGA. Der Inder Selvarajan Yesudian hat die Segnungen des Yoga erlebt und wurde von einem Meister herangebildet.

SELVARAJAN YESUDIAN: **HATHA-YOGA-ÜBUNGSBUCH**
224 Seiten, 121 Zeichnungen

Yesudian gab im Buch „Sport + Yoga" die einfach-klassischen Hatha-Yoga-Übungen, die ein jeder Mensch, ob alt oder jung, gesund oder krank, mit viel Erfolg und ohne Gefahr ausführen konnte. Viele Schüler üben diese Übungen seit Jahren, so daß es notwendig wurde, weitere Übungen zusammenzustellen, die den Körper noch belebter und bewußter machen.

SELVARAJAN YESUDIAN: **SELBSTERZIEHUNG DURCH YOGA**
240 Seiten, 15 Illustrationen

In einem weit gespannten Rahmen sind praktische Anweisungen, sinnvolle Legenden und mancherlei Fragen eingefügt, die in Hunderten von Briefen an die Verfasser unserer Yoga-Werke gestellt und im allgemeinen Interesse in diesem Buch eingehend beantwortet werden.

YESUDIAN-HAICH: **RAJA-YOGA · Yoga in den zwei Welten**
224 Seiten

Die vier Abschnitte des Werkes behandeln: Was ist Yoga? – Weg des Ostens – Weg des Westens – Die zwei Wege begegnen sich – Große Schau und Zielsetzung.

YESUDIAN-HAICH: **YOGA IM HEUTIGEN LEBENSKAMPF**
60 Seiten, kartoniert

YESUDIAN-HAICH: **YOGA UND SCHICKSAL**
3 Vorträge, 60 Seiten, kartoniert

Wie man ein Yogi wird – Yoga und Selbstheilung.

ELISABETH HAICH: **SEXUELLE KRAFT UND YOGA**
236 Seiten mit 15 Bildern

Die Verfasserin zeigt den jedem Menschen offenen Weg zur Erweiterung seines Bewußtsein. Mit Hilfe einfacher, kinderleichter Atmungsübungen und Sitzhaltungen, durch Erweiterung des Bewußtseins über gezielte Yogaübungen, erreicht der Mensch die Umwandlung ursprünglicher Triebkraft in höhere geistige Kräfte.